Annie Besant/Charles W. Leadbeater: Die Stimme der Stille

Der Kommentar

Annie Besant und C.W. Leadbeater

DIE STIMME DER STILLE

DER KOMMENTAR

EDITION ADYAR

Titel der englischen Originalausgabe:
Talks on the Path of Occultism Vol II: The Voice of Silence

Deutsche Übersetzung: Rosemarie Breyer

Voglherd 1 • D-85567 Grafing
www.aquamarin-verlag.de

Umschlaggestaltung: Annette Wagner

ISBN-10: 3-89427-344-5
ISBN-13: 978-3-89427-344-6

Druck: Bercker • Kevelaer

Inhalt

Vorwort

Das *Original* der drei Fragmente »*Die Stimme der Stille*«, »*Die zwei Wege*« und »*Die sieben Portale*« brachte Helena Petrovna Blavatsky aus einem bestimmten Himalaya-Kloster unter dem gemeinsamen Buchtitel »*Die Stimme der Stille*« in den Westen.

Dieses Original ist nur klein im Format, aber groß in Bezug auf den Inhalt. Es ist eines der berühmtesten Bücher der theosophischen Literatur. Diesen von H. P. Blavatsky überbrachten Text drucken wir jeweils in fetter Schrift, so dass der Studierende die Möglichkeit hat, auch das Original zu lesen.[1]

Der Kommentar über die drei Fragmente entstand aus Vorträgen von Annie Besant, C. W. Leadbeater und Ernest Wood. Annie Besant sagte dazu:

»Die Vorträge wurden nicht nur an einem Ort gehalten; wir sprachen zu unseren Freunden zu unterschiedlichen Zeiten und an verschiedenen Orten, vor allem in Adyar, London und Sydney. Die Zuhörer machten eine Fülle von Notizen. Alle, die davon erhältlich waren, wurden gesammelt und geordnet. Sie wurden dann zusammengefasst und Wiederholungen ausgesondert.«

»Mögen diese Bücher«, so schreibt Annie Besant, »einigen unserer jüngeren Brüder helfen, mehr von diesen unschätzbaren Lehren zu verstehen. Je mehr sie studiert *und gelebt* werden, desto mehr wird in ihnen gefunden werden.«

1 „Die Stimme der Stille" und die Studienausgabe sind beide in der Edition Adyar im Aquamarin Verlag lieferbar.

Diese neu bearbeitete Ausgabe vereint erstmals, wie im englischen Original, die Texte aller drei „Fragmente“ in einem Band.

1

Einleitung

Sogar vom äußerlichen und völlig weltlichen Gesichtspunkt aus betrachtet, ist *Die Stimme der Stille* eines der bemerkenswertesten Bücher der theosophischen Literatur, ob wir nun seinen Inhalt, seinen Stil oder die Art seiner Entstehung betrachten. Wenn wir etwas tiefer schauen und uns die Kraft der hellsichtigen Forschung zu Hilfe rufen, wird unsere Bewunderung in keiner Weise herabgesetzt; wobei wir nicht den Fehler machen sollten, es als eine Heilige Schrift anzusehen, von der jedes Wort ohne Frage akzeptiert werden muss. Das ist es keineswegs; denn wie wir bald sehen werden, haben sich verschiedene kleinere Fehler und Missverständnisse eingeschlichen. Doch jeder, der es deswegen als unzuverlässig oder fahrlässig zusammengestellt betrachtet, wird einen noch viel weniger entschuldbaren Fehler in der entgegengesetzten Richtung begehen.

Madame Blavatsky hat immer sehr bereitwillig die Tatsache zugegeben und sogar betont, dass sich Ungenauigkeiten in allen ihren Werken finden ließen; und wenn wir in den Anfangstagen auf eine besonders unwahrscheinliche Behauptung von ihr stießen, legten wir sie verständlicherweise ehrfurchtsvoll beiseite als vielleicht eine dieser Ungenauigkeiten. Es war erstaunlich, bei wie vielen solcher Fälle uns weiteres Studium zeigte, dass Madame Blavatsky schließlich Recht hatte, so dass wir jetzt, durch Erfahrung belehrt, viel vorsichtiger in dieser Hinsicht geworden sind und gelernt haben, ihrem außergewöhnlich breiten und genauen Wissen über alle Arten der entlegendsten Themen zu vertrauen. Trotzdem gibt es keinen Grund, eine verborgene Bedeutung in einem offensichtlichen Druckfehler zu vermuten, wie einige allzu gläubige Schüler es getan haben. Wir brauchen auch nicht zu zögern zuzugeben, dass das tiefe Wissen unserer großen Gründerin in esoterischen Dingen sie nicht daran hinderte, manchmal ein tibetisches Wort falsch zu schreiben und sogar ein englisches falsch anzuwenden.

Sie gibt uns in ihrer Einleitung einige Informationen bezüglich des Ursprungs des Buches – Informationen, die zuerst einige ernste Schwierigkeiten mit sich zu bringen schienen, aber im Licht neuester Forschungen sehr viel verständlicher wurden. Viel von dem, was sie schrieb, ist häufig in einem viel weiteren Sinne verstanden worden, als sie es beabsichtigt hatte, und auf diese Weise wurde der Anschein erzeugt, dass sie extravagante Behauptungen aufstellte. Aber wenn die Tatsachen des Falles erklärt sind, wird man sehen, dass kein Grund für solche Anklage vorliegt.

Sie sagt: »Die folgenden Seiten stammen aus dem *Buch der Goldenen Lehren*, eines der Werke, die mystischen Schülern im Osten in die Hand gegeben werden. Das Wissen darin ist obligatorisch in jener Schule, deren Lehren von vielen Theosophen anerkannt werden. Deshalb, weil ich viele dieser Grundsätze auswendig weiß, ist die Übersetzungsarbeit eine relativ leichte Aufgabe für mich gewesen.« Und weiter: »Das Werk, aus dem ich hier übersetze, bildet einen Teil derselben Reihe wie jenes, aus dem die Stanzen des *Buches des Dzyan* entnommen wurden, auf denen die *Geheimlehre* basiert.« Sie sagt auch: »*Das Buch der Goldenen Lehren* … enthält etwa neunzig verschiedene kleine Abhandlungen.«

In früheren Tagen lasen wir da mehr hinein, als sie meinte, und wir nahmen an, dass dieses Werk *allen* mystischen Schülern im Osten in die Hand gegeben wurde und mit der »Schule, in der dessen Kenntnis obligatorisch ist«, die Schule der Großen Weißen Bruderschaft selbst gemeint war.[2] Wenn wir also mit fortgeschrittenen Esoterikern zusammentrafen, die nie von dem *Buch der Goldenen Lehren* gehört hatten, waren wir sehr überrascht und leicht geneigt, sie entsetzt anzusehen und ernsthaft zu bezweifeln, dass sie aus der rechten Richtung gekommen sein könnten. Aber seit damals haben wir vieles gelernt, unter anderem etwas mehr über verschiedene Blickwinkel, als wir zuerst wussten.

Im Laufe der Zeit erwarben wir auch weitere Kenntnisse über die Stanzen des Dzyan, und je mehr wir über sie und ihre einzigartige

---

2 Diese Bezeichnung wird benutzt, um eine große Bruderschaft von Adepten zu bezeichnen und hängt nicht mit einer Farbe zusammen.

Stellung erfuhren, um so klarer wurde uns, dass *Die Stimme der Stille* oder irgendein anderes Buch unmöglich im wahren Sinne denselben Ursprung wie diese haben konnte.

Das Original vom *Buch des Dzyan* ist in der Obhut des erhabenen Oberhauptes der Geistigen Hierarchie und ist bisher von niemandem gesehen worden. Niemand weiß, wie alt es ist, aber es geht das Gerücht, dass der Ursprung des älteren Teiles davon (der aus den ersten sechs Stanzen besteht) gänzlich vor dieser Welt liegt. Man nimmt sogar an, dass es nicht eine Geschichte ist, sondern eine Folge von Anweisungen – eher eine Schöpfungsformel als ein Bericht darüber. Eine Kopie davon wird im Museum der Bruderschaft aufbewahrt, und diese Kopie ist es (selbst wahrscheinlich das älteste Buch, das auf diesem Planeten hergestellt wurde), die Madame Blavatsky und mehrere ihrer Schüler gesehen haben und die sie in der *Geheimlehre* so eindrücklich beschreibt. Das Buch hat jedoch einige Eigentümlichkeiten, die sie dort nicht erwähnt. Es scheint sehr stark magnetisiert zu sein, denn sobald ein Mensch eine Seite in seine Hand nimmt, sieht er vor seinen Augen eine Vision von den Ereignissen ablaufen, die sie schildern soll, während er gleichzeitig eine Art rhythmischer Beschreibung davon in seiner eigenen Sprache zu hören scheint, so weit diese Sprache die betreffenden Ideen vermitteln kann. Seine Seiten enthalten überhaupt keine Worte, sondern nur Symbole.

Als wir das voll und ganz herausfanden, war es ein wenig überraschend, ein anderes Buch zu finden, das Anspruch auf denselben Ursprung erhebt wie die heiligen Stanzen, und unser erster Impuls war, anzunehmen, dass irgendein seltsamer Fehler aufgetreten sein müsse. Tatsächlich war es diese außerordentliche Diskrepanz, die uns zuerst dazu brachte, die Frage der wirklichen Autorschaft von dem *Buch der goldenen Lehren* zu untersuchen; und als das getan war, erwies sich die Erklärung als äußerst einfach.

Wir lasen in den verschiedenen Biographien von Madame Blavatsky, dass sie einmal eine Zeit von etwa drei Jahren in Tibet verbrachte und bei einer anderen Gelegenheit einen missglückten Versuch machte, in dieses verbotene Land einzudringen. Bei dem einen oder anderen dieser Besuche scheint sie sich beträchtliche Zeit in einem bestimmten Kloster im Himalaya aufgehalten zu haben, dessen Oberhaupt zu der Zeit ein Schüler des Meisters Morya war. Der Ort scheint mir eher in Nepal als in Tibet zu liegen, aber es ist schwierig, sich dessen sicher zu sein. Dort studierte sie gewissenhaft mit großem Eifer und erreichte außerdem eine beträchtliche innere Entwicklung. In dieser Periode ihres Lebens lernte sie die verschiedenen Abhandlungen auswendig, die sie in der Einleitung erwähnt. Diese zu lernen, ist Pflicht in diesem speziellen Kloster, und das Buch, aus dem sie stammen, wird dort als außerordentlich wertvoll und heilig betrachtet.

Dieses Kloster hat ein hohes Alter. Es wurde in den frühen Jahrhunderten der christlichen Ära durch jenen großen Prediger und Reformator des Buddhismus gegründet, der allgemein als Aryasanga bekannt ist. Ich glaube, es wird behauptet, dass das Gebäude schon zwei oder drei Jahrhunderte vor seiner Zeit existierte; aber wie dem auch sei, seine Geschichte, soweit sie uns betrifft, fängt mit seinem vorübergehenden dortigen Aufenthalt an.

Er war ein Mann von mächtiger Kraft und Gelehrsamkeit, schon weit auf dem Pfad der Heiligkeit vorangeschritten. Er war in einem früheren Leben als Dharmajyoti einer der unmittelbaren Anhänger des Buddha gewesen, und danach, unter dem Namen Kleinias, einer der führenden Jünger unseres Meisters Kuthumi in seinem Leben als Pythagoras. Nach dem Tode von Pythagoras gründete Kleinias eine Schule für das Studium seiner Philosophie in Athen. Jahrhunderte später wurde er in Peshawar, das damals Purushapura genannt wurde, unter dem Namen Vasubandhu Kanushika (wörtlich: er nahm Geburt) geboren. Als er in den Mönchsorden aufgenommen wurde, nahm er den Namen Asanga (der Mann ohne Behinderung) an, und später in seinem Leben verlängerten seine bewundernden Anhänger dies zu Aryasanga, unter welchem Namen er als Autor und Prediger hauptsächlich bekannt ist. Man sagt, er habe ein sehr hohes Alter erreicht – fast einhundertfünfzig Jahre, wenn die Überlieferung wahr ist – und sei in Rajagriha gestorben.

Er war ein sehr produktiver Schriftsteller. Sein Hauptwerk ist das *Yogacharya Bhumishastra*. Er war der Gründer der Yogacharya-Schule des Buddhismus, die anscheinend mit einem Versuch begonnen hat, das große Yoga-Philosphie-System mit dem Buddhismus zu vereinigen – oder vielleicht eher von dem ersteren das zu übernehmen, was buddhistisch benutzt und gedeutet werden konnte. Er reiste viel und war eine mächtige Kraft bei der Reform des Buddhismus. Tatsächlich erreichte sein Ruhm eine solche Höhe, dass sein Name mit denen von Nagarjuna und Aryadeva verbunden ist, und diese Männer sind die drei Sonnen des Buddhismus genannt worden, wegen ihrer Aktivität, sein Licht und seinen Ruhm auf die Welt auszugießen. Das Datum von Aryasanga wird vage mit tausend Jahre nach dem Buddha angegeben. Europäische Gelehrte scheinen unsicher darüber, wann er lebte, aber niemand schreibt ihm ein späteres Datum zu als das siebente Jahrhundert n. Chr. In der Theosophischen Gesellschaft ist er in diesem Leben als ein besonders freundlicher, geduldiger und hilfreicher Lehrer bekannt, der Meister Djwal Kul, einer, der für uns eine einmalige Stellung einnimmt; denn als einige von uns die Ehre hatten, ihn vor etwa vierzig Jahren zu kennen[3], hatte er noch nicht die Stufe genommen, die das Ziel der menschlichen Evolution ist – die Asekha-Initiation. So ist er unter unseren Meistern der einzige, den wir in dieser gegenwärtigen Inkarnation kannten, ehe er ein Adept wurde, als er noch der herausragende Schüler des Meisters Kuthumi war. Die Tatsache, dass er als Aryasanga den Buddhismus nach Tibet hineingetragen hat, mag der Grund sein, warum er in diesem Leben einen tibetischen Körper gewählt hat. Es mögen dort noch karmische Beziehungen oder Verbindungen bestanden haben, die er loswerden wollte, ehe er die letzte Initiation zum Adepten nahm.

Im Laufe einer seiner großen Missionsreisen in seinem Leben als Aryasanga kam er zu diesem Kloster im Himalaya und wohnte dort. Er blieb fast ein Jahr, lehrte die Mönche, organisierte die Religion in einem sehr weiten Teil des Landes und machte dieses Kloster zu einer Art Hauptquartier für den reformierten Glauben. Er hinterließ an dem Ort einen tiefen Eindruck und eine Tradition, die bis zur heutigen Zeit fortbesteht. Unter anderen Hinterlassenschaften von ihm wird ein Buch aufbewahrt, das mit der größten Verehrung betrachtet wird – und das ist die Schrift, auf die sich Madame Blavatsky als das *Buch der goldenen Lehren* bezieht. Aryasanga scheint es als eine Art „Buch für den Alltag“ begonnen zu haben, oder ein Buch für Auszüge, in das er alles niederschrieb, wovon er dachte, dass es für seine Schüler nützlich sei. Er begann mit den *Stanzen des Dzyan* – nicht in

3 Geschrieben am Anfang des 20. Jahrhunderts (Anm. d. Vlg.)

Symbolen, wie im Original, sondern in geschriebenen Worten. Viele andere Auszüge kamen hinzu – einige von Werken des Nagarjuna, wie Madame Blavatsky erwähnt. Nach seiner Abreise fügten seine Schüler zu dem Buch eine Anzahl von Berichten (oder vielleicht eher kurzen Zusammenfassungen) seiner Vorträge oder Predigten für sie hinzu, und diese sind die »kleinen Abhandlungen«, die Madame Blavatsky beschreibt.

Es war Alcyone (Krishnamurti) in seinem vorigen Leben, der die Berichte der Diskurse von Aryasanga vorbereitete und dem *Buch der goldenen Lehren* hinzufügte, von denen drei unser augenblickliches Studienthema bilden. So verdanken wir seiner Sorgfalt diesen kleinen, unschätzbaren Band, ebenso wie in diesem Leben das inspirierende Werk *Zu Füßen des Meisters.* Jenes Leben von Alcyone begann 624 n. Chr. und wurde in Nordindien verbracht. Alcyone trat in jungen Jahren in den buddhistischen Mönchsorden ein und schloss sich eng an Aryasanga an, der ihn zu dem Kloster in Nepal mitnahm und ihn dort zurückließ, um zu helfen und die Studien der Gemeinschaft zu leiten, die er neu organisiert hatte – ein Dienst, den Alcyone mit hervorragendem Erfolg etwa zwei Jahre lang verrichtete.[4]

In diesem Sinne, und nur in diesem Sinne, beruft sich *Die Stimme der Stille* auf dieselbe Herkunft wie die *Stanzen des Dzyan* – dass beide in demselben Buch niedergeschrieben sind. Wir dürfen auch nicht vergessen, dass, obwohl wir zweifellos viel von Aryasangas Lehre in diesen Abhandlungen finden, sie unvermeidlich beträchtlich durch die Voreingenommenheit derer gefärbt sein muss, die sie berichteten. Es ist sehr wahrscheinlich, dass sie ihn, mindestens stellenweise, missverstanden und es ihnen nicht gelang, seine wirkliche Meinung zu vermitteln. Wenn wir das Werk im Einzelnen untersuchen, werden wir hier und dort Strophen finden, die Gefühle ausdrücken, welche Aryasanga kaum gehabt haben dürfte, und eine Unwissenheit zeigen, die für ihn unmöglich gewesen wäre.

Es wird bemerkt worden sein, dass Madame Blavatsky vom Übersetzen der Abhandlungen spricht – eine Bemerkung, die einige interessante Fragen aufwirft, da wir wissen, dass sie mit keiner orientalischen Sprache außer Arabisch vertraut war. Das Buch ist in einer

4 Siehe: *Das Leben des Alcyone.*

Schrift geschrieben, die mir weder bekannt ist noch weiß ich, welche Sprache benutzt wurde. Es könnte Sanskrit, Pali, irgendein Prakrit-Dialekt oder möglicherweise Nepalesisch oder Tibetisch sein. Aber die Schrift ist keine von denen, die jetzt allgemein benutzt werden, um in diesen Sprachen zu schreiben. Es ist auf jeden Fall ziemlich sicher, dass Madame Blavatsky auf der physischen Ebene weder Schrift noch Sprache bekannt gewesen sein konnten.

Für jemanden, der frei im Mentalkörper arbeiten kann, gibt es Methoden, an die Bedeutung eines Buches zu gelangen, die ganz anders sind als der gewöhnliche Vorgang, es zu lesen. Die einfachste ist, es aus dem Verstand von jemandem, der es studiert hat, zu lesen. Aber dagegen könnte man einwenden, dass man dann nicht den richtigen Sinn des Werkes erfasst, sondern die Auffassung dieses Schülers über den Sinn, was keineswegs dasselbe sein muss. Eine zweite Vorgehensweise ist es, die Aura des Buches zu prüfen – ein Ausdruck, der einer kurzen Erklärung für diejenigen bedarf, die mit der verborgenen Seite der Dinge nicht praktisch bekannt sind. Ein sehr altes Manuskript hat in dieser Hinsicht eine etwas andere Stellung als ein modernes Buch. Wenn es nicht das Originalwerk des Autors selbst ist, so ist es jedenfalls Wort für Wort von einem Menschen mit gewisser Bildung und Verständnis abgeschrieben worden, der das Thema des Buches kannte und seine eigenen Ansichten darüber hatte. Es muss daran erinnert werden, dass Abschreiben, was gewöhnlich mit einem Stilus ausgeführt wurde, fast so langsam und mit so viel Druck vor sich geht wie Eingravieren, so dass der Schreiber unvermeidlich sein Denken stark seiner Handarbeit aufprägt.

Jedes Manuskript, sogar ein neues, hat deshalb immer eine Art Gedanken-Aura um sich herum, die seinen allgemeinen Sinn vermittelt oder die Vorstellung eines Menschen von seinem Sinn und dessen Einschätzung seines Wertes. Jedes Mal, wenn ein Buch von jemandem gelesen wird, wird etwas zu der Gedanken-Aura hinzugefügt, und wenn es sorgfältig studiert wird, ist das Hinzugefügte natürlich groß und wertvoll. Ein Buch, das durch viele Hände gegangen ist, hat eine Aura, die gewöhnlich besser ausgeglichen, abgerundet und vervollständigt ist durch die auseinander gehenden Sichtweisen, die ihm durch die vielen Leser gebracht wurden. Folglich ergibt das Psychometrisieren eines solchen Buches im Allgemeinen ein recht volles Verständnis seines Inhaltes, allerdings mit einem beträchtlichen Zusatz von Meinungen, die in dem Buch *nicht* ausgedrückt sind, sondern zu seinen verschiedenen Lesern gehören.

Bei einem gedruckten Buch ist dies ganz ähnlich der Fall, außer dass es da keinen ursprünglichen Kopierer gibt, so dass es am Anfang seiner Laufbahn gewöhnlich nichts außer unzusammenhängenden Gedankenfetzen des Binders und des Buchhändlers trägt. Auch scheinen wenige Leser zur heutigen Zeit so aufmerksam und gründlich zu studieren, wie es die Menschen früher taten, und aus diesem Grunde sind die Gedankenformen, die mit einem modernen Buch verbunden sind, kaum so deutlich und scharf wie jene, welche die Manuskripte der Vergangenheit umgeben.

Eine dritte Strategie, die etwas höhere Kräfte erfordert, besteht darin, überhaupt die Hintergründe des Buches oder Manuskriptes zu untersuchen und zum Denken des Autors zu gelangen. Wenn das Buch in irgendeiner fremden Sprache geschrieben sowie sein Thema völlig unbekannt ist und keine Aura es umgibt, um einen hilfreichen Hinweis zu schenken, ist der einzige Weg, seine Geschichte zurückzuverfolgen, zu sehen, wovon es abgeschrieben wurde (oder in Typen gesetzt, wie der Fall liegen mag). So lässt sich seine Herkunftsspur verfolgen, bis man seinen Autor erreicht. Wenn das Thema des Buches bekannt ist, dann ist eine weniger langweilige Methode, um dieses Thema zu psychometrisieren, in den allgemeinen Gedankenstrom darüber zu kommen und so den bestimmten Schreiber zu finden und zu sehen, was er denkt. Es gibt ein Zentrum, in dem alle die Ideen, die mit einem gegebenen Thema verbunden sind, als örtlich bezeichnet werden können – um einen bestimmten Punkt im Raum konzentriert, so dass man durch mentalen Besuch dieses Punktes mit all den zusammenlaufenden Gedankenströmen über dieses Thema in Berührung kommen kann, obwohl diese natürlich durch Millionen von Linien mit allen möglichen Arten anderer Themen verbunden sind.

Angenommen, ihre hellseherischen Kräfte seien zu der Zeit ausreichend gewesen, so könnte Madame Blavatsky irgendeine dieser Methoden gewählt haben, um an den Sinn der Abhandlungen aus dem *Buch der goldenen Lehren* zu gelangen, obwohl es etwas irreführend sein würde, irgendeine von ihnen als Übersetzung zu beschreiben, ohne die Aussage zu erläutern. Andere Möglichkeiten liegen ein wenig ferner. Es gibt gegenwärtig niemanden in diesem Himalaya-Kloster, der irgendeine europäische Sprache spricht, aber da es wahrscheinlich mindestens vierzig Jahre her ist, seit Madame Blavatsky dort war, muss es viele Änderungen gegeben haben. Es ist schriftlich belegt, dass indische Studenten gelegentlich, obwohl sehr selten, gekommen sind, um aus dieser Quelle uralter Weisheit zu trinken, und wenn wir annehmen dürfen, dass der Besuch eines solchen Studenten mit ihrem zusammenfiel, könnte es auch sein, dass er zufällig beides konnte, Englisch und die Sprache des Manuskriptes, oder wenigstens die Sprache von anderen Insassen des Klosters, die das Manuskript selbst lesen und so für sie übersetzen konnten.

Seltsamerweise gibt es auch einfach die Möglichkeit, dass sie in ihrer eigenen Muttersprache unterrichtet worden sein könnte. Im europäischen Russland, an den Ufern der Wolga, gibt es eine ziemlich große Siedlung buddhistischer Stämme, der Herkunft nach vermutlich Tartaren, und es scheint, dass diese Leute, obwohl sie auf der physischen Ebene so weit von Tibet entfernt sind, dieses trotzdem als ihr heiliges Land ansehen und gelegentlich Pilgerreisen dahin unternehmen. Solche Pilger bleiben manchmal jahrelang als Schüler in tibetischen oder nepalesischen Klöstern, und da einer von ihnen sehr leicht Russisch ebenso gut wie seinen eigenen mongolischen Dialekt beherrschen könnte, ist es offensichtlich, dass wir hier eine weitere mögliche Methode haben, auf die Madame Blavatsky sich mit ihren Gastgebern verständigt haben könnte.

Auf jeden Fall ist es offensichtlich, dass wir nicht eine genaue wörtliche Wiedergabe von dem erwarten dürfen, was Aryasanga ursprünglich zu seinen Jüngern sagte. Sogar in dem alten Buch selbst haben wir nicht seine Worte, sondern nur die Erinnerung seiner Schüler an sie, und von dieser Erinnerung haben wir nun entweder eine Übersetzung von einer Übersetzung oder den Bericht eines allgemeinen mentalen Eindruckes des Sinnes vor uns. Es wäre natürlich für einen unserer Meister oder den Autor selbst ziemlich leicht, eine direkte und genaue Übersetzung ins Englische anzufertigen. Aber da Madame Blavatsky die Übersetzungsarbeit als ihre eigene beansprucht, war dies offensichtlich nicht der verfolgte Plan.

Gleichzeitig scheint der Bericht, den wir von einem Augenzeugen über die Geschwindigkeit haben, mit der es geschrieben wurde, sicher den Gedanken nahe zu legen, dass ihr etwas Unterstützung gegeben wurde, selbst wenn es ihr persönlich nicht bewusst gewesen sein mag. Annie Besant schreibt über dieses Thema:

> »Sie schrieb es in Fontainebleau, und der größte Teil wurde verfasst, als ich bei ihr war. Ich saß im Zimmer, während sie es schrieb. Ich weiß, dass sie beim Schreiben nicht in irgendwelchen Büchern nachschaute, sondern sie schrieb es fortlaufend nieder, Stunde um Stunde, geradeso als ob sie entweder aus dem Gedächtnis schriebe oder es da abläse, wo kein Buch vorhanden war. Sie legte am Abend das Manuskript vor, das ich sie schreiben sah, als ich bei ihr saß, und bat mich und die anderen, es in Bezug auf das Englische zu korrigieren, denn sie sagte, sie habe es so schnell geschrieben, dass es sicher schlecht sei. Wir änderten darin nicht mehr als ein paar Wörter, und es bleibt ein Muster bewundernswert schöner literarischer Arbeit.«

Eine weitere Möglichkeit ist, dass sie die Übersetzung ins Englische im Voraus gemacht haben könnte, während sie im Kloster war, und dass sie es in Fontainebleau tatsächlich auf Entfernung gelesen haben könnte, geradeso wie sie es nach Annie Besants Angabe anscheinend machte. Ich habe sie oft genau das Gleiche bei anderen Gelegenheiten tun sehen.

Die sechs Schulen der Hindu-Philosophie, die sie auf der ersten Seite der Einleitung erwähnt, sind Nyaya, Vaisheshika, Sankhya, Yoga, Mimamsa und Vedanta. Sie legt dar, dass jeder indische Lehrer sein eigenes Trainingssystem hat, das er gewöhnlich streng geheimhält. Es ist natürlich, dass er es geheimhalten muss, denn er möchte nicht die Verantwortung für die Folgen haben, die sich ergäben, wenn es von allerlei ungeeigneten und unbeherrschten Leuten ausprobiert würde (was, wenn es bekannt würde, sicher der Fall wäre). Kein wirklicher Lehrer in Indien wird einen Schüler annehmen, wenn er ihn nicht unter seinen Augen haben kann, so dass er, wenn er ihm eine bestimmte Übung vorschreibt, deren Wirkung beobachten und ihn sofort aufhalten kann, wenn er sieht, dass irgendwelche Probleme auftreten. Das ist die uralte Sitte in diesen esoterischen Angelegenheiten gewesen, und zweifellos ist es die einzige Weise, in der wirklicher Fortschritt mit Schnelligkeit und Sicherheit gemacht werden kann. Die erste und schwierigste Aufgabe des Schülers ist es, das Chaos in sich in Ordnung zu bringen, die Menge der unwichtigen Interessen zu eliminieren und die wandernden Gedanken unter Kontrolle zu bringen, und das muss durch stetigen Druck des Willens erreicht werden, der auf alle seine Körper über einen Zeitraum von vielen Jahren ausgeübt wird.

Unser Autor sagt uns, dass, wenn die Lehrsysteme auch diesseits des Himalaya in den esoterischen Schulen unterschiedlich sind, sie auf der anderen Seite alle gleich sind. Wir müssen hier das Wort »esoterisch« betonen, denn wir wissen, dass die Korruption und die üblen magischen Praktiken in der exoterischen Religion auf der nördlichen Seite der Berge schlimmer sind als auf der südlichen. Wir dürfen vielleicht sogar den Ausdruck »jenseits des Himalaya« eher in einem symbolischen als in einem streng geographischen Sinne verstehen, und viele vermuten, dass es die Schulen sind, die unseren Meistern die Treue halten, wo die Lehre nicht unterschiedlich ist. Dies ist in einem bestimmten Sinne sehr wahr – dem wichtigsten aller Sinne, aber das kann den Leser irreführen, wenn es nicht sorgfältig erklärt wird. Der Sinn, in dem alle gleich sind, ist, dass alle das tugendhafte Leben als den einzigen Weg anerkennen, der zu geistiger Entwicklung führt, und die Bezwingung der Begierde als den einzigen Weg, sie loszuwerden. Es gibt Schulen für esoterisches Wissen, die meinen, dass das tugendhafte Leben unnötige Beschränkungen auferlegt. Sie lehren gewisse Formen psychischer Entwicklung, aber sie kümmern sich nicht um den Gebrauch, den die Schüler hinterher von der ihnen gegebenen Kenntnis machen. Es gibt andere, die meinen, dass man Begierden aller Art bis zum Äußersten nachgeben solle, damit durch Überdruss Gleichgültigkeit erreicht werde. Aber keine Schule, die eine dieser Lehren vertritt, steht unter der Führung der Großen Weißen Bruderschaft. In jeder Institution, die auch nur entfernt mit ihr eine Beziehung unterhält, sind Reinheit des Lebens und Vornehmheit des Zieles unentbehrliche Voraussetzungen.

Der nächste Absatz im Vorwort enthält zwei der geringfügigen Ungenauigkeiten, auf die ich mich bezogen habe. Unser Autor erwähnt »das große mystische Werk, genannt *Paramartha*, von dem vermutet wird, dass es Nagarjuna von den Nagas übergeben worden sei«. Nagarjunas großes Buch hieß nicht Paramartha, sondern *Prajna Paramita* = die Weisheit, die zum anderen Ufer bringt; aber es ist wahr, dass das Thema, das in diesem Buch behandelt wird, das Paramartha Satya ist, jenes Bewusstsein des Weisen, das Illusion bezwingt. Wie schon erwähnt, war Nagarjuna einer der drei großen buddhistischen Lehrer der früheren Jahrhunderte. Es wird vermutet, dass er 180 n. Chr. starb. Er ist Theosophen jetzt unter dem Namen des Meisters Kuthumi bekannt. Exoterische Schriftsteller beschreiben manchmal Aryasanga als seinen Rivalen, aber da wir ihre enge Beziehung in einem früheren Leben in Griechenland kennen und jetzt wieder in diesem gegenwärtigen Leben, sehen wir sofort, dass das nicht so gewesen sein kann. Es ist gut möglich, dass nach beider Tod ihre Schüler versucht haben könnten, die Lehre des einen der des anderen gegenüberzustellen, wie Schüler es in ihrem unbedachten Eifer oft machen; aber dass sie selbst in vollkommener Übereinstimmung waren, zeigt die Tatsache, dass Aryasanga Nagarjunas Werk sehr schätzte und es in seinem »Buch der Auszüge für den Gebrauch seiner Jünger« abschrieb.

Es ist jedoch nicht sicher, dass das *Prajna Paramita* das Werk Nagarjunas war, denn die Legende scheint zu beinhalten, dass ihm das Buch von den Nagas (oder Schlangen) übergeben wurde. Madame Blavatsky deutet dies als einen Namen, der den früheren Initiierten gegeben wurde, und das kann gut so gewesen sein, obwohl es noch eine andere, sehr interessante Möglichkeit gibt. Ich habe herausgefunden, dass die alten Inder den Namen Nagas oder Schlangen einem der großen Stämme oder Clans der toltekischen Völker von Atlantis gegeben haben, weil diese als Standarte eine um einen Stab gewundene goldene Schlange vor sich her trugen, wenn sie in den Kampf zogen. Dies kann gut irgendein Totem oder Stammessymbol gewesen sein oder vielleicht lediglich das Wappen einer großen Familie. Dieser Stamm oder diese Familie muss eine Führungsrolle in der ursprünglichen atlantischen Kolonisierung von Indien und den Ländern eingenommen haben, die damals südöstlich davon existierten. Wir finden die Nagas unter der Urbevölkerung Ceylons erwähnt, die angetroffen wurde, als Vijaya und seine Gefährten dort landeten. So könnte eine mögliche Deutung dieser Legende sein, dass Nagarjuna dieses Buch von einer früheren Kultur erhielt – mit anderen Worten, dass es eine atlantische Schrift ist. Und wenn, wie vermutet worden ist, bestimmte Teile der Upanischaden aus derselben Quelle kamen, würde es wenig Grund geben, sich über die Identität der Lehre zu wundern, von der Madame Blavatsky auf derselben Seite spricht.

Das *Gnyaneshwari* (in der ersten Auflage mit *Dhyaneshwari* buchstabengetreu wiedergegeben) ist kein Sanskrit-Werk, sondern wurde im 13. Jahrhundert unserer Ära in Marathi geschrieben.

Auf der nächsten Seite finden wir einen Verweis auf die Yogacharya- (oder genauer Yogachara-)Schule des Mahayana. Ich habe schon den Versuch erwähnt, der von Aryasanga gemacht wurde, aber es sollten vielleicht ein paar Worte über die verzwickte Frage der „Fahrzeuge" gesagt werden. Die buddhistische Lehre zeigt sich uns heute in zwei großen Teilen, der nördlichen und der südlichen Schule. Die erstere umfasst China, Japan und Tibet, die letztere herrscht in Ceylon, Siam, Burma und Kambodscha. Gewöhnlich wird angegeben, dass der nördliche Buddhismus das *Mahayana* vertritt und der südliche das *Hinayana* (gewöhnlich bekannt als *Theravada*), aber ob überhaupt so viel mit Sicherheit gesagt werden kann, hängt von der Nuance der Deutung ab, die wir einem viel umstrittenen Wort geben. *Yana* bedeutet Fahrzeug, und man ist sich einig, dass es auf das *Dhamma* (oder Gesetz) als das Schiff angewendet werden soll, das uns über das Meer des Lebens zu Nirvana hinüberbringt, aber es gibt mindestens fünf Theorien über den genauen Sinn, in dem es aufgefasst werden soll:

1. Dass es sich einfach auf die Sprache bezieht, in der das Gesetz geschrieben ist. Das größere Fahrzeug wäre nach dieser Hypothese Sanskrit und das geringere Fahrzeug Pali – eine Theorie, die mir unhaltbar scheint.
2. *Hina* kann anscheinend sowohl in der Bedeutung von niedrig oder leicht als auch von klein aufgefasst werden. Eine Deutung betrachtet das Hinayana daher als den geringeren oder leichteren Weg zur Befreiung – das nicht reduzierbare Minimum von Wissen und Verhalten, um sie zu erlangen – während das Mahayana die vollere und mehr philosophische Lehre ist, die viel zusätzliches Wissen über höhere Bereiche der Natur einschließt. Unnötig zu sagen, dass diese Deutung aus einer Mahayana-Quelle kommt.

3. Dass der Buddhismus in seiner unfehlbaren Höflichkeit anderen Religionen gegenüber sie alle als Wege der Befreiung akzeptiert, obwohl er die Methode, die durch seinen Gründer gelehrt wurde, als diejenige ansieht, die die kürzeste und sicherste Strecke anbietet. Nach dieser Sicht ist der Buddhismus das Mahayana; und das Hinayana umfasst Brahmanismus, Parsismus, Jainismus und beliebige andere Religionen, die zu der Zeit existierten, als die Definition formuliert wurde.
4. Dass die zwei Lehren einfach zwei Stadien einer Lehre sind: Das Hinayana (Theravada) für die Shravakas oder »Hörer«, das Mahayana für die fortgeschrittenen Schüler.
5. Dass das Wort *Yana* nicht genau in seiner Grundbedeutung von »Fahrzeug« verstanden werden muss, sondern eher in einem zweiten Sinne, fast gleichbedeutend mit dem Wort Karriere (englisch: »career« = Karriere, »carrier« = Träger). Nach dieser Deutung zeigt das Mahayana einem Menschen die »große Karriere«, ein Bodhisattva zu werden und sich dem Wohl der Welt zu widmen, während das Theravada ihm nur die »kleinere Karriere« zeigt, so zu leben, dass er Nirvana für sich selbst erlangt.

Der nördliche und südliche Buddhismus sind in etwa so verwandt, wie es die Katholiken und Protestanten unter den Christen sind. Die nördliche Schule gleicht der katholischen Kirche. Sie hat manches zu den Lehren des Buddha hinzugefügt. Zum Beispiel nahm sie viel von der bodenständigen Verehrung an, die auf dem Land gefunden wird – Zeremonien wie jene zu Ehren von Naturgeistern oder vergöttlichten Naturkräften. Als christliche Missionare zu den nördlichen Buddhisten gingen, fanden sie Zeremonien, die so sehr ihren eigenen glichen, dass sie sagten, es sei Plagiat aufgrund von Teufelswerk, und als es unwiderleglich bewiesen war, dass diese Zeremonien aus der vorchristlichen Ära datierten, sagten sie, es sei »Plagiat durch Vorwegnahme«!

In den buddhistischen Schriften gibt es, wie in allen anderen auch, widersprechende Thesen; so gründet sich die südliche Schule auf bestimmte Texte. In ihrer Bestrebung, Auswüchse zu vermeiden, ignoriert sie die anderen oder bezeichnet sie als Einfügungen. Das hat sie in ihrem Spielraum beschränkter gemacht als die nördliche

Schule. Um ein Beispiel zu nennen: Der Buddha predigte ständig gegen die Vorstellung von der Fortdauer der Persönlichkeit, die offensichtlich zu seiner Zeit weit verbreitet war. Die Ansicht ist auch unter den Christen üblich – dass unsere Persönlichkeiten bis in alle Ewigkeit weiterleben. Aber während er lehrte, dass nichts von alledem, womit Menschen sich gewöhnlich identifizieren, für immer bestehen bleibt, machte er höchst unmissverständliche Aussagen über die aufeinander folgenden Leben von Menschen. Er gab Beispiele von vorhergegangenen Leben; und als ihn irgendein König fragte, wie es wäre, die Erinnerung an frühere Leben wiederzubekommen, sagte er, es sei, wie sich zu erinnern, was man gestern und an vorangegangenen Tagen getan habe, wenn man dieses oder jenes Dorf besuchte. Dennoch lehrt die südliche Schule jetzt, dass nur Karma fortdauert, nicht ein Ego. So als ob der Mensch in einem Leben eine bestimmte Menge Karma anhäufte, dann stürbe und nichts bliebe von ihm; dann würde eine andere Person geboren und müsste das Karma tragen, das sie nicht verursacht hätte.

Aber während die südlichen Buddhisten lehren, dass nur das Karma überlebt, sprechen sie trotzdem gleichzeitig von dem Erreichen von Nirvana. So dass, wenn du einen Mönch fragst, warum er das gelbe Gewand trägt, er dir antworten wird: »Um Nirvana zu erreichen.« Und wenn du sagst: »In diesem Leben?«, wird er sofort antworten: »O nein, dazu sind viele Leben notwendig.« So segnet ein Mönch auch nach jeder Predigt, die er hält, seine Gemeinde mit den Worten: »Möget ihr Nirvana erreichen«, und wieder wird er auf deine Frage, ob sie es in diesem Leben erreichen könnten, sagen: »Nein, sie werden viele Leben brauchen.« So bleibt ein praktischer Glaube an die fortdauernde Existenz eines Individuums bestehen, trotz der formellen Lehre des Gegenteils.

Madame Blavatsky verwendet zwei Seiten auf die Frage der verschiedenen Schriftarten, die in den Himalaya-Klöstern übernommen wurden. In Europa und Amerika ist das römische Alphabet praktisch allgemeingültig verbreitet, dass es vielleicht gut ist, um unserer westlichen Leser willen zu erklären, dass im Osten ganz andere Bedingungen herrschen. Jede der zahlreichen orientalischen Sprachen – Tamil, Telugu, Singhalesisch, Nepalesisch, Tibetisch, Siamesisch und viele andere – hat ihr eigenes Alphabet und ihre eigene Schreibweise, und wenn ein Schreiber in einer davon aus einer fremden Sprache zitiert, drückt er diese Sprache in seinen eigenen Buchstaben aus, so wie ein englischer Schreiber, wenn er einen deutschen oder russischen Satz zitieren müsste, ihn wahrscheinlich nicht in deutscher oder russischer Schrift schreiben würde, sondern in lateinischer. So haben wir, wenn wir uns mit einem orientalischen Manuskript befassen, immer zwei Punkte zu berücksichtigen – die Sprache und die Schrift, und diese beiden sind keineswegs immer gleich.

Wenn ich ein Palmblatt-Buch in Ceylon zur Hand nehme, ist es fast mit Sicherheit in der schönen singhalesischen Schrift geschrieben, aber daraus folgt durchaus nicht, dass es in singhalesischer *Sprache* ist. Fast ebenso wahrscheinlich ist es in Pali, Sanskrit oder Elu. Dasselbe trifft für jede beliebige der anderen Schriften zu. So dass, wenn Madame Blavatsky sagt, dass die Auszüge manchmal in Tibetisch geschrieben sind, sie sehr wahrscheinlich nur meinen dürfte, in tibetischen Buchstaben, und nicht notwendigerweise in der tibetischen Sprache. Ich habe keine Beispiele der sonderbaren Schriftzeichen gesehen, die sie beschreibt, bei denen man Farben und Tiere Buchstaben darstellen lässt. Sie spricht im selben Absatz von den dreißig einfachen Buchstaben des tibetischen Alphabets. Diese sind allgemein anerkannt, aber es ist nicht klar, was mit dem Hinweis ein bisschen später auf dreiunddreißig einfache Buchstaben gemeint ist, denn wenn sie sie ohne die vier Vokale nimmt, sind es nur dreißig, während wir einschließlich der Vokale natürlich nicht dreiunddreißig, sondern vierunddreißig haben würden. Was die zusammengesetzten Buchstaben betrifft, so kann ihre Anzahl unterschiedlich angegeben werden; eine Grammatik, die vor mir liegt, gibt über hundert an, aber wahrscheinlich bezieht sich Madame Blavatsky nur auf die allgemein gebräuchlichen.

Ich erinnere mich an eine interessante Veranschaulichung ihrer Aussage über eine der chinesischen Arten zu schreiben. Als ich in Ceylon war, kamen uns eines Tages zwei buddhistische Mönche aus dem Inneren Chinas besuchen – Männer, die keine Sprache sprechen konnten, mit der irgendeiner von uns vertraut war. Aber glücklicherweise wohnten bei uns gerade ein paar japanische Studenten infolge von Colonel Olcotts großartiger Idee, dass jede der beiden Schulen, die nördliche und die südliche, einige ihrer Neophyten schicken solle, um die Besonderheiten und die Lehren der anderen kennenzulernen. Diese jungen Männer konnten kein Wort von dem verstehen, was diese chinesischen Mönche sagten, aber sie waren imstande, durch Schreiben Ideen mit ihnen auszutauschen. Die geschriebenen Zeichen bedeuteten für sie das gleiche, obwohl sie sie mit ganz verschiedenen Namen bezeichneten, so wie ein Franzose und ein Engländer jeder eine Reihe von Zahlen vollkommen verstehen würde, obwohl einer sie »un, deux, trois« nennen würde und der andere »one, two, three«. Dasselbe trifft auf die Notenschrift der Musik zu. So hatte ich ein sehr eigenartiges und interessantes Gespräch mit diesen Mönchen, bei dem jede Frage, die ich stellte, zuerst durch eines unserer Mitglieder ins Singhalesische übersetzt wurde, damit der japanische Student sie verstand, dann schrieb der letztere sie mit einem Schreibpinsel in der für Chinesen und Japaner gemeinsamen Schriftart nieder; der chinesische Mönch las sie und schrieb seine Antwort in den gleichen Zeichen auf, die dann der japanische Student ins Singhalesische übersetzte und unser Mitglied ins Englische. Unter diesen Bedingungen war das Gespräch langsam und ein wenig unsicher, aber trotzdem war es eine interessante Erfahrung.

2

Die höheren und die niederen Kräfte

»Diese Unterweisungen sind für jene bestimmt, welche die Gefahren der niederen Iddhis nicht kennen.«

Zu diesem Einleitungssatz der »Stimme der Stille« gibt es folgende Bemerkung von Madame Blavatsky:

> Das Pali-Wort *Iddhi* ist gleichbedeutend mit dem Sanskrit-Wort Siddhis oder psychische Fähigkeiten, die außergewöhnlichen Kräfte im Menschen. Es gibt zwei Arten von Siddhis – eine Gruppe umfasst die niederen, rohen, psychischen und mentalen Energien, während die andere die höchste Schulung spiritueller Kräfte erfordert. Krishna sagt im Shrimad Bhagavatam:
>
> »Wer mit der Verrichtung von Yoga beschäftigt ist, seine Sinne unterworfen hat und sein Denken auf mich (Krishna) konzentriert hat, solchen Yogis stehen alle ***Siddhis*** zu dienen bereit.«

Es gibt eine Unzahl Missverständnisse über dieses Thema der psychischen Kräfte; und es wird dem Schüler einen großen Teil Schwierigkeiten ersparen, wenn er versuchen wird, eine vernünftige Vorstellung davon zu bekommen, von der er ausgehen kann. Vor allem lasst ihn keine falsche Auslegung mit dem Wort »außergewöhnlich« verbinden. Diese Kräfte sind nur in dem Sinne anormal, dass sie gegenwärtig ungewöhnlich sind – nicht im Mindesten in dem Sinne, dass sie in irgendeiner Weise unnatürlich sind. Sie sind vollkommen natürlich für jeden Menschen – tatsächlich sind sie latent in jedem Menschen hier und jetzt. Einige wenige Menschen haben sie schon von dem latenten in den aktiven Zustand entwickelt, aber die Mehrheit hat bisher noch keine Anstrengung in dieser Richtung unternommen, und so schlafen die Kräfte noch.

Der einfachste Weg, die Hauptidee zu erfassen, ist es, sich zu erinnern, dass der Mensch eine Seele ist und sich auf verschiedenen Ebenen durch Körper manifestiert, die jenen Ebenen angemessen sind. Wenn er in dieser physischen Welt handeln, sehen oder hören will, so kann er das nur durch einen Körper, der aus dieser physischen Materie gemacht ist. Entsprechend muss er, wenn er sich in der astralen Welt zeigen will, einen astralen Träger haben, denn der physische Körper ist dort nutzlos und sogar unsichtbar, genauso wie der Astralkörper für unsere physische Sicht unsichtbar ist. Ebenso muss ein Mensch, der auf der Mentalebene leben will, seinen Mentalkörper benutzen.

Psychische Fähigkeiten zu entwickeln, bedeutet zu lernen, die Sinne dieser verschiedenen Körper zu benutzen. Wenn ein Mensch nur seine physischen Sinne benutzen kann, so vermag er nur Dinge dieser physischen Welt zu sehen und zu hören. Wenn er lernt, die Sinne seines Astralkörpers zu gebrauchen, so kann er außerdem die Dinge der Astralwelt sehen und hören. Man muss dazu nur lernen, auf zusätzliche Schwingungen zu reagieren. Wenn man sich eine Tabelle der Schwingungsfrequenzen in einem beliebigen Physikbuch ansieht, wird man feststellen, dass eine große Anzahl davon in uns kein Echo hervorruft. Eine bestimmte Anzahl spricht unsere Ohren an, und wir hören sie als Schallwellen, eine andere Gruppe macht Eindrücke auf unsere Augen, und wir nennen sie Lichtstrahlen. Aber zwischen diesen beiden Bereichen und oberhalb sowie unterhalb von beiden gibt es Tausende von anderen Frequenzbereichen, die überhaupt keinen Eindruck auf unsere physischen Sinne machen. Ein Mensch kann sich so entwickeln, dass er für alle diese Ätherwellen empfänglich wird und für noch feinere Materie als den Äther. Wir nennen einen Menschen, der das getan hat, hellsichtig oder hellhörend, weil er mehr sehen und hören kann als der unentwickelte Mensch.

Die Vorteile einer solchen Entfaltung der inneren Sicht sind beträchtlich. Dem Menschen, der sie besitzt, steht eine andere und viel weitere Welt offen. Oder, um genauer zu sein, er findet, dass die Welt, in der er immer gelebt hat, Ausdehnungen und Möglichkeiten aller Art hat, von denen er bisher nichts wusste. Seine Studien mögen ihn schon informiert haben, dass überall um ihn herum ein ausgedehntes und kompliziertes nicht-physisches Leben anwesend ist – Königreiche von Devas und Naturgeistern; eine riesige Zahl seiner Mitmenschen, die ihren dichten Körper im Schlaf oder Tod beiseite gelegt haben; Kräfte und Einflüsse vieler Arten, die geweckt und benutzt werden können durch jene, die sie verstehen. Aber alle diese Dinge selbst zu sehen, statt nur daran zu glauben, fähig zu sein, mit ihnen aus erster Hand in Beziehung zu treten und mit ihnen zu experimentieren – alles dies macht das Leben viel voller und interessanter. Wer so auf höheren Ebenen die Ergebnisse seiner Gedanken und Handlungen verfolgen kann, wird dadurch eine wirksamere und nützlichere Person. Der Gewinn einer solchen Bewusstseinsentfaltung ist offensichtlich. Aber wie ist die andere Seite der Sache? Madame Blavatsky schreibt über die Gefahren dieser Entwicklung, und zwar über zwei Arten davon, eine niedere und eine höhere. Wir wollen diesen letzten Punkt zuerst behandeln.

Alle Information, die den Menschen von außen erreicht, kommt zu ihm durch das Mittel von Schwingungen. Schwingungen der Luft übertragen den Ohren Töne, während solche des Lichtes den Augen Bilder bringen. Wenn er Dinge und Lebewesen der astralen und mentalen Welten sieht, so kann das nur durch den Einfluss von Schwingungen astraler und mentaler Materie auf die Körper sein, die jeweils fähig sind, auf sie zu reagieren. Denn der Mensch kann die Astralwelt nur durch die Sinne seines Astralkörpers sehen und die Mentalwelt durch jene seines Mentalkörpers.

In jeder dieser Welten gibt es – wie in dieser – gröbere und feinere Materiearten; und im Allgemeinen sind die Ausstrahlungen der feineren Arten wünschenswert, während die der gröberen Arten ausgesprochen unerwünscht sind. Ein Mensch hat beide Arten von Materie in seinem Astralkörper, und er ist deshalb fähig, auf beide zu reagieren, auf die höheren und die niedrigeren Schwingungen. Und es ist seine Sache, zu wählen, welcher von beiden er seine Aufmerksamkeit zuwenden will.

Wenn er entschieden die niederen Einflüsse ausschließt und nur die höheren aufnimmt, so mögen sie für ihn von großer Hilfe sein, sogar auf astralen und mentalen Ebenen. Aber Madame Blavatsky will keinen von diesen haben, nicht einmal als zeitweilige Hilfen;

sie ordnet sie alle zusammen ein als »niedere, grobe, psychische und mentale Energien« und dringt darauf, dass wir zu weit höheren Ebenen vorwärtsschreiten, die jenseits der Illusionen der Persönlichkeit liegen. Offensichtlich sieht sie die Gefahren der gewöhnlichen psychischen Entwicklung als schwerwiegender an als die Vorteile. Aber da ein gewisser Anteil dieser Entwicklung sicher im Laufe der Evolution des Jüngers kommt, warnt sie uns vor einigen Punkten, für die besondere Sorgfalt nötig ist.

In unserer eigenen Erfahrung während der vierzig Jahre, die vergangen sind, seit Madame Blavatsky dies geschrieben hat, haben wir einiges von diesen Gefahren an Fällen von verschiedenen Schülern gesehen.

Stolz ist die erste der Gefahren; und er spielt eine wichtige Rolle. Der Besitz einer Fähigkeit, die, obwohl das Erbteil der ganzen menschlichen Rasse, bisher erst sehr selten manifestiert ist, verursacht oft, dass sich der (oder noch öfter die) unwissende Hellsehende über seine Kameraden erhaben fühlt, vom Allmächtigen erwählt für eine Mission weltweiter Wichtigkeit, ausgestattet mit einem feinen Gespür, das nie irren kann, erwählt unter Engelsführung, der Gründer eines neuen Glaubenssystems zu sein oder Ähnliches. Man sollte sich erinnern, dass es immer eine Menge launige und schelmische Wesen auf der anderen Seite des Vorhangs gibt, die bereit und sogar begierig sind, alle solche Wahnvorstellungen zu fördern, alle solche Gedanken zu reflektieren und zu verkörpern und jede Erzengel- oder Geistführer-Rolle auszufüllen, die sich ihnen zufällig anbieten mag. Unglücklicherweise ist es so verheerend leicht, den Durchschnittsmenschen zu überzeugen, dass er wirklich im Grund ein sehr feiner Kerl ist und durchaus wert, der Empfänger einer besonderen Offenbarung zu sein, auch wenn es seinen Freunden zufolge durch Blindheit oder Vorurteil bisher irgendwie misslang, ihn richtig einzuschätzen.

Eine andere Gefahr, vielleicht die größte von allen, da sie die Mutter aller anderen ist, ist *Unwissenheit*. Wenn der Hellsehende irgendetwas über die Geschichte seines Faches weiß, wenn er überhaupt die Bedingungen jener anderen Ebenen versteht, in die seine Vision eindringt, kann er natürlich nicht annehmen, dass er die einzige Person sei, die jemals so hoch begünstigt war, noch kann er mit selbstzufriedener Sicherheit fühlen, dass es für ihn unmöglich sei, Fehler zu machen. Aber wenn er, wie so viele, überhaupt nichts über die Geschichte, die Bedingungen und alles andere weiß, so ist er erstens anfällig für alle Arten von Fehlern bezüglich dessen, was er sieht, und zweitens stets gefährdet, eine leichte Beute aller Sorten von hinterhältigen und trügerischen Wesenheiten der Astralebene zu werden. Er hat kein Unterscheidungsvermögen, um das zu beurteilen, was er sieht oder zu sehen meint, keinen Test, den er auf seine Visionen oder Kommunikationen anwenden kann; also hat er kein Gefühl für Größenverhältnisse oder Angemessenheit von Dingen, und er vergrößert eine Schulheft-Maxime zu einem Stück göttlicher Weisheit, eine Plattheit höchst gewöhnlicher Art zu einer Engelsbotschaft. Außerdem wird er wegen Mangels an allgemeiner Kenntnis über wissenschaftliche Themen oft vollständig missverstehen, wozu ihn seine Fähigkeiten in die Lage versetzen, und folglich wird er die ungeheuerlichsten Absurditäten ganz ernst verbreiten.

Die dritte Gefahr ist die der *Unreinheit*. Der Mensch, der rein ist im Denken und Leben, rein in der Absicht und frei von der Anlage des Egoismus, ist durch eben diese Tatsache vor dem Einfluss von unerwünschten Wesenheiten von anderen Ebenen geschützt. In ihm gibt es nichts, was sie ausnutzen können. Er ist kein geeignetes Medium für sie. Andererseits umgeben solch einen Menschen natürlicherweise alle guten Einflüsse und beeilen sich, ihn als einen Kanal für ihr Wirken zu benutzen; und so wird noch eine weitere Schranke um ihn errichtet gegen alles, was gemein, niedrig und schlecht ist. Ein Mensch mit unreinem Leben oder Motiv dagegen zieht unvermeidlich all das Schlechte der unsichtbaren Welt an, die uns so unmittelbar umgibt. Er antwortet bereitwillig darauf, während es den Kräften des Guten kaum möglich sein wird, irgendwelchen Eindruck auf ihn zu machen.

Aber ein Hellsehender, der an alle diese Gefahren denkt und sich bemüht, sie zu vermeiden, der sich die Mühe macht, die Geschichte und die Hintergründe des Hellsehens zu studieren, der darauf achtet, dass sein Herz bescheiden und seine Motive rein sind – solch ein Mensch kann mit Sicherheit sehr viel durch diese Kräfte lernen, die er in seinem Besitz findet, und kann aus ihnen den größten Nutzen ziehen für die Arbeit, die er zu tun hat.

Die Siddhis sind in beträchtlicher Länge im dritten Kapitel der Yoga-Sutras von Patanjali aufgezählt. Er sagt von ihnen, sie seien auf fünf Arten zu erlangen – durch Geburt, durch Drogen, durch Mantras, durch Bemühungen (*tapas*) und durch Samadhi.

Wir sind geboren worden in einer besonderen Art von Körper als Folge unserer Handlungen in früheren Inkarnationen; und wenn wir uns von Natur aus im Besitz von psychischen Kräften befinden, dann dürfen wir es als selbstverständlich betrachten, dass wir dafür in irgendeiner Weise in früheren Leben gearbeitet haben. Viele Hellsehende heutiger Tage, in denen die Fähigkeit leicht geweckt wurde, die aber vielleicht keine hohe Spiritualität erreicht haben, sind in Positionen wie jenen der vestalischen Jungfrauen Griechenlands oder Roms gewesen, der geringeren Yogis von Indien oder sogar der Medizinmänner von verschiedenen Eingeborenen-Stämmen oder der »weisen Frauen« des Mittelalters. Es gab in dieser Sache immer einen sehr weiten Bereich.

Was solchen Leuten geschehen wird und wie ihre spirituellen Leben sich gestalten werden, hängt weitgehend von jenen ab, mit denen sie durch ihr Karma in Berührung kommen. Wenn ihr Karma sie zur Theosophie führt, werden sie die Gelegenheit haben, etwas über diese erwachenden Fähigkeiten zu lernen und in den Esoterischen Schulen in den vorbereitenden Charaktereigenschaften und in Reinheit des physischen und magnetischen Lebens trainiert zu werden, die von allen wahren Esoterikern vorgeschrieben werden, so dass sie etwas später ihre psychischen Kräfte sicher entwickeln können und von großem Dienst für die Menschheit werden.

Wenn sie dagegen mit der spiritistischen Denkrichtung in Berühung kommen, dann ist es sehr wahrscheinlich, dass sie einer Linie folgen, die oft zu passivem Mediumismus (Channeling) führt, genau das Gegenteil von dem, was wir versuchen zu erreichen.

Es gibt einige, die sich zum Erlangen magischer Kräfte dem Pseudo-Okkultismus zuwenden, um persönlichen Ehrgeiz zu befriedigen. Dieser Weg ist voll der ernstesten Gefahren. Manchmal laden solche Leute in einer passiven Verfassung unbekannte Wesenheiten der Astralwelt ein, an ihren Auren oder ihrem Organismus zu arbeiten und sie deren Zwecken anzupassen. Manchmal praktizieren sie verschiedene Formen von Hatha-Yoga, die hauptsächlich aus seltsamen Atmem-Techniken bestehen, die unglücklicherweise in den vergangenen Jahren überall in der westlichen Welt gelehrt worden sind. Als Ergebnis solchen Vorgehens tritt oft mentale und körperliche Unordnung ernster Art auf, während bestenfalls der Kontakt, der mit den inneren Welten gewonnen wird, sich selten über die unteren astralen Ebenen hinaus erstreckt, von denen nichts die Menschheit Erhebendes kommen kann.

Zur zweiten Methode, der Benutzung von *Drogen*, gibt es eine Bemerkung von Vyasa in seinem Kommentar über die Yoga Sutras, die besagt, dass diese »in den Häusern der Asuras« benutzt werden, um die Siddhis zu wecken. Die Asuras sind das Gegenteil der Suras; und das Wort kann grob übersetzt werden mit »die Ungöttlichen«. Die Suras sind die Wesen an der Seite Gottes, die an Seinem Plan der Aufwärtsentwicklung des Lebens arbeiten.

Patanjali empfiehlt diese Methode nicht, er gibt nur eine Aufzählung der Wege, auf denen die Siddhis erlangt werden können. Ein Studium der Sutras zeigt sehr klar, dass er nur die letzte der fünf Methoden seiner Liste für gut hält, diejenige durch Samadhi oder Kontemplation.

Wir können bis zu einem gewissen Grad die Wirkung von Drogen auf den Körper verstehen, wenn sie als ein Mittel zur Erweckung psychischer Kräfte benutzt werden, wie in der vierten Menschheit Hellsehen mit Hilfe des sympathischen Nervensystems ziemlich häufig vorkam. Damals reagierte die astrale Hülle, die noch nicht richtig zu einem Körper oder Bewusstseinsträger organisiert war, in einer allgemeinen Weise auf die Eindrücke, die durch die Gegenstände der Astralebene auf sie gemacht wurden. Diese Eindrücke wurden dann in den sympathischen Zentren im physischen Körper reflektiert, so dass das Bewusstsein in diesem Körper astrale und physische Eindrücke zusammen empfing und oft kaum zwischen ihnen unterschied. Tatsächlich war in den früheren Zeiten von Atlantis und in der lemurischen Menschheit die Aktivität des sympathischen Systems weitaus größer als jene des Zerebrospinal-Systems, so dass die astralen Erfahrungen bedeutender waren als die physischen. Aber inzwischen ist das Zerebrospinal-System der beherrschende Bewusstseinsapparat im physischen Körper geworden, und der Mensch wendet folglich den Erfahrungen der physischen Ebene mehr und mehr Aufmerksamkeit zu, da sie stärker und nachdrücklicher geworden sind. Deshalb ist das sympathische System als Übermittler von Eindrücken allmählich eingeschlafen; seine Aufgabe besteht jetzt darin, auf unwillkürliche Weise viele körperliche Funktionen aufrechtzuerhalten, um die sich der Mensch nicht kümmern muss, weil sein Leben mehr mental, emotional und geistig ist als physisch.

Der Einwand gegen den Gebrauch von Drogen ist daher nicht nur, dass sie das gesunde Arbeiten des Körpers durcheinanderbringen und das sympathische System noch einmal in den Vordergrund rücken, wo es nicht sein sollte, sondern auch vom Standpunkt der erreichten psychischen Kräfte aus wecken sie nur wieder dieses System und bringen kunterbunte Eindrücke der Astralwelt in das physische Bewusstsein. Diese kommen im Allgemeinen aus dem niederen Teil der Ebene, in welcher die astrale Materie und die Elementaressenz angesammelt wird, die sich damit befassen, die niederen Leidenschaften und Impulse zu erregen. Manchmal kommen sie von etwas höheren Regionen von Sinnenfreuden, so wie in den Visionen des Grafen von Monte Cristo in Dumas' berühmter Novelle oder in De Quincys *Bekenntnisse eines Opiumessers*; aber diese sind kaum besser als die anderen.

All das ist dem Entwicklungsplan, der für die Menschheit festgelegt ist, völlig entgegengesetzt. Wir alle werden Hellsehen und andere verwandte Kräfte entfalten, aber nicht auf diese Weise. Erst sollte eine Entwicklung der astralen und mentalen Körper stattfinden, so dass sie klare Bewusstseinsträger auf ihren eigenen Ebenen sein können, dann mögen die Chakras im ätherischen Doppel erwachen, wodurch die wertvolle Erkenntnis, die durch jene höheren Körper gewonnen wird, zum Bewusstsein der physischen Ebene heruntergebracht werden kann. Aber alles dies sollte nur getan werden, wenn und wie der Meister es rät. Denkt daran, in *Zu Füßen des Meisters* sagt der Lehrer: »Trage kein Verlangen nach psychischen Kräften.«

Die dritte erwähnte Methode ist die durch den Gebrauch von *Mantras*. Der Ausdruck Mantra wird auf bestimmte Worte der Kraft angewendet, die in der Meditation oder in zeremoniellen Riten benutzt werden und die oft ständig wiederholt werden. Diese sind sowohl in christlichen Ritualen als auch im Osten zu finden, wie in *Die Wissen-*

schaft der Sakramente erklärt wurde. In vielen Religionen werden Töne auf diese Art benutzt und in Verbindung gebracht mit Bildern, Symbolen, Zeichen, Gebärden und manchmal Tänzen.

Der Ausdruck *tapas* (Bemühungen), der benutzt wird, um die vierte Methode zu beschreiben, wird oft in Verbindung gebracht mit Ideen von extremer Entsagung und sogar Selbstfolterung, wie der Methode, den Arm ausgestreckt zu halten, bis er einschrumpft, oder auf einem Nagelbett zu liegen. Diese Praktiken entwickeln sicherlich den Willen, aber es gibt andere und bessere Arten, das zu tun. Diese Hatha-Yoga-Übungen haben den großen Fehler, den physischen Körper nutzlos für jenen Menschheitsdienst zu machen, der vor allen anderen Dingen für des Meisters Arbeit wichtig ist. Der Wille kann genauso wirkungsvoll entwickelt werden im Umgang mit den Schwierigkeiten des Lebens, die von Natur aus und durch Karma zu uns kommen, es gibt keine Notwendigkeit, Schwierigkeiten zu *erzeugen*.

In der *Gita* spricht Sri Krishna energisch gegen diesen Aberglauben. Er sagt: »Die Menschen, die strenge Kasteiung ausüben, die nicht durch die Schriften vorgeschrieben ist, gebunden an Eitelkeit und Egoismus, getrieben durch die Kraft ihrer Wünsche und Leidenschaften, unintelligent, die die Menge der Elemente quälen, die den Körper formen und Mich auch, der im inneren Körper sitzt – wisse, diese sind *asurisch* (ungöttlich) in ihrer Entschlossenheit«. (Gita, XVII, 5—6). Solche Eskapaden können nicht das richtige *Tapas* sein. Das Wort bedeutet buchstäblich »Hitze«, und vielleicht kommt dem, wenn es auf das menschliche Verhalten bezogen wird, das deutsche »Bemühung« (das englische »effort«) am nächsten. Die wirkliche Bedeutung der diesbezüglichen Lehre scheint zu sein: »Tue für den Körper das, wovon du weißt, dass es gut für ihn ist, lasse dabei bloße Bequemlichkeit außer Acht. Lasse dich nicht durch Faulheit, Selbstsucht oder Gleichgültigkeit davon abhalten zu tun, was du kannst, um deine Persönlichkeit gesund und leistungsfähig für die Arbeit zu machen, die sie in der Welt tun sollte.« Sri Krishna sagt in der *Gita*: »Verehrung der Götter, der Älteren, der Lehrer und der Weisen, Reinheit, Aufrichtigkeit, Enthaltsamkeit und Unschädlichkeit sind das *Tapas* des Körpers; wahre, angenehme und nützliche Rede und Studium der heiligen Worte sind das *Tapas* der Sprache;

Frohsinn, Ausgeglichenheit, Stille und Selbstbeherrschung und sich selbst gegenüber ehrlich zu sein, sind das *Tapas* des Geistes.« (XVII, 14—16). Diese Beschreibungen, von jemandem gegeben, den die meisten Hindus als die größte Inkarnation der Gottheit ansehen, weisen gewiss auf keine der schrecklichen Entwicklungen hin, von denen wir manchmal so traurige Beispiele sehen.

Es ist die fünfte Möglichkeit, diejenige durch *Samadhi*, die das *Buch der goldenen Lehren* befürwortet; und wie in den *Yoga-Sutras* und anderen Standardwerken dieser Art gehen ihm *Dharana* und *Dhyana* voran, die gewöhnlich mit Konzentration und Meditation übersetzt werden, während *Samadhi* als Kontemplation interpretiert wird. Diese Übersetzungen aus dem Sanskrit durch ein einziges Wort sind allerdings oft recht unbefriedigend. Die Sanskrit-Worte, die uns durch Zeitalter hindurch überliefert sind, haben eine wunderbare Vielschichtigkeit angenommen. Sie haben sich um viele zarte Nuancen des Sinngehaltes erweitert, die in keinem heutigen englischen (oder deutschen) Ausdruck gefunden werden können. Der einzige Weg, sie richtig zu verstehen, ist der, die Ausdrücke in ihrem Zusammenhang in guten Büchern zu studieren.

Die Siddhis können in zwei Klassen eingeteilt werden, nicht nur in höhere und niedere, sondern auch in Fähigkeiten und Kräfte. Die Welt wirkt durch die Sinne auf uns ein, durch unsere Fähigkeiten zu sehen, zu hören und die übrigen; aber wir wirken auch auf die Welt ein. Diese Dualität trifft auch in Bezug auf überphysisches Wirken zu. Wir empfangen Eindrücke durch die neu entfalteten Kräfte unserer astralen und mentalen Träger, aber wir können auch durch sie handeln. Es ist in Hindu-Büchern üblich, von acht Siddhis zu sprechen:

(1) *anima*, die Kraft, sich in die Lage eines Atomes zu versetzen, so klein zu werden, dass man mit diesem winzigen Ding umgehen kann,

(2) *mahima*, die Kraft, von so ungeheurer Größe zu sein, so dass man mit riesigen Dingen umgehen kann, ohne benachteiligt zu sein.

(3) *laghima*, die Kraft, so leicht zu werden wie ein Watteflöckchen, das vom Wind getragen wird.

(4) *garima*, die Kraft, so dicht und schwer zu werden, wie irgendetwas nur sein kann.
(5) *prapti*, die Kraft, nach etwas Entferntem zu greifen, sogar bis zum Mond.
(6) *prakamya*, die Willenskraft, mit der man alle Wünsche und Begierden verwirklichen kann.
(7) *ishatwa*, die Kraft, zu beherrschen und zu erschaffen.
(8) *vashitwa*, die Befehlsgewalt über alle Dinge.

Diese werden »die großen Kräfte« genannt; aber es werden noch andere erwähnt, solche wie Ruhe und Ausstrahlungskraft, Kontrolle über die Sinne und Lüste, Schönheit und Anmut sowie noch weitere.

Die Schüler von heute packen alle diese Probleme von einem Gesichtspunkt aus an, der so völlig verschieden von dem der Hindu-Schriftsteller von vor tausend Jahren ist, dass es für uns manchmal schwierig ist, sie zu verstehen. Wir sind das Produkt unseres Zeitalters, und das halb-wissenschaftliche Training, durch das wir alle gehen, macht es für uns vom Denken her notwendig, dass wir versuchen, unser Wissen in Rubriken einzuordnen. Jeder ist bestrebt, für sich selbst eine Art von Schema der Dinge aufzubauen, wie grob es auch sein mag, und wenn ihm irgendeine neue Tatsache gezeigt wird, versucht er, dafür ein Plätzchen in seinem Schema zu finden. Wenn sie bequem hineinpasst, akzeptiert er die Tatsache, wenn er sie nicht passend machen kann, dann wird er sie wahrscheinlich zurückweisen, sogar wenn sie mit dem gewichtigsten Beweis zu ihm käme. Obwohl manche Leute fähig zu sein scheinen, ganz vergnügt an Überzeugungen festzuhalten, die sich gegenseitig widersprechen, gibt es auch andere, die dies nicht können, und es ist oft ein schmerzhafter Prozess für sie, ihr Gedankengebäude so umzubauen, dass es einer neuen Tatsache Platz bietet – so schmerzhaft, dass sie ihn nicht selten umgehen, indem sie die Tatsache bequemerweise vergessen oder leugnen. Unsere altindischen Brüder scheinen mir ihre Beobachtungen katalogisiert und so gelassen zu haben. Sie unternahmen keine besonderen Versuche, sie miteinander in Beziehung zu bringen oder sie nach den Ebenen, auf welchen sie stattfanden, oder der Art von Fähigkeit, die sie erforderten, einzuteilen.

Wir haben keine Schwierigkeiten, die erste und zweite Kraft in der Liste der Siddhis zu erkennen. Sie sind Beispiele der Änderung des Bewusstseinsbrennpunktes. Wir nennen sie manchmal Kräfte der Vergrößerung und Verkleinerung. Sie bedeuten die Anpassung des Bewusstseins an die Objekte, mit denen es sich befassen muss, eine Leistung, die dem geübten Esoteriker keine Schwierigkeit bereitet, obwohl es auf der physischen Ebene nicht leicht ist, genau zu erklären, wie man es macht. Die dritte und vierte erwähnen die Möglichkeit, willentlich leicht oder schwer zu werden; dies wird erreicht durch das Verständnis und den Gebrauch der Repulsivkraft, die das Gegenteil von Schwerkraft ist. Bei der fünften bin ich nicht so sicher; es *könnte* sich lediglich auf die Kraft beziehen, im Astralkörper zu reisen, da die Grenze von Astralreisen angedeutet wird durch die Erwähnung des Mondes. Aber ich vermute eher, dass es die Kraft bedeutet, durch eine Willensanstrengung ein bestimmtes Ergebnis in einer Entfernung zu erzeugen. Die sechste und achte sind nur Entwicklungen der Willenskraft, obwohl sehr beachtliche Entwicklungen. Die siebte ist das Gleiche mit der Ergänzung der speziellen Kenntnis, die für die Entmaterialisierung und Rematerialisierung von Gegenständen erforderlich ist. In dieser Liste scheint überhaupt kein direkter Bezug zur Hellsichtigkeit zu sein, weder im Raum noch in der Zeit.

Es muss beachtet werden, dass *Die Stimme der Stille* nicht sagt, dass die niederen *Iddhis*, jene, die zum astralen und mentalen Körper gehören, ganz und gar vernachlässigt werden müssen; sie weist nur darauf hin, dass es ernste Gefahren gibt, die mit ihnen verbunden sind. Wir werden uns etwas später damit befassen müssen, denn wer die Leiter hinaufsteigen will, muss auf jede Sprosse treten.

Wer die Stimme von Nada, den »tonlosen Ton«, hören und sie verstehen will, der muss das Wesen von Dharana kennenlernen.

Hierzu gibt Madame Blavatsky die beiden folgenden Fußnoten:

> Die »tonlose Stimme« oder die »Stimme der Stille«. Wörtlich übersetzt würde dies vielleicht bedeuten »Stimme im ***geistigen***

Ton«, da Nada das dem Senzar-Ausdruck entsprechende Wort in Sanskrit ist.

Dharana ist die intensive und völlige Konzentration des Denkens auf irgendeinen inneren Gegenstand, wobei ein völliges Zurückziehen von allem, was zur Außen- oder Sinneswelt gehört, stattfindet.

Das Wort, das hier mit Konzentration übersetzt wurde, kommt von der Wurzel *dhri*, halten. Das Wort »dharana« (mit kurzem Endvokal) bedeutet gewöhnlich *halten* oder *unterstützen*, aber hier haben wir ein spezielles weibliches Substantiv mit langem Endvokal als Fachausdruck der Konzentration oder das Festhalten des Denkens bezeichnet.

Es wird an einigen Stellen als eine Art von Nachdenken oder Verweilen bei einem gegebenen Gedanken oder Objekt beschrieben, und es wird in den Hindu-Büchern gesagt, dass Meditation und Kontemplation nicht erfolgreich sein werden, wenn dies nicht vorher geübt worden ist. Es ist offensichtlich, dass, während der Verstand auf die Reize der physischen, astralen und niederen mentalen Ebenen reagiert, es unwahrscheinlich ist, dass er die Botschaft hört, die das Ego versucht, der Persönlichkeit von seinen eigenen höheren Ebenen zu übermitteln.

Konzentration ist notwendig, damit dem gewählten Objekt Aufmerksamkeit zugewendet wird und nicht der rastlosen Aktivität der niederen Träger. Es ist üblich, die Übung der Konzentration mit einfachen Dingen zu beginnen. Bei einer bestimmten Gelegenheit kamen ein paar Leute zu Madame Blavatsky und fragten sie, worüber sie meditieren sollten; sie warf eine Streichholzschachtel auf den Tisch und sagte: »Meditieren Sie darauf!« Es erschreckte sie ziemlich, weil sie von ihr erwartet hatten, dass sie ihnen sagen würde, sie sollten über Parabrahman oder das Absolute meditieren. Es ist sehr wichtig, dass diese Konzentration ohne körperliche Anstrengung getan werden sollte. Annie Besant hat uns erzählt, dass, als Madame Blavatsky ihr die ersten Anweisungen gab, es zu versuchen, sie mit großer Intensität begann, aber ihre Lehrerin unterbrach sie und sagte: »Meine Liebe, Sie meditieren nicht mit Ihren Blutgefäßen!«

Es ist erforderlich, den Geist ruhig zu halten, so dass man den Gegenstand des Denkens mit vollkommener Gelassenheit betrachtet, so als würde man auf seine Uhr schauen, um zu sehen, wie spät es ist, nur dass man immer weiter darauf schaut, die ganze Zeit, die vorgeschrieben wurde oder die man als Meditationszeit bestimmt hat. Oft klagen Menschen über Kopfschmerzen und andere Beschwerden als Folge von Meditation; es sollte nie derartige Folgen geben. Wenn sie dafür sorgen, dass der physische Körper gelassen und frei von jeder Art von Anspannung gehalten wird, sogar in den Augen, dann werden sie wahrscheinlich ihre Konzentration viel leichter und erfolgreicher finden und ohne physische Schwierigkeiten und Gefahren. Über dieses Thema sind verschiedene Bücher geschrieben worden, und einige davon bieten äußerst gefährliche Vorschläge an.

In ihrer Fußnote verbindet H. P. B. *Dharana* mit der höheren Mentalebene, denn sie sagt, das Denken müsse auf einen inneren Gegenstand geheftet sein und zurückgezogen von der Sinnenwelt, also von den physischen, astralen und niederen mentalen Welten. Das ist eine Vorschrift für den Kandidaten, der schon auf dem Pfad ist und der das Samadhi der nirvanischen oder atmischen Ebene anstrebt. Aber die drei Ausdrücke Konzentration, Meditation und Kontemplation werden auch allgemeingültig benutzt. Seine Gedanken auf einen Vers der Schriften gerichtet zu halten – das ist Konzentration. Ihn in jedem möglichen Licht zu betrachten und zu versuchen, in seine Bedeutung einzudringen, einen neuen und tiefen Gedanken zu erreichen oder etwas intuitives Licht darüber zu empfangen – das ist Meditation. Seine Aufmerksamkeit stetig für einige Zeit auf das empfangene Licht gerichtet zu halten – das ist Kontemplation. Kontemplation ist als Konzentration oder Meditation auf das oberste Ende einer Gedankenkette definiert worden. Für den orientalischen Schüler ist es üblich, seine Übung mit einem einfachen äußeren Objekt zu beginnen und von diesem seine Gedanken nach innen oder oben zu höheren Dingen zu führen.

3

Der Schlächter des Wirklichen

**Gleichgültig geworden gegenüber Gegenständen der Sinneswahrnehmung, muss der Jünger den Raja (Herrscher) der Sinne suchen, den Gedankenerzeuger, ihn, der die Illusion erweckt.
Der Verstand ist der große Schlächter des Wirklichen.
Lasst den Jünger den Schlächter erschlagen.**

Dieses bezieht sich auf das, was während der Konzentrationsübung gemacht werden muss. In den Hindu-Büchern über das Thema wird erklärt, dass vor der eigentlichen Konzentration der Schüler, der sitzt und übt, seine Aufmerksamkeit von den Sinnesgegenständen zurückziehen muss. Er muss lernen, keine Notiz von irgendwelchen Bildern oder Geräuschen zu nehmen, die in seine Reichweite kommen mögen. Er darf sich nicht anziehen lassen durch irgendjemanden oder irgendetwas, das in sein Gesichtsfeld kommt oder seinen Gefühlssinn berührt. Dann wird er bereit sein zu beobachten, welche Gedanken und Gefühle im Geist selbst aufsteigen, und sich mit ihnen zu beschäftigen.

Wie ich schon erklärt habe, sind in den meisten Personen der mentale und astrale Körper in einem dauernden Zustand von Aktivität, voller Wirbel, die entfernt werden müssen, ehe wahrer Fortschritt gemacht werden kann. Diese sind es, welche die Menge der Illusionen hervorbringen, die den Durchschnittsmenschen heimsuchen und es für ihn außerordentlich schwierig machen, überhaupt von irgendetwas eine wahrheitsgetreue Sicht zu bekommen. Es ist ein Axiom von Sri Shankaracharyas Lehre, das ebenso wie das physische Auge Dinge gut sehen kann, wenn es ruhig ist, aber nicht, wenn es herumwandert, so kann der Verstand Dinge klar verstehen, wenn er still ist. Aber wenn er voller Wirbel ist, werden diese mit Sicherheit die Sicht verzerren und so Illusion erzeugen.

Der Verstand wird der *Raja* oder *König der Sinne* genannt. Manchmal wird von ihm gesprochen als einem von ihnen, wie in der *Gita*:

> Ein Teil meines eigenen Selbst, umgewandelt in der Welt des Lebens in einen unsterblichen Geist, zieht rund um sich die Sinne, deren sechster der Verstand ist, verschleiert in Materie (XV, 7).

Dass der Verstand tatsächlich wie eine Art Sinn handelt, ist offensichtlich, da er das korrigiert, was die fünf Sinne erkennen, und auch die Anwesenheit von Gegenständen jenseits ihrer Reichweite anzeigt. Wenn etwa ein Schatten über deine Türschwelle fällt, kannst du folgern, dass jemand dort ist.

Was *ist* der Verstand, mit dem sich der geistige Sucher so intensiv befassen muss? Patanjali spricht von ihm, wenn er die Yoga-Praxis als *chitta-vritti-nirodha* definiert, was bedeutet: Beherrschung (*nirodha*) der Strudel (*vritti*) des Verstandes (*chitta*). Unter den Vedantisten oder in der Schule von Sri Shankaracharya wird der Ausdruck *antahkarana* nicht so benutzt, wie wir ihn meistens verwenden, sondern er bezeichnet den Verstand im vollsten Sinne. Bei ihnen bedeutet er buchstäblich das ganze innere Organ oder Instrument zwischen dem innersten Selbst und der äußeren Welt und wird immer als aus vier Teilen bestehend beschrieben: Der »Ich-Macher« (ahamkara), Einsicht, Intuition oder reine Vernunft (buddhi), Denken (manas) und Unterscheidung von Gegenständen (chitta). Es sind diese beiden letzteren, die der westliche Mensch gewöhnlich seinen Verstand nennt – mit seinen Kräften des abstrakten und konkreten Denkens. Wenn er an die anderen Prozesse denkt, stellt er sie sich als etwas über dem Verstand vor.

Der Theosoph sollte in diesen vier vedantischen Unterteilungen sein eigenes vertrautes Atma, Buddhi, Manas und den niederen Verstand erkennen. Madame Blavatsky nannte den letzteren *Kama-Manas*, weil er der Teil von Manas ist, der mit Begehren arbeitet und deshalb an materiellen Gegenständen interessiert ist. *Kama* muss so verstanden werden, dass es sich nicht nur auf niedere Wünsche und Leidenschaften bezieht, sondern auch auf jede Art von Begehren oder Anteilnahme an der äußeren Welt um ihrer selbst willen. Das ganze dreifache höhere Selbst ist von diesem Standpunkt aus nichts als das *Antahkarana* (oder die innere Vermittlung) zwischen der Monade und dem niederen Selbst. Es ist zur Tetrade geworden, weil Manas in der Inkarnation doppelt auftritt.

Die drei Teile des höheren Selbst werden als drei Aspekte eines großen Bewusstseins betrachtet. Sie alle sind Arten der Erkenntnis. Atma ist nicht das Selbst, sondern es ist jenes Bewusstsein, welches das Selbst kennt. Buddhi ist dieses Bewusstsein, das das Leben in den Formen durch seine eigene direkte Wahrnehmung kennt. Manas ist dasselbe Bewusstsein, das hinausschaut auf die Welt der Objekte, und Kama-Manas ist ein Teil des letzteren, der in jene Welt eingetaucht und durch sie berührt ist. Das wahre Selbst ist die Monade, deren Leben etwas Großartigeres ist als jenes Bewusstsein, welches das Leben dieses vollständigen Wesens ausmacht, des Höheren Selbst. Deshalb sind Patanjali und Shankara ganz einer Meinung; es ist das Chitta, das Kama-Manas, der niedere Verstand, der der Schlächter des Wirklichen ist und erschlagen werden muss.

Viel von dem, was jetzt von den Theosophen der Astralkörper genannt wird, muss in der indischen Vorstellung von Kama-Manas oder Chitta enthalten sein. Madame Blavatsky spricht auch von vier Kategorien des Verstandes. Erstens gibt es *manas-taijasi*, das strahlende oder erleuchtete Manas, welches wirklich Buddhi ist oder wenigstens jener Zustand des Menschen, wenn sein Manas in Buddhi eingetaucht worden ist und keinen getrennten eigenen Willen hat. Dann gibt es das eigentliche Manas, das höhere Manas, den abstrakt denkenden Verstand. Dann gibt es das Antahkarana, ein Ausdruck, der von Madame Blavatsky lediglich benutzt wird, um das Verbindungsglied, den Kanal oder die Brücke zwischen dem höheren Manas und Kama-Manas während der Inkarnation zu bezeichnen. Schließlich gibt es noch Kama-Manas, das in dieser Theorie die Persönlichkeit ist.

Manchmal nennt sie Manas das Deva-Ego oder das göttliche Selbst zur Unterscheidung vom persönlichen Selbst. Das höhere Manas ist göttlich, weil es positives Denken hat, welches *kriya-shakti* ist, die Kraft, Dinge zu tun. Tatsächlich wird all unsere Arbeit durch Gedankenkraft getan. Nicht die Hand des Bildhauers schafft das Werk, sondern die Gedankenkraft, die jene Hand steuert, tut es. Das höhere

Manas ist göttlich, weil es ein positiver Denker ist, da es den hohen Stand seines eigenen Lebens benutzt, das aus seinem Inneren her scheint. Das ist es, was mit dem Wort »göttlich« gemeint ist (göttlich heißt auf englisch »divine« von *div* = scheinen). Aber der niedere Verstand ist nur ein Reflektor; wie alle anderen materiellen Dinge hat er kein eigenes Licht. Er ist etwas, durch das das Licht kommt oder durch das der Ton kommt – lediglich *persona*, eine Maske.

Das Antahkarana wird in den theosophischen Werken gewöhnlich als das Verbindungsglied zwischen dem höheren Selbst oder dem göttlichen Ego und dem niederen Selbst oder dem persönlichen Ich betrachtet. Das *citta* in jenem niederen Selbst liefert es den Dingen aus, so dass unser Leben hier unten mit der Erfahrung eines Menschen verglichen werden kann, der sich abmüht, in einem Malstrom zu schwimmen. Aber hierauf wird früher oder später nach dem Tod eine Periode in der Himmelswelt folgen. Der Mensch ist herumgewirbelt worden, er hat viele Dinge gesehen, er hat sich allerdings nicht mit einer ruhigen, ausgeglichenen Gemütsverfassung damit befasst, sondern mit Kama-Manas. Deshalb hat er ihre Bedeutung für die Seele nicht verstanden. Aber in der Himmelswelt kann das Ego das *Antahkarana* ausweiten, weil alles jetzt ruhig ist; es müssen keine neuen Erfahrungen gesammelt werden. Die alten können in aller Ruhe verarbeitet werden. Es kann darüber länger nachgedacht und ihre Essenz sozusagen in das göttliche ICH aufgenommen werden. So beginnt dieses ICH sehr oft seinen persönlichen Lebenszyklus tatsächlich mit dem Eintritt in die Himmelswelt und zollt der Person ein Minimum an Aufmerksamkeit während seiner Periode des Materialsammelns.

In diesem Falle funktioniert der Aspekt des Verstandes, der *Antahkarana* ist (nach Madame Blavatskys Klassifizierung), nur sehr schwach vor der Periode des Himmelslebens. Aber wenn ein Mensch während des Lebens des physischen Körpers Experte auf der Astral- und Mentalebene werden will, muss er die positiven Kräfte des höheren Selbstes durch Übung von Dharana oder Konzentration durch diesen Kanal herunterbringen und sich so völlig zum Meister seiner Persönlichkeit machen. Er muss also die astralen und mentalen Strudel verschwinden lassen. Ein Mensch, der auf einem Gebiet genial ist, mag es leicht finden, enorme Konzentration auf seine spezielle

Art von Arbeit anzuwenden, aber wenn er sich davon ausruht, mag sein Alltagsleben sehr wahrscheinlich noch voll von diesen Strudeln sein. Das ist es nicht, was wir wollen. Wir zielen auf nichts Geringeres als die völlige Auflösung der Strudel, als ob der niedere Verstand ausgekämmt wird und zu allen Zeiten zu dem ruhigen und gehorsamen Diener des höheren Selbst gemacht wird.

Diese Strudel können sich zu bleibenden Vorurteilen kristallisieren und tun das auch ständig. Sie bilden richtige Materie-Stauungen auf dem Mentalkörper, ganz ähnlich wie Warzen. Wenn dann der Mensch versucht, gerade durch diesen Teil jenes Körpers hinauszuschauen, kann er nicht klar sehen. Alles ist verzerrt, denn an dieser Stelle lebt und fließt die Mentalmaterie nicht mehr, sondern ist abgestanden und faulig. Die Heilmethode dafür besteht darin, mehr Wissen zu erwerben, um die Materie wieder in Bewegung zu bringen, dann werden die Vorurteile eines nach dem anderen weggespült und aufgelöst.

Auf diese Weise ist der Verstand der große Schlächter des Wirklichen, denn durch ihn sehen wir kein Ding, wie es wirklich ist. Wir sehen nur die Abbilder, die wir uns von ihm machen können, und alles ist für uns zwangsläufig gefärbt durch diese Gedankenformen unserer eigenen Schöpfung. Achte darauf, wie zwei Personen mit vorgefassten Meinungen, die denselben Vorgang sehen und über die tatsächlichen Geschehnisse einer Meinung sind, doch noch zwei völlig verschiedene Geschichten daraus machen. Genau das geht dauernd bei jedem gewöhnlichen Menschen vor, und wir merken nicht, wie absurd wir die Dinge verzerren. Der Jünger *muss* das unter seine Herrschaft bringen, er muss »den Schlächter erschlagen«. Er darf natürlich nicht seinen Verstand zerstören, denn er kann ohne ihn nicht auskommen, aber er muss ihn beherrschen. Der Verstand ist sein Eigentum, aber nicht er selbst, obwohl er versucht, ihm das zu suggerieren. Die beste Methode, seine Wirren zu überwinden, ist es, den Willen zu benutzen. Seine Bestrebungen sind die gleichen wie die des Astralkörpers, der dauernd versucht, dich davon zu überzeugen, dass seine Wünsche die deinigen sind. Du musst sie beide auf genau die gleiche Weise behandeln.

Sogar wenn die Strudel verschwunden sind, die den Verstand mit Vorurteil und Irrtum erfüllen, bleibt immer noch viel Illusion. Die

Übersetzung des Sanskrit-Wortes *avidya* als Unwissenheit ist vielleicht nicht sehr glücklich, obwohl sie weltweit anerkannt wird. Oft gibt es im Sanskrit zarte Schattierungen in der Bedeutung, die man schwer ins Englische (oder Deutsche) übertragen kann. In diesem Fall ist vielleicht das, was gemeint ist, nicht so sehr Unwissenheit als vielmehr Torheit. Ein Mensch mag über einen ausgedehnten Wissensschatz verfügen und trotzdem unklug sein, denn Wissen befasst sich mit Objekten und ihren Beziehungen in Raum und Zeit, während Weisheit sich mit der Seele oder dem Bewusstsein befasst, die in diesen Dingen verkörpert sind. Der weise Politiker versteht die Denkweise des Volkes, die weise Mutter versteht die Denkweise ihrer Kinder. Wie viel man auch immer über materielle Dinge wissen mag, hat man doch, wenn man nur die materielle Sicht und nicht die des Lebens hat, in Wirklichkeit nur Torheit oder *avidya.* »Meistens lebt der Intellekt auf Kosten der Weisheit«, sagt Madame Blavatsky. Aus dieser Torheit oder Unwissenheit entspringen dann vier weitere große Hindernisse des geistigen Fortschrittes; insgesamt sind es also fünf. Sie werden die *kleshas* genannt.

Wenn wir *avidya* als das erste Hindernis ansehen, so ist das zweite *asmita*, die Vorstellung »ich bin dieses« – was ein Meister einst »Eigenpersönlichkeit« nannte. Die Persönlichkeit wird sich während des Lebens zu einem ziemlich bestimmten Wesen mit entschiedenen physischen, astralen und mentalen Formen, Beschäftigungen und Gewohnheiten entwickeln, und dagegen gibt es auch nichts einzuwenden, wenn sie ein gutes Beispiel ist. Aber wenn das innewohnende Leben dazu gebracht werden kann, zu denken, dass es die Persönlichkeit ist, wird es anfangen, deren Interessen zu dienen, statt sie lediglich als ein Werkzeug für seine geistigen Zwecke zu benutzen.

Infolge dieses zweiten Fehlers trachten die Menschen nach unmäßigem Wohlstand, Macht und Ruhm. Wenn ein Mensch seine Land- und Stadthäuser überblickt, seine Yachten und Autos, seine Farmen und Fabriken, so schwillt er vor Stolz und meint, er sei bedeutend, weil er der Eigentümer dieser Dinge genannt wird. Oder er hört jedermann seinen Namen nennen und fühlt, dass Tausende von Leuten ihn in Gedanken loben (oder ihn verfluchen, denn Verruchtheit gefällt oft Menschen, die Ruhm nicht erreichen können), und er betrachtet sich selbst als eine wirklich großartige Persönlichkeit.

Das ist »Eigenpersönlichkeit«, einer der größten Aberglauben in der Welt und eine große Quelle des Leidens für den Einzelnen wie für alle. Der spirituelle Mensch dagegen schätzt sich glücklich, wenn er Meister über seine eigene Hand und sein Gehirn sein kann, und er möchte die Bilder Tausender anderer in seinem Inneren speichern, um ihnen zu helfen, statt in dem Gedanken zu frohlocken, dass sein Bild in *ihren* Köpfen vervielfältigt und vergrößert wird. Daher ist Eigenpersönlichkeit das größte Hindernis für den Gebrauch der Persönlichkeit durch das höhere Selbst und somit zu spirituellem Fortschritt.

Das dritte und vierte Hindernis können zusammen behandelt werden. Es sind *raga* und *dwesha*, Neigung und Abneigung oder Anziehung und Abstoßung. Diese beiden entspringen derselben Eigenpersönlichkeit. Dass sie ihre Vorlieben zeigt, ist unpassend. Es wäre so, als ob ein Auto eine eigene Stimme hätte und sie in großer Unzufriedenheit erheben würde, wenn sein Herr über eine schadhafte Straße fährt, oder in einem Schnurren der Freude, wenn er über eine gute Straße fährt. Die Straße mag für das Auto schlecht sein, aber vom Gesichtspunkt des Fahrers ist es eine gute Sache, dass es dort überhaupt eine Straße gibt, weil er irgendwo hin will, was ohne Straße eine schwierige Sache wäre. Es ist angenehm, unsere Lehnsessel und Kamine und elektrisches Licht und Heizung zu haben, aber wer Fortschritte machen will, muss über Neuland gehen, manchmal materiell und immer im Denken und Fühlen. Das Volk liebt die Dinge, die sich mit seinen festgelegten Annehmlichkeiten und Gewohnheiten vereinbaren lassen. Alles, was diese stört, ist »schlecht«. Alles, was damit zusammenpasst und sie verbessert, ist »gut«. Solch eine Lebensauffassung harmonisiert nicht mit geistigem Fortschritt. Wir weisen Annehmlichkeit nicht zurück, wenn sie kommt, aber wir müssen lernen, dagegen gleichgültig zu sein und die Dinge so zu nehmen, wie sie kommen. Diese Betonung von Neigung und Abneigung muss verschwinden, und die ruhige Beurteilung des höheren Selbstes hinsichtlich dessen, was gut und was schlecht ist, muss an ihre Stelle treten.

Das fünfte Hindernis ist *abhinivesha*, das Resultat des letzteren, der Zustand, festgelegt zu sein, eingewöhnt, gebunden an eine Lebensform oder -art oder an die Persönlichkeit. Dadurch entsteht

Angst vor Altern und Tod, Ereignisse, die es niemals für den Menschen selber geben kann, sondern die zu ihrer Zeit der Person begegnen müssen. Ein regelrechter Tod zu Lebzeiten kann aus diesem fünften Übel herrühren. Menschen verschwenden ihre Jugend mit den Vorkehrungen für Bequemlichkeit und Sicherheit im Alter, und verschwenden dann ihr Alter, um nach der verlorenen Jugend zu suchen, oder sie haben Angst, ihre Körper zu gebrauchen, damit sie sich nicht abnutzen. Sie gleichen einem Mann, der ein schönes Auto kauft und in seiner Garage sitzt und sich an seinem neuen Besitz freut, der es aber nicht übers Herz bringt, es auf die Straße hinauszufahren, damit es nicht ruiniert wird. Unsere Aufgabe ist es, zu tun, was das höhere Selbst will, und völlig bereitwillig in seinem Dienst zu sterben, wenn es sein muss.

Alle Strudel rühren von diesen fünf Hindernissen her. Konzentration und Meditation sind die Mittel, um sie völlig aufzulösen. Wenn das Kama-Manas sich nicht länger von unten anziehen lässt, kann das Manas sich nach oben wenden, um *Manas-Taijasi* zu werden.

Ein weiteres Sanskrit-Wort, das mit dieser Eigenpersönlichkeit verbunden ist, ist *mana*, das manchmal als Stolz übersetzt wird, aber vielleicht besser mit Einbildung wiedergegeben wird. Diese Wurzel erscheint in dem Wort *nirmanakaya*, das ein Wesen bezeichnet, das jenseits dieser Illusion ist – *nirmana*. Madame Blavatsky sagte, es gäbe drei Arten oder Modalitäten von Inkarnationen: Erstens die der *Avatare*, jener, die von höheren Sphären herabsteigen, die sie in einem Evolutionszyklus erreicht haben, der vor unserem liegt; zweitens die gewöhnliche Art, wobei die Person die astralen und mentalen Welten durchschreitet und dann einen neuen Körper annimmt; und drittens die der *Nirmanakayas*, die ohne Unterbrechung wieder inkarnieren, manchmal vielleicht nach nur wenigen Tagen. In der *Geheimlehre* führt sie Cusanus als ein Beispiel dafür an, der schnell als Kopernikus wiedergeboren wurde; und sie sagt, dass solch rasche Wiedergeburt nicht ungewöhnlich sei. Sie spricht von solchen Menschen als Adepten, wobei sie das Wort nicht ganz gebraucht, wie wir es jetzt anwenden, sondern damit meint, dass sie Meister oder Experten auf den astralen und niederen mentalen Ebenen sind. Sie sagt, dass sie manchmal als Geister bei spiritistischen Sitzungen auftreten und sich ihnen die Brüder der Finsternis besonders entgegenstellen, vermutlich wegen des Fortschrittes, den sie für sich selbst wie auch für die Menschheit im Allgemeinen machen.

Sie erklärt, dass es zwei Arten von Nirmanakayas gibt: Jene, die auf die Himmelswelt verzichtet haben, wie oben erklärt wurde; und jene, die in einem späteren und höheren Stadium auf das verzichten, was sie absolutes Nirvana nennt, um als Hilfe für den Fortschritt der Welt zu bleiben. Die moderne theosophische Literatur beschränkt den Ausdruck auf die letztere Klasse, aber hier haben wir es mit der niederen Klasse zu tun. Der Mensch, der den Schlächter getötet hat, hat die fünf Hindernisse weitgehend vernichtet und ist der Diener des höheren Selbst geworden, der nichts in sich enthält, als was für dessen Zwecke vorteilhaft ist. Er hat sein *Antahkarana* ausgeweitet, so dass er während seines körperlichen Lebens in vollständigem Kontakt mit dem höheren Selbst ist. Wenn der physische Körper tot ist, kann der feinere Teil der Persönlichkeit in der nächsten Inkarnation wieder verwendet werden, weil er nicht voller Strudel ist, die festgesetzte Begierden oder starre Meinungen darstellen und selbstsüchtige Gewohnheiten im Fühlen und Denken.

4

Das Wirkliche und das Unwirkliche

Denn wenn ihm seine eigene Gestalt unwirklich vorkommt, wie beim Erwachen alle Formen, die er in Träumen sieht; wenn er aufgehört hat, die vielen zu hören, kann er den Einen wahrnehmen – den inneren Ton, der die äußeren tötet.

Das Gleichnis vom Träumen und Erwachen wird in der orientalischen Philosophie häufig benutzt. Es hat seinen Nutzen, aber wir müssen uns vorsehen, dass es uns nicht zu Missverständnissen verleitet. Wenn wir aus einem normalen Traum erwachen, stellen wir fest, dass unsere Sinne getäuscht wurden, dass das, was wir zu der Zeit für ein wirkliches Erlebnis hielten, in Wahrheit nichts dergleichen war. Aber das ist nicht genau dasselbe, was vorgeht, wenn wir zu einer Wahrnehmung spiritueller Wirklichkeit aufwachen. Wir erwachen zu einem höheren und erweiterten Leben, wir nehmen zum ersten Mal die einengenden und doch völlig unbewussten Einschränkungen wahr, unter denen wir bis jetzt gelebt haben. Aber das heißt nicht, dass unser Leben vor jener Zeit nichts als eine nutzlose Täuschung gewesen wäre. Das Erwachen zu höheren Dingen bewirkt, dass uns unser früherer Bewusstseinszustand irrational erscheint, aber immerhin war er es nur in relativer Weise. Wir handelten damals nach bestem Wissen und Gewissen, nach der Kenntnis, die wir hatten; jetzt haben wir so viel mehr, dass die ganze Richtung unseres Denkens und Handelns völlig verändert ist.

Sogar der Vedanta-Anhänger bestreitet nicht, dass unser »Traum« auf der physischen Ebene seinen Wert für die Erzeugung der Erleuchtung hat. Ein Mensch mag träumen, dass eine Schlange ihn bedroht und dadurch sehr erschreckt sein. Schließlich beißt ihn die Schlange in seinem Traum, und mit diesem Schock wacht er auf und ist sehr erleichtert, wenn er feststellt, dass das ganze Erlebnis eine Illusion war. Trotzdem war es der Biss der eingebildeten Schlange, der ihn zu einem wirklicheren Leben aufweckte. Entsprechend belehrt in der *Gita* Krishna seinen Schüler, dass Weisheit besser ist als weltliche Güter, denn, so sagt er, »alle Handlungen in ihrer Gesamtheit gipfeln in Weisheit« (IV, 33). Dieser große Lehrer setzte den Wert eines Lebens der Aktivität nicht herab, sondern ermutigte dazu bis zum Äußersten. Trotzdem sagte er, man solle nicht haften an den Tätigkeiten und den Dingen, mit denen sie sich befassen, sondern solle nur die Weisheit suchen, die durch sie erlangt werden kann. Gerade in der Weisheit hat der Mensch sein eigenes wahres Sein, da er ein Teil des Logos ist. Wenn er auf die Stimme der Weisheit hört, wird er in zunehmendem Maße Meister über sich selbst und sein Leben; der innere Ton wird so das äußere Getöse beenden, das die fieberhaften Aktivitäten gewöhnlicher Menschen lenkt.

Es ist sehr wahr, dass ein Mensch aufhören sollte, seine Aufmerksamkeit auf die vielen Dinge zu richten, die ihn umgeben und auf ihn einwirken, und sich nach innen wenden zu dem einen Zeugen aller dieser Dinge. Er ist aber nicht völlig frei, das zu tun, bis er sein Dharma in der äußeren Welt vollständig ausgeführt hat. Jeder Mensch kann zu jeder Zeit, egal welche Pflichten er hat, seine Zuneigung höheren Dingen zuwenden und nicht nur Dingen der Erde. Aber es mag ihm nicht freistehen, sein ganzes Leben höherer Arbeit zu widmen, bis er die Forderungen des Karmas befriedigt hat, die er in vergangenen Leben oder im früheren Teil seines gegenwärtigen Lebens bewirkt hat. Er mag sicherlich *Vairagya* (Nicht-Anhaftung) empfinden, aber solange noch irgendwelche physischen Pflichten für ihn zu tun bleiben, muss er genügendes Interesse für diese behalten, um sie so vollkommen zu erfüllen, wie sie getan werden können.

Wenn sein Freiheitsdrang stark genug ist und sein Karma ihm nicht irgendein unüberwindliches Hindernis in den Weg legt, wird er wahrscheinlich erleben, dass sich ihm der Weg zur Freiheit bald öffnen wird. Ich selbst hatte ein Erlebnis dieser Art; ich erhielt eine Botschaft meines Meisters, der mir gewisse Gelegenheiten anbot, die ich voller Dankbarkeit annahm. Aber wenn dieses liebenswürdige Angebot ein bisschen früher gekommen wäre, wäre ich nicht in der Lage gewesen, es anzunehmen, weil ich nicht über die Freiheit verfügt hätte. Damals hatte ich eine eindeutige Pflicht zu erfüllen, die ich unmöglich hätte vernachlässigen können.

Vairagya besteht aus zwei Teilen, dem *apara* oder niederen *Vairagya* und dem *para* oder höheren *Vairagya.*

Es gibt drei Stadien beim Aufgeben der Bindungen an äußere Dinge. Zuerst wird der Mensch der Dinge müde, die ihn immer erfreuten, trotzdem tut es ihm Leid, dass er ihrer müde ist; er wünscht noch, sie genießen zu können, aber er kann es nicht. Dann sucht er wegen dieses Überdrusses woanders nach Befriedigung. Schließlich, wenn er einen klaren Einblick in die höheren Dinge erhascht hat, erwachen seine spirituellen Verlangen, und sie erweisen sich als so verlockend für ihn, dass er nicht mehr an die anderen denkt. Nachdem er von der Existenz der höheren Dinge erfahren und beschlossen hat, ihnen zu folgen, stellt er sich im zweiten Stadium entweder darauf ein, die Fehler der niederen Dinge zu beobachten und dadurch eine Art künstlichen Ekel vor ihnen zu erzeugen, oder er richtet seinen Willen mit fester Entschlossenheit darauf, ihre Anziehung zurückzuweisen und die Begierden nach ihnen aushungern zu lassen. Schließlich sieht der Mensch, wie im früheren Fall, vielleicht erst nach vielen Schwankungen das Höhere; er hört den inneren Ton, der den äußeren tötet. Dann hat er das höhere *Vairagya* verwirklicht.

Im mittleren Stadium des Kampfes kommt es häufig vor, dass der Mensch einen wahren Widerwillen gegen die Dinge seiner ehemaligen Lüste empfindet; das ist gewöhnlich ein Zeichen, dass er erst vor kurzem aus ihrer Sklaverei entflohen ist und noch ihre Anziehung fürchtet. Er fühlt, dass er durch ihre Nähe leicht beschmutzt werden kann, also schaudert er davor zurück und vermeidet sie, oder er greift sie an und versucht, sie mit unsinniger Heftigkeit zu zerstören. Alle diese verschiedenen Aspekte des zweiten Stadiums sind Formen des niederen *Vairagya.*

Dann erst – nicht eher – wird er das Gebiet von Asat, dem Falschen, verlassen, um in das Reich von Sat, dem Wahren, zu kommen.

Lasst uns aufpassen, dass wir dies nicht missverstehen. Viele haben angenommen, dass dieser Absatz bedeutet, die niederen Ebenen seien bloße Illusion, aber das ist durchaus nicht damit gemeint. Ich habe schon über das Wirkliche und das Unwirkliche geschrieben und erklärt, dass jede Ebene für das Bewusstsein, das dort arbeitet, wirklich ist. Es ist wahr, dass ein Mensch, bis er fähig ist, die innere Stimme zu hören und das Leben vom Standpunkt der höheren Ebenen aus zu betrachten, kein richtiges Verständnis der Wahrheit hat, die hinter all dieser Komplexität der Manifestation liegt, welche uns umgibt.

Ehe die Seele sehen kann, muss die Harmonie im Inneren erlangt und die fleischlichen Augen für alle Illusion blind gemacht worden sein.

Ehe die Seele hören kann, muss das Abbild (der Mensch) ebenso taub werden für Gebrüll wie für Geflüster, für Schreie trompetender Elefanten wie für das silbrige Surren der goldenen Feuerfliege.

Ehe die Seele verstehen kann und sich erinnern darf, muss sie mit dem »Stillen Sprecher« vereint sein, geradeso wie die Form, zu welcher der Ton gestaltet wird, zuerst mit des Töpfers Denken vereint ist.

Die Harmonie im Inneren ist die zwischen dem Ego[5] und seinen Trägern und natürlich auch zwischen jenen Trägern untereinander. Im Durchschnittsmenschen geht ein ständiges Hin- und Herzerren zwischen dem Astral- und dem Mentalkörper vor sich, zwischen den Begierden und dem Verstand; und keiner dieser Körper ist im Mindesten im Einklang mit dem Ego oder bereit, ihm als Träger zu dienen. Die Person muss gereinigt werden, und der Kanal zwischen ihr und dem Ego muss geöffnet und erweitert werden. So lange, bis das getan ist, sieht die Person jedes Ding und jeden Menschen von ihrem eigenen, sehr begrenzten Gesichtspunkt aus. Das Ego kann nicht sehen, was tatsächlich vorgeht; es nimmt nur das verzerrte Bild in

5 In der Theosophie wird als »Ego« das höhere Selbst bezeichnet, das zwischen Persönlichkeit und göttlicher Monade steht. (Anm. d Vlg.)

der Person wahr, die einer Kamera mit einer defekten Linse gleicht, welche die Lichtstrahlen verzerrt, und einer fehlerhaften Fotoplatte oder einem Film, die das Ergebnis ganz verschwommen, undeutlich und unähnlich machen.

Da ist der Grund, warum das Ego bei den meisten Menschen keine Befriedigung aus der Person gewinnen kann, bis diese in der Himmelswelt ist. Das Ego kann das Wahre vom Falschen unterscheiden, es erkennt das Wahre, wenn es dieses sieht, und weist das Falsche zurück. Aber wenn es einen Blick hinunter in die Person wirft, findet es im Allgemeinen ein so verrücktes Durcheinander von unzusammenhängenden Gedankenformen, dass es nichts Bestimmtes erkennen kann. Es wendet sich voll Verzweiflung ab und beschließt, auf die Ruhe der Himmelswelt zu warten, statt zu versuchen, die Stückchen Wahrheit aus diesem ungebührlichen Chaos herauszusuchen. Unter jenen friedlicheren Umständen, wo die Gefühle und Gedanken des jüngst zurückliegenden physischen Lebens eines nach dem anderen heraufkommen und sich in dem hellen Licht dieser Welt vorstellen, werden sie mit klarem Blick geprüft, die Schlacke wird weggeworfen und der Schatz wird behalten. Der Jünger muss versuchen, diese Bedingung herzustellen, während er noch im physischen Körper ist, indem er die Person reinigt und sie mit der Seele in Harmonie bringt.

Die Möglichkeiten persönlichen Irrtums sind fast unbegrenzt. Nehmen wir an, dass ein Wurm, ein Vogel, ein Affe und ein Reisender gleichzeitig einen Baum ansehen. Der erste wird ihn als Nahrung betrachten, der zweite als ein Haus, der dritte als eine Turnhalle, der vierte als eine Art Schirm. Die Bilder werden alle verschieden voneinander sein und wieder verschieden von der Vorstellung des Baumes von sich selbst.

Während Sehen mit Schauen nach auswärts in Beziehung steht, bezieht sich Hören auf das, was von innen kommt. Der Mensch muss still werden, wenn er die noch leise Stimme hören soll. Dharana oder Konzentration wird diese Ruhe erzeugen. Wenn die Seele die innere Stimme mit Gewissheit und Genauigkeit hören soll, muss der äußere Mensch von allen externen Dingen unerschüttert sein – vom Getöse der großen Brecher des Lebens, die gegen ihn anprallen, ebenso wie von dem zarten Murmeln der sanfteren Kräuselwellen. Er muss lernen, sehr still zu sein, keine Wünsche und Aversionen zu haben.

Intuition kann kaum jemals herabgerufen werden, wenn der Mensch nicht vollständig bereit ist, ihr Geheiß als die beste und willkommenste Führung anzunehmen, ohne seine persönlichen Wünsche hineinzumischen. Es wäre von geringem Nutzen, von der Intuition irgendeine Lösung eines Verhaltensproblems zu erbitten, wenn der Mensch gleichzeitig möchte, dass die Antwort so oder so sei. Außer bei seltenen Gelegenheiten, bei denen sie ungewöhnlich stark ist, kann der Mensch nur dann, wenn persönliche Wünsche und Abneigungen verschwunden sind und die Stimme der äußeren Welt ihn nicht mehr beherrschen kann, die innere Stimme hören, die sein unfehlbarer Führer sein sollte.

Ehe die Seele die Strömung aller Impulse voll verstehen kann, die von außen zu ihr kommt, und der Intuition, die von innen kommen, muss ein weiterer Harmonisierungsvorgang stattfinden, in dem das Manas allmählich auf den Willen abgestimmt wird, der seinem Leben *Richtung* gibt.

Es gibt drei Stadien in der Bewusstseinsentwicklung. Auf dem Probepfad arbeitet das höchste Bewusstsein des Menschen auf der höheren Mentalebene. Nach der ersten Initiation und bis zur vierten steigt es stetig durch die buddhische Ebene; am Ende dieses Stadiums betritt es die atmische oder spirituelle Ebene. Es ist dann mit dem Willen vereinigt worden, dem eigentlichen Regisseur, dem Leiter seines Schicksals. Während des mittleren Stadiums könnte er gesagt haben: »Dein Wille, nicht meiner, geschehe«, aber jetzt sagt er: »Dein Wille und meiner sind einer.« Geradeso wie der Entwurf des Topfes, der gemacht werden soll, zuerst in der Vorstellung des Töpfers existiert, und geradeso wie das Modell für eine Menschheit in der Vorstellung des Manu existiert, der es selber von oben her empfangen hat, so ist das Ziel des Ringens für jeden Einzelnen von uns schon durch die Monade bestimmt und dann in das sich aufwärts entwickelnde Leben des bewussten Menschen heruntergebracht worden durch das geistige Prinzip in seinem Inneren.

Damit gibt es einen Grund für die Benutzung des Wortes Seele in diesen drei Versen. Es ist die Seele, die den Pfad des Fortschritts betritt, nicht die Person. Auf der ersten Hälfte des Pfades vereinigt sie sich immer vollkommener mit Buddhi, wodurch die spirituelle Seele gebildet wird – *manas-taijasi*. Aber die ganze Arbeit wird unter der Leitung von Atma getan, der Stimme der Stille.

5

Die warnende Stimme

Denn dann wird die Seele hören und sich erinnern. Und dann wird zu dem inneren Ohre sprechen *Die Stimme der Stille* und wird sagen:

Wenn deine Seele lächelt, während sie im Sonnenlichte deines Lebens badet, wenn deine Seele singt in ihrer Verpuppung von Fleisch und Stoff, wenn deine Seele weint in ihrer Burg der Täuschung, wenn deine Seele sich anstrengt, den Silberfaden zu zerreißen, der sie an den Meister bindet – dann wisse, oh Jünger, deine Seele gehört der Erde.

In esoterischen Büchern haben wir häufig Hinweise auf die »Stimme der Stille«, und wir stellen oft fest, dass das, was an einer Stelle gesagt ist, nicht mit dem übereinstimmt, was an anderen erscheint. In den frühen Tagen der Theosophischen Gesellschaft zerbrachen wir uns immer die Köpfe über ihre genaue Bedeutung und versuchten, ihr immer denselben Sinn beizulegen. Erst nach langem Studium entdeckten wir, dass der Ausdruck allgemein gültig ist. Die *Stimme der Stille* ist für jeden die, welche von dem Teil von ihm kommt, der höher ist als sein Bewusstsein reichen kann, und natürlich wechselt dieser mit dem Fortschritt seiner Entwicklung. Für jene, die mit der Persönlichkeit arbeiten, ist die Stimme des Egos die Stimme der Stille, aber wenn jemand die Persönlichkeit vollständig unter seine Herrschaft gebracht und sie mit dem Ego vereint hat, so dass das Ego vollkommen durch sie arbeiten kann, ist es die Stimme des Atma – des dreifachen Geistes auf der nirvanischen Ebene. Wenn diese erreicht ist, wird es immer noch eine Stimme der Stille geben – diejenige der Monade auf der Ebene darüber. Wenn der Mensch das Ego und die Monade in Übereinstimmung bringt und Adeptschaft erlangt, wird er immer noch eine Stimme der Stille finden, die von oben zu ihm herunterkommt, aber dann wird es vielleicht die Stimme eines der göttlichen Boten sein, eines Planetarischen Logoi, wie sie genannt werden. Vielleicht wird es für ihn wiederum die Stimme des Sonnenlogos selbst sein; und wenn es sogar für diesen so etwas gibt, muss es die Stimme eines höheren Logos sein. Aber wer könnte das sagen?

»Das Sonnenlicht deines Lebens« bezieht sich auf jene Perioden in unserer persönlichen Existenz, in denen uns das Glück lächelt und alles strahlend und hell erscheint. Das Ego, das sich in diesem Vergnügen sonnt und es irrtümlich für die wahre Freude das Höheren Selbst hält, hat noch nicht die höhere Gelassenheit, welche die äußeren Töne tötet. In *Uralte Weisheit* hat Annie Besant erklärt, wie der Mensch, der fühlt, dass nichts auf der Erde ihn befriedigen kann, nicht einmal jene Dinge, die gewöhnlichen Sterblichen die größte Freude bringen, durch eine starke, aber ruhige Willensanstrengung sich zu dem höheren Bewusstsein erheben und sich mit ihm vereinigen und sich frei vom Körper finden kann; aber das gilt nur für jene, welche die erste Bedingung erfüllen, die nicht mit etwas Geringerem zufriedengestellt werden können als dieser Vereinigung.

Die drei Körper, der physische, astrale und mentale, die mit ihren Gewohnheiten die Persönlichkeit bilden, sind wahrhaftig ein Kokon, in dem ein Schmetterling allmählich geformt wird. In unserem augenblicklichen Raupenzustand muss die Seele im Körper und in der Welt sein; dennoch darf sie ihnen nicht angehören. Sie darf jenes Leben nicht als ihr eigenes annehmen, sondern muss erkennen, dass sie unabhängig von ihren Trägern ist. Hier müssen wir uns wieder vor einem Missverständnis hüten. Tatsächlich ist es gut, ja es ist sogar notwendig, dass die Seele auf ihrem Aufwärtsweg frohlockt, dass sie lächelt, dass sie in ihrem Kokon singt; darin liegt kein Schaden – es ist sogar viel Gutes darin. Was sie *nicht* tun darf, ist, *wegen* des Kokons zu singen oder wegen irgendetwas, das der äußeren Schale widerfährt. Es wäre verkehrt, entsetzlich verkehrt, dass die Seele weinen sollte in ihrer Burg der Illusion, weil Depression und Traurigkeit immer verkehrt sind. Aber das, so wahr es ist, ist hier nicht gemeint. Was Aryasanga uns in seiner anmutig poetischen Sprache zu sagen versucht, ist, dass die Seele weder frohlocken noch sich grämen darf wegen irgendetwas, was es auch sei, in Zusammenhang mit dem Kokon oder der Burg oder irgendeiner äußeren Form. Sie muss der Form gegenüber gleichgültig sein, unberührt durch das, was dieser widerfährt. Wenn sie *nicht* gleichgültig ist, gehört sie noch der Erde an, ist noch verstrickt in diese niedere Welt und daher noch nicht für völlige Freiheit bereit.

Rund um uns her findet ewiger Wechsel statt; aber die Seele muss auf ihrem Weg unaufhaltsam vorwärts drängen, durch keinen Wechsel entmutigt; denn sich durch diese äußeren Dinge beeinflussen zu lassen, zeigt Schwäche. Erinnern wir uns, wie Shakespeare in seinen *Sonetten* schreibt:

Seh' ich von Alters grimmiger Hand entstellt
Den reichen Prunk aus einem früheren Leben,
Den stolzen Turm zu Schutt und Staub zerschellt
Und ewiges Erz Vernichtung preisgegeben,
Seh' ich das Meer, des ewiger Hunger nagt
Am Königreich des Strands, die Kampfeslust,
Mit der das feste Land die Flut verjagt,

In ewigem Wechsel so Gewinn, Verlust;
Seh' ich dies stete Auf- und Niedergehn
Und jedes Ding schon zum Verfall bestimmt,
Dann lern' ich jener Zeit ins Auge sehn,
Die kommen wird und – meinen Freund mir nimmt.
Das ist wie Tod, und bitter weint mein Herz
Um das, was zu verlieren Todesschmerz.

Kein Erz und Stein ist, Erde nicht und Flut,
Die die Vergänglichkeit nicht schlägt in Trümmer,
Wie trotzt die Schönheit solcher trüben Wut,
Da sie nicht stärker als ein Blütenschimmer?
Ach, wie soll Sommers süßer Hauch besteh'n
In dem Zerstörungskampf der vielen Tage,
Da mächtige Felsen selbst in Stücke gehn,
Eherne Gitter brechen von dem Schlage? (Sonette 64, 65)

Aber die Zeit ist in Wirklichkeit der Freund des geistig Strebenden, denn es sind gerade die feineren, die höheren, die inneren Dinge, die ihrer Zerstörung am wenigsten unterliegen. Diese Wahrheit lernt der Esoteriker als sichere Erfahrung und Wissen, und so stören ihn die Änderungen der äußeren Dinge schließlich überhaupt nicht mehr.

Silbern ist der Faden – wie es einem Emblem der Reinheit entspricht –, der die Seele an das höhere Selbst bindet; jeder Verkehr, den die Seele mit Unreinheiten des Körpers, der Emotionen oder Gedanken hat, ist eine Anstrengung, den Silberfaden zu zerreißen, eine Versuchung, die stille, leise Stimme zu ignorieren.

Madame Blavatsky fügt die folgenden Fußnoten hinzu:

> Der »große Meister« ist der Ausdruck, der von Chelas benutzt wird, um das Höhere Selbst zu bezeichnen. Es entspricht Avalokiteshvara und ist dasselbe wie Adi-Buddha bei den buddhistischen Esoterikern, Atma bei den Brahmanen und Christos bei den alten Gnostikern.
>
> Seele wird hier für das menschliche Ego oder Manas benutzt, dasjenige, welches in unserer esoterischen siebenfachen Einteilung als die menschliche Seele bezeichnet wird im Gegensatz zu der spirituellen und der Tierseele.

Madame Blavatsky verwendet hier das Wort Meister in einem ungewöhnlichen Sinne und sagt, dass es von den Chelas oder Schülern so benutzt wird. In der späteren theosophischen Literatur ist dieser Titel für jene begrenzte Anzahl von Mitgliedern der Großen Weißen Bruderschaft reserviert worden, die Schüler aus der Schar derjenigen annehmen, die gegenwärtig noch in der Welt leben. Diese Anzahl ist klein; es scheint wohl so, dass *ein* Adept auf jedem der Strahlen dazu berufen ist, sich um diese Arbeit zu kümmern, und alle diejenigen, die diesen Evolutionsstrahl entlang kommen, gehen durch seine Hände. Niemand unterhalb des Adeptenranges darf die volle Verantwortung für einen Schüler übernehmen, obwohl diejenigen, die einige Jahre lang Schüler gewesen sind, oft als Stellvertreter beschäftigt werden und das Vorrecht erhalten, vielversprechenden jungen Menschen zu helfen und sie zu unterrichten. Diese älteren Schüler werden allmählich für ihre zukünftige Arbeit ausgebildet, wenn sie der Reihe nach

Adepten werden sollen, und sie lernen jetzt, ihren Meistern mehr und mehr von der Routinearbeit abzunehmen, so dass die letzteren für höhere Arbeiten freigesetzt werden, die nur sie übernehmen können. Die vorbereitende Auswahl von Interessierten für die Schülerschaft wird jetzt in hohem Maße diesen älteren Schülern überlassen, und die Ausgewählten sind vorübergehend mehr mit solchen Schülern verbunden als direkt mit den großen Adepten. Aber die Schüler und der Meister sind so wunderbar eins, dass dies vielleicht fast »eine Unterscheidung ohne einen Unterschied« ist.

Die Ausdrücke, die Madame Blavatsky in diesen Fußnoten benutzt, werden besser verstanden werden, wenn wir uns ein wenig mit den verschiedenen Trinitäten im Universum und im Menschen befassen. Jeder weiß aus Erfahrung, dass es eine Dualität des Erkennenden und des Erkannten gibt, desjenigen, der sieht, und den Dingen, die gesehen werden, des Subjekts und des Objekts. Dies ist die alte Teilung der Erfahrungswelt in zwei Teile, Geist und Materie, wobei diese Worte in einem allgemein üblichen oder normalen Sinne gebraucht werden. Geist oder Bewusstsein und Materie sind ein Paar von Gegensätzen – der Geist ist ein aktives Prinzip, die Materie ein passives; der Geist hat ein Zentrum, aber keine äußere Begrenzung; die Materie hat eine äußere Begrenzung, aber kein Zentrum; der Geist bewegt sich selbst, die Materie wird von außen bewegt. In diesen beiden haben wir auch die Teilung der Wirklichkeit in das Göttliche und das Materielle, das Freie und das Gebundene, das, was mit seinem eigenen Licht leuchtet und das, was nur reflektiertes Licht hat.

Wenn man noch näher hinschaut, sieht man, dass diese beiden sozusagen gerade auf der Bühne in unserer Gegenwart spielen, dass sie nicht Prinzip Nr. 1 und Nr. 2 sind, wie viele Leute denken, sondern dass sie Nr. 2 und Nr. 3 sind; denn derjenige, der jetzt Zeuge ihres Zusammenspiels ist, ist Nr. 1. Nr. 2 ist der *Gott, der gesehen wird*, aber Nr. 1 ist der Gott, der das wahre Selbst ist, welcher der Grund des ganzen Zusammenspieles zwischen Nr. 2 und Nr. 3 ist.

In christlicher Terminologie ist Christus der Gott, der gesehen wird. »Kein Mensch hat Gott zu irgendeiner Zeit gesehen« (1 Joh 4,12). Dennoch sagt Christus: »Ich und mein Vater sind eins« (Joh 10,30).

Das bringt uns zu dem Ausdruck *Avalokiteshvara.* Dieses Wort ist zusammengesetzt aus *avalokita* (gesehen) und *Ishvara* (Gott, der Herrscher). Es bedeutet demnach das Höhere Selbst in der Dualität von Geist und Materie im Universum. »Es sind drei, die da zeugen im Himmel«, sagt Johannes, »der Vater, das Wort und der Heilige Geist« (1 Joh 5,7). Das Wort, der Logos, *Avalokiteshvara*, ist der Zweite. Er ist der Christos, der Gott, der gesehen wird. Dies ist der universelle Geist oder *purusha* als Unterscheidung von der Materie oder *prakriti.* Der Mensch ist Bewusstsein, das Materie betrachtet, und dieser Gott ist der verherrlichte oder universelle Mensch, das höchste Subjekt. Analysiere dich selbst, und du wirst die Widerspiegelung davon – den inneren Gott – in dir selbst finden. Trotzdem bezeugt der Gott, der gesehen wird, nur den wahren Gott – im Menschen das Selbst, das »Ich«, das beide umfasst, das Subjekt und das Objekt.

Dieses »Ich« ist kein neues Subjekt, welches das alte Subjekt und Objekt betrachtet, die zusammengenommen und jetzt zu einem neuen Objekt gemacht werden. Es ist »Ich« – das ist alles, was man sagen kann. Jeder denkende Mensch kann seinen eigenen Körper ansehen, und in einigen Fällen auch noch seinen Astral- und Mentalkörper, und ihn »Es« nennen, d. h. er kann ihn als ein Objekt betrachten. Er kann auch eine Vorstellung des Bewusstseins oder Subjekts in seinem Nachbarn haben und schließen, dass es von gleicher Art wie das Bewusstsein (das Wille, Fühlen und Denken enthält) ist, das er in sich selbst findet. *Aber an diesem Punkt macht er jetzt einen großen Fehler*, indem er einem und demselben Ding zwei verschiedene Namen gibt – er nennt dasselbe Ding »Du«, wenn er es in seinem Nachbarn sieht, aber »Ich«, wenn er es in sich selbst betrachtet! Lasse ihn das Bewusstsein oder Subjekt in ihm (und zwar das ganze) ebenso betrachten wie das in anderen und es »Du« nennen, es nur für eben eines aus dem großen Meer von »Dus« halten, die den Logos ausmachen wie Wassertropfen den Ozean bilden, und er wird bereit sein, das Bewusstsein zu transzendieren und das wahre »Ich« zu erreichen, das Selbst oder Gott, der nicht gesehen wird.[6] Das Bewusstsein, das »Du«, ist ein Teil von *Avalokiteshvara*, dem Gott, der gesehen wird, dem Christus, dem Licht, das jedem Menschen leuchtet, der in die Welt kommt, ebenso wie die Körper Teile des Ozeans

6 Diese These ist erläutert in »Die sieben Strahlen« von Ernest Wood, Kapitel XXI.

kosmischer Materie sind; und beide gleicherweise sind nicht das Selbst. Niemand hat den höchsten Gott zu irgendeiner Zeit *gesehen* – nicht einmal der Sohn.

Diese Trinität ist auf verschiedene Weisen betrachtet worden:

Avalokiteshvara ist von Swami T. Subba Rao wie folgt beschrieben worden: »*Parabrahman* selbst kann nicht gesehen werden, wie es ist. Es wird vom Logos gesehen mit einem darüber geworfenen Schleier, und dieser Schleier ist die mächtige Weite kosmischer Materie.« Und wiederum: »Nachdem *Parabrahman* einerseits als das Ego erschienen ist und andererseits als *Mulaprakriti*, handelt es als die *eine* Energie durch den Logos.« Die Gefahr solcher Beschreibungen ist gewaltig; allein die Benutzung des Wortes »Es« in diesem Zusammenhang kann alles zunichte machen. In *einem selbst* muss Befreiung, die Wahrheit, gesucht werden – nur ich, der ich bin, kann dieses Mysterium lösen, das so leicht ist, aber das die Menschen nicht sehen wollen. Es gibt auch gerade gegen das Wort Gott, in der Anwendung auf *Parabrahman*, die stärksten Einwände – denn an Gott zu denken, ist, an den gesehenen zu denken, d. h. an *Avalokiteshvara*; und dieser Gott ist schließlich ein »Du« oder besser alle »Dus«.

Die Vorstellung von einem Subjekt oder »Du« bedeutet eine zeitliche Begrenzung, die von einem Objekt oder »Es« bedeutet eine räumliche Begrenzung. Aber Bewegung in beiden, Raum und Zeit, ist ein Mysterium. Einige Schriftsteller des Altertums argumentierten, dass nichts sich wirklich bewegen könne, »weil es sich nicht in dem Raum bewegen kann, wo es ist, und gewiss kann es sich nicht in dem Raum bewegen, wo es nicht ist«. Aber Subjekte können sich in der Zeit bewegen, und Objekte können sich im Raum bewegen, weil alle sich in *Parabrahman* bewegen. Beide, Zeit und Raum, sind, richtig betrachtet, der Bewegung untergeordnet.[7]

»Und diese drei sind eins« (1 Joh 5,7). *Mulaprakriti*, die Wurzel der Manifestation, Urmaterie, äußeres Sein, ist nichts anderes als *Parabrahman*, sondern ist dasselbe, wie es durch die zeitlichen Begrenzungen des Bewusstseins gesehen wird. *Parabrahman* ist jenseits dieser Zeitbegrenzung und scheint deshalb bewegungslos zu sein, und dadurch entsteht der Anschein von Raum, das Merkmal von *Mulaprakriti* – welches in Wirklichkeit ein Raum ist, der alles

7 Siehe »Die sieben Strahlen«, Kapitel VIII.

enthält, was jemals existierte oder existieren wird in allen drei Zeitabschnitten – Vergangenheit, Gegenwart und Zukunft. Dann ist das universale Bewusstsein, der große Mensch, der auch *Daiviprakriti* (die göttliche Manifestation) genannt wird, gegenüber *Mulaprakriti* (der materiellen Manifestation), *Avalokiteshvara*, der *Ishvara* oder Herrscher oder Gott, *der gesehen wird*, im Gegensatz zu *Parabrahman*, der ersten Person der Trinität, die nicht direkt gesehen wird, nicht einmal durch ihn.

Nun haben wir in der höheren Triade im Bewusstsein des Menschen eine Reflexion dieser großen Trinität. Deshalb sagt Madame Blavatsky, dass das Höhere Selbst, mit dem sie Buddhi oder die Höhere Liebe meint, das *Äquivalent* von *Avalokiteshvara* sei. Irgendeine Unklarheit im Verständnis der universellen Wirklichkeit mit Atma, Buddhi und Manas – den drei Bewusstseinsarten im Menschen – würde ernste Fehler zur Folge haben, aber es gibt eine Analogie zwischen den beiden. Die große Trinität wird im Menschen auf verschiedene Weisen reflektiert und erscheint in *einer* Form in diesen drei Aspekten seines Bewusstseins. So reflektieren Atma, Buddhi und Manas in ihrer kleineren Sphäre die Merkmale der universellen Trinität. Atma ist das Bewusstsein des Selbst und auch der Wille, der die eigene Richtung bestimmt. Manas am anderen Pol ist Bewusstsein der Welt, und seine Gedankenkraft erledigt unsere ganze Arbeit, sogar jene, die durch die Hände geleistet wird. Aber Buddhi zwischen den beiden ist genau der Kern des Bewusstseins, der Subjektivität. Auf diese Weise ist die größere Trinität im Bewusstsein des Egos abgebildet.

Jenseits dieses mittleren Gliedes und von dreifacher Wesensart ist die Monade im Menschen, der Repräsentant von *Parabrahman* in ihm, dem Zustand seines wahren und absoluten Nirvana jenseits von Bewusstsein. Atma ist der Zustand seines falschen und relativen Nirvana der nirvanischen Ebene, seine letzte Illusion, die zwischen der vierten und fünften Initiation noch fortdauert. Wie die Monade oberhalb der Trinität des Bewusstseins liegt, so liegen die persönlichen Körper außerhalb oder unterhalb davon – sie sind nur in der Reflexion in Manas bekannt. Auf der ersten Hälfte des Pfades (von der ersten bis zur vierten Initiation) ist der Mensch damit beschäftigt, sich von jenen persönlichen Begrenzungen loszumachen, der Illusion vom »Es«. Auf der zweiten Hälfte wird er davon in Anspruch genommen, sich von der Illusion vom »Du« zu befreien.

Es sind in Madame Blavatskys Bemerkungen noch einige weitere Punkte zu bedenken. Ihre Erwähnung von Adi-Buddha und Atma verlangt einen Kommentar, obwohl die über den Christos der Gnostiker durch das oben Gesagte mehr als klar sein wird. Der »Atma der Brahmanen« ist mehr das, was der Ausdruck nach der Meinung der Buddhisten für die Brahmanen bedeutete (und was vielleicht viele der Brahmanen, die an dem wahren Punkt ihrer Philosophie vorbeigingen, wirklich dachten); es ist jene spirituelle Seele im Menschen, die Buddha als nicht völlig dauerhaft erklärte. Sogar der Christus (das Höhere Selbst) im Menschen ist letztendlich sterblich. Voller Schönheit und wunderbar und weit jenseits der Vorstellung gewöhnlicher Menschen liegend, muss er endlich sein Leben aufgeben, um mit dem Vater eins zu sein. Es ist das »Du«, das sich im spirituellen Menschen als das »Ich« verkleidet– ebenso wie, weit früher in der Entwicklung, die absurde Persönlichkeit, das »Es«, vorgab, »Ich« zu sein. Aber wenn er sagt, dass ihr Glaube an Atma falsch sei, so hat der orthodoxe Buddhist nicht die Höhe wahren brahmanischen Denkens verstanden und besonders die diesbezügliche Lehre von Sri Shankaracharya, der tatsächlich mit dem Buddha in Seiner Anatma-Lehre übereinstimmte, weil Er mit Atma die Monade meinte, den unbeschreibbaren parabrahmischen Aspekt des Menschen. Der Buddha sah, dass die Menschen mit »Du« den Atma, das Selbst, bezeichneten, und versuchte, sie von diesem Irrtum zu befreien, indem er sagte, dass das, was sie »Ich« nannten, vergänglich sei.

In der Fußnote sagt Madame Blavatsky, dass Avalokiteshvara dasselbe ist wie Adi-Buddha. Sie erläutert ihre Aussage über das Thema in der *Geheimlehre* ausführlicher wie folgt:

> Im esoterischen und selbst im exoterischen Buddhismus des Nordens sendet Adi-Buddha…das Eine Unbekannte, ohne Anfang oder Ende, wesensgleich mit Parabrahman, einen hellen Strahl aus seiner Finsternis. Das ist der Logos, der Erste, oder Vajradhara, der Höchste Buddha, auch Dorjechang genannt. Als der Herr aller Geheimnisse kann er sich nicht offenbaren, sondern sendet in die Welt der Offenbarung sein Herz – das »Diamant-

> herz«, Vajrasattva oder Dorjesempa. Dieses ist der Zweite Logos der Schöpfung. (Geheimlehre, Bd. I, S. 624).

In diesem Auszug zeigt sie klar, dass der Erste und Zweite Logos Adi-Buddha bzw. Avalokiteshvara sind, denn der letztere ist derselbe wie Vajrasattva. Wenn sie daher von ihnen als einem spricht, kann es nur in dem Sinne sein, wie die Christen von Christus als eins mit dem Vater sprechen. Ich habe über dieses Thema in *Das innere Leben* wie folgt geschrieben:

> Es gab viel Diskussion über die genaue Bedeutung der Ausdrücke Adi-Buddha und Avalokiteshvara. Ich habe diese Dinge vom philosophischen Standpunkt her nicht besonders erforscht, aber so weit ich in der Lage war, durch Diskussion des Themas mit den Repräsentanten der Weltreligionen Vorstellungen zu sammeln, scheint Adi-Buddha der Höhepunkt einer der großen Linien übermenschlicher Entwicklung zu sein – was das abstrakte Prinzip aller Buddhas genannt werden dürfte. Avalokiteshvara ist ein Ausdruck, der zur nördlichen Schule gehört, und scheint der Name der Buddhisten für ihre Auffassung des Logos zu sein. Europäische Schüler haben ihn übersetzt: »Der Herr, der herabschaut von oben«, aber dieses scheint eine etwas ungenaue Bedeutung zu enthalten, denn es ist eindeutig immer der manifestierte Logos, manchmal der Logos eines Sonnensystems und manchmal höher als dieser, aber immer offenbart. Wir dürfen nicht vergessen, dass, während die Gründer der großen Religionen die Dinge sehen und kennen, die sie benennen, ihre Nachfolger gewöhnlich nicht sehen. Sie haben nur die Namen und sie jonglieren mit ihnen intellektuell wie mit Spielmarken und konstruieren viel, was unrichtig und widersprüchlich ist. *(Das innere Leben, Bd. I, S. 170)*

Wir haben schon gesehen, dass Madame Blavatsky mit dem Ausdruck Höheres Selbst das Buddhi im Menschen meint, das mittlere Glied der Trinität seines unsterblichen Bewusstseins. Das ist die Weisheit im Menschen. Aber es ist eine Reflexion der universellen Weisheit, ohne die es keine menschliche Weisheit geben könnte.

Ebenso könnte auch ohne den Dhyani-Buddha Avalokiteshvara, das »Energiezentrum« der höchsten Weisheit, Adi-Buddha, kein menschlicher Buddha geboren werden. Die Erleuchtung des weisen Gautama war daher dem Wesen nach nicht das Erblühen eines Menschen zu einem Gott, sondern die Vereinigung eines vollendeten menschlichen Bewusstseins mit der Weisheit des Logos.

Die zweite der Fußnoten, die zur Debatte stehen, spricht nicht nur von Manas als der menschlichen Seele, sondern erwähnt auch die Tierseele im Menschen. Diese ist das niedere Manas, das Kama-Manas. Auf seiner Ebene sind die Gruppenseelen von Tieren beheimatet, während jene des Pflanzenreiches auf der Ebene darunter sind und die des Mineralreiches noch tiefer. An diese Bedeutung der Bezeichnungen Seele, Höheres Selbst usw. hält sich Madame Blavatsky mit vollkommener Konsequenz durch das ganze Buch hindurch.

6

Selbst und All-Selbst

Wenn deine knospende Seele dem Aufruhr der Welt ihr Ohr leiht, wenn deine Seele Antwort gibt auf die tosende Stimme der großen Illusion, wenn deine Seele, erschreckt vom Anblick der heißen Schmerzenstränen und betäubt von den Schreien des Jammers, sich wie die scheue Schildkröte in das Gehäuse ihrer ICHHEIT zurückzieht – dann wisse, oh Jünger, dass deine Seele ein unwürdiger Tempel ihres stillen Gottes ist.

Wenn deine Seele, stärker geworden, aus ihrem sicheren Zufluchtsort herausgleitet und, sich losreißend von dem schützenden Schrein, ihren Silberfaden dehnt und vorwärts stürmt, wenn sie, auf den Wogen des Raumes ihr Abbild erblickend, flüstert: »Das bin ich« – gestehe dann, oh Jünger, dass deine Seele in den Netzen der Täuschung gefangen ist.

Am Anfang dieses Abschnittes finden wir in dem Ausdruck »knospende Seele« eine Andeutung der Evolutionsidee. Viele Jahrhunderte lang hatten die Menschen in Europa keine Vorstellung von Evolution. Sie hatten die Idee, dass die Welt und alle die verschiedenen Geschöpfe darin ganz plötzlich geschaffen worden seien, und sie nahmen nicht an, dass die komplizierteren Formen sich aus niedrigeren entwickelt hätten und sich zu noch vollkommeneren weiterentwickeln würden. Dann kam ungefähr innerhalb der letzten eineinhalb Jahrhunderte die Vorstellung auf, dass die stofflichen Formen von Lebewesen einer Entwicklung unterliegen, einer Entfaltung, von der einige glaubten, sie sei auf einen Impuls des innewohnenden Lebens und andere, dass sie lediglich auf die Selektion der natürlichen Umwelt zurückzuführen sei.

Aber vor langer Zeit gab es eine Evolutions-Theorie der Seele, welche die ganze Zeit über eine zentrale Lehre der hinduistischen und buddhistischen Überlieferungen gewesen und in der westlichen Welt, zusammen mit der Reinkarnationslehre, durch Theosophen weit verbreitet worden ist. Diese wird als die logischste und ethischste Theorie menschlicher Bestimmung auf wissenschaftlicher oder religiöser Basis hervorgehoben, wenn einmal erfasst wurde, dass die Seele des Menschen den Tod seines Körpers überlebt. Die Seele inkarniert viele Male um der Erfahrung willen, und jeder Einzelne wird dadurch endlich nicht nur ein Genie auf irgendeinem Gebiet menschlichen Denkens oder Arbeitens, sondern ein vollkommener Mensch, bereit für vollbewusste Göttlichkeit.

Es gibt zwei große Stadien auf dem Weg der Entwicklung der Seele – das erste wird der *pravritti marga* genannt, der Weg des Hinausgehens, und der zweite der *nivritti marga*, der Weg der Rückkehr. Im Ersteren findet die Entwicklung der Persönlichkeit statt, begleitet von der Ansammlung von viel Karma, da die Seele ihre rastlose Laufbahn verfolgt, die Befriedigung ihrer vielfältigen Begierden in der äußeren Welt zu suchen. Im Letzteren dreht die Seele nach und nach der Welt den Rücken zu, und mit dem Gesicht zum Göttlichen hingewendet, ihrem Ursprung und ihrem Ziel, fährt sie fort mit der Aufgabe, sich zu vervollkommnen, um so die menschliche Stufe ihrer Evolution abzuschließen.

Diese zweite Phase, *nivritti marga*, ist es, die in den Probepfad und den Pfad der Initiation geteilt ist, die vollständig beschrieben worden sind in *Der Pfad zum Tempel der Weisheit* und *Die Meister und der Pfad*. *Marga* bedeutet hier einen freiwilligen Entwicklungskurs, in dem sich der Schüler bewusst in den höheren Charaktereigenschaften trainiert. Die Entwicklung der niederen Geschöpfe und der Menschen auf dem *pravritti marga* ist unwillkürlich, sie suchen und reagieren auf Erfahrungen und lernen, ohne klar zu erkennen, was mit ihnen geschieht.

In einer Fußnote zu dem Wort Illusion nennt Madame Blavatsky es *Maha-Maya*, die große Illusion, das objektive Universum. Die Bedeutung des Ausdruckes Illusion, wie er auf die äußere Welt angewendet wird, ist schon besprochen worden. Es ist nicht dieselbe Vorstellung wie die, auf die sich der Text als »Netz der Täuschung«

bezieht, die, wie eine andere Fußnote sagt, Bezug nimmt auf »Sakkayaditthi, den Persönlichkeitswahn«.

Als der Buddha den Menschen den *Edlen Achtfachen Pfad* offenbarte, den Weg zur Freiheit, das praktische Mittel, um Leiden zu beenden, sprach er zu ihnen auch über die zehn Fesseln, welche der Kandidat abwerfen muss – eine nach der anderen. Die erste davon wurde *Sakkayaditthi* genannt, die Illusion der Persönlichkeit. Wir wollen sehen, wie sie entsteht. Ein Kind wird aufgrund von Karma geboren – dem Ergebnis seiner Taten in früheren Leben. Es hat eine bestimmte Art von Körper, und verschiedene Dinge widerfahren ihm. Im Laufe der Zeit hört es, was die Leute von ihm sagen, und es findet heraus, was es kann und was es nicht tun kann. Es sieht sich selbst in diesen Dingen wie in einem Spiegel – einem dieser Zerrspiegel, die manchmal in Ausstellungen aufgestellt sind, um die Leute mit ihren grotesk abgeflachten oder in die Länge gezogenen Bildern zu amüsieren. So erhält es Vorstellungen über sich selbst – dass es klug oder dumm ist, hübsch oder hässlich, schwach oder stark. Während seiner weiteren Erziehung erwirbt es gesellschaftliche Stellung, Position, Charakter, nimmt die körperlichen und geistigen Gewohnheiten von Arzt, Rechtsanwalt, Hausfrau an – was es auch sein mag – und erwirbt so eine festgelegte *Persönlichkeit*. Wenn es denkt, dass es selbst diese Persönlichkeit sei, hat es das, was »Eigenpersönlichkeit« genannt wurde – genau die gleiche Wahnvorstellung, welche die unglücklichen Menschen im Irrenhaus verfolgt, die sich einbilden, sie seien Teekannen, Trommelfelle, Nordpole, Königin Elizabeths und Napoleons.

Ein ausgeprägter, gut geübter Apparat von Körpern und eine Persönlichkeit mit nützlichen Gewohnheiten ist natürlich etwas Gutes, ebenso wie ein guter Satz Werkzeuge oder ein gutes Auto. Wir wollen keine schwachen oder unscheinbaren Persönlichkeiten. Aber wie gut unsere Persönlichkeit auch immer sein mag, wir sollten nicht denken, sie sei wir selbst, und wir sollten in der Lage sein, all unsere angeborene Willenskraft, Liebeskraft und Gedankenkraft zu genießen, während wir sie für unsere Zwecke benutzen, für unser geistiges Leben in der materiellen Welt. Diese Persönlichkeiten sollten sich nicht selbst als Kandidaten für die Unsterblichkeit aufstellen und versuchen, sich gegen die Spuren der Benutzung und der Zeit zu wehren, die alle materiellen Dinge heimsuchen. Ein Herr mittleren Alters sagte einmal zu seinem Sohn, der ihn gerne von einer Arbeit entlasten wollte: »Nein, nein, mein Junge. Brauche immer die Alten zuerst auf!« Die Persönlichkeiten müssen willig sein, um benutzt, um den geistigen Zwecken des Augenblicks angepasst, um aufgebraucht zu werden – und müssen mit der einzigen Belohnung eines langen und herrlichen Devachan zufrieden sein, das dem Tod des äußeren Körpers folgen wird im Falle von all denen, die auf diese Weise dem innewohnenden Göttlichen Selbst gedient haben, außer natürlich den Dienern der Meister, die auf diese Belohnung verzichten und schnell Wiedergeburt annehmen, um für die Welt zu arbeiten.

Diese Erde, Jünger, ist die Halle der Betrübnis, in welcher entlang des Weges furchtbarer Prüfungen Fallen gestellt sind, um dein Ich durch die Täuschung zu fangen, welche die »große Häresie« genannt wird.

Dass die physische Ebene ein Ort der Betrübnis ist, ist ein weit verbreiteter buddhistischer und hinduistischer Gedanke. Unerfreuliche und oft krankmachende oder behindernde Arbeit, Unterdrückung, Krankheit, Demütigung und Furcht fallen der Mehrheit der Menschheit als Aufgabe zu. Diejenigen, deren Glück sie auf Plätze der Muße gesetzt hat, mögen sagen, dass sie darin viel Vergnügen finden; aber Patanjali mahnt: »Dem Erleuchteten ist *alles* Elend.« Es gibt viele Dinge, die dem relativ Unentwickelten keine Schwierigkeiten bereiten – wie etwa der Geruch von Alkohol, Fleisch oder Zwiebeln, das Geräusch von Fabriksirenen oder derber Musik, plumpe Manieren, scheußliche Kleider und Gebäude und tausend andere Dinge, die diejenigen quälen, die sensitiver sind. Außerdem gibt es Verlangen, das zu bekommen, was wir wünschen, und Furcht, es zu verlieren, wenn man es besitzt, und Leiden für andere um uns herum, wenn nicht für uns selbst. Sicherlich müssen die Menschen dazu gebracht worden sein, sich an Ketten wie diese zu klammern. Sicherlich ist diese Welt wirklich eine Halle der Trübsal. Wie armselig ist ihr Bestes in der Sicht derer, welche die höheren Ebenen kennen!

Aber sie ist hauptsächlich deshalb so, weil der Mensch sie so gemacht hat. Denkt an das weite Meer von Leben, welche das Mineralreich erfüllt, das Pflanzenreich und das Tierreich und wie das alles mit Freude pulsiert. Selbst das schreckliche Bild des Dichters von der »Natur, rot in Zahn und Klaue vor Tollheit« verliert das meiste seiner grellen Farbe, wenn wir uns klar werden, dass die Tiere nicht »vorher und hinterher denken«, wie Menschen mit schmerzlichem Verlangen und Angst, und dass, während ihre Kämpfe im Gange sind und Blut und Wunden dem menschlichen Beobachter Sorge bereiten, die Erregung des tierischen Bewusstseins auf dem Höhepunkt ist und oft sein größtes Vergnügen empfindet. Die Erde ist nur für den Menschen eine Halle der Betrübnis, der mit seiner Habgier und seinem Zorn, die von einer starken Vorstellungskraft erzeugt sind, welche die Flammen heißen Verlangens nährt, beide, sein persönliches und sein soziales Leben, mit unzähligen Gräueln vergiftet hat.

Dennoch ist nur die Überwindung der *Selbstsucht* nötig, um jedes dieser Gräuel zu beseitigen und der ganzen Menschheit die Freuden dieser Welt zu erschließen – den Reiz und tiefen Frieden der Schönheit, der Entdeckung, der kreativen Arbeit, des sozialen und körperlichen Wohlbefindens.

Madame Blavatskys Fußnote spricht dann von

> *Attavada*, der Häresie des Glaubens an eine Seele oder besser der Getrenntheit der Seele oder des Selbstes von dem einen universellen, unendlichen Selbst.

Atta ist der Pali-Ausdruck, der Atma im Sanskrit entspricht, und *vada* heißt Lehre. Die Lehre von Atma, die wir schon erörtert haben, ist die Quelle der Großen Kluft zwischen den Hindus und Buddhisten, aber sachlich besteht die Unterscheidung lediglich in Worten, denn wenn der Hindu sagt, dass das Selbst oder Atma im Menschen eins ist mit dem universellen Selbst, meint er mit dem Wort nicht das, was die Menschen gewöhnlich im Sinn haben, wenn sie an sich selbst denken oder von sich sprechen, sondern etwas weitaus Tieferes, was nur der fortgeschrittene Yogi gerade vermuten kann. Es gibt eine Stelle in der *Sri Vakya Sudha*, die den Strebenden warnt, dass, wenn er die großartige religiöse Formel »Ich bin das« wiederholt, er Obacht geben muss, was er unter »Ich« versteht. Diese Passage erklärt, dass das getrennte Individuum als dreifältig verstanden werden sollte und es bei der Vereinigung mit Brahman nur um die mit dem höchsten dieser drei geht, die erklärt wird durch »Du bist Das« und solche Aussprüche. Wie schon dargelegt, ist die Persönlichkeit nicht »Ich«, und sogar das »Du« in mir ist nicht »Ich«, sondern das »Ich« ist etwas Ununterscheidbares vom universellen Selbst, in dem die Vielen und das Eine eins sind. Die Lehre des Buddha verneint die Dauerhaftigkeit des »Du«, das die Menschen »Ich« nennen.

Es ist ein Unglück, dass zwei so große Religionen wie der Hinduismus und der Buddhismus hauptsächlich durch ein so kleines Missverständnis getrennt sind, und auch, dass deshalb die moderne theosophische Bewegung sich nur sehr langsam unter den Buddhisten verbreitet hat. Wir haben eine umfangreiche theosophische Literatur entwickelt, in der die Worte Atma und Selbst eine große Rolle spielen, und das hat viele Buddhisten befremdet, die sich nicht die Mühe gemacht haben, dieses Hindernis in Form von Worten wegzuräumen, das wir ihnen versehentlich in den Weg gelegt haben.

Diese Erde, oh unwissender Jünger, ist bloß der düstere Eingang, der zu dem Dämmerlicht führt, welches dem Tale des wahren Lichtes vorangeht – jenes Lichtes, welches kein Wind auslöschen kann, jenes Lichtes, welches ohne Docht und Brennstoff brennt.

In diesem und einigen späteren Versen haben wir poetische Namen für die verschiedenen Ebenen der Natur. Wie vorher bemerkt, war es unter orientalischen Esoterikern üblich, die astralen und nieder-mentalen Ebenen zusammenzufassen, und Madame Blavatsky folgte in ihrer Lehre oft diesem Konzept. Dieses Kombinieren der beiden ist angedeutet in dem Bild des »Dämmerlichtes, das dem Tal des wahren Lichtes vorangeht«. Diese Beschreibung des Tales des wahren Lichtes zeigt es als die Region der Seele und des Höheren Selbst, die Ebenen, wo Buddhi und das höhere Manas ihre Heimat haben.

Wenn wir die Ebenen durch eine Linie teilen, die das niedere vom höheren Mentalen trennt, finden wir, dass es einen grundlegenden Unterschied zwischen denen gibt, die unterhalb der Linie liegen, und denen, die sich darüber befinden. In den ersteren ist Materie dominant; sie ist das erste, was ins Auge fällt, und Bewusstsein scheint mit Schwierigkeit durch die Formen. Aber in den höheren Ebenen ist Leben das Auffallende, und Formen gibt es dort nur für seinen Zweck. Die Schwierigkeit in den unteren Ebenen ist, dem Leben in den Formen Ausdruck zu verleihen, aber in den höheren ist es gerade das Gegenteil – die Flut des Lebens zu halten und ihr Form zu geben. Nur über der Trennungslinie ist das Licht des Bewusstseins keinem Wind ausgesetzt und scheint mit seiner eigenen Kraft. Das Symbol eines geistigen Feuers ist sehr passend für Bewusstsein auf jenen Höhen im Unterschied zu den niederen Ebenen, wo das Symbol eines Feuers, das Brennstoff verbrennt, passender ist.

Das Große Gesetz sagt: »Um der Kenner des All-Selbstes zu werden, hast du zuerst der Kenner des Selbstes zu sein.« Um die Erkenntnis dieses Selbstes zu erlangen, musst du das Ich dem Nicht-Ich, das Sein dem Nicht-Sein opfern.

In einer Fußnote unterscheidet Madame Blavatsky zwischen dem *Atmajnani*, der hier erwähnt ist, und dem *Tattvajnani*. In der Hindu-Literatur ist der Unterschied normalerweise gering und wird gewöhnlich nicht beachtet, aber sie sagt: »Der *Tattvajnani* ist der Kenner oder Unterscheider der Prinzipien in Natur und Mensch; und der *Atmajnani* ist der Kenner von Atma oder dem universellen einen Selbst.« *Jnani* bedeutet einen Kenner und *tattva* bedeutet die Wahrheit oder die wirkliche Natur von Dingen.

Es ist immer eine Lehre der Theosophie gewesen, dass wir, um Fortschritte zu machen, die alte griechische Formel »Erkenne dich selbst« anwenden müssen. Folglich befasst sich ein sehr großer Teil der modernen theosophischen Literatur mit der Zusammensetzung, Geschichte und Bestimmung des Menschen. Durch das Studium der verschiedenen Prinzipien und Körper des Menschen kommt es, dass wir allmählich unterscheiden können, was er ist, und ihn gedanklich von den Trägern, die er benutzt, trennen können, bis wir schließlich beim wahren Selbst ankommen. Dann werden wir durch das wahre Selbst in uns das universelle Selbst erkennen; tatsächlich sind die beiden eins.

Aber um das wahre Selbst in sich zu erkennen, muss das niedere

Selbst beiseite geschoben werden, muss wie ein Nichts werden. Wie wir schon gesehen haben, ist die völlige Zerstörung von »Eigenpersönlichkeiten« die allererste Aufgabe des Initiierten auf dem eigentlichen Pfad, da *Sakkayaditthi*, der Wahn des persönlichen Selbstes, die erste Fessel ist, die abgeworfen werden muss.

Und dann kannst du ruhen zwischen den Schwingen des Großen Vogels. Oh, süß ist die Ruhe zwischen den Schwingen dessen, was weder geboren ist noch stirbt, sondern das AUM ist durch ewige Zeitalter.

Über den *Großen Vogel*, der einen hervorragenden Platz im orientalischen religiösen Symbolismus einnimmt, gibt Madame Blavatsky die folgende Fußnote:

> *Kala Hamsa*, der Vogel oder Schwan. So sagt die Nadavinda-Upanishad, übersetzt von der Theosophischen Gesellschaft in Kumbakonam: »Die Silbe A wird als des Vogels Hamsa rechte Schwinge betrachtet, U als seine linke, M als sein Schwanz und der *Ardhamatra* (Halbmeter) als sein Kopf.«

Das Wort AUM, gewöhnlich OM ausgesprochen, wird beim Beginn jeden guten Werkes oder Gedankens benutzt, weil es ein Wort der Kraft ist, das göttliche Schöpfung symbolisiert. Unzählige Sanskrit-Bücher wiederholen die Aussage, dass Gehör, Gefühl, Sehen, Geschmack und Geruch mit den entsprechenden Materie-Arten verbunden sind, nämlich: *akasha* (Äther oder Himmel), *vayu* (Luft), *tejas* oder *agni* (Feuer), *apas* oder *jala* (Wasser) und *prithivi* (Erde), die unsere vertrauten fünf Ebenen menschlicher Manifestation sind, die atmische, buddhische, mentale, astrale und physische. Diese Ebenen wurden in dieser Reihenfolge erschaffen, beginnend mit der atmischen, wo Klang als die schöpferische Kraft angewandt wurde. Natürlich konnte das nicht dasselbe wie unser physischer Klang sein, der eine Schwingung in der Luft oder einer anderen physischen Substanz ist; er war von der Wesensart der Stimme der Stille, des Willens von Atma. Dennoch ist sogar auf unserer physischen Ebene der Klang ein großer Erbauer von Formen, wie jeder Student der elementaren Naturwissenschaften weiß, der Chladnische Figuren gemacht oder ähnliche Versuche durchgeführt hat. In den Hindu-Schriften ist ziemlich viel Symbolismus mit dieser Idee verbunden, dass die Welt durch Klang geschaffen wurde.

Das Wort AUM soll besonderen Wert als Mantra haben, weil es das vollständigste menschliche Wort ist. Es beginnt mit dem Vokal A im hinteren Teil des Mundes, setzt sich fort mit dem Vokal U, der in der Mitte des Mundes erklingt, und schließt mit dem Konsonanten M, mit dem die Lippen versiegelt werden. So durchläuft es die ganze Skala menschlicher Sprache und stellt im Menschen das vollständige schöpferische Wort dar. Seine drei Teile werden auch als symbolisch für die Manifestation der Trinität genommen, auf vielfältige Weise, die zu erklären ein Buch füllen würde. So haben wir Parabrahman, Daiviprakriti und Mulaprakriti; Shiva, Vishnu und Brahma; Wille, Weisheit und Aktivität; Ananda, Chit und Sat oder Glückseligkeit, Bewusstsein und Sein; Atma, Buddhi und Manas; Tamas, Rajas und Sattva – und viele andere. AUM ist auf diese Weise eine ständige Erinnerung an diese Dreifaltigkeit, die durch alle Dinge läuft. Es ist deshalb ein Schlüssel zur Lösung vieler Mysterien ebenso wie ein Wort der Kraft. Der Kopf des Vogels wird dann als der unmanifestierte Ursprung des dreifachen Wortes angesehen.

Kala, ein Wort, das »Zeit« bedeutet, ist einer der Namen von Vishnu oder Avalokiteshvara. *Kala-Hamsa* bedeutet deshalb der Schwan der Zeit oder in der Zeit, da *Hamsa* ein Schwan ist. Dieses Symbol eines Vogels enthält die Bedeutung von Zeit, da er sich durch den Raum fortbewegt. Es ist ein Charakteristikum des Bewusstseins, dass es fortschreitet oder sich entwickelt und so in der Zeit existiert. Das Bewusstsein des Logos *ist* Zeit, es beginnt nicht, noch endet es in der Zeit und ist deshalb ohne Geburt oder Tod.

Der Vogel ist somit ein Symbol des Zweiten Logos, der auch die große Weisheit ist. Es gibt eine bekannte Hindu-Fabel, die den Hamsa oder Schwan auch mit dieser Vorstellung von Weisheit verbindet, denn sie erzählt von diesem Vogel, dass, wenn eine Mischung von Wasser und Milch vor ihn hingestellt wird, er die Milch vom Wasser trennen kann. Ebenso wirkt Weisheit im menschlichen Leben, indem sie aus unseren vermischten Erfahrungen die notwendige Nahrung für die Seele auswählt. Weisheit bleibt in der spirituellen Seele des

Menschen, wenn Erfahrungen vergangen sind, denn wie die *Bhagavad-Gita* sagt: »Alle Handlungen in ihrer Gesamtheit gipfeln in Weisheit.« (IV, 33)

Ein Mensch auf dem Pfad, der die Dritte Einweihung durchschritten hat, wird auch Hamsa oder Schwan genannt. Er ist beschäftigt, *raga* und *dvesha* loszuwerden, die vierte und fünfte Fessel, die Vorliebe und Abneigung sind, und praktiziert deshalb besonders Weisheit. Menschen in der Welt sind voller Vorlieben und Abneigungen, und sie leiden deshalb heftig unter ihren eigenen Ansichten über Dinge. Wenn er diese zwei Fesseln abwirft, wird der Hamsa wie der Weise, der in der *Gita* beschrieben ist, als einer, der zufrieden ist mit Weisheit und Erkenntnis, für den ein Klumpen Erde, ein Stein und Gold das Gleiche sind, der unvoreingenommen Freunde und Feinde betrachtet, die Gerechten und die Ungerechten. Es ist nicht so, dass dieser Mensch nicht Gold und Freunde schätzte; das tut er, aber er schätzt ebenso Lehm und Feinde. Der weise Mensch kann Nutzen aus jeder Art von Erfahrung ziehen; alle sind nützlich für die Seele. Epiktet beteuerte das, als er erklärte: »Es gibt nur eines, wofür Gott mich in die Welt gesandt hat – meinen eigenen Charakter in der Tugend zu vervollständigen; und es gibt nichts auf der ganzen Welt, das ich nicht zu diesem Zweck benutzen kann.«

Außerdem ist Hamsa auch eine Form des Ausspruchs »Aham Sah« oder »Ich bin Das« oder wie es oft benutzt wird »So'ham«, das aus denselben Worten in umgekehrter Reihenfolge besteht. Wenn also der Schüler diesen Satz wiederholt, denkt er auch daran, dass die Art und Weise, sich auf den Hamsa oder Vogel des Lebens zu schwingen, ist, sich klar zu werden, dass er das Selbst ist. Es wird gesagt, dass der fromme Yogi diese Formel mit jedem Atemzug äußert, von denen gesagt wird, es seien 21 600 in einem Tag und einer Nacht, denn es wird angenommen, dass die Luft mit dem Laut »sah« einströmt und mit dem von »ha« hinausgeht.

Solange der Vogel fliegt, das schöpferische Wort erklingt, existiert Zeit. Obwohl diese Zeit weder Anfang noch Ende hat, ist sie dennoch eine messbare Periode – was ein großes Mysterium ist. Über diesen Punkt macht Madame Blavatsky die folgende Notiz:

Ewigkeit hat bei den Orientalen eine ganz andere Bedeutung als bei uns. Sie bezeichnet im Allgemeinen 100 Jahre oder Zeitalter des Brahma, die Dauer eines Maha-Kalpa oder eine Periode von 311 040 000 000 000 Jahren.

Dieser Teil des Themas schließt mit den Worten:

Schwinge dich auf den Vogel des Lebens, wenn du zu wissen begehrst. Gib dein Leben auf, wenn du leben willst.

Diese sind mit den folgenden Anmerkungen versehen:

> Dieselbe ***Nadavindu*** sagt: »Ein Yogi, der sich auf den Hamsa schwingt (d. h. sich in Betrachtung über AUM versenkt), bleibt unberührt von karmischen Einflüssen und Millionen (Crores) von Sünden.
>
> Gib das Leben deiner physischen Persönlichkeit auf, wenn du im Geiste leben willst.

Ein *Crore* sind zehn Millionen. Es darf allerdings nicht angenommen werden, dass es dem Yogi erlaubt sei, diese Sünden zu begehen. Wenn er das tun würde, wäre er kein Yogi. Dieser Ausdruck ist nur eine orientalische Art, anzugeben, dass er völlig frei ist von der Verderbnis durch die materielle Welt. Der Mensch, der denkt und arbeitet ohne persönliches Begehren, in völliger Selbstlosigkeit, erleidet keine karmischen Folgen. Die Früchte aller seiner Anstrengungen gehen in das große Reservoir spiritueller Kraft für die Hilfe der Welt, wie schon erklärt worden ist.

7

Die drei Hallen

Drei Hallen, du ermatteter Pilger, führen zum Ende der Mühen. Drei Hallen, du Besieger von Mara, werden dich durch drei Zustände in den vierten bringen und von da in die sieben Welten, die Welten der ewigen Ruhe.
Wenn du ihre Namen erfahren willst, dann horche und merke sie dir.
Der Name der ersten Halle ist Nicht-Wissen – Avidya.
Es ist die Halle, in der du das Licht erblicktest, in der du lebst und sterben wirst.
Der Name der zweiten Halle ist Halle des Lernens. In ihr wird deine Seele die Blüten des Lebens finden, aber unter jeder Blume eine sich ringelnde Schlange.
Der Name der dritten Halle ist Weisheit, jenseits derselben dehnen sich die uferlosen Wasser von Akshara, die unzerstörbare Quelle der Allwissenheit.

Die drei Hallen können auf zwei Arten gedeutet werden – als objektive Ebenen oder als der subjektive Zustand des Menschen.

Im ersteren Falle ist die Halle des Nichtwissens die physische Ebene; und die Halle des Lernens, die in einer Fußnote als »die Halle des Lernens zur Probe« beschrieben wird, ist das, was vielleicht die astro-mentale Ebene genannt werden könnte (die Zusammenfassung der astralen und niederen mentalen Ebenen). Als ich *Das innere Leben* schrieb, schien es mir wahrscheinlich, dass Madame Blavatsky mit dem Ausdruck *Halle des Lernens* die astrale Ebene meinte und mit der *Halle der Weisheit* die niedere mentale Ebene, aber nachdem ich die Sache viele Male durchdacht und diskutiert habe, neige ich jetzt zu der Ansicht, dass wir ihren Gedanken genauer darstellen, wenn wir annehmen, dass die *Halle des Lernens* nicht nur das Astrale, sondern auch das niedere Mentale einschließt; und wenn wir die *Halle der Weisheit* höher legen, dass darin die Ebene des höheren Manas und Buddhi enthalten sind.

Dass Aryasanga nicht an die Astralebene als die Halle des Lernens und die nieder-mentale Welt als die Halle der Weisheit dachte, wird ein bisschen weiter unten gezeigt, wo er von der letztgenannten Halle als einer spricht, »worin alle Schatten unbekannt sind, und wo das Licht der Wahrheit mit unvergänglicher Pracht scheint«. Die niedermentale Welt entspricht nicht dieser Beschreibung. Obwohl sie viel herrlicher und zarter als die Astralebene ist, ist sie immer noch eine materielle Welt und die Heimat der Persönlichkeiten von Menschen. Weiter sagt der Lehrer auch, dass das, was unerschaffen ist, in der Halle der Weisheit weilt, und es ist das Ego, nicht die Persönlichkeit, welches unerschaffen ist. Und in der nieder-mentalen Welt ebenso wie in der astralen ringelt sich eine Schlange unter jeder Blume; denn wenn Leidenschaft und törichte Begierden die eine verseuchen, bewohnen Hochmut und Vorurteile die andere. Wenn es auch auf der höheren Mentalebene vieles geben mag, was das Ego nicht weiß, so weiß es das, was es weiß, richtig; aber das niedere Mentale ist ein Bereich der Persönlichkeit und der Fehler.

Der Grad, bis zu dem die niederen Ebenen Welten der Illusion sind, wird auch auf die Weise gesehen, in der unsere Sinne und Kräfte in ihnen wirken. Nehmen wir das Sehen als Beispiel – wir sehen, weil unsere Sicht versperrt ist. Wenn man völlig durch die Wand hindurch sehen könnte, könnte man die Wand nicht sehen. Dasselbe trifft auf das Gehen zu; wir haben etwas Freiheit, uns herumzubewegen, weil die Erde der freien Bewegung unserer Füße widersteht. In den höheren Ebenen lebt man im Licht.

Die Kombination der astralen und mentalen Ebenen ist in den esoterischen Schulen nicht ungewöhnlich. Die Vedanta-Anhänger sprechen von *einem* Körper (genannt der *manomayakosha*, der Körper, der aus Verstand gemacht ist)[8], wo die theosophische Literatur gewöhnlich die beiden (den astralen und den mentalen) unterscheidet, und diesem Körper, wenn er erweckt ist und funktioniert, schreiben sie die Erfahrungen zu, die beiden Ebenen eigen sind. Der Kandidat

8 Siehe *Die Geheimlehre*, Bd. 1, S. 181.

für den Yoga-Pfad wurde in den Raja-Yoga-Schulen immer geschult, vom Mentalen herunter zum Astralen zu arbeiten. Dieses sehr vorsichtige Verfahren wird auch in der Lehre des Patanjali beschrieben, der seine beiden ersten Schritte der moralischen Vervollkommnung widmet und deutlichen Fortschritt darin verlangt, bevor die Übungen, die zu den Siddhis oder Yoga-Kräften führen, aufgenommen werden. In *Raja Yoga: Die Okkulte Schulung der Hindus* hat Prof. Wood diese ersten Schritte »Die zehn Gebote« genannt und sie übersetzt als die fünf Einschränkungen: »Du sollst nicht verletzten, nicht lügen, nicht stehlen, nicht hemmungslos sein, nicht gierig sein« und die fünf Anordnungen: »Du sollst sauber, zufrieden, selbstbeherrscht, lernbegierig und hingebungsvoll sein.« Diese Methoden waren voll in Kraft lange vor der Zeit von Aryasanga. Pandit N. Bhashyacharya und einige andere Sanskrit-Schüler behaupten, dass Patanjali, der wiederum nicht der Urheber des Systems war, der Welt seine berühmten *Sutras* schon im neunten Jahrhundert v. Chr. gab.

In *Die Meister und der Pfad* habe ich erklärt, dass es bei den ehemaligen Initiationen oft vorkam, dass viel Zeit dazu verwendet wurde, den Kandidaten in astraler Arbeit zu unterweisen, da die Erweckung des Schülers für Arbeit auf dieser Ebene einer relativ späteren Phase überlassen wurde als es unter modernen Theosophen üblich ist, die oft lange vor der Initiation schon viel astrale Arbeit getan und dadurch die Einzelheiten der Astralwelt erfahren haben.

Wenn wir die drei Hallen subjektiv betrachten, als Stadien des Fortschritts menschlicher Entwicklung, haben wir die folgenden, vertrauten Unterteilungen:

(1) Der Mensch, der unwissend in der Welt lebt, angezogen und abgestoßen von den Dingen um ihn her, zu Taten getrieben durch seine eigenen unbeherrschten Leidenschaften und Begierden – dies ist die unwissende Phase.

(2) Der Mensch, der gerade lernt, dass die Natur feste Gesetze hat und feststellt, wie er dadurch, dass er mit ihnen arbeitet, viel mehr Macht gewinnt, als er in den Tagen seiner Unwissenheit hatte – dies ist die Halle des Lernens.

(3) Der Mensch, der erkannt hat, dass es geistige Gesetze gibt und jetzt lernt, ihnen zu gehorchen. Er weiß Bescheid über Reinkarnation und Karma und die ethischen und moralischen Gesetze, die

den Fortschritt seiner eigenen Seele und die anderer bestimmen. Er ist sich bewusst, dass äußere Dinge nur zum Zwecke der sich entwickelnden Seele existieren, und lebt gemäß diesem Wissen. Er ist in der Halle der Weisheit.

Madame Blavatsky beschreibt die vier Stadien des Bewusstseins:

> Die drei Bewusstseinszustände sind ***Yagrat***, der Wachzustand; ***Svapna***, der Traumzustand und ***Sushupti***, der Tiefschlaf. Diese drei Yoga-Zustände führen zum vierten – ***Turiya***, dem Jenseits des traumlosen Zustandes, dem einen über allen, einem Zustand hohen geistigen Bewusstseins.

Diese Bewusstseinszustände sind nicht fest, sondern können mit den Gruppen der Ebenen oder der oben erwähnten objektiven Hallen in Beziehung gesetzt werden im Falle des Jüngers, der für die Arhat-Initiation vorbereitet wird. In diesem Falle könnte der Wachzustand der physische, der Traumzustand der astro-mentale, der Schlafzustand der höher-mentale und buddhische und der Turiya-Zustand der atmische sein.

Die etwas seltsamen Bezeichnungen Wachen, Träumen und Schlafen scheinen von einem Gesichtspunkt der physischen Ebene aus gewählt worden zu sein, um die Höhen des Bewusstseins zu benennen, die vom Kandidaten zu verschiedenen Zeiten erreicht werden. Als der Mensch seiner Beschäftigung auf der physischen Ebene nachging, mit all seinen Fähigkeiten wach dieser Welt zugewandt, war er im ersten Zustand. Um den zweiten Zustand zu verstehen, müssen wir uns erinnern, dass es zwei Arten von Träumen gibt – die oft unsinnigen Erzeugnisse des Gehirns (physisch und ätherisch) und die wahren Erfahrungen des Menschen, der entfernt von seinem Körper ist und in den astro-mentalen Regionen arbeitet und lernt. Auf diese letzteren wird dieser Ausdruck Träumen angewendet. Der schlafende oder in einem Tagtraum fast einschlafende Schüler würde sich hinterher an einige solche Erfahrungen erinnern und sie dann dem »Bewusstsein des Traumzustandes« zuschreiben. Nehmen wir aber an, dass der geistig Strebende außerhalb des Körpers zu irgendeiner Zeit in etwas übergehen würde, das man einen zweiten Schlaf nennen könnte und sich in die nächste Gruppe von Ebenen erheben würde, um eine Zeit lang bewusst auf diesem höheren Niveau zu sein. Beim physischen Erwachen würde er sich wahrscheinlich an nichts von dem erinnern, was sich außerhalb des Körpers zugetragen hat, da sein Gehirn nicht darauf abgestimmt ist, die Erfahrungen, die von höheren Ebenen als seinem »Traumzustand« kommen, festzuhalten. So würde es ihm scheinen, als habe er tief und traumlos geschlafen, und gewöhnlich würde sein einziges Gefühl große Befriedigung und Wohlbefinden sein. Der »Schlafzustand« ist deshalb Bewusstsein in diesem noch höheren Bereich.

Der vierte Zustand wird manchmal *Trance* genannt, und zwar aus folgendem Grunde. Es ist oft erklärt worden, dass ein Strebender einen höheren Zustand erreichen kann, wenn er außerhalb seines Körpers ist, als wenn er darin ist. Es ist auch in tiefer Meditation für den Jünger möglich, sich in Trance zu dem höheren Zustand zu erheben und hinterher diese Erfahrung in die wache Erinnerung herunterzubringen. Auf diese Weise kann der Arhat die buddhische Ebene berühren, während er im physischen Körper weilt, und die atmische oder nirvanische Ebene, wenn er außerhalb davon ist oder in tiefer Meditation oder Trance. Der Ausdruck *akshara*, der hier auf diesen vierten Bereich angewendet ist, bedeutet einfach das, was nicht wegschmilzt; es ist das Nicht-Vergehende.

Dieselbe Gruppe von Ausdrücken kann als eine relative Reihe für weniger fortgeschrittene Esoteriker benutzt werden. Einer mag sein Wachbewusstsein auf der physischen Ebene haben, seinen Traumzustand auf der Astralebene, seinen Tiefschlaf auf der mentalen; ein anderer, der seine astralen Fähigkeiten in seinem wachen physischen Bewusstsein benutzen kann, wird sein Traumbewusstsein auf der nieder-mentalen und seinen Schlafzustand auf der höher-mentalen haben usw. *Turiya* ist ein höherer Zustand, der in jedem Falle durch eine besondere Anstrengung von Willen und Meditation erreicht wird, die ein Mittel ist, um schließlich die ganze Gruppe der drei Zustände auf eine höhere Ebene als vorher zu heben. Während der Übergang vor sich geht, bevor das neue Niveau gefestigt ist, wird es immer diesen vierten Zustand geben.

Dies wird unter Meditation verstanden. Der Schüler wird sitzen und sein Wachbewusstsein fest auf ein Objekt richten – nehmen wir an, es sei eine Katze. Dann wird er sich zum »Traumzustand« erheben und versuchen, den astralen Aspekt des Tieres zu begreifen. Als Nächstes wird er zum »Schlafzustand« hinaufsteigen und seine Aufmerksamkeit dem mentalen Wesen des Geschöpfes zuwenden. Der vierte Schritt würde Samadhi sein – oder Kontemplation – ein Versuch, seine Bedeutung und Realität für das Ego zu begreifen, hinter die drei Formen der Katze zu ihrer subjektiven Bedeutung zu kommen. Das Fixieren der Aufmerksamkeit auf die Katze im ersten Falle ist Konzentration; der Vorgang der Erhebung des Bewusstseins ist Meditation; die schließliche Konzentration in einem höheren Gesichtsfeld jenseits des vorher Erreichten ist Kontemplation (oder Samadhi). Die letzte Anstrengung kann wie das Durchdringen einer Wolke oder eines Nebels sein, aus dem sich die neue Vision allmählich bildet oder aus dem sie wie ein Blitzstrahl kommen kann. In jedem der beiden Fälle muss sich der Übende sehr ruhig verhalten, um den Eindruck so lange wie möglich aufrechtzuerhalten – ein Gedanke über sich, über die alte persönliche Relativität, kann die ganze Sache verschwinden lassen, so dass nicht einmal eine Erinnerung zurückbleibt, wie es war.

Die drei Hallen, wurde gesagt, führen zum Ende der *Plagen* – nicht zum Ende der *Arbeit*, das muss beachtet werden. In diesen niederen Welten haben wir einen Begriff von Arbeit, der allerdings ganz verschieden von dem auf höheren Ebenen ist. Für uns hier unten ist das Wort fast gleichbedeutend mit Plage und oft mit Schufterei, aber von einem höheren Gesichtspunkt ist Arbeit tatsächlich Spiel. Schufterei ist lediglich Aktivität; sie bildet den Menschen nicht, der sie tut. Aber die geringste geistige Arbeit, die von Herzen kommend getan wird »als für Gott, und nicht für die Menschen«, die besser getan wird als jemals zuvor, ist gut für die Entwicklung dessen, der sie tut. Wenn man sich etwa beim Schreiben eines Briefes Mühe gibt, ihn ordentlich zu verfassen, sogar liebevoll, und sich kurz, klar und wohlwollend auszudrücken, hat man Hand, Auge und Gehirn, Denkkraft, Liebeskraft und Willenskraft entwickelt. Wahre Arbeit, wie die eines Künstlers, ist voll von schöpferischem Einfluss und voller Freude. Wir finden allerdings sogar in diesen Dingen etwas Mühe wegen der Widerstände der niederen Ebenen. Dennoch gibt es nicht einmal hier unten eine klare Trennungslinie zwischen Mühe und Spiel. Wenn man einen langen Ausritt unternimmt, wird der erste Teil davon voller Freude für beide, für Mensch und Pferd, sein, aber diese verschwindet allmählich, sobald die Müdigkeit zunimmt, bis der Mensch plötzlich merkt, dass der Ritt, der am Anfang Spiel war, nun Arbeit oder Anstrengung geworden ist. In anderen Fällen mag es eine Aufgabe sein, die nicht zeitlich verlängert ist, aber etwas über unsere Kraft geht; dann stellt sich ein Gefühl von Mühe ein. Aber alle Arbeit ist in Wirklichkeit Spiel, wenn Bereitwilligkeit da ist und keine Ermüdung oder Überforderung.

Wir haben in dieser Hinsicht viel von den Tieren zu lernen und sogar von den Pflanzen. »Wachse, wie die Blume wächst«, heißt es in *Licht auf den Pfad*, »indem du dein Herz der Sonne öffnest.« Christus sagte: »Schauet die Lilien auf dem Felde, wie sie wachsen; sie plagen sich nicht, auch spinnen sie nicht. Und doch sage ich euch, dass selbst Salomo in all seiner Pracht nicht geschmückt war wie eine von diesen.« (Matthäus VI, 28–29) Es ist die tödliche Sorge um die Zukunft, die aus der Arbeit der Menschen Mühsal macht. Aber das Gesetz sagt: »Tue heute das Weise und Richtige und überlasse es dem Ergebnis, für sich selbst zu sorgen.« Dies ist keine Lehre des Müßiggangs, sondern von Arbeit, die Spiel ist statt Plage.

Eine Veranschaulichung davon kann man auch sehen, wenn man beobachtet, auf welche Weise verschiedene Leute eine lange Reise machen. Einer wird in Chicago in den Zug einsteigen und die ganze Zeit, die der Zug benötigt, um nach San Francisco, seinem Bestimmungsort, zu fahren, in fieberhafter Ungeduld verbringen. Er hat seine Sinne fest auf etwas gerichtet, das er dort tun möchte; in der Zwischenzeit ist seine Fahrt eine Mühsal und Qual. Ein anderer findet unterwegs tausend interessante Dinge – die Landschaft, die Menschen, den Zug selbst. Für ihn ist die Fahrt ein glücklicher Ferientag; und am Ende hat er viel mehr geschafft als der andere Mensch. Der Hindu-Dorfbewohner lebt sehr nahe der Natur und wächst sicherlich wie die Blume wächst. Ein Mann macht sich von seinem Dorf aus auf, um die Post vom Postamt zu holen oder einige Briefe dort aufzugeben, eine Entfernung von vielleicht zwei Dutzend Kilometern. Er marschiert nicht stur und mühsam dahin und foltert seine Nerven mit den unharmonischen Bewegungen, die von einem unzufriedenen und ungeduldigen Gemüt herrühren. Die Aussicht auf seine Post ist keine Manie, die alle anderen Interessen ausschließt und ihn dazu bringt, die Länge der Strecke zu verfluchen. Nein, da gibt es Insekten, Vögel, Blumen, Bäume, Flüsse, Wolken am Himmel, Felder, Häuser, Menschen und Tiere, und schließlich die gesegnete Erde selbst, auf der man eine Weile liegt wie auf Samt in den göttlichen Armen. Wie wenig der weiße Mann vom Leben weiß, wie viel über Mühsal!

Die Hindus haben lange geglaubt, dass Gott spielt. Das *Lila* oder Spiel von Sri Krishna, wie es genannt wird, ist das große Werk der Evolution, welches für uns so mühsam aussieht, dass wir vor den langen Zeitaltern von Arbeit, die vor uns liegen, erschaudern und nach Ruhepause schreien. Man denke an die 311 040 000 Millionen Jahre eines Mahakalpa (Weltzeitalters). Was für eine Illusion! Wenn wir das Ende der Mühsal erreichen, wird das Leben ganz Spiel, ganz Freude sein.

Das Ende der Mühen, obwohl nicht der Arbeit, kommt mit dem Eintritt des Jüngers auf den vierten Pfad, auf die nirvanische Ebene. Er hat die Mühe beendet, die ersten fünf Fesseln abzuwerfen – Eigenpersönlichkeit, Zweifel, Aberglauben, Vorliebe und Abneigung – die alle seine Gebundenheit an materielle Dinge kennzeichneten, mit der sein Leben ein großer Kampf auf dem ansteigenden Weg war. Aber jetzt sind seine übrig gebliebenen fünf Fesseln innerlich. Er muss sie besiegen, das ist wahr, aber seine Waffe wird Gelassenheit, Ruhe und Stille sein – der Gebrauch des Willens, der das ruhigste Ding in der Welt ist. Diese Fesseln sind: Begehren nach Leben in der Form und im formlosen Leben, Stolz, Erregung und Unwissenheit. Es würde wenig Gewinn bringen, diese hier detailliert zu untersuchen; es genügt, ihren inneren Charakter zu bemerken und zu sagen, dass der Mensch, um sie zu zerstören, sich und seine Träger oberhalb der Linie zum Schweigen bringen muss, welche die Persönlichkeit vom Ego trennt.

Auf früheren Stufen, vor dem Ende der Mühen, wird der Schüler gut daran tun, sein Leben weise zu organisieren, so dass seine Arbeit für den Meister so weit wie möglich Spiel sein kann. Sie sollte reine Freude, ungetrübtes Glück sein – unter solcher Bedingung würde der schnellste Fortschritt erzielt. Mühe ist weder lobenswert noch besonders vorteilhaft, obwohl sie manchmal nötig sein mag. Wie oft führt ein Schüler die Meditation durch und empfindet sie als lästige Angelegenheit, betrachtet sie aber als eine Pflicht, die getan werden muss, auch unter Mühen und Leiden. Vollbringe sie fröhlich und freudig, als Spiel, oder freue dich wenigstens auf die Zeit, in der du sie so tun kannst. Einige Menschen lassen sich genüsslich in die Arme der Gegenwart sinken und sagen: »Wir wollen uns jetzt vergnügen und die Zukunft für sich selbst sorgen lassen.« Andere stehen in stolzer Strenge abseits und sagen: »Wir weigern uns, auf das einzugehen, was uns Sorge bereiten kann.« Aber der Jünger muss seinen Rücken für die Schläge der Zeit entblößen und sich auf die lange Zukunft freuen, auf das Spiel, in dem jede Bewegung ein tanzendes Freudenfest sein kann.

Über das Thema der sieben Welten sagt Madame Blavatsky:

> Einige östliche Mystiker lokalisieren sieben Daseins-Ebenen, die sieben geistigen Lokas oder Welten innerhalb des Körpers von Kala Hamsa, dem Schwan außerhalb von Zeit und Raum, der sich in den Schwan ***innerhalb*** der Zeit verwandeln kann, wenn er Brahma wird anstelle von Brahman.

Alle Manifestationen der Sieben in der Natur, wie die sieben Prinzipien im Menschen oder die sieben Ebenen in der Welt, kommen von einer siebenfachen Aufteilung, die von *Parabrahman* herrührt. Drei der sieben Prinzipien sind im universalen Bewusstsein offenbar und drei weitere in *Mulaprakriti*. Eines bleibt an seiner Quelle und schließt alle die anderen mit ein, denn die Gegenwart vieler mindert nicht die Einheit dessen, was wahrhaftig Eines ist. So geht es auf seiner niedrigeren Stufe dem Menschen, der seine mittlere Gruppe von Prinzipien (Atma-Buddhi-Manas) transzendiert und in das erste (die Monade) erhebt; obwohl er aus den Welten oder Ebenen entflieht, findet er sie alle in diesem neuen Zustand des wirklichen Nirvana vor, der ebenso sehr jenseits des Bewusstseinszustandes liegt wie dieser jenseits des bloßen Materiezustandes ist. Wir sprechen auf diese Weise, in der dritten Person, nur als Konzession an die Unwissenheit darüber, und müssen darauf hinweisen, dass das Gesagte in die Du-Form für das Bewusstsein und die Ich-Form für das wahre Leben des überbewussten Nirvana übersetzt werden sollte, wenn es verstanden werden soll. Diese »Welten« werden jedoch nicht vom Arhat betreten, sondern nur vom vollen Adepten.

Es gibt mehrere andere Weisen, auf die man sich den Eintritt des Arhats in die sieben Welten des ewigen Ausruhens vorstellen kann:

In einer Weise sind jene Welten die Unterebenen der atmischen Ebene, durch die der Arhat anfängt, hinaufzusteigen. Das Merkmal des Menschen, der sie bewohnt, ist eine unveränderliche Gelassenheit, denn alles wird als in dem Einen Selbst angesehen, und wo das erkannt worden ist, können Angst und Sorge keinen Platz haben. So sagt die *Gita*: »Für den Weisen, der im Yoga thront, wird Gelassenheit das Mittel genannt« (VI, 3). Nicht dass es in jenen Regionen an Aktivität mangelt – es ist eine riesige Welle von sich dauernd bewegendem Leben – aber es gibt keine Hindernisse für den Willen des Einen. Auf der buddhischen Ebene haben wir in einem Sinne noch Dualität, da man dort andere sieht, obwohl dasselbe Selbst in ihnen wie in uns innewohnend wahrgenommen wird. Aber Buddhi muss transzendiert werden, denn Liebe setzt eine Dualität voraus.

Die Gelassenheit, die der Arhat in zunehmendem Maße erwirbt, gibt den gewöhnlichen Ebenen unseres Daseins ein neues Gesicht. Er genießt dort eine Freiheit, die andere nicht kennen; er hat herausgefunden, dass Arbeit Spiel ist. Mit dem Berühren des Tales der Glückseligkeit hat er entdeckt, dass das Leben nicht nur dort, sondern auf allen Ebenen reine Freude ist. Er sieht und liebt nicht nur das fortschreitende Leben hinter den vergehenden Formen, sondern fühlt und jubelt über den göttlichen Willen hinter dem sich wandelnden Leben. Die ewige Ruhe, die er genießt, ist nicht Müßiggang, sondern der völlige innere Friede von einem, der weiß, dass alles gut ist und der göttliche Wille sogar in dem gegenwärtig ist, was anderen wie die Hindernisse des Fortschritts erscheinen mag, ebenso wie in dem offensichtlichen Fortschritt selbst. Ein Philosoph erhaschte einmal einen Einblick in diese Idee, als er sagte: »Sei gelassen; denn wenn du versagst ohne eigenen Fehler, so ist das Versagen ein besserer Erfolg, als du erahntest, da der göttliche Wille getan wird.« Der Arhat weiß etwas über den Frieden, der über das Verstehen hinausgeht, weil er anfängt, im Ewigen zu leben. »Dies ist«, sagt Madame Blavatsky, »die Region des vollen spirituellen Bewusstseins, jenseits dessen es keine Gefahr mehr gibt für den, der es erreicht hat«.

Wenn du die erste Halle sicher durchschreiten willst, lasse nicht zu, dass dein Verstand die Feuer der Lüste, die darin brennen, fälschlich für das Sonnenlicht des Lebens hält.

Wenn du die zweite sicher durchschreiten willst, dann bleibe nicht stehen, um den Duft ihrer betäubenden Blüten einzuatmen. Wenn du von karmischen Ketten befreit werden willst, suche nach deinem Guru nicht in diesen Reichen des Scheines.

Die Weisen verweilen nicht in den Lustgärten der Sinne. Die Weisen beachten nicht die süß klingenden Stimmen der Täuschung.

Suche nach ihm, der dich zur Geburt bringen soll, in der Halle der Weisheit, der Halle, die jenseits davon liegt, in der alle Schatten unbekannt sind und wo das Licht der Wahrheit mit unvergänglicher Herrlichkeit scheint.

Der Guru, von dem hier gesprochen wird, ist der Meister, der Lehrer. Madame Blavatsky drückt es so aus:

> Der Eingeweihte, der den Jünger durch das Wissen, das er übermittelt, zu seiner geistigen oder zweiten Geburt führt, wird der Vater, Guru oder Meister genannt.

Eine Darstellung von Leben und Wirken der Meister ist in *Die Meister und der Pfad* gegeben worden. Eine Ahnung des Wunders ihrer erhabenen Kräfte ist in dem Bericht zu sehen, der dort von einer Meditation des Meisters Kuthumi gegeben wird. In seinem Garten oder seinem Zimmer sitzend, scheint er zu meditieren, aber tatsächlich richtet er seine Aufmerksamkeit auf einige Millionen Menschen und beschäftigt sich mit jedem Einzelnen so persönlich, wie ein gewöhnlicher Mensch es könnte, wenn er seine ganze Aufmerksamkeit auf diesen einen zu richten hätte.

Jedem Ego wird von einem der Meister geholfen, so kann der Mensch, der das Bindeglied in sich zwischen dem niederen Selbst und dem höheren beleben kann, diese Hilfe in seinem persönlichen Leben empfangen. Die Gurus, die man auf der physischen Ebene treffen kann, sind im Allgemeinen Initiierte, fortgeschrittene Schüler der Adepten, wie vorher erklärt wurde.

Das, was unerschaffen ist, wohnt in dir, Jünger, ebenso wie es in jener Halle wohnt. Wenn du es erreichen und die zwei verschmelzen willst, musst du dich deiner dunklen Gewänder der Täuschung entledigen. Ersticke die Stimme des Fleisches, erlaube keinem Bild der Sinne, sich zwischen sein Licht und das deine zu stellen, damit so die beiden in eins verschmelzen können. Und wenn du dein eigenes Ajnana (Nicht-Wissen) erkannt hast, fliehe aus der Halle des Lernens. Diese Halle ist gefährlich in ihrer trügerischen Schönheit, sie wird nur gebraucht, um dich zu prüfen. Hab acht, Lanoo, dass deine Seele nicht zögere, geblendet von trügerischem Schein, und gefangen werde in ihrem täuschenden Licht.

Dies Licht strahlt aus dem Juwel des großen Verführers (Mara). Es verzaubert die Sinne, blendet den Verstand und lässt den Unachtsamen als aufgegebenes Wrack zurück.

Das, was unerschaffen ist, bezieht sich auf die höhere Triade, Atma-Buddhi-Manas, im Unterschied zu der Persönlichkeit und ihren Körpern. Die Feststellung, dass die Halle des Lernens nur zur Prüfung gebraucht wird, trifft genauso auf die Halle der Unwissenheit zu. Die Reihe der materiellen Ebenen, die physische, astrale und nieder-mentale, sind nur die Gebäude und Ausstattungen einer Schule für den Menschen, in der er mit Hilfe von Spielzeug unterrichtet wird. Es gibt keine Erfahrung, welche die Seele nicht verändert und ihr etwas Weisheit vermittelt; aber wer sich des erzieherischen Zweckes des Ganzen bewusst und eifrig bestrebt ist zu lernen und den Erfahrungen des verkörperten Lebens Lektionen von ewigem Wert zu entnehmen, wird die Spielsachen selbst nicht anziehend finden. Er wird wie die Biene sein, die den Honig aus der Blume aufnimmt und sich entfernt, ohne durch ihren Duft und ihre Farbe berauscht zu sein.

Mara ist eine Personifizierung der Attraktivität äußerer Dinge. Madame Blavatsky beschreibt ihn wie folgt:

> Mara ist in exoterischen Religionen ein Dämon, ein Asura, aber in der esoterischen Philosophie ist er die personifizierte Versuchung durch Laster der Menschen. Und wörtlich übersetzt be-

deutet Mara »das, was (die Seele) tötet«. Er wird dargestellt als König (der Maras) mit einer Krone, in der ein Juwel von solchem Glanz leuchtet, dass er diejenigen blendet, die ihn anschauen, wobei sich dieser Glanz natürlich auf den Reiz bezieht, den Laster auf gewisse Naturen ausübt.

In *Die Leuchte Asiens* (Buch VI) hat Edwin Arnold uns ein anschauliches Bild dieses Fürsten der Dunkelheit gegeben, wie er erschien und die zehn Hauptsünden, seine Engel des Bösen, gegen den Buddha führte, als dieser unter dem Bodhi-Baum saß und sich seiner Erleuchtung näherte.

Die Motte, die zu der blendenden Flamme deiner Nachtlampe hingezogen wird, ist verurteilt, im klebrigen Öl zugrunde zu gehen. Die unachtsame Seele, welche es versäumt, mit dem spottenden Dämon der Illusion zu ringen, wird zur Erde zurückkehren als Sklave von Mara.

Betrachte das Heer der Seelen. Beobachte, wie sie schwankend über dem stürmischen Meer des menschlichen Lebens schweben und erschöpft, blutend und mit gebrochenen Flügeln eine nach der anderen auf die anschwellenden Wellen fallen. Von den grimmigen Winden hin- und hergeworfen, vom Sturm gejagt, treiben sie in die Wirbel und verschwinden im ersten großen Strudel.

Das Thema der »verlorenen Seelen« ist sehr vielschichtig. Manche gleichen den Kindern in einer Schulklasse, die nicht so weit sind, am Ende des Jahres mit der Masse ihrer Mitschüler in die nächste Klasse versetzt zu werden, weil sie entweder zu jung sind oder weil sie faul gewesen sind. Außerdem gibt es auch Fälle, wo die Persönlichkeit während des körperlichen Lebens so in Materie verstrickt worden ist, dass sie dem Ego nichts zu geben hat, und sie kann dann weggeschnitten werden. Drittens gibt es die entsetzlichen Früchte der Ausübung schwarzer Magie. Es würde zu lange dauern, das Thema hier zu erörtern; ich habe mich damit des längeren in dem Artikel über *Verlorene Seelen* im Band I von *Das innere Leben* beschäftigt.

Einige der Ausdrücke in diesen Abschnitten zeigen die ganze orientalische Vorstellungskraft. Wir dürfen nicht zu wörtlich an aufgegebene Wracks und gebrochene Flügel denken. Wer vom Pfad abfällt wegen materieller Begierden, verursacht zwar sicherlich den Schiffbruch seiner geistigen Aussichten für die gegenwärtige Zeit, aber selbst in diesem Falle hat er etwas gelernt, was der Seele später nützlich sein wird. Auf alle Fälle ist es das beste für einen Menschen, mit weiser Überlegung zu lernen; nur wenn das vernachlässigt wird, ist statt dessen bittere Erfahrung nötig.

Es ist keineswegs erforderlich, dass jedes menschliche Wesen durch alle Arten der Erfahrungen gehen muss. Je weiter fortgeschritten und je weiser ein Mensch wird, desto mehr wird er in allem sehen, und er wird viel aus Kleinigkeiten lernen, an denen andere als belanglos vorübergehen. Man sagt, ein Dummkopf kann nicht einmal von einem Weisen lernen, aber ein Weiser kann immer lernen, sogar von einem Dummkopf. Um zu lernen, dass Feuer heiß ist, ist es nicht nötig, seine Hand hineinzuhalten; ein Dummkopf mag das tun, aber der Weise hat andere Arten, um die Tatsache zu lernen, dass Feuer brennt. Dennoch ist es ein großer Segen, dass diejenigen, die nicht denken wollen und dadurch freiwillig lernen, in der strengen Schule der Erfahrung unterwiesen werden, ohne die sie nichts lernen und überhaupt keinen Fortschritt machen würden.

Das Karma-Gesetz, das Menschen die Erfahrungen bringt, die sie anderen gegeben haben, ist somit ein Wohltäter und letztlich ein Befreier, kein Werkzeug der Vergeltung oder Strafe. Angenommen ein Dieb lauerte einem Mann auf, schlüge ihn nieder, tötete ihn vielleicht und nähme sein Geld. Unter dem Gesetz würde ihm selbst früher oder später eine solch schmerzhafte Erfahrung begegnen. Der Räuber war einer solchen Handlung fähig, weil er selbst ein grobes Wesen war, dem Feinfühligkeit und Vorstellungskraft fehlten; sonst würde er an die Gefühle seines Opfers gedacht haben oder an dessen Frau und Familie, und so ein Gedanke würde seine Hand zurückgehalten haben. Weil er grob, derb und phantasielos ist, braucht der Wegelagerer die gewaltsame Art der Erfahrung, die er anderen zufügt; nichts Geringeres rührt ihn. Später, wenn er durch karmische Vergeltung etwas gelitten hat, wird er sich daran erinnern, wenn er gerade einen anderen schlagen will, und wird sich sagen: »Das ist nichts sehr Schönes für diesen armen Mann.« Er wird dann anfangen, sich zu bessern, dank des Gesetzes, das immer erzieherisch ist, niemals strafend.

8

Die Mutter der Welt

Wenn du durch die Halle der Weisheit das Tal der Seligkeit erreichen willst, Jünger, so schließe deine Sinne fest gegen den großen, schrecklichen Wahn des Getrenntseins, der dich den Übrigen entfremdet.

Herbert Spencer kam einer Offenbarung der spirituellen Wahrheit über Evolution sehr nahe, als er sie als fortschreitenden Wechsel aus einem Zustand von inkohärenter Homogenität in einen solchen von kohärenter Heterogenität der Struktur und Funktion beschrieb. Für ihn bedeutete Evolution, dass Dinge, die am Anfang gleich und getrennt waren, später verschieden sind, aber vereint werden. Diese Spezialisierung ist im menschlichen Körper zu sehen, der verschiedene Organe hat, die für das Ganze arbeiten. So verarbeitet das Verdauungssystem Nahrung für den ganzen Körper. Die Hände greifen, die Füße gehen, die Augen schauen nicht um der Hände, der Füße, der Augen willen, sondern für den ganzen Körper. Genauso wird die Gesellschaft mit der Zeit immer höher organisiert. Die Menschen werden untereinander immer verschiedenartiger, da die Berufe im Leben Fortschritte in Wissen und Geschicklichkeit machen. Der Arzt behandelt alle, der Lehrer lehrt alle, der Brückenbauer baut Brücken für alle. Der einzelne Mensch arbeitet zum Wohle vieler, und die Arbeit von vielen fließt zurück, um ihm zugute zu kommen.

Wenn Menschen das organische Gefühl und Empfinden für ihre Kameraden bekommen, hören sie auf, ein Haufen inkohärenter menschlicher Wesen zu sein, und werden heterogen und kohärent. Ein Mensch mit diesem Geist wird sein Bestes für seine Gemeinde, die Nation oder die Menschheit tun und es dem Gesetz der Einheit überlassen, ihm das, was er benötigt, von den anderen Organen des großen Körpers zu bringen. Die inkohärenten homogenen Teile der Materie oder der Gesellschaft können sich nicht selbst organisieren; es ist das innere Prinzip, das sie zueinander zieht und ihnen schnellen Fortschritt durch gegenseitige Hilfe ermöglicht. Die Einheit ist Liebe, die Kraft hinter der Evolution, die Lebens*energie*; sie ist Buddhi, die größte Weisheit. Es gibt einen tiefgreifenden Unterschied zwischen Zusammenarbeit und Bruderschaft – die erstere entspringt einem intelligenten Erkennen der gegenseitigen Beziehungen der Menschen, die letztere einer Gefühlswahrnehmung, dass dasselbe Leben in allen wohnt.

Bei der Evolution eines Individuums ist es gewöhnlich der Geist der Zusammenarbeit, der sich zuerst entwickelt. Die Geschäftigkeit der Welt bringt Menschen zusammen, dann wird durch den Kontakt das göttliche Feuer Buddhi entzündet. Zwei Männer gehen beispielsweise zusammen auf die Suche nach Bodenschätzen und unterstützen sich gegenseitig bei der Arbeit. Wahre Freundschaft kommt hinzu. Aber wenn zufällig zuerst Bruderschaft entsteht, wie es manchmal vorkommt, wird sie sich nicht zu vollkommener und nützlicher Zusammenarbeit entwickeln, wenn nicht die Intelligenz ebenfalls geweckt und auf die Geschäfte des Lebens angewendet wird. Ein einschlägiges Beispiel war die bewegende Liebe zwischen David Copperfield und seiner unpraktischen Frau Dora, die der Romanschriftsteller gezwungen war zu töten, um für die praktischere Agnes Platz zu schaffen und so der Geschichte einen erfreulicheren Ausgang zu geben.

Auf dem feinstofflichen Pfad sind Menschen, welche die höhere Intelligenz entwickelt haben, so dass sie ein großes Verständnis des Prinzips der Zusammenarbeit und der geistigen Gesetze besitzen, oft noch schwerfällig und offensichtlich unfähig zu raschem Fortschritt. Sie warten darauf, dass in ihnen die wahre Liebe, Buddhi, erwacht. Diese ist die glühende Kraft des inneren Menschen. Trotzdem wird es in dieser zweiten der Phasen wahrer geistiger Entfaltung oft viel Aufruhr und Schwierigkeiten geben; die göttliche Energie quillt unregelmäßig hervor und nicht immer auf die vernünftigste Weise, wobei sie ihrem Besitzer viel Leid bereitet – bis die dritte geistige Phase, der Ort der Gelassenheit, erreicht ist. Da diese Gelassenheit das Ziel ist, zu dem die Stimme der Stille den Jünger leitet, wird ihm geraten, *durch* die Halle der Weisheit hindurch in das Tal der Glückseligkeit zu gehen. Sogar auf der buddhischen Ebene gibt es eine gewisse Dualität oder Getrenntheit. Wir können nicht uns selbst lieben; Liebe benötigt ein Objekt, auch wenn es kein materielles Objekt ist, sondern das göttliche Leben, das in vielen spirituellen Seelen manifestiert ist. Buddhi ist der erste Schleier, der Avalokiteshvara, das Höhere Selbst, nicht das Parabrahman. Von dem »schrecklichen Wahn des Getrenntseins« muss man sich auf jeder Ebene von neuem befreien, der physischen, astralen, mentalen und sogar der buddhischen.

Lasse nicht zu, dass dein »Himmelssohn«, der in das Meer von Maya getaucht ist, sich von der universalen Elternseele löst, sondern lasse die feurige Kraft sich in die innerste Kammer zurückziehen, die Kammer des Herzens und die Wohnung der Mutter der Welt.

Dann wird sich diese Kraft vom Herzen in die sechste, die mittlere Region erheben, die Stelle zwischen deinen Augen, wenn sie zum Atem der EINEN Seele wird, der Stimme, die alles erfüllt, deines Meisters Stimme.

Der »Himmelssohn« ist *Chitta*, der niedere Verstand. Er wird von der Seele oben geboren, wenn Manas in der Inkarnation zweifach wird. Die Ebenen Atma-Buddhi-Manas werden mit Himmel bezeichnet, während man von denen der Persönlichkeit als Erde spricht. Wir haben schon die charakteristische Unterscheidung beobachtet, welche die fünf Ebenen menschlicher Manifestation in zwei unterteilt. Die monadische und göttliche Ebene, die jenseits dieser fünf liegen, formen zusammen eine dritte Abteilung. So können aus den sieben Welten auch drei Gruppen gebildet werden. Die niedrigste Abteilung ist die Region von *Sattva* oder dem Gesetz. Hier finden wir alles geregelt, aber der Mensch hat etwas Freiheit, weil der »Himmelssohn« in ihm ist – so arbeitet eine Menge der Energie des „Gesetzgebers" durch ihn. Weil der Mensch diese Freiheit und Macht hat, seinen eigenen Weg zu gehen, verläuft sein Leben gewöhnlich unordentlicher, weniger geregelt, als das der niederen Reiche der äußeren Natur.

Die mittlere Gruppe der Ebenen enthält jene der spirituellen Energie, des innewohnenden Lebens, ohne die das Übrige tot und bewegungslos wäre. Sie sind die Ebenen des Göttlichen, die Strahlenden, die Avalokita oder »Gesehenen«, Gott – das durch Weisheit gesehene Leben, nicht die durch Wissen gesehene Form.

Die höchste Gruppe der Ebenen ist die der Monade, des Selbst, das Glückseligkeit und Freiheit ist, wo sich die Wirklichkeiten hinter jedem menschlichen Ideal befinden und die Ekstase jenseits von Bewusstsein, welche die gewonnene Quintessenz aus Schönheit, Güte, Wahrheit, Harmonie, Verständnis, Einheit und Freiheit ist.

Was hier die feurige Kraft genannt wird, ist jene Kraft, die im Sanskrit mit Kundalini bezeichnet wird. Sie kann als ein latentes Feuer beschrieben werden, das wie eine schlafende Schlange zusammengerollt an der Basis der Wirbelsäule in allen Menschen liegt, außer den wenigen, in denen sie auf besondere Weise geweckt wurde und nun im Ätherkörper aktiv arbeitet. Es sollte nicht schwierig sein, das Vorhandensein eines solchen Feuers zu erkennen, zumal es wohl bekannt ist, dass der Atem in unseren Lungen ständig ein schwaches Feuer nährt und die Verdauung auch eine Art Feuer ist. Kundalini gleicht eher elektrischem Feuer – einer Kraft, die Wärme entwickelt, wo Widerstand ist – als Feuer, das Brennstoff verbrennt, aber sie gehört nicht zur selben Kraftordnung wie die Elektrizität.

Ich habe über dieses Thema in den Artikeln über die Schlangenkraft und die Kraft-Zentren in *Das innere Leben* geschrieben und über die Lebenskraft in Kapitel IV von *The Hidden Side of Things* (Die verborgene Seite der Dinge[9]). Es gibt eine umfangreiche, wenn auch etwas verworrene Literatur über das Thema in Sanskrit, die das *Shatchakranirupana*, das *Ananda Lahari* und viele andere Werke beinhaltet. Es gibt eine ausgezeichnete Übersetzung des Erstgenannten mit einem Kommentar von Arthur Avalon in dem Buch *Die Schlangenkraft.*

Das Folgende ist eine sehr kurze Zusammenfassung des Themas. Kundalini ist das untere Ende des Stromes einer bestimmten Kraft des Logos, und sie liegt gewöhnlich schlafend in dem Chakra an der Basis des Rückgrats. Wenn sie vorzeitig aufgeweckt wird, also bevor der Mensch seinen Charakter von jeder Spur sinnlicher Unreinheit

9 Dt. Übersetzung in Vorbereitung (Anm. d. Vlg.)

und Selbstsucht gereinigt hat, kann sie nach unten schießen und gewisse niedere Zentren im Körper beleben (die nur bei einigen üblen Formen schwarzer Magie benutzt werden) und unwiderstehlich den unglücklichen Menschen in ein Leben unbeschreiblichen Grauens reißen. Bestenfalls wird sie alles intensivieren, was der Mensch in sich hat, einschließlich solcher Eigenschaften wie Ehrgeiz und Stolz. Kundalini sollte nur unter der persönlichen Anleitung eines Meisters geweckt werden, der den Schüler in der Benutzung des Willens unterweisen wird, sie in der Weise aufzuwecken, in der sie bewegt werden sollte, nämlich in einem spiraligen Verlauf, der sie durch die Chakras emporführt bis zum Scheitel-Chakra.[10] Dieser Verlauf ist bei verschiedenen Personentypen unterschiedlich, und er ist etwas ganz eindeutig Physisches, denn die Kraft muss sich buchstäblich einen Weg durch die Unreinheiten des Ätherkörpers brennen.

Im Astralkörper gibt es auch Chakras, die schon durch die Kundalini erweckt sind, die auf dieser Ebene in allen bereits geistig entwickelten Menschen arbeitet. Der Entwicklungsprozess jener Zentren hat den Astralkörper für seine Ebene sensibel gemacht, indem sie sein Fühlen weckte, seine Kraft, sich hin- und herzubewegen, seine mitfühlende Reaktion auf andere Wesen dieser Sphäre, sein Sehen und Hören und astrale Fähigkeiten im Allgemeinen. Aber die Erinnerung an jene Erfahrungen oder der Gebrauch der astralen Fähigkeiten, während man im physischen Körper ist, wird erst dann in einer sicheren und gut kontrollierten Art möglich, wenn die Kundalini im ätherischen Doppel durch die entsprechenden Zentren geführt worden ist.

Die besondere Erwähnung der Stelle zwischen den Augen in unserem Text bezieht sich auf die Zirbeldrüse und die Hypophyse. Die Kräfte von beiden, dem sechsten und siebten astralen Zentrum (die zwischen den Augenbrauen und am Scheitel des Kopfes liegen) laufen gewöhnlich in der Hypophyse zusammen, wenn das ätherische Zentrum geweckt worden ist, und beleben sie dann und wirken durch sie. Aber es gibt einen gewissen Typus von Menschen (die in unserem Text angesprochen werden), bei denen das siebte astrale Chakra

10 Hindu-Werke erwähnen als Zweites das Chakra an der Wurzel der Geschlechtsorgane. Wir erkennen die Existenz eines solchen Zentrums an, aber wir folgen den alten Ägyptern in der Meinung, es sei ausgesprochen unerwünscht, es zur Aktivität anzustacheln.

die Zirbeldrüse belebt anstatt die Hypophyse, und in diesem Fall bildet sie einen direkten Kommunikationsweg mit der nieder-mentalen Ebene, offensichtlich ohne auf die gewöhnliche Weise durch die Astralebene hindurchzugehen. Durch diesen Kanal kommen für sie die Mitteilungen von innen, während sie für den anderen Menschentyp durch die Hypophyse kommen.

Wenn die Kundalini von selbst aufwacht, was sie selten tut, oder versehentlich aufgeweckt wird, versucht sie gewöhnlich, im Inneren des Rückgrats aufzusteigen, statt dem Spiralverlauf zu folgen, wie es dem Esoteriker gelehrt wird. In diesem Fall wird sie wahrscheinlich durch den Kopf herausschießen, und der Mensch wird unter nichts Schlimmerem leiden als einer vorübergehenden Bewusstlosigkeit.

Die indischen Quellen deuten eher an, als zu erklären, was passiert. Sie nehmen nicht Bezug auf die Chakras an der Oberfläche des ätherischen Doppels, sondern sprechen von ihren Wurzeln, die sich im Rückgrat befinden. Im Rückgrat, vom unteren bis zum oberen Ende, verläuft das, was *Merudanda* genannt wird, der Stab des Meru, die zentrale Achse der Schöpfung. In diesem Stab liegt der Kanal, der als *Sushumna*, und in diesem wiederum jener, der als *Chitrini* bezeichnet wird, der »so fein ist wie ein Spinnenfaden«. Auf diesem sind die Chakras aufgereiht wie die Knoten auf einem Bambusstab. Das unterste der Chakras, *Muladhara* genannt, liegt an der Basis des Rückgrats, und in ihm schläft die Kundalini, indem sie den Mund des Merudanda schließt.

Das Ziel des Schülers ist es, die Kundalini durch alle Chakras emporzuführen, bis sie das Zentrum zwischen den Augenbrauen erreicht. Dann wird der Übende feststellen, dass er sozusagen zurückbleibt, während sie vorwärtsspringt in das *Sahasrara*, den großen »tausendblättrigen« Lotos am Scheitel des Kopfes. Wenn er mit ihr geht, wird es ihn aus dem Körper hinaustragen und vorübergehend seine Meditationsübung im Körper unterbrechen. Sie steigt den *Chitrini* Schritt für Schritt hinauf, wenn der Jünger seinen Willen in der Meditation benutzt. In einer Übung mag er nicht sehr weit kommen, aber in der nächsten wird er dann schon ein bisschen weiter gehen. Wenn sie zu einem der Chakras kommt, durchdringt sie es, und die Lotos-Blüte, die nach unten gekehrt war, richtet sich jetzt nach oben. Der Betreffende meditiert über sie in irgendeiner Form und über die mit ihr verbundenen Symbole, die zu diesem Zentrum gehören. Eine kunstvoll ausgearbeitete Meditation (Dhyana) voller reicher Symbolik ist für jedes Chakra angegeben. Wenn die Meditation vorüber ist, wird die Kundalini wieder auf demselben Weg zurückgeleitet in das Muladhara. In einigen Schulen wird sie nur bis zum Herz-Chakra zurückgeführt, und dort tritt sie in ihre sogenannte Kammer ein.

Die Kundalini kann durch verschiedene Methoden geweckt werden, aber das sollte nur unter der Anleitung eines Guru oder kompetenten Lehrers geschehen, eines Meisters, der in der Bruderschaft für die Ausbildung von Schülern verantwortlich ist. Er wird diese Erweckung wahrscheinlich nicht eher anleiten, als bis die ersten drei Fesseln auf dem Pfad aus eigener Kraft zerbrochen worden sind, so dass der Übende nicht länger in ernster Gefahr ist, durch sinnliche oder materielle Dinge erregt zu werden. Dann kann sein »Himmelssohn«, der eng mit dem höheren Manas vereinigt oder harmonisiert ist, Herr des dreifachen Hauses der Persönlichkeit bleiben, und wenn die Kundalini-Kraft im Körper freigesetzt wird, steigt sie wahrscheinlich in den reinen Kanälen des Dienstes für das höhere Selbst auf. Daher wird die Erweckung der Kundalini gewöhnlich irgendwann nahe der *Dritten Initiation* stattfinden. Im gegenwärtigen Kali-Yuga oder dunklen Zeitalter geschieht dies vielleicht sogar noch später. Selbst dann wird sie in verschiedenen Schichten geweckt, so dass es in den frühen Stadien nicht zu mehr als einer allgemeinen Sensitivität für die höheren Ebenen kommen könnte.

Kundalini denkt man sich als eine Göttin. Sie ist das, was man das *Shabdabrahman* im Körper nennt. *Shabda* bedeutet Ton. Töne sind die schöpferische Kräfte, wie schon erklärt wurde. Die Sprache wird als die äußerlichste Form davon angesehen. Sie ist ein Ausdruck des Denkens, das in seiner wahren Form *Kriyashakti* (schöpferische Kraft) ist. Von bestimmten Buchstaben des Alphabets, welche die Grundsteine menschlicher Sprache sind, wird gesagt, dass sie in den einzelnen Chakras wohnen, und die Kraft dieser Buchstaben (ihr Anteil an dem schöpferischen Wort) wird erweckt, wenn Kundalini sie nach ihrer Vereinigung mit Shiva im höchsten Zentrum betritt und sie dadurch veranlasst, mit ihrem (Kundalinis) Licht leuchtend zu strahlen. Die schöpferische Sprache von Brahma, dem Dritten Logos, hat vier Formen oder Stadien; daher wird er der Vier-Gesichtige genannt. Wenn Kundalini ihn im Körper repräsentiert, zeigt auch sie diese vier Formen im Laufe ihres Aufstiegs durch die Chakras.

Kundalini wird die Mutter der Welt genannt, weil die nach auswärts gerichtete Tätigkeit der Bewusstseinskräfte immer als weiblich angesehen wird. So sind Wille, Weisheit und Aktivität weiblich, da sie Shaktis oder Kräfte sind, nach außen gekehrte Aspekte des Göttlichen. Sie ist der Repräsentant von allen diesen, da diese in der Schöpfung der Welt ausgedrückt wurden, in der Aktivität von Brahma, dem Dritten Logos. Es wurde auch gesagt, dass sie deshalb die Mutter der Welt ist, weil sie es ist, durch welche die verschiedenen Ebenen für den Esoteriker ins bewusste Dasein gebracht werden.

Die folgende Fußnote von Madame Blavatsky wird die vorhergehenden Erklärungen beleuchten:

> Die ***innere*** Kammer des Herzens, im Sanskrit ***Brahmapura*** genannt, diese »feurige Kraft« ist Kundalini.
>
> »Kraft« und »Mutter der Welt« sind Bezeichnungen für Kundalini – eine der mystischen Yogi-Kräfte. Sie ist Buddhi, als aktives statt als passives Prinzip betrachtet (was es gewöhnlich ist, wenn es nur als Körper oder Behälter des höchsten Geistes, Atma, betrachtet wird). Sie ist eine elektrisch-geistige, eine schöpferische Kraft, die, wenn sie in Tätigkeit versetzt wird, ebenso leicht töten wie schöpferisch wirken kann.

Es ist keineswegs sicher, was Madame Blavatsky mit der Aussage meinte, dass Kundalini das aktive Buddhi sei, aber es können mehrere Vermutungen angeboten werden:

In normalen Menschen ist Buddhi nicht wirklich aktiv im äußeren Leben, aber wenn die ersten drei Fesseln abgeworfen worden sind, ist die Persönlichkeit so geläutert, dass der Astralkörper nicht mehr länger nur für sich selbst handeln wird, sondern getreulich auf das nun aktive Buddhi anspricht. Auf oder nahe dieser Stufe wird Kundalini oft erweckt, wie wir gesehen haben, und wenn die Fähigkeiten des Astralkörpers dann dem Einzelnen zugänglich werden, während er in seinem physischen Körper ist, wird der Astralkörper, der Buddhi widerspiegelt, nun zu einem regelrechten Feuer der Liebe im Leben des Menschen. Dass Hellsehen und andere psychische Kräfte nicht im physischen Gehirn erweckt werden müssen, nicht einmal in diesem fortgeschrittenen Stadium menschlichen Fortschrittes, wird auch von Annie Besant in ihrem Buch *Der Pfad der Jüngerschaft* zum Ausdruck gebracht. Sie sagt dort, dass ein Mensch, bevor er zur Dritten Initiation kommen kann, lernen muss, den Geist der Intuition (Buddhi) in sein physisches Bewusstsein herunterzubringen, so dass er in ihm verbleibt und ihn führt. Dann fügt sie hinzu: »Dieser Vorgang wird gewöhnlich ›die Entwicklung psychischer Fähigkeiten‹ genannt. Aber es bedeutet nicht die Entwicklung von Hellsehen und Hellhören, die von einem anderen Vorgang abhängt.«

Die ganze höhere Triade (Atma-Buddhi-Manas) ist nur das mittlere Glied oder das Buddhi der noch umfassenderen Triade aus Monade, Ego und Persönlichkeit. Dieses größere Buddhi ist dreifach (Wille, Weisheit und Aktivität), und jetzt kommt sein dritter Aspekt (Aktivität, *Kriyashakti*) zur Tätigkeit im Körper, um dessen Organe zu wecken und seine latenten Kräfte zu befreien.

Dann erst kannst du ein »Wanderer des Himmels« werden, der auf den Winden über den Wogen geht, dessen Schritt nicht die Wasser berührt.

Darüber sagt Madame Blavatsky:

> ***Kechara***, »Himmels-Wanderer« oder »Geher«. Wie im sechsten Adhyaya dieses Königs mystischer Werke, dem ***Jnaneshvari***, erklärt wird, wird der Körper des Yogi wie vom Wind geformt, wie »eine Wolke, aus der Glieder herausgewachsen sind«, worauf er (der Yogi) »die Dinge jenseits der Meere und Sterne wahrnimmt; er hört die Sprache der Devas und versteht sie und erfasst, was im Gemüt der Ameise vorgeht«.

Der Ausdruck »Wanderer des Himmels« hat verschiedene Grade der Bedeutung. In der indischen Geschichte wird er auch auf den großen Rishi Narada angewandt, eines Abgesandten des Logos, der durch das reine Akasha von Globus zu Globus reisen konnte. Auf den niederen Ebenen kann der Astralkörper oder der *Mayavi-Rupa* zur Veranschaulichung genommen werden, da sie benutzt werden können, um in dem zu reisen, was für gewöhnliche Menschen die Luft oder der Himmel ist.

In der Astralwelt ist der gewöhnliche Mensch eine Art Wolke, ein Wesen voller Kama, also von Begierden und Emotionen, aber keineswegs ein klar umrissenes Wesen, so wie er es auf der physischen Ebene ist. Aber wenn er sein Kama beherrscht und ihm Bestimmtheit gibt, wird der Astralkörper als ein Körper organisiert; er ist nicht mehr länger Kama, sondern *Kamarupa*. Doch später, etwa um die Zeit, wenn die ersten drei Fesseln entbehrlich geworden sind, wird der *Mayavi-Rupa* geformt, und das befähigt den Menschen, mit seinem Mentalkörper sowohl in der astralen als auch der nieder-mentalen Ebene zu wirken. Dies kann als eine Interpretation der Aussage genommen werden, dass sein Schritt »nicht die Wasser berührt«, die ein Symbol für die Astralebene sind.

9

Die sieben Töne

Bevor du deinen Fuß auf die oberste Sprosse der Leiter setzt, der Leiter der mystischen Töne, musst du die Stimme deines inneren Gottes auf sieben Arten hören.

Es ist schon erwähnt worden, dass *Die Stimme der Stille* dazu bestimmt ist, den Jünger bis zur Vierten Initiation zu führen. An diesem Punkt wird sein Bewusstsein zu dem siebten Prinzip emporgehoben und fängt an, auf der atmischen oder nirvanischen Ebene zu arbeiten. Der Mensch ist dann bereit, das Besteigen dessen zu beginnen, was hier die obere Sprosse der Leiter genannt wird, die Schulung zu durchlaufen, die auf die Fünfte Initiation vorbereitet, jene des Asekha-Adepten (Meisters). Der Pfad hat zwei gleiche Abschnitte, die als die unteren und oberen Sprossen der Leiter bezeichnet werden können.

Es heißt, dass der Eingeweihte auf der unteren Sprosse der Leiter die Stimme seines inneren Gottes auf sieben Arten hören muss. Dieser innere Gott ist in seinem gegenwärtigen Stadium das Höhere Selbst, Buddhi, das zweite Prinzip. In seiner Meditation kann es sein oder auch ausbleiben, dass der Jünger nacheinander sieben Töne hört, die anzeigen, dass er die sieben Unterebenen der buddhischen Ebene erreicht hat; das hängt von seinem psychischen Temperament ab. Aber was er in jedem Falle tun muss, ist, den Einfluss von Buddhi in sein Leben auf jeder der niedrigeren Ebenen herunterzubringen, so dass die Tätigkeit all seiner Prinzipien von ihm beherrscht wird, und dadurch wird sein innerer Gott in seinem Leben immer gegenwärtig sein.

Das letztere Stadium wird die Leiter der mystischen Töne genannt, dies vielleicht deshalb, weil sie die Töne der Stimme der Stille sind, die verborgen ist im Atma oder Selbst. Man darf die genaue Deutung irgendeines deutschen Wortes in unserem Text nicht zu weit treiben, da es sich nur um eine Übersetzung handelt; trotzdem ist jedes Sanskrit- und Pali-Wort darin voll spezifischer Bedeutung. Das Wort mystisch jedoch, das aus einer Wurzel kommt, die bedeutet »die Augen zu schließen«, weist hier auf bestimmte Töne hin, die sich überhaupt nicht in das äußere Leben einmischen, sondern wie von oben in eine Richtung weisen, in der *ex cathedra*-Weise des reinen Gewissens. Darin liegt die Bedeutung, dass die Töne, die wir gleich nennen werden, greifbarer sind und nicht in jedem Falle als »mystisch« betrachtet werden. Das eigentliche Gewissen sagt dir nicht, was du tun sollst, wie üblicherweise angenommen wird, sondern es *befiehlt* dir, das zu befolgen, wovon du in Wirklichkeit schon weißt, dass es das Beste ist, auch wenn dein Verstand gerade versucht, irgendeine Entschuldigung zu erfinden, um anders zu handeln. Es spricht mit der Autorität des geistigen Willens und bestimmt so unseren Lebensweg. Es ist nicht Atma, sondern Buddhi, das zweite Prinzip, das intuitives Wissen über Recht und Unrecht vermittelt. Manas gibt Inspiration, Buddhi Intuition bezüglich Recht und Unrecht, Atma das leitende Gewissen.

Der erste (Ton) ist gleich der süßen Stimme der Nachtigall, die ihrem Gefährten ein Abschiedslied singt.
Der zweite naht wie der Klang einer Silberzimbel der Dhyanis, der die funkelnden Sterne weckt.
Der nächste ist wie die melodische Wehklage des in seiner Muschel eingesperrten Meeresgeistes.
Und diesem folgt der Gesang der Vina.
Der fünfte schrillt in deinem Ohr wie der Ton einer Bambusflöte.
Er wandelt sich alsbald in ein Trompetenschmettern.
Der sechste vibriert wie das dumpfe Dröhnen einer Gewitterwolke.
Der siebte verschlingt all die anderen Töne.
Sie ersterben und werden danach nicht mehr gehört.

Die Folge der sieben hier aufgezählten Töne hat viel Verwirrung unter denen verursacht, die über dieses Büchlein meditierten. Wir müssen vor allem das Wesen der Töne beachten, dann werden wir sehen, dass es mehrere Deutungen für sie gibt. Sie nehmen in der hier angegebenen Reihenfolge an Stofflichkeit zu und an Durchdringungsvermögen ab. Man beachte etwa den Unterschied zwischen der Vina und einer indischen Trompete altmodischer Art. Es ist fast immer überraschend für den Europäer, wenn er das erste Mal die wundervoll zarte Musik der Vina hört, vielleicht in einem großen und überfüllten Saal, wo sie ohne jeden Kraftaufwand jede Ecke erreicht und den Eindruck hinterlässt, der Ton sei nicht ganz von unseren materiellen Ebenen.

Der höchste Ton in der Aufeinanderfolge wird mit einem Gesang der Nachtigall verglichen. Man sagt, dass es gelegentlich vorkommt, dass die Stimme dieses Vogels in höhere und immer höhere Tonlagen hinaufsteigt, bis sie jenseits des menschlichen Hörbereiches ist, obwohl man noch sehen kann, wie die Kehle des Sängers im Gesang erzittert. Den Studenten der Naturwissenschaften ist wohl bekannt, dass so hohe Töne existieren. Der Ton einer Sirene kann durch Verstärken des Luft- oder Dampfdruckes so erhöht werden, bis einer nach dem anderen der Zuhörer erklärt, dass er ihn nicht mehr hören könne. Es gibt eine bestimmte Sorte Pfeife, mit der Deutsche Schäferhunde gerufen werden können. Wenn man in dieses Instrument bläst, das wie eine gewöhnliche Trillerpfeife aussieht, kann kein Mensch den geringsten Laut hören, aber der Hund in einem anderen Zimmer oder in einiger Entfernung wird sofort seine Ohren spitzen und genau zu dem Ort angelaufen kommen, wo nach seiner Annahme der Ton herkam.

Die Interpretationen der Töne zerfallen in zwei Gruppen. Die in der Liste zuerst genannten können die letzten darstellen, die auf dem geistigen Pfad gehört werden. Die Töne sind nach orientalischer Weise von oben nach unten in der Reihenfolge ihrer Erzeugung aufgezählt, so dass der zuerst erzeugte Ton der siebte ist, wenn der Jünger sich dem Herrn dieser Schöpfung nähert. So kommt zuerst das dumpfe Dröhnen einer Gewitterwolke, ein Ton, der das physische Prinzip im Menschen darstellt oder mit ihm in Beziehung steht, in der Mitte ist die Vina, die das *Antahkarana* symbolisiert (nach Madame Blavatskys Einteilung), und zuletzt kommt die Melodie der Nachtigall, verbunden mit Atma, der Stille. Das kennzeichnet gut den siebten, den tonlosen Ton, in den alle die anderen erhoben werden müssen, bis sie ersterben und nicht mehr zu hören sind. Der Jünger muss lernen, Gott in dem dumpf grollenden Ton der physischen Ebene zu hören, dann in dem Trompetenschmettern der astralen, dann in dem Ton der nieder-mentalen Ebene, der mit der Musik einer Bambusflöte verglichen wird, und so immer weiter nach oben bis zur Welt seines höchsten Prinzips.

Die gleichen Töne können andererseits als Kennzeichnung der *Intensität* aufgefasst werden, mit der ein Schüler die Stimme des Höheren Selbstes hört. Es ist *eine* Stimme, aber sie wird auf sieben *Arten* gehört. Zuerst ist sie zart und süß wie der Gesang der Nachtigall, dann verschwindet sie oft in die Stille. Als Nächstes wird sie stärker wie »die Silberzimbel der Dhyanis«. Sie wird lauter und lauter, bis sie zuletzt ständig zu hören ist, als fülle sie die ganze Luft wie das dumpfe Grollen einer Gewitterwolke. In den frühen Stadien unseres Vorwärtsschreitens mag die Stimme des Höheren Selbstes dünn und schwach erscheinen, aber später wird sie für uns die Kraft des Donners haben.

Außerdem folgt die Beschreibung dieser Töne im Text auf die Erwähnung von Kundalini, die durch die Chakras geführt wird. Diese Kraft erwacht in sieben Schichten oder Graden und ergibt so die schon erwähnten psychischen Wirkungen in zunehmender Stärke. Die Stimme, die gehört wird, wenn die Kundalini zu der Stelle zwischen den Augen hinaufsteigt, wird deshalb sieben Intensitätsgrade aufweisen, die durch die sieben hier erwähnten Töne gekennzeichnet sind.

Wiederum ist es natürlich, dass der Jünger in der dichtesten Ebene die innere Stimme nur schwach hört, wie die Stimme der Nachtigall. Wenn er zur nächsten Ebene emporsteigt, wo die Verhüllung des inneren Selbstes nicht so dicht ist, wird dessen Stimme leichter gehört; bis sie schließlich, wenn er das höchste Prinzip erreicht, wie das Grollen einer Gewitterwolke sein wird. Es ist nur die Illusion der niederen Ebenen, die uns veranlasst, den höheren Dingen Zartheit zuzuschreiben. Letzten Endes werden wir herausfinden, dass sie die Kraft und Dynamik von Donner haben.

Diese Deutungen schließen sich nicht gegenseitig aus. Alle Erfahrungen, die sie hervorbringen, sind für den Jünger gleichzeitig möglich.

Ich erinnere mich, dass bei einer Gelegenheit eine Frage über diese Töne in einem unserer Gespräche auf dem Dach in Adyar vorgebracht wurde. Annie Besant oder ich antworteten wie folgt:

A. B.: In der Meditation war einer der Töne, die man am Anfang hört (z. B. etwas, was ich ganz deutlich hörte), ein Ton, der dem Schlagen eines Tam-Tams in einem indischen Dorf gleicht. Ich beschrieb ihn H. P. B., die sagte: »Das ist sehr gut, weiter so.« Als Nächstes hörte ich einige Klänge schöner Musik und dann etwas wie ein silbernes Glockenspiel. Ein anderer Ton glich dem Läuten einer Tempelglocke, wie man sie in Benares hört. Ich habe nie herausgefunden, dass diese Klänge irgendetwas weiter bedeuteten, als dass ich fähig wurde, in der astralen Welt zu hören.

In Indien gibt es eine Schule, die von einem Mann gegründet wurde, über den der Meister M. sich sehr positiv äußerte. Die zu dieser Schule gehörenden Menschen hören nach einem gewissen Training Töne ganz deutlich im Gehirn, aber ich habe nie feststellen können, dass irgendeiner von ihnen deswegen geistig gereift wäre. Im Norden kommen viele Leute zu mir und fragen, was die Töne bedeuten. Ich antworte: »Ich denke, es ist nichts weiter, als dass ihr jetzt hellhörend werdet.«

Ich bin niemals imstande gewesen, die sieben von H. P. B. erwähnten Töne zu sortieren. Sie können bedeuten, dass man sein Bewusstsein in einer Ebene nach der anderen aufwecken muss, und dass jeder Einzelne die Note einer speziellen Ebene symbolisieren soll, ebenso wie hier unten ***Fa*** die Mischung der unzähligen Töne der physischen Ebene ist, die ineinander verschmolzen sind. Aber das erklärt das Problem nicht wirklich.

C. W. L.: Ich kann sie nicht in genaue Entsprechung zu den Ebenen bringen; sie können vielleicht Unterebenen sein. Es kann auch beabsichtigt sein, dass sie die Töne symbolisieren sollen, die das Erwecken der sieben Zentren durch die Kundalini begleiten, denn Klang ist einer der Ausdrücke, die in diesem besonderen Fall stattfinden. Ich bin überhaupt nie sicher gewesen, was sie meinte. Man würde geneigt sein zu sagen, dass die Silberzimbel in verschiedenen Tönen für alles ausreichen würde. Der Donner scheint sicherlich nicht sehr gut hineinzupassen.

A. B.: Natürlich gibt es eine gewisse Anzahl von Tönen im Kopf, die gänzlich zum Gefäßsystem gehören. Wenn jemand solche Töne sehr stark hört, heißt das, dass er in ein gefährliches Stadium von Anämie kommt.

Die Töne sind nicht fortschreitend. H. P. B. ordnete Dinge sehr oft in einem Kreis an; sie beginnt manchmal mit Nr. 4 und arbeitet dann rund herum auf beiden Seiten. Es kann auch sein, dass sie diese Töne ohne jede Reihenfolge angibt. Man könnte vielleicht anfangen mit dem Donner, dann das Trompetenschmettern und als Nächstes der Meeresgeist; dann könnte man als viertes an die Zimbel kommen, die Flöte als fünftes und die Vina, die ein zarterer Ton ist, als sechstes, und dann die Nachtigall als siebtes, der Gipfel.

C. W. L.: Wenn wir sie auf diese Weise umdrehen dürfen, fangen sie an, etwas Bestimmtes zu bedeuten.

A. B.: Als H. P. B. astral zu Rate gezogen wurde, sagte sie: »Was wart ihr doch alle für Dummköpfe, sie auf diese Weise aufzufassen: Ihr hättet sie vorher ordnen können: Donner, Trompete, Meeresmuschel, Zimbel, Flöte, Vina, Nachtigall.« Sie sagte, wir klebten grässlich am Buchstaben.

C. W. L.: Ähnliche Listen von Tönen finden sich in verschiedenen Sanskrit-Werken. Wir haben das folgende Beispiel aus der ***Shiva Samhita*** entnommen.

Der erste Ton gleicht dem Summen der Biene im Honigrausch, der nächste dem einer Flöte, dann einer Harfe; danach hört er durch die allmähliche Übung von Yoga, dem Zerstörer der Dunkelheit der Welt, den Ton klingender Glocken; dann Töne wie das Grollen von Donner. Wenn jemand seine ganze Aufmerksamkeit auf diesen Ton richtet und frei von Furcht ist, erreicht er Versunkenheit, oh mein Liebstes! Wenn der Sinn des Yogi völlig beschäftigt ist mit diesem Ton, vergisst er alle äußeren Dinge und geht in diesem Ton auf« (Kap. V, 27 8).

Wenn die Sechs erschlagen und zu des Meisters Füßen gelegt sind, dann ist der Schüler untergetaucht in das Eine, wird dieses Eine und lebt darin.

Madame Blavatsky sagt über die Sechs:

> Die sechs Prinzipien; dies bedeutet, dass die niedere Persönlichkeit zerstört ist und die innere Individualität untergetaucht und verloren ist im siebten oder Geist.

Und von dem Einen, von dem hier gesprochen wird, sagt sie:

> Der Jünger ist eins mit Brahman oder Atma.

Wenn die sechs Prinzipien »erschlagen« sind, in anderen Worten, wenn sie nicht länger ihre Unabhängigkeit behaupten, sondern dem Willen des Selbstes völlig gehorsam geworden sind, lebt der Schüler in diesem Einen. Die siebte Stimme von Buddhi wird ihn hinauftragen in den Atma. Madame Blavatsky wendet den Ausdruck Brahman analog zum menschlichen Atma an. Brahman (neutrum) ist das Eine, das die Drei enthält; so enthält auch Atma (die beiden Prinzipien) Buddhi und Manas in sich, wenn der Mensch ein Arhat geworden ist und gelernt hat, in dem dreifachen Geist zu leben.

Bevor dieser Pfad betreten wird, musst du deinen Mond-Körper zerstören, deinen Verstandes-Körper reinigen und dein Herz rein machen.

Zu der Bezeichnung »Mond-Körper« fügt Madame Blavatsky die Notiz hinzu:

> Die astrale Form, die durch das kamische Prinzip hergestellt worden ist, der ***Kama-Rupa*** oder Begierdenkörper.

Den Ausdruck »Verstandeskörper« kommentiert sie:

> ***Manasa-Rupa***. Das erste bezieht sich auf das astrale oder persönliche Ich, das zweite auf die Individualität oder das reinkarnierende Ego, dessen Bewusstsein auf unserer Ebene, der Ebene des niederen Manas, gelähmt werden muss.

Madame Blavatsky dachte nicht so vollständig in *Ebenen* wie die meisten der Theosophen von heute es tun. Sie hatte ihr Augenmerk mehr auf die Prinzipien gerichtet und sah die Materie verschiedener Ebenen unter deren Einfluss Gestalt annehmen. Hier spricht sie von »unserer Ebene«, womit sie den Bereich der persönlichen Existenz meint – physisch, astral und nieder-mental. Die »astrale Form« ist keineswegs unbedingt der Astralkörper, sondern eher die Persönlichkeitsform, die in den subjektiven Bereichen unseres persönlichen Lebens aufgebaut wurde (der astralen und der nieder-mentalen Ebene) aufgrund unserer körperlichen Form und der mit ihr verbundenen persönlichen Gefühle und Gedanken. In meiner Abhandlung Die *Devachan-Ebene* und in Dr. Besants *Uralte Weisheit* wird eine Darstellung der vier Lebensweisen in der Himmelswelt gegeben: (1) persönliche Freundschaft, (2) persönliche Hingabe, (3) der wahre missionierende Geist und (4) menschliche Vollkommenheit. Sie sind alle gefühlsbetont, obwohl selbstlos; sie sind nicht unpersönlich, aber kamisch. Sie beziehen ihre Form aus der Eigenart der Erfahrung auf der physischen Ebene. Aber das reine niedere Manas wäre Antahkarana – es wäre das Gemüt der Seele, nicht der Verstand des Körpers. Seine Tätigkeit würde sich *nur* von oben her anregen lassen. Es muss jetzt von allem Kama gesäubert werden, um ein reiner Kanal für die Seele zu werden.

Betrachten wir einmal den Zustand des Astralkörpers einer fortgeschrittenen Person. Er gibt praktisch keine direkte Antwort auf von außen kommende Impulse. Er ist selbst tot für die Welt. Er hat kein unabhängiges Leben, das ihm gehört; er ist »erschlagen« worden. Wenn jemand zu einem Durchschnittsmenschen hingehen und ihn schlagen würde, dann würde dessen Astralkörper wahrscheinlich sofort in Flammen von Zorn ausbrechen; das ist seine unmittelbare Reaktion. Anders der (Astralkörper) des Fortgeschrittenen. Der Aufprall würde in seinem Fall nach innen durch das Astrale zum buddhischen Körper gehen. Dieser würde auf seine eigene Weise antworten. Dann würde *seine* Wirkung auf den Astralkörper die schönen Farben der Liebesgefühle hervorrufen, die *seine* Entsprechung im Astralkörper sind. Annie Besant hat oft erklärt, dass die astrale Aura eines fortgeschrittenen Menschen farblos ist oder im Ruhezustand ein kleines bisschen milchig weiß, aber dass auch die lieblichsten Farben, die die Ebene vorweisen kann, alle durch ihn fließen als seine buddhische Antwort für die Welt.

Die reinen Wasser des ewigen Lebens, klar und kristallen, können sich nicht mit den schlammigen Strömen der Monsunstürme mischen.

Der Tautropfen des Himmels, der im ersten Morgensonnenstrahl im Herzen des Lotos glitzert, wird, wenn er zu Boden fällt, zu Erde. Auch die Perle ist nun ein Schmutzfleck.

Kämpfe mit deinen unreinen Gedanken, ehe sie dich überwältigen. Tue mit ihnen, was sie mit dir tun wollen, denn wenn du sie schonst, wenn sie Wurzel schlagen und wachsen, dann wisse, diese Gedanken werden dich überwältigen und töten. Hüte dich, Jünger, dulde nicht einmal, dass ihr Schatten sich dir nähert. Denn er wird wachsen, an Größe und Kraft zunehmen, und dann wird diese Ausgeburt der Dunkelheit dein Wesen aufsaugen, ehe du noch richtig die Gegenwart des schwarzen, stinkenden Ungeheuers bemerkt hast.

Es gibt auf der Welt einige Menschen, die sich einbilden, es sei möglich, die niederen Dinge weiter mit sich zu tragen und trotzdem Fortschritte auf dem Pfad zu machen. Manchmal denken sie tatsächlich, dass sie durch verschiedene Arten lasterhafter Erregung sehr viel Energie erzeugen könnten, die ihnen helfen würde, sie weiter und aufwärts zu tragen. Sie fürchten sich, farblos zu werden, falls sie die niederen Tätigkeiten ganz unterdrücken würden. Es heißt natürlich, dass die farblose Person, der schwache, aber gute Mensch, keinen Fortschritt machen kann. »Ich wollte, du wärest kalt oder heiß«, sagt der Geist der *Offenbarung*, und »weil du lauwarm bist und weder kalt noch heiß, will ich dich ausspeien aus meinem Munde« (Offenbarung 3, 15—16).

Das stellt die Tatsachen sehr gut dar. Die aussichtsreichsten Personen sind in der Reihenfolge der Vorzüge (1) der kraftvolle gute Mensch, (2) der kraftvolle schlechte Mensch, (3) der gewöhnliche gute Mensch. Kein Mensch kann ein erfolgreicher Krimineller sein, wenn er nicht irgendeine göttliche Eigenschaft stark entwickelt hat. Seine Schlechtigkeit ist die Folge von Unausgewogenheit – wie etwa große Willenskraft und Mut oder große Intelligenz ohne Liebe für seine Mitgeschöpfe. Auch große Liebe und Willensstärke ohne Intelligenz kann einen ebenso gefährlichen und schädlichen Menschen ergeben, denn er könnte ein fanatischer Führer von Kräften der Unzufriedenheit und Zerstörung werden. Der lediglich gute Mensch, der in allen Eigenschaften schwach ist – im Willen, in der Intelligenz und in der Liebe – macht einen geringen Fortschritt, der allerdings stetig sein kann. Große Menschen haben große Fehler, aber sie können sie schnell loswerden; kleine Menschen haben kleine Fehler, die oft ewig zu bleiben scheinen.

Hierin liegt keine Empfehlung für schlechten Lebenswandel, sondern nur der Hinweis, dass bloße Unterdrückung niederer Neigungen nicht zu schnellem Fortschritt führt. Es muss eine positive und kraftvolle Anstrengung vorhanden sein, um das auszudrücken, was edel und gut ist. Es ist möglich, dass jemand, während er diese Anstrengung unternimmt, fällt. Gerade die Willenskraft, das Wissen oder die Liebe, die er durch seine Anstrengungen erworben hat, wird den Fall des Menschen tief und schrecklich machen, falls er aus dem Gleichgewicht kommt. So kann das Ausmaß der Sünde eines Menschen ein Zeichen für möglichen schnellen Fortschritt in der Zukunft für ihn sein. Aber dieser Fortschritt wird sich erst dann zeigen, wenn der Mensch durch karmisches Leid seinen Fehler bemerkt und die Unreinheiten beseitigt hat, die mit seinem Fall zusammenhingen. Es kann jedoch nicht viel getan werden, ehe diese Reinigung stattgefunden hat. Madame Blavatsky befasst sich energisch mit diesem Punkt in ihrem Werk *Praktischer Okkultismus*:

> Es gibt jene, deren Argumentationskräfte durch fremde Einflüsse so verzerrt worden sind, dass sie annehmen, tierische Leidenschaften könnten derart sublimiert und erhoben werden, dass ihre Wildheit, ihre Stärke und ihr Feuer sozusagen nach innen gekehrt und in der Brust gespeichert und eingeschlossen werden könnten, bis ihre Energie, statt sich nach der Seite auszudehnen, auf höhere und heiligere Zwecke gerichtet wird. So lange, bis ihre gesammelte und unausgedehnte Energie ihren Besitzer dazu befähigt, das wahre Heiligtum der Seele zu betreten und darin in der Gegenwart des Meisters zu stehen – des Höheren Selbst. Zu

diesem Zweck wollen sie weder mit ihren Leidenschaften kämpfen noch sie erschlagen. Sie wollen einfach durch eine starke Willensanstrengung die wilden Flammen herunterdrücken und sie innerhalb ihrer Wesen in Schach halten, wobei sie zulassen, dass das Feuer unter einer dünnen Ascheschicht schwelt. Sie lassen sich freudig die Qual des Spartaner-Jungen gefallen, der den Fuchs seine Eingeweide verschlingen ließ, statt sich von ihm zu trennen. Oh arme, blinde Phantasten!

Ebenso gut kann man hoffen, dass eine Schar betrunkener Kaminkehrer, die heiß und rußig von ihrer Arbeit in ein Heiligtum eingeschlossen werden, das mit reinem weißen Leinen ausgehängt ist, statt dieses zu beschmutzen und es durch ihre Anwesenheit zu einem Haufen schmutziger Fetzen zu machen, selbst darin zu Meistern des heiligen Raumes werden und schließlich ebenso fleckenlos wie dieser Ort daraus hervorkommen. Warum stellen sie sich nicht gleich vor, dass ein Dutzend Stinktiere, das in der reinen Atmosphäre einer Dgon-pa (eines Klosters) eingesperrt ist, durchdrungen mit all den Düften des verwendeten Weihrauchs daraus entweichen könne? Seltsame Verwirrung menschlichen Denkens.

Dieser Teil unseres Textes schließt mit den folgenden kompromisslosen Abschnitten:

Ehe die mystische Kraft einen Gott aus dir machen kann, Lanoo, musst du die Fähigkeit erworben haben, deine lunare Form nach Belieben zu erschlagen.

Das Selbst des Stoffes und das Selbst des Geistes können sich niemals vereinigen. Eines von beiden muss verschwinden; es ist kein Platz für beide da.

Ehe die Einsicht deiner Seele verstehen kann, muss die Knospe der Persönlichkeit zerquetscht, muss der Wurm der Sinnlichkeit zerstört sein, so dass er nie wieder erstehen kann.

Die mystische Kraft ist wieder Kundalini, im Körper der Vertreter von »der großen ursprünglichen Kraft, die allem organischen und anorganischen Materiestoff zugrunde liegt«. Madame Blavatskys Fußnote zu dem Thema lautet wie folgt:

> Kundalini – die Schlangenkraft oder das mystische Feuer. Sie wird aufgrund ihres spiralähnlichen Wirkens oder Fortschreitens im Körper des Asketen, der diese Kraft in sich entwickelt, die gewundene oder ringförmige Kraft genannt. Sie ist eine elektrische, feurige, verborgene oder kosmisch-energetische Kraft, die große ursprüngliche KRAFT, die allem organischen und anorganischen Stoff zugrunde liegt.

10

Werde der Pfad

Du kannst nicht auf dem Pfad wandern, ehe du nicht zu dem Pfade selbst geworden bist.

Dazu ist die folgende Fußnote beigefügt:

> Dieser Pfad wird in allen mystischen Werken erwähnt. So sagt Krishna im ***Jnaneshvari***: »Wenn dieser Pfad erblickt wird...ob man sich zur Blüte des Ostens aufmacht oder zu den Gemächern des Westens, ***ohne Bewegung***, oh Bogenhalter, ***ist das Wandern auf dieser Straße***. Zu welchem Ort man auch immer gehen will auf diesem Pfad, zu dem Ort wird das eigene Selbst.« »Du bist der Pfad«, wird zu dem Adept-Guru gesagt und von diesem zum Jünger nach der Initiation. »Ich bin der Weg und der Pfad«, sagt ein anderer Meister.

Es ist schon erläutert worden (im Kommentar über *Zu Füßen des Meisters*), dass die Gedanken und Gefühle, die zuerst schwierig zu begreifen und festzuhalten sind, im Laufe der Zeit ganz leicht werden. Wenn der Schüler sich so geübt und entwickelt hat, dass die buddhische Lebensauffassung und Reaktion auf das Leben für ihn völlig natürlich und spontan werden, können wir sagen, er sei der Pfad selbst geworden. Manchmal wird solch eine Auswirkung fortgesetzter Anstrengung und Übung die »zweite Natur« genannt. Dieser Ausdruck scheint jedoch das Gefühl auszudrücken, als ob die neuen Eigenschaften übernommen wurden und später Gewohnheit geworden sind. Er ist ungeschickt. Gerade unsere ursprüngliche und beste Natur ist es, unsere höhere Wesensart, die sich in dem höheren Leben zeigt. Sie scheint nur deshalb für uns etwas Neues zu sein, weil sie bis dahin durch unsere materiellen Körperhüllen und den Druck der Umstände in den Welten unseres persönlichen Daseins verdeckt wurde.

Auf eine interessante metaphysische Wahrheit wird in der Fußnote hingedeutet. Unsere Evolution ist kein Transit, nicht einmal ein Wachstum. Sie ist weder ein fortschreitender Prozess irgendwohin noch ein Größenwachstum. Sie ist eine Entfaltung potenzieller Kräfte in unserem Leben. Wie schon erklärt, nimmt in den Ebenen des Egos die Stofflichkeit den zweiten Platz ein, die Kräfte des Bewusstseins – Wille, Weisheit und Aktivität (oder Wille, Liebe und Denken) – beherrschen fast vollständig die Materie der Ebenen. Deshalb ist Raum nicht der Gefängnisaufseher, der er hier unten ist, und das Bewusstsein braucht nicht durch ihn zu reisen, um an einem anderen Ort zu erscheinen. Die folgende Unterredung zwischen einem Guru und seinem Schüler ist erzählt worden, um diesen Punkt zu veranschaulichen. Der Guru sagte zu dem Schüler, er solle durch den Raum gehen, und fragte dann:

»Was hast du getan? Hast du dich bewegt?«

Nachdem er darüber meditiert hatte, gab der Jünger die folgende Antwort, die für richtig erklärt wurde:

»Nein, *ich* habe mich nicht bewegt. Ich habe beobachtet, wie der Körper sich bewegte. Ich habe gedacht, gefühlt und gewollt; nur der Körper hat sich bewegt.« (Siehe *Die 7 Strahlen*)

Diese Tatsache trifft für uns alle zu; wir wissen von der Bewegung des Körpers lediglich dadurch, dass wir ihn mittels der Sinne beobachten, genauso wie wir das bei jedem anderen Gegenstand tun. Das Gefühl, in einem offenen Auto dahinzurasen, löst sich, wenn man seine Augen schließt, auf in ein konkretes Fühlen vorbeiströmender Luft und eine Wahrnehmung von Kraft, die durch die Einbildung wirkt und den Körper freudig erregt. Dieselbe Erfahrung könnte durch geeignete Apparaturen reproduziert werden, die aus Wind- und Bewegungsmaschinen zusammengesetzt sind, ohne jegliche Beförderung des Körpers. Weiter haben die meisten Leute, die nachts in Schlafwagenbetten gereist sind, die Erfahrung gemacht, dass sie aufwachten und nicht wussten, ob sie mit dem Kopf oder den Füßen voran fuhren. Sie waren sich nicht einmal sicher, ob der Zug sich bewegte oder nicht. Sie haben gewöhnlich das Problem dadurch gelöst, dass sie die Blende hochgeschoben und ihre Richtung durch Beobachtung von vorbeiziehenden Lichtern und Schatten ermittelt haben.

Die Tatsache, dass das Reisen für das Ego nicht notwendig ist, um von einem Ort zu einem anderen zu gelangen, zeigt sich auch in der Weise, dass es gleichzeitig in den devachanischen Abbildern einer Anzahl von Menschen auf der niederen Mentalebene in verschiedenen Teilen der Welt erscheinen kann.

Obwohl der Jünger auf der Entwicklungsstufe, die in dieser Ausführung vorausgesetzt wird, an der Vervollkommnung seiner Persönlichkeit arbeitet, so befasst sich zur selben Zeit seine innere Arbeit vorrangig mit der Entwicklung von Buddhi, der spirituellen Seele. Daher zeigt sich sein „Zum-Pfad-Werden" in einer starken Entwicklung von Sympathie und Liebe für andere, wie die folgenden Verse erkennen lassen:

Lasse deine Seele ihr Ohr jedem Schmerzensschrei leihen, wie der Lotos sein Herz öffnet, um die Morgensonne zu trinken.

Lasse nicht die glühende Sonne eine einzige Schmerzensträne trocknen, ehe du sie selbst vom Auge des Leidenden gewischt hast. Doch lasse jede heiße Menschenträne auf dein Herz fallen und dort bleiben; und reibe sie niemals weg, ehe der Schmerz beseitigt ist, der sie hervorrief.

Diese Tränen, oh du, dessen Herz voll Erbarmen ist, sind die Ströme, welche die Felder unsterblicher Barmherzigkeit bewässern. Auf solchem Boden wächst die Mitternachtsblume des Buddha, die schwieriger zu finden, seltener zu sehen ist als die Blüte des Vogay-Baumes. Sie ist der Same der Freiheit von der Wiedergeburt. Sie trennt den Arhat von beidem, Kampf und Wollust, sie führt ihn durch die Gefilde des Seins hin zu dem Frieden und der Glückseligkeit, die nur im Land der Stille und des Nicht-Seins bekannt sind.

Wenn Christus sagte: »Ich bin der Weg und die Wahrheit und das Leben: niemand kommt zum Vater, denn durch mich« (Joh 14,6), so sprach er eine mystische Wahrheit aus, denn der Christus ist eins mit dem buddhischen Aspekt des Weltbewusstseins. Es gibt nur *ein* Bewusstsein; wenn er diese Tatsache voll erkennt, kann der Eingeweihte ein Arhat werden – aber wenn er nicht durch dieses Christus-Prinzip geht, kann er den Vater, den Atma, darüber nicht erreichen. Diese Wahrheit, die mit wundervoller Inspiration und Klarheit in Annie Besants *Esoterisches Christentum* erklärt wird, ist jedoch nur *ein* Aspekt der Sache, denn der inkarnierte Christus verkörperte dasselbe Prinzip in seinem äußeren Leben in Palästina, das Millionen Menschen bewegt hat – weil er nicht vor Schmerz zurückschreckte. Die meisten Menschen versuchen, dem Schmerz so weit wie möglich zu entfliehen, aber Christus nahm seinen eigenen an und fügte dazu auch noch den von allen anderen. Menschen, die dem buddhischen Pfad folgen, sagen instinktiv, wenn sie Schwierigkeiten begegnen: »Viele leiden, warum sollte ich mir wünschen, eine Ausnahme zu sein?« Darüber hinaus fühlen sie in der Fülle ihrer Sympathie dieses andere Leiden bis an die Grenze ihrer Kräfte, ehe sie die Gelassenheit der Arhatschaft erreichen, die Erleuchtung, die ihnen den Tod zu Füßen legt, die sie leuchten lässt vor Freiheitsfreude, welcher Schmerz auch immer kommen mag. Solche Freiheit würde zu unbekümmertem Ausruhen führen, wenn Menschen sie bekommen könnten, ehe sie das Leiden des Christus erfahren haben, bei dem der Schmerz des Kreuzes verschwindend erscheint neben seinem Mitgefühl auf den Hilfeschrei einer Welt voller Leid. Dann kommt der Punkt, wo der Mensch sagt: »Was macht es aus, ob ich leide oder nicht?« Seine Aufmerksamkeit ist so mit Dienen beschäftigt, dass er kaum auf sich achten kann.

Solch ein Ausdruck wie »der Frieden und die Glückseligkeit, die nur im Land der Stille und des Nicht-Seins bekannt sind«, kann nur von denen verstanden werden, die bereit sind, an metaphysische Wirklichkeiten zu denken. Die meisten solcher orientalischen Ausdrücke basieren auf der Grundidee, dass der universale Gott sich als *Sat*, *Chit* und *Ananda* ausdrückt – als Sein, Bewusstsein und Glückseligkeit.

Sein ist gut zu verstehen; die Menschen sehen es rund um sich her; Bewusstsein kennen sie auch durch Erfahrung; aber nach Glück suchen sie. Alle suchen sich selbst. Glück ist nicht etwas, was wir verdienen, bekommen und besitzen werden; es ist unser wahrer

Selbstzustand. Aber jenseits von beiden, von Materie und Bewusstsein, liegt das wahre innere Leben, das Stille und Nicht-Sein ist vom Standpunkt des Außenstehenden aus, und das doch die Glückseligkeit wahren Seins ist.

Töte das Verlangen ab; aber wenn du es tötest, pass auf, dass es nicht von den Toten wieder aufersteht.

Töte die Liebe zum Leben; aber wenn du *Tanha* erschlägst, so tue dies nicht aus Durst nach ewigem Leben, sondern um das Wechselnde durch das Ewig-Bleibende zu ersetzen.

Begehre nichts. Sträube dich nicht gegen Karma noch gegen die unveränderlichen Naturgesetze. Sondern kämpfe nur mit dem Persönlichen, dem Vorübergehenden, dem Vergänglichen und dem Verderblichen.

Die Liebe zu äußeren Dingen wegen astraler oder sinnlicher Vergnügen ist ein allgemein verbreitetes Verlangen. Wir haben schon gesehen, dass der Jünger die Befriedigung solcher Wünsche nicht suchen darf, sondern die ganze Energie seiner Persönlichkeit – die physische, emotionale und mentale – für die Arbeit der spirituellen Evolution und den Dienst des inneren Lebens in sich selbst und anderen Menschen hingeben muss.

Tanha ist die Wurzel dieser Begierden, weil es der Durst nach empfindendem Leben ist. Das Ego ist auf seiner eigenen Ebene weit davon entfernt, voll bewusst zu sein, aber das Bewusstsein, das es hat, gibt ihm ein Gefühl von großer Freude und erregt eine Art Hunger nach einer umfassenderen Verwirklichung des Lebens. Das ist es, was hinter dem großen Geschrei der Welt nach einem erfüllteren Leben steht. Wie vorher erklärt wurde, gehen die Kräfte der höheren Mentalebene im Falle von gewöhnlichen Personen durch den Kausalkörper meistens ohne Auswirkung hindurch, da das Ego noch nicht so entwickelt und geübt ist, um auf mehr als einige wenige Schwingungen seiner eigenen Ebene zu reagieren. Auf dieser Ebene gibt es keine groben Schwingungen mehr, auf die es in seinen jüngeren Tagen antworten kann, deshalb steigt es zu den niederen Ebenen hinab, um sich stärker lebendig zu fühlen. Für lange Zeit ist deshalb sein Bewusstsein am lebhaftesten, wenn ihm Dinge der physischen Ebene gezeigt werden, aber später, wenn die astrale Wesensart aufgeweckt ist, erweisen sich die Vergnügungen jener Ebene als noch intensiver.

Es ist nicht möglich, im physischen Körper zu erkennen, wie stark die Freuden des astralen Lebens sind. Das ist so sehr der Fall, dass sie oft Personen ablenken und aufhalten, die die gleiche Art Vergnügungen der physischen Ebene überwunden haben. Dennoch ist diese Gefahr für diejenigen nicht groß, die im physischen Leben entschlossen die Dinge des Pfades suchen, falls sie Personen fortgeschrittener Art sind, da sie die Befriedigung haben, noch höhere Freuden wahrzunehmen, die eine weit größere Anziehungskraft besitzen. Dasselbe gilt der Reihe nach für jede Ebene.

Dennoch muss der Jünger auf der Hut sein, um die niederen Freuden nicht lediglich wegen vergleichsweise höherer aufzugeben, sondern seine Augen immer auf sein ideales Ziel gerichtet halten, jenseits *aller* vorübergehenden Freuden. Er darf nicht danach dürsten, über Zeitalter hinweg die Freuden der Himmelswelt zu genießen, sondern muss *alles* aufgeben, was vergänglich und persönlich ist. Während er einerseits nicht danach streben wird, die Gegenstände der Lust zu bekommen, wird er andererseits nicht vor den Lektionen zurückschrecken, mit denen Karma ihn konfrontiert. Er wird nicht wünschen, dass sein Erfahrungsfeld anders sein solle, als es ist. Er weiß, dass er deshalb, weil die Naturgesetze unveränderlich sind, Erfahrungen zum Wachstum benutzen kann. Ohne die gesetzmäßige Wesensart der Welt würde es für den Intellekt unmöglich sein zu wachsen oder für den Menschen, seine Kräfte überhaupt zu gebrauchen. So hat er keinen Widerwillen gegen Karma, das die Verkörperung des Gesetzes ist.

Hilf der Natur und arbeite mit ihr zusammen; und die Natur wird dich als einen ihrer Schöpfer betrachten und sich dir unterwerfen.

Und sie wird vor dir die Pforten ihrer geheimen Kammern weit öffnen, vor deinem Blick die Schätze bloßlegen, die ganz

in der Tiefe ihres reinen jungfräulichen Busens verborgen sind. Unbesudelt von der Hand des Stoffes, zeigt sie ihre Schätze nur dem Auge des Geistes – dem Auge, das sich niemals schließt, dem Auge, für welches es keinen Schleier gibt in all ihren Reichen.

Dann wird sie dir die Mittel und Wege zeigen, die erste Pforte zu durchschreiten, dann die zweite, die dritte – bis ganz hinauf zur siebten. Und dann das Ziel, jenseits dessen liegend, im Sonnenlicht des Geistes gebadet, voller unsagbarer Herrlichkeiten, die kein Auge gesehen hat außer dem der Seele.

Alle Studenten der materiellen Naturwissenschaften sind vertraut mit der Tatsache, dass »die Natur durch Gehorsam besiegt wird«. Alle Kräfte, die wir im modernen Leben anwenden, wie die Wasserkraft oder die Elektrizität, sind Beispiele unseres Arbeitens mit der Natur. Es ist vielleicht etwas gefühllos, das Wort »besiegen« zu benutzen, wenn tatsächlich unsere ganze Macht in der Welt das Ergebnis von Harmonie zwischen Mensch und Natur ist. Der Mensch in einem Boot, der sein Segel so setzt, dass er gegen den Wind segeln kann, wird nicht überwältigt vom Wind, sondern bringt sein Handeln in Einklang mit dessen Gesetzmäßigkeiten. Durch das Arbeiten *mit* den Gesetzen gewinnt der Mensch an Macht, nicht durch Kämpfen *gegen* sie.

Der Esoteriker weiß, dass dasselbe Prinzip auf jeder Ebene gilt, und nicht nur in Bezug auf die Materie jeder einzelnen Welt, sondern auch auf die Lebensformen, die dort wohnen, wo immer sie auf der Leiter der Evolution stehen mögen. Deshalb stellt die Kenntnis der mechanischen Gesetze der Natur, die zu so viel Macht und Wohlergehen für die Menschheit geführt hat, nur einen Aspekt der Harmonie dar, die zwischen den beiden unterhalten werden sollte. Ein Gefühl freundlicher Sympathie mit den Tieren, den Pflanzen und sogar den Mineralien sowie gegenüber den Naturgeistern und Devas ist ebenso wichtig, wenn nicht noch wichtiger für den Fortschritt des Menschen. Die Natur ist sowohl aus Leben als auch aus Materie zusammengesetzt, und es geschieht durch verständnisvolles Fühlen, dass dieses Leben erkannt wird und mit dem menschlichen Dasein in Harmonie schwingt.

Es ist die bedauerliche Sitte unseres Zeitalters, die Welt als einen Ort voller grauenhafter Wesenheiten zu betrachten, aber der Mensch, der dem Leben mit einem Gefühl von Freundlichkeit zu allen lebenden Dingen gegenübersteht, wird nicht nur mehr sehen und lernen als andere, sondern wird eine glattere Überfahrt auf dem Lebensmeer haben. Es gibt in Indien eine Überlieferung über die »glückliche Hand« gewisser Menschen, die diese Sympathie besitzen und bei denen Pflanzen gut wachsen, während sie bei anderen kränkeln. Es ist auch schon oft seitens der Eingeweihten erklärt worden, dass der wahre Yogi oder Sannyasi wegen seiner Liebe zu allen Wesen in den Bergen und im Dschungel ganz ohne Gefahr vor wilden Tieren oder Reptilien wandern kann.

Im gewöhnlichen menschlichen Leben wirkt diese Sympathie auf viele Arten. Der moderne Geschäftsmann weiß, dass es für seinen Erfolg in erster Linie erforderlich ist, ein freundschaftliches Verhältnis mit jenen herzustellen, mit denen er Geschäfte treiben will. Die gleiche Eigenschaft ist beim Unterrichten von Kindern nötig, die oft Erwachsene als seltsame, willkürliche Wesen betrachten, die nicht ganz so sind wie sie selbst, sondern ein bisschen fremdartig, so wie ein Erdenmensch einen der phantastischen Marsmenschen von Orson Wells ansehen würde. Aber wenn Sympathie hergestellt ist, verschwindet diese ganze Fremdheit, und richtige Erziehung wird möglich.

Die Naturgeister sind in derselben Lage wie die Kinder, außer dass sie nicht von uns abhängig sind und unsere Nähe leicht meiden können, was die angenehmeren Arten von ihnen gewöhnlich auch tun, wenn der moderne Zivilisationsmensch ankommt mit seiner lauten, plumpen und grausamen Art und seiner unreinen, abstoßenden Aura und Wolke von Gedankenformen. Wenn die Menschen mitfühlend mit den anderen Naturreichen wären, wenn sie Wälder aufforsteten und sie nicht nur zerstörten, und wenn sie allgemein freundliche Gefühle für die Natur hegten, dann würden wir zweifelsfrei ein ausgeglicheneres Klima und mehr Erfolg in der Landwirtschaft genießen. Es muss natürlich gesagt werden, dass die moderne ökologische Bewegung genau in die richtige Richtung geht und einige Menschen hinsichtlich der Bodenbearbeitung und des Anbaus von bestimmten Blumen, Früchten, Getreidearten und Bäumen und sogar in der

Tierzucht viel getan haben, um die Arbeit der Naturgeister zu unterstützen. Aber mit mehr Sympathie wären noch bessere Ergebnisse herausgekommen.

Diese Sympathie ist gelegentlich gezeigt worden, insbesondere durch die Dichter. Rabindranath Tagores Erzählungen und Gedichte zeigen sie in hohem Maße. Tatsächlich kann die Verbreitung dieser Eigenschaft beinahe als ein spezieller Beitrag zur modernen Zivilisation angesehen werden. Ein weiteres bekanntes Beispiel ist das des Philosophen Ralph Waldo Emerson, der bei der Rückkehr von seinen Vorlesungsreisen in sein Heim in Concord immer die unteren Äste seiner Bäume mit Händeschütteln begrüßte. Er behauptete, er könne fühlen, dass die Bäume sich über seine Rückkehr freuten, und ohne Zweifel war diese Eigenschaft des Mitfühlens eine große Hilfe bei seiner Inspiration.

Menschen, die in ihren Gärten leben, wie Luther Burbank aus Kalifornien, sagen oft, dass sie sich des Gefühls, das von bestimmten Pflanzen, Sträuchern und Bäumen zu ihnen kommt, deutlich bewusst seien. Männer in Kanada, deren Pflicht von ihnen verlangt, ständig in den Wäldern zu leben, um sie zu inspizieren, Bäume zu kennzeichnen und andere Arbeiten auszuführen, haben mir berichtet, dass sie in den Wäldern ein Leben fühlen, das sich von dem an anderen Orten unterscheidet. Sie wissen, dass es einige Stellen und Bäume gibt, die Menschen mögen, und andere, die das nicht tun.

So ein Mitgefühl ist vollkommen natürlich. Wenn du besondere Liebe und Bewunderung für einen bestimmten Menschen empfindest, dann wird er seinerseits geneigt sein, sich für dich zu interessieren und die Zuneigung zu erwidern. Eine Stufe darunter gilt das Gleiche: Wenn du liebevoll zu einem Tier bist, wird es sehr anhänglich werden. Auch im Pflanzen- und Mineralreich gilt dieselbe Regel, obwohl ihre Auswirkungen weniger offensichtlich sind. Daraus ergibt sich die Überlieferung, dass Blumen und Pflanzen bei manchen Menschen besser wachsen als bei anderen, obwohl die gleichen Bedingungen herrschen. Es ist persönlicher Magnetismus, der das auslöst. Dies ist dasselbe, was wir auf einer höheren Ebene Zuneigung nennen.

Es ist nicht nötig, hier etwas über die sieben Pforten zu sagen, die in diesem Absatz erwähnt werden, denn das ganze dritte Fragment (der dritte Teil) beschäftigt sich mit den *Sieben Pforten*, und dort werden wir sie im Einzelnen untersuchen.

11

Der eine Weg

Es gibt nur *einen* Weg zum Pfad; erst ganz an seinem Ende kann die Stimme der Stille gehört werden. Die Leiter, über die der Jünger hinaufsteigt, wird aus Sprossen von Leiden und Schmerz gebildet; diese können nur durch die Stimme der Tugend beruhigt werden. Dann wehe dir, Jünger, wenn es auch nur ein einziges Laster gibt, das du nicht hinter dir gelassen hast; denn dann wird die Leiter nachgeben und dich zu Fall bringen; ihr Fuß ruht im tiefen Schlamm deiner Sünden und Fehler, und ehe du versuchen kannst, den breiten Abgrund aus Materie zu überschreiten, musst du deine Füße in den Wassern der Entsagung waschen. Hüte dich, dass du nicht einen noch beschmutzten Fuß auf die unterste Sprosse der Leiter setzt. Wehe dem, der es wagt, eine einzige Sprosse mit schlammigen Füßen zu beschmutzen. Der faulige und heimtückische Moder wird trocknen, zäh werden und dann seine Füße an der Stelle festkleben lassen; und wie ein Vogel, der auf der Leimrute des listigen Rutenstellers gefangen ist, wird er am weiteren Fortschreiten gehindert sein. Seine Laster werden Formen annehmen und ihn hinabziehen. Seine Sünden werden ihre Stimmen erheben gleich dem Gelächter und Schluchzen des Schakals nach Sonnenuntergang; seine Gedanken werden zu einem Heer und tragen ihn als gefangenen Sklaven weg.

Wir haben in *Die Meister und der Pfad* gesehen, dass es vier Wege gibt, um zum Anfang des Probepfades zu kommen: Durch Kontakt mit denen, die schon auf dem Pfad sind; durch tiefes Denken; durch Hören und Lesen der heiligen Worte und durch die Ausübung von Tugend (Kap. 6). Dann müssen auf dem Probepfad vier Eigenschaften erlangt werden, von denen die letzte in *Zu Füßen des Meisters* als Liebe angegeben wird, und es heißt, dass ohne diese die anderen Eigenschaften vergeblich seien (Band I, Kap. 24, Befreiung, Nirvana und Moksha).

Dies ist also der eine Weg zum eigentlichen Pfad – der Weg der *Liebe*, der Selbstlosigkeit in Gedanken, Worten und Taten.

Alle alten selbstsüchtigen Gewohnheiten von Körper und Verstand müssen durch positive Tugend überwunden werden. Das Wort Tugend, so wie es hier gebraucht wird, kann nicht bloßes passives Gut-Sein oder Fehlen von Missetaten bedeuten; es muss in seiner alten Bedeutung von Stärke aufgefasst werden. Tugenden sind Formen von Seelenstärke. Wenn die Seele das persönliche Leben beherrscht, wird man sehen, dass es voller solcher Tugend ist. In der Zwischenzeit ist ein großer Kampf notwendig. In vielen Fällen muss der Jünger für den Pfad seine ganze Entschlusskraft einsetzen, um irgendeinen Fehler der Selbstsucht, den er im Laufe seiner täglichen Selbstprüfung finden mag, völlig zunichte zu machen. Das kann am besten getan werden, indem er sich eine Szene vorstellt, in welcher der Fehler aufgetreten ist, und sie dann in seiner Vorstellung so umformt, dass sich darin die entsprechende Tugend zeigt. Dann kann man bei ihr etwas verweilen und beschließen, dass künftig unter solchen Umständen die Tugend, nicht der Fehler, ausgedrückt werden wird.

Es ist manchmal sehr schwer, Gewohnheitsfehler zu überwinden; daher rührt die häufige Erwähnung von Leiden und Schmerz. So schmerzt es den Trinker sehr, dem Gedanken »nur noch ein letztes Glas« zu widerstehen. Aber wenn er sich fest an seinen Entschluss hält, nie mehr wieder alkoholische Getränke zu sich zu nehmen, auch nicht *einmal*, wird das Leiden mit der Zeit verschwinden, und er wird eine höhere Art der Freude kennenlernen als die, welche er durch den Reiz des Trinkens bekam. Genau das Gleiche ist es mit unreinen oder selbstsüchtigen Gefühlen und Gedanken. So mancher Mensch versagt, weil er bei dem unrechten Gedanken »nur noch einmal« hängen bleibt. Es ist gerade dieser eine, auf den er verzichten und dem er den Zutritt in sich verweigern muss. Um ihre Fehler aufzugeben, müssen die Menschen manchmal schwere Wunden an ihrem Stolz erleiden. In allen diesen Fällen ist Demut eine große Hilfe, denn sie macht die Menschen bereit, sich zu ändern.

Es gibt viele, deren Leben schon beträchtlich gereinigt ist, die wenig oder nichts von diesem Schmerz spüren. Man hat sogar schon vermutet, dass Aryasanga in diesem Abschnitt das Leiden übertrieben hat. Das trifft nicht zu, aber er hat es extrem ausgedrückt, damit niemand auf dem Pfad Leiden begegnet, während er das Gegenteil erwartet, und alle bereit seien, die Forderungen der Vergangenheit zu bezahlen, sich mit allem gegenwärtigen Leid abzufinden und es durch Übung von Tugend für immer zu beenden. Wir dürfen uns hier an die ermutigenden Worte der *Gita* erinnern: »Selbst wenn du der sündigste aller Sünder wärest, solltest du doch über alle Sünden übersetzen mit dem Floß der Weisheit. So wie das brennende Feuer Brennstoff zu Asche schrumpfen lässt, oh Arjuna, so lässt das Feuer der Weisheit alles Karma zu Asche werden.« (IV, 36—37) Und wiederum: »Niemals wird einer, der Rechtes tut, oh Geliebter, den Weg des Jammers gehen.« (VI, 40)

Die Notwendigkeit, ganz am Anfang die Laster loszuwerden, ist in allen Yoga-Systemen betont worden. Erst wenn die Tugenden in seinem Charakter fest begründet waren, konnte es dem Schüler gestattet werden, zu den weiteren Stufen des Pfades voranzuschreiten, die Übungen der Körperhaltung, des Atems, der Beherrschung der Sinne und der Meditation enthielten. Der Grund für diese Forderung ist, dass während des Fortschreitens des Schülers auf dem Pfad seine Willens- und Gedankenkräfte viel kraftvoller als jemals zuvor werden, und es Zeiten geben wird, in denen das Ego seine Energie hinunter in den Körper ergießen wird. Falls dann noch Reste irgendeines Lasters im Körper wären, würde diese Energie ihm neue Kraft verleihen, so dass der Sturz des Schülers viel schwerer sein würde, als es bei einem nicht so weit Fortgeschrittenen möglich ist. Kräfte sind Kräfte, für Gutes oder Schlechtes, deshalb sollte sich der Jünger reinigen, ehe er sie erstrebt, damit er nicht andere und sich selbst verletzt. Es gibt eine Stelle auf dem Pfad, gerade nach der Zweiten Initiation, wo die Gefahr am allergrößten ist, besonders die des Lasters Stolz, wie in *Die Meister und der Pfad* ausführlich erklärt worden ist.

Töte deine Begierden, Lanoo, mache deine Laster kraftlos, ehe du den ersten Schritt auf den heiligen Pfad setzt.

Erwürge deine Sünden und mache sie stumm für immer, bevor du einen Fuß hebst, um die Leiter zu ersteigen.

Bringe deine Gedanken zum Schweigen und richte deine ganze Aufmerksamkeit auf deinen Meister, den du zwar noch nicht siehst, wohl aber fühlst.

Lasse deine Sinne zu einem Sinn verschmelzen, wenn du gegen den Feind sicher sein willst. Einzig durch diesen Sinn, der in der Höhlung deines Gehirns verborgen liegt, kann der steile Pfad, der zu deinem Meister führt, vor den schwachen Augen deiner Seele enthüllt werden.

Aryasangas Wiederholung der Anordnung, Wünsche und Laster loszuwerden, zeigt die Bedeutung, die er diesem Teil der Arbeit zuschreibt. Solche Fehler werden nicht nur enorm verstärkt, wenn die Kräfte des Jüngers sich entwickeln, sondern seine Verantwortung nimmt auch zu, und er wird fähig, viel mehr Karma als vorher zu verursachen.

Der sechste Sinn hat sein physisches Organ mittels des Denkens im Gehirn. Die Menschen benutzen diese Gabe nicht gewohnheitsmäßig, wenn sie mit den verschiedenen Gegenständen und Erfahrungen des Lebens konfrontiert sind. Sie leben zu sehr in ihren Astralkörpern. Sie haben »Vorlieben« für bestimmte Sachen und »Abneigungen« gegen andere, ganz ohne Grund, ganz ohne zu bedenken, was sie darstellen und welche tatsächlich gut und schlecht sind oder nützlich und unnütz. Das genügt selbstverständlich nicht für jemanden, der den geistigen Pfad betreten will. Er muss alle Dinge leidenschaftslos bedenken und sie entsprechend ihres Nutzens für die Seele neu bewerten.

Im Gehirn befinden sich auch die Organe, mit deren Hilfe eine direkte Wahrnehmung von Dingen jenseits der Reichweite der physischen Sinne erlangt werden kann. Die Hypophyse ist das Verbindungsglied zwischen dem physischen Körper und dem Astralkörper. In derselben Höhlung im Gehirn, allerdings ein bisschen weiter hinten, liegt die Epiphyse (oder Zirbeldrüse), die direkt mit dem Mentalkörper verbunden ist und dazu dient, Eindrücke von der Mentalebene herunterzubringen. Einige Menschen entwickeln die Hypophyse zuerst, andere die Epiphyse – jeder muss der Methode folgen, die von seinem eigenen Guru vorgeschrieben ist.

Lang und mühsam ist der Weg vor dir, oh Jünger. Ein einziger Gedanke an die Vergangenheit, die du hinter dir gelassen hast, wird dich hinabziehen, und du wirst den Aufstieg von neuem beginnen müssen.

Töte in dir alle Erinnerungen an vergangene Erfahrungen. Blicke nicht zurück, sonst bist du verloren.

Noch einmal finden wir, dass Aryasanga den schlimmsten Aspekt der Sache betont, damit niemand den Pfad schwieriger finden soll, als er ihn sich vorgestellt hat, bevor er ihn betrat. Im Verhältnis ist der Pfad nicht lang, wenn man bedenkt, dass es nur die letzten vierzehn Leben von einer Folge von vielen Hunderten oder sogar Tausenden sind, die normalerweise zwischen der Ersten und der Fünften Initiation verbracht werden. Außerdem wird in vielen Fällen die Arbeit dieser vierzehn Leben in nur einigen wenigen getan, die aufeinander folgend genommen werden, ohne devachanische Zwischenzeiten – was die Zeit wirklich kurz macht.

Es ist wahr, dass »der Weg sich immerzu bergauf windet«, aber er muss nicht unbedingt ermüdend sein. Wenn man nur an das Ziel denkt, dann ist die Reise tatsächlich ermüdend. Ein Student, der in eine Universität eintritt, wird seine drei oder vier Jahre dort äußerst ermüdend finden, wenn er nur daran denkt, sein Diplom zu bekommen und damit hinaus in die Welt zu gehen, und nicht wirklich an seinen Studien interessiert ist. Aber wenn er einen genauen Plan für seine Arbeit gemacht hat, der ihn von selbst zu seinem Diplom bringen wird; und wenn dies ordentlich ausgeführt wird mit wirklichem Interesse an seinen Studienfächern, dann kann er den Gedanken an die vor ihm liegenden Jahre fallen lassen und eine faszinierende Zeit erleben. Ebenso ist auch auf dem Pfad die Arbeit für Herz und Verstand interessant, und wer diese Einstellung hat, wird ihn sowohl tatsächlich als auch dem Anschein nach kürzer empfinden als derjenige, dem es nur darum geht, ein bestimmtes vorgeschriebenes Ziel zu erreichen.

Bei der Meditation ist es ähnlich. Einige, die sie treu ausführen, halten sie für eine langweilige Sache, aber praktizieren sie trotzdem wegen ihrer Wirkungen. Andere finden sie sehr interessant und gewinnen deshalb viel mehr daraus. Lasst den Jünger nicht an seinen eigenen Fortschritt auf dem Pfad denken, wie so oft empfohlen wurde. Lasst ihn sich selbst vergessen und für die Welt arbeiten, dann wird sein Fortschritt von selbst kommen. Selbstprüfung und innere Schulung sind notwendig, aber sie sind nur so etwas wie das Vorbereiten und Ölen von Maschinen. Sie sollten nicht viel Zeit in Anspruch nehmen, denn die Arbeit ist das Wichtige.

Es stimmt, dass Menschen es manchmal für nötig halten, sich zuerst zu gewissen Arbeits-, Denk- oder Meditationsrichtlinien zu zwingen, von denen sie finden, dass sie sie aufnehmen sollten. Mögen sie fortfahren mit der eintönigen Aufgabe, falls sie so erscheint, und wenn das Motiv rein ist, werden sie bald feststellen, dass die Eintönigkeit verschwindet, ein neues Interesse aufkommt und die Arbeit zur Freude wird.

Die Aussage, dass ein einziger Gedanke über die Vergangenheit den Jünger wieder ganz hinunter auf die Erde ziehen kann, sollte gewiss jeden zum Innehalten bringen, der vorhat, den Pfad zu betreten und trotzdem irgendein Lieblingslaster nicht aufgeben will, wie unbedeutend es auch sein mag. Es ist nicht so sehr die Ausführung als der Gedanke daran, der einen herunterzieht. Madame Blavatsky sagt in der *Geheimlehre*:

> Reinheit des Denkens ist von größerer Wichtigkeit als Reinheit des Körpers...Eine Handlung kann mit wenig oder ohne Aufmerksamkeit ausgeführt werden, und sie ist von verhältnismäßig geringer Bedeutung. Aber wenn daran gedacht und sie ständig im Sinn gehalten wird, ist die Wirkung tausend Mal größer. Die Gedanken müssen rein gehalten werden (Bd. III, S. 570).

Ich erinnere mich an eine Geschichte über Colonel Olcott, die diesen Punkt veranschaulicht. Ein junger Mann, der den starken Wunsch hegte, das höhere Leben zu führen, kam eines Tages zu ihm und fragte ihn, ob er das Rauchen aufgeben müsse. Der Colonel erwiderte: »Nun, wenn Sie es nicht können, müssen Sie es, aber wenn Sie es können, brauchen Sie es nicht.« Gewiss sind Willensstärke und Reinheit des Denkens von höchster Wichtigkeit, und es gibt keinen Fortschritt ohne sie, gleichgültig wie rein der Körper ist; und der Colonel betonte diese Tatsache sehr erfolgreich. Aber es kann auch hinzugefügt werden, dass Rauchen eine schmutzige Angewohnheit ist; es besudelt die Körper und verursacht oft eine große Belästigung und viel Unbehagen für andere. Das Schlimmste dieser schmutzigen Sucht in physischer Hinsicht ist, dass der Rauch mit Speichel befeuchtet und dann ausgesandt wird, um in die Lungen anderer Leute zu gehen. Es ist ein fürchterliches Kennzeichen des heutigen Lebens, dass wir oft gezwungen sind, mit Rauch, der so behandelt wurde, in Berührung zu kommen und ihn einzuatmen.

Hinsichtlich der Wirkung eines Gedankens, der zu den Eigenschaften der Vergangenheit gehört, sagt Madame Blavatsky auch:

> Der Schüler muss seine Gedanken in Acht nehmen. Die Gedanken von fünf Minuten können die Arbeit von fünf Jahren zunichte machen; und obwohl die Arbeit der fünf Jahre das nächste Mal schneller durchlaufen wird, ist dennoch Zeit verloren (***Geheimlehre***, Bd. III, S. 573).

Hier muss unterschieden werden zwischen einem Gedanken, der lediglich aus einer vorbeitreibenden Gedankenform besteht, die in das Bewusstsein eingedrungen ist, und dem eigentlichen Denken, welches eine absichtliche Handlung darstellt. Nur das letztere kann so großen Schaden anrichten. Ein wertloser Gedanke kann in das Bewusstsein einfließen, aber wenn er nicht festgehalten, ermutigt und gestärkt wird, entsteht wenig Schaden.

Dass jemand, der auf diese Weise fällt, schnell wieder aufstehen kann, ist ermutigend. Die alte griechische Allegorie, in welcher der Held jedes Mal, wenn er im Kampf besiegt auf die Erde fällt, neue Kräfte aus ihr gewinnt, trifft auf den Menschen zu. Es wäre für ihn besser, den Kampf ein für alle Mal zu gewinnen, ohne hinzufallen; aber in jedem Falle ist es ihm bestimmt, schließlich zu triumphieren. Der intelligente und willige Schüler vermag vieles ohne bittere Erfahrung zu lernen, ebenso wie man lernen kann, dass Feuer heiß ist, ohne seine Hand hineinzuhalten. Aber alles Notwendige wird früher oder später auf die eine oder die andere Weise gelernt werden.

Glaube nicht, dass Lust jemals ausgerottet werden kann, wenn sie befriedigt oder gestillt wird, denn dies ist eine durch Mara

eingegebene Abscheulichkeit. Gerade durch Nähren des Lasters dehnt es sich aus und wird stark, wie der Wurm, der sich vom Herzen der Blüte mästet.

Die Rose muss wieder zur Knospe werden, die vom Elternstamm geboren wurde, ehe der Parasit sich durch ihr Herz gefressen und ihren Lebenssaft getrunken hat.

Der goldene Baum treibt seine Juwelen-Knospen hervor, ehe sein Stamm verdorrt ist.

Der Schüler muss den Zustand des Kindes wiedergewinnen, den er verloren hat, ehe der erste Ton an sein Ohr dringen kann.

Edwin Arnold spricht von Mara, wie dieser von den Buddhisten verstanden wird, in kraftvollen und anschaulichen Ausdrücken in Verbindung mit der Versuchung von Buddha kurz vor dessen Erleuchtung:

Doch er, der Prinz der Dunkelheit,
Mara – der wusste, dies war Buddha,
Der die Menschen erlösen sollte, und
Jetzt die Stunde, wo er die Wahrheit
Finden sollte und die Welten retten –
Gab nun Befehl all seinen bösen Mächten.
Deshalb strömten dorthin aus allen tiefsten Höllen
Die Dämonen, die gegen Weisheit und Licht Krieg führen,
Arati, Trishna, Raga und ihre Gefolgschaft
Der Leidenschaft, Furcht, Unwissenheit und Lüste,
Die Brut der Düsternis und Angst;
Sie alle hassen Buddha,
Wollen seinen Sinn ins Wanken bringen.

(Die Leuchte Asiens, 6. Buch)

Madame Blavatsky ergänzt: »Aber Mara ist auch der unbewusste Beschleuniger der Geburt des Spirituellen.« Der Widerstand, den Mara dem Schüler entgegensetzt, ermöglicht es diesem, seine Kraft zu entwickeln. Ein Athlet könnte seine Arme viel leichter ohne Hanteln heben und senken als mit ihnen, doch würde er nicht so schnell die gleiche Kraft entwickeln, wenn überhaupt. Dass sogar Böses für das Gute benutzt wird, wurde einmal durch die Bemerkung eines sehr spirituellen Mannes veranschaulicht, der eine hohe Initiation erfuhr. Während einiger Zeit vorher war er schrecklich verleumdet worden, und die wichtige Arbeit, an die er sein Herz gehängt hatte, war zunichte gemacht worden. Eines Tages richtete jemand ein Wort des Mitleids an ihn, das ganz unnötig war, denn er sagte: »Tatsächlich schulde ich jenen Leuten Dank, die versuchten, mich zu verletzen, obwohl ich das damals nicht erkannte; denn ohne ihre Hilfe hätte ich diese Initiation noch nicht genommen.« Ein gewöhnlicher Mensch wäre voller Ärger oder Depression gewesen, aber in so einem Menschen wie diesem ruft Mara nur eine gleich starke Kraft der liebenden Sorge oder des Mitleids hervor. So kann sogar der größte Feind unser Freund werden, während wir uns gegenseitig im Wege stehen.

Natürlich ist es nicht die Unwissenheit, sondern die Unschuld der Kindheit, die für wahren geistigen Fortschritt erforderlich ist. Bloßes Gut-Sein bedeutet nicht Fortschritt; es ist nur vorbereitende Läuterung. Fortschritt ist die Entwicklung des Egos auf seinen eigenen Ebenen, die, wenn sie sich in der Persönlichkeit zeigt, als Charakterstärke auftritt – in Wille, Liebe und Denken. In den drei Stadien der Beziehung eines Schülers zu seinem Meister ist es das dritte und höchste, das die Vorstellung des Kindseins enthält, denn er ist zuerst ein Probeschüler, dann ein angenommener und drittens ein Sohn des Meisters.

12

Die letzten Schritte

Das Licht von dem einen Meister, das eine unvergängliche goldene Licht des Geistes, wirft seine glänzenden Strahlen von Anfang an auf den Jünger.

Seine Strahlen dringen durch die dicken, dunklen Wolken der Materie.

Bald hier, bald dort beleuchten ihn diese Strahlen, wie Sonnenflecken durch das dichte Blattwerk des Dschungeldickichts den Erdboden beleuchten. Aber, oh Jünger, wenn das Fleisch nicht passiv, der Kopf kühl, die Seele so fest und rein wie flammender Diamant ist, wird die Strahlung nicht die Kammer erreichen, ihr Sonnenlicht nicht das Herz wärmen, noch werden die mystischen Töne von den Akasha-Höhen das Ohr erreichen, wie erwartungsvoll es auch sei im Anfangsstadium.

Wie die Sonne immer hinter den Wolken scheint, so ergießt das Höhere Selbst ständig seine Strahlen auf den Schüler. Die Blitze der Inspiration und Intuition, die ab und zu in die Dunkelheit unseres Verstandes fallen in den Augenblicken, die wir unsere besten nennen, stammen aus dieser hohen Quelle. Es ist eine weise Vorgehensweise, zu versuchen, diese besten Augenblicke einzufangen, sie in der Vorstellung festzuhalten und in der Meditation bei ihnen zu verweilen und so das ganze Leben in diesen diamantgleichen Zustand zu bringen, der im Text erwähnt ist.

Bezüglich der »mystischen Töne von den Akasha-Höhen« fügt Madame Blavatsky die folgende Fußnote hinzu:

> Die mystischen Töne oder die Melodie, die vom Asketen am Anfang seines Meditationszyklus gehört und von den Yogis ***Anaha-***

tashabda (der Ton des Herzens) genannt wird. Das Anahata ist das vierte der Chakras.

Das vierte Zentrum oder Chakra ist das am Herzen. Wenn das Bewusstsein während der Meditation im Herzen zentriert wird, ist es für den Einfluss der spirituellen Seele oder des höheren Selbstes äußerst empfänglich. Das Herz ist für die höhere Triade, Atma-Buddhi-Manas, das Zentrum im Körper. Der Kopf ist der Sitz des psycho-intellektuellen Menschen; er hat seine verschiedenen Funktionen in sieben Hohlräumen, einschließlich der Hypophyse und der Epiphyse (Zirbeldrüse). Wer in der Meditation sein Bewusstsein vom Gehirn zum Herzen bringen kann, sollte fähig sein, Kama-Manas mit dem höheren Manas zu vereinigen, durch das niedere Manas hindurch, welches Antahkarana ist, wenn es rein und frei von Kama bleibt. Er wird dann imstande sein, einiges von dem aufzufangen, was die höhere Triade ihm zuflüstert. Dieses höhere Bewusstsein versucht, ihn durch das Gewissen zu leiten; er kann es nicht leiten, bis er mit Buddhi-Manas eins ist. Die vorhergehende Erklärung ist aus Notizen über einige mündliche Belehrungen von Madame Blavatsky zusammengefasst, die als Anhang im dritten Band der *Geheimlehre* enthalten sind (Band III, S. 582—584).

Die indische Überlieferung über das Thema sagt, dass, wenn die Kundalini aufsteigt, sie die Eigenschaften der verschiedenen Chakras, durch die sie hindurchgeht, auflöst und ihre Essenz nach oben trägt. Wenn sie das vierte, das Herz-Chakra, erreicht, hört der Yogi den Ton von oben, der *Anahata-Shabda* genannt wird. *Shabda* heißt Ton; *an-ahata* bedeutet »nicht geschlagen«; das trifft auf diesen Ton zu, der erzeugt wird, ohne Gegenstände gegeneinander zu schlagen. Der Ausdruck ist deshalb symbolisch für das, was sich über den Ebenen der Persönlichkeit befindet. Der Übende kommt an diesem Punkt zum ersten Mal mit der höheren Triade in Berührung. Diejenigen, die den Kontakt zwischen dem höheren und niederen Manas verstärken wollen, sollten in der Meditation nicht bei irgendetwas verweilen, was unterhalb davon angesiedelt ist. Die folgende Meditation, die aus der *Gheranda Samhita* übersetzt wurde, ist eine von denen, die für das Herz-Zentrum vorgeschrieben sind. Sie veranschaulicht, auf welche Art der Yogi seine Aufmerksamkeit nach und nach von seiner Umgebung zurückzieht und sie auf sein Ideal konzentriert.

Lass ihn finden im Herzen ein weites Nektarmeer,
Darin eine Insel aus Edelstein,
Wo die Strände goldglänzen, bestreut mit Juwelen,
Bäume säumen die Küsten in blühender Pracht,
Und im Inneren manch selten Gesträuch, Ranken, Binsen,
Von überall Duft, der den Sinnen so süß.

Wer die Süße des göttlichen Allseins will kosten,
Der stelle sich den herrlichsten Baum darin vor,
Dessen weites Geäst voll phantastischer Früchte,
Die vier mächtgen Lehren, die stützen die Welt,
Weder Frucht dort noch Blüte kennt Tod oder Sorgen,
Nur das Summen der Bienen und Kuckucks-Gesang.

Nun, unter dem Schatten der friedlichen Laube
Ist strahlend ein Tempel zu sehn aus Rubin,
Und er, der dort suchet, wird finden bewahrt darin
Sein herzlich Geliebtes auf kostbarem Sitz,
Er verweile in Gedanken, wie sein Lehrer bestimmte,
Bei der göttlichen Form, ihren Arten und Zeichen.

(siehe *Konzentration*, Kap. 10)

Wenn du nicht hörst, kannst du auch nicht sehen.
Wenn du nicht siehst, kannst du nicht hören. Hören und Sehen, dies ist die zweite Stufe.

Wenn der Jünger nicht für die innere Stimme ansprechbar ist, wenn er also geistige Gesetze nicht versteht, wird er die äußeren Dinge nie so sehen, wie sie sind. Er muss lernen, die materiellen Dinge mit den Augen des Geistes zu betrachten, wie ein Meister es einst ausdrückte. Wenn er die materiellen oder äußeren Dinge auf diese Weise sieht, wird er die innere Stimme immer besser verstehen. Das gleicht dem Wechsel, der zwischen Meditation und Erfahrung notwendig ist. Ständig beschäftigt durch das Leben zu laufen ohne innezuhalten, um darüber zu meditieren, heißt, viel von der Bedeutung seiner Geschehnisse zu übersehen. Man sollte jeden Tag ein wenig Zeit erübrigen, um das innere Licht darauf fallen zu lassen. Andererseits würde es wenig Profit einbringen, sich in seinem Studierzimmer einzuschließen und seine ganze Zeit mit Nachdenken zu verbringen; auf diese Weise würde ein Mensch immer nur falsche Vorstellungen bekommen, denn Erfahrung ist erforderlich, um unsere Meditation zu korrigieren und zu erweitern. Es ist das ausgeglichene Zusammenspiel des Inneren und Äußeren, das der Schüler suchen muss. Er muss anstreben, harmonisch zu sein – um den Ausdruck zu gebrauchen, der ständig in der *Gita* wiederholt wird.

Die innere und äußere Welt entsprechen einander in Gottes System vollkommen. Madame Blavatsky sagt in der *Geheimlehre*:

»Im Reich der verborgenen Kräfte ist ein hörbarer Ton nur eine subjektive Farbe und eine wahrnehmbare Farbe nur ein unhörbarer Ton.« (Bd. III, S. 508)

Hier ist die Rede von Farbe, nicht von Form; das macht die Aussage genauer, denn tatsächlich *sehen* wir nur Farben, keine Formen.

Es ist unmöglich, mit Bestimmtheit zu sagen, warum dieser Status des harmonischen Miteinanders von Hören und Sehen die zweite Stufe genannt wird. Wir können nicht sagen, welches System von Stufen Aryasanga erläuterte, weil über seine Anweisungen an dieser Stelle ein Schleier gezogen wurde. Die punktierte Linie kennzeichnet einen fehlenden Abschnitt, der von der dritten Stufe handelt. Wo die Lehre wieder zum Vorschein kommt (nach dieser Lücke), finden wir Aryasanga spätere Stufen genauso behandeln, wie die *Yoga-Sutras* sie angeben, nämlich:

(5) Pratyahara, völlige Kontrolle der Sinne,
(6) Dharana, Konzentration,
(7) Dhyana, Meditation,
(8) Samadhi, Kontemplation.

Wenn der Jünger sieht und hört und wenn er riecht und schmeckt, während Auge und Ohr, Mund und Nase geschlossen sind, wenn die vier Sinne verschmelzen und bereit sind, in den

fünften überzugehen, den des inneren Fühlens – dann ist er auf die vierte Stufe weitergegangen.

Es gibt einige Yogis, die buchstäblich Mund und Nase verschließen, wenn sie in Meditation oder Trance gehen. Die Finger werden so verwendet, dass sie die Augen, die Nasenlöcher und den Mund geschlossen halten, und diese Menschen haben auch die Zunge in der Weise geübt, dass sie sie nach oben und nach hinten in die Höhlung über dem Mund biegen und so den Lufteintritt verhindern können. Das nennt man *Khechari Mudra*, das von bestimmten Hatha-Yogis ausgeübt wird. Raja-Yogis machen es nicht, und es wird hier nicht empfohlen. Es gibt eine Stufe, auf der der Schüler seine Augen schließen und die Gefühle von Riechen, Schmecken, Sehen und Berühren in seinem Inneren reproduzieren oder im astro-mentalen Bereich erfahren kann. Um sich nun zu einem noch höheren Zustand zurückzuziehen, muss er auf die *innere* Berührung achten, die Hören ist. Indem er seine Aufmerksamkeit auf den Ton im Inneren richtet und ihm in seine immer feineren Tiefen nachspürt, bringt er sich selbst an den Punkt, wo er Pratyahara ausüben kann, die Beherrschung *aller* Sinneswahrnehmungen, der inneren ebenso wie derjenigen der Halle des Nichtwissens. Diese Übung wird im nächsten Vers beschrieben:

Und auf der fünften (Stufe), oh Schlächter deiner Gedanken, müssen alle diese wieder getötet werden, so dass sie nicht wiederbelebt werden können.

Die meisten Leute ziehen die Aufmerksamkeit von der Außenwelt gewöhnlich in hohem Maße zurück, wenn sie etwa an einem Buch besonders interessiert sind. Sie reagieren dann nicht auf die Eindrücke, die durch verschiedene Gerüche, visuelle Reize oder Geräusche, die sie umgeben, auf die Sinne gemacht werden. Sich willentlich in diesen Zustand zu versetzen, ist *Pratyahara*, eine Vorbereitung für wirklich erfolgreiche Meditation. Das Abtöten, so dass eine Wiederbelebung ausgeschlossen ist, bedeutet nicht mehr, als dass die Sinne sich wie artige Hunde hinlegen, wenn ihnen das gesagt wird, und nicht eher wieder aufstehen, bis sie gerufen werden. Zu diesem Punkt gibt es die folgende Fußnote:

> Dies bedeutet, dass im sechsten Stadium der Entwicklung, welches im 8-stufigen Pfad ***Dharana*** genannt wird, jeder Sinn als individuelle Fähigkeit auf dieser Ebene »getötet« (oder gelähmt) werden muss, indem er in den siebten, den am meisten geistigen, übergeht und mit ihm verschmilzt.

Dharana ist nach Angabe der *Yoga-Sutras* die sechste Yoga-Stufe. Es handelt sich um jene Konzentration des Denkens, die wir schon untersucht haben, und sie folgt auf *Pratyahara*. Da das Denken oder Chitta als ein sechster Sinn angesehen wird, bildet sich, wenn *Dharana* vollständig ist und dieses Denken dadurch aufhört, in Beziehung zu den Dingen der äußeren Welt zu funktionieren, die Intuition, die hier der siebte Sinn genannt wird. Das Leben lehrt uns auf zwei Weisen: durch äußere Eindrücke (engl.: *tuition*), welche die Welt uns vermittelt, und durch Intuition, das Wirken des inneren Selbstes. Wenn Menschen auf ihrer Pilgerreise der Evolution voranschreiten, nimmt gleichzeitig ihre Intuition zu und sie sind nicht mehr so stark wie vorher von den Anweisungen abhängig, welche die Welt erteilt. Dies ist nur eine andere Ausdrucksweise dafür, dass der Mensch, der seine inneren Kräfte benutzt, viel mehr aus einer kleinen Erfahrung lernen kann als andere Menschen es aus einer Menge von Erfahrungen vermögen. Wegen der Aktivität seiner angeborenen Intelligenz ist der entwickelte Mensch fähig, die große Bedeutung selbst der kleinen Dinge zu sehen; aber der unentwickelte Verstand ist voller Neugier. Er ist dauernd auf den Reiz des Neuen erpicht, denn da er nicht gut nachdenken kann, schöpft er schnell die offensichtliche Bedeutung der Alltagsdinge aus. Dieses Gemüt ist es, das Wunder in Verbindung mit seinem religiösen Glauben erfleht, da es für die unzähligen Wunder blind ist, die es immerzu umgeben.

Halte dein Denken von allen äußeren Dingen, allen äußeren Bildern zurück. Versage dir innere Bilder, damit sie nicht einen dunklen Schatten auf das Licht deiner Seele werfen.
Du bist nun im Dharana, der sechsten Stufe.

Bei der Konzentrationsübung ist es immer notwendig, beide, die äußeren und die inneren Störquellen, zu bedenken. Man muss verhindern, dass das Denken sich für irgendeinen äußeren Gegenstand interessiert, denn wenn das nicht gemacht wird, weckt der geringste Laut die Neugier und stört die Konzentration. Auch muss man das Denken davor zurückhalten, innerlich Bilder hervorzubringen, die sich auf die Vergangenheit oder die Zukunft beziehen. Während dieser Übung muss man völlig uninteressiert an dem sein, was gestern passierte oder was voraussichtlich morgen geschehen wird. Wenn diese Konzentration erfolgreich verwirklicht worden ist, fängt die nächste und siebte Übungsstufe an, die man *Dhyana* nennt, das bedeutet Meditation.

Wenn du zu der siebten übergegangen bist, oh Glücklicher, wirst du die heilige Dreiheit nicht mehr wahrnehmen, denn du wirst selbst zu dieser Dreiheit geworden sein. Du selbst und deine Vernunft verweilen wie Zwillinge auf einer Linie, während der Stern, der dein Ziel ist, darüber leuchtet. Die Drei, die in Herrlichkeit und unsäglicher Glückseligkeit weilen, haben jetzt in der Welt der Maya ihre Namen verloren. Sie sind zu einem einzigen Stern geworden, dessen Feuer das Upadhi (Träger) der Flamme ist.

Und dies, oh erfolgreicher Yogi, ist es, was Menschen Dhyana nennen, der wahrhafte Vorläufer von Samadhi.

Indem er von *Dharana* zu *Dhyana* übergeht, von der Konzentration zur Meditation, betritt der Schüler auf diesem Pfad das buddhische Bewusstsein. Dies bist dann »du selbst«. Die Vernunft, von der hier gesprochen wird, ist das höhere Manas, denn das niedere Manas ist zum Schweigen gebracht worden. Das manasische Prinzip ist in dasjenige von Buddhi erhoben worden, damit sind die beiden wie »Zwillinge auf einer Linie«, die beiden unteren Ecken eines Dreiecks, wie die folgende Fußnote zeigt:

Jede Entwicklungsstufe im Raja-Yoga wird durch eine geometrische Figur symbolisiert. Diese hier ist das heilige Dreieck und geht *Dharana* voran. Das △ ist das Zeichen der hohen Chelas, während eine andere Dreiecksart das Zeichen hoher Initiierter ist. Es ist das Symbol »I«, über das Buddha gelehrt hat und das von ihm als Symbol der verkörperten Form des *Tathagata*[11] benutzt wurde, als er von den drei Arten des *Prajna* erlöst war. Wenn einmal die vorbereitenden und niedrigeren Stufen überschritten sind, sieht der Jünger nicht mehr das △, sondern das –, die Abkürzung des –, der vollen Siebenheit. Seine wahre Form wird hier nicht angegeben, da es fast sicher ist, dass sich einige Scharlatane darauf stürzen und sie durch die Benutzung für betrügerische Zwecke entweihen.

Der Stern, der darüber leuchtet, ist Atma. Aber es bezieht sich auch, wie Madame Blavatsky in einer anderen Fußnote sagt, auf den Stern der Initiation, der über dem Kopf des Eingeweihten strahlt. Da das, was erlangt werden soll, die Vierte Initiation ist, die des Arhat, ist es der Stern dieser Initiation, der zur atmischen oder nirvanischen Ebene führt, die sein Ziel ist.

Auf dieser Stufe schaut man nicht mehr, wie es bis dahin der Fall war, in Gedanken hinauf und betrachtet die höhere Triade (Atma-Buddhi-Manas) als oberhalb von einem selbst stehend, sondern man stellt fest, dass man sich im buddhischen Zustand befindet, in dem Manas mit Buddhi zu *Manas-Taijasi* vereinigt ist. Die »Meditation« des Initiierten dieser Stufe wird schließlich zu einer weiteren Vereinigung von Buddhi und Atma führen. Mit dem Erreichen dieser Vereinigung wird die höhere Triade zu einem Stern geworden sein, der in einer Fußnote beschrieben wird als »die Basis (Upadhi) der ewig unerreichbaren Flamme, solange der Asket noch in diesem Leben ist«. Der Brennstoff ist die Persönlichkeit, das Feuer ist dieser dreifältige Geist; die Flamme ist die Monade. Nicht einmal der Adept geht völlig in den Zustand der Monade ein, während er noch in der physischen Inkarnation ist. Madame Blavatsky sagt:

> Dhyana ist die letzte Stufe vor dem Endzustand auf dieser Erde, es sei denn, man würde ein voller Mahatma. Wie schon gesagt, ist der Raja-Yogi auf dieser Stufe noch seines Selbstes und des Wirkens seiner höheren Prinzipien bewusst. Ein Schritt weiter, und er wird auf der Ebene jenseits der siebten sein, der vierten nach einigen Schulen. Nach der Übung von Pratyahara – einer Vorübung, um seine Gefühle und Gedanken zu beherrschen

11 Wörtl.: Der so Gegangene. Name des Buddha. (Anm. d. Vlg.)

– zählen sie Dharana, Dhyana und Samadhi und fassen die drei unter dem Sammelnamen Samyama zusammen. Samadhi ist der Zustand, in welchem der Asket das Bewusstsein jeglicher Individualität verliert, einschließlich seiner eigenen. Er wird das All.

Es ist bezeichnend, dass die Drei ihre *Namen* verlieren sollen. Sie sind keine Formen, denn ihr Reich ist das des Bewusstseins. Die niederen Ebenen der Persönlichkeit sind Ebenen der Form; dann kommen die Ebenen der Namen oder »Bedeutung«, aber die Monade ist jenseits der Namen, jenseits dessen, was Menschen Bewusstsein nennen.

Der weitere Text zeigt, dass der Schüler, der die Übung von Samadhi erreicht hat, nun ein Arhat geworden ist und das Ziel des Strebens erreicht hat, von dem dieses Fragment handelt.

13

Das Ziel

Und nun ist dein Selbst im SELBST aufgelöst, das kleine Selbst im großen, untergetaucht in JENEM SELBST, von dem du am Anfang ausstrahltest.

Wo ist deine Individualität, Lanoo, wo der Lanoo selbst? Sie ist der Funken, der sich im Feuer verloren hat, der Tropfen innerhalb des Ozeans, der immer gegenwärtige Strahl ist zum All geworden und zur ewigen Strahlung.

Und jetzt, Lanoo, bist du der Handelnde und der Zeuge, die Strahlenquelle und die Strahlung, Licht im Ton und der Ton im Licht.

Wenn ein Mensch im Leben zu der Erkenntnis emporsteigt, dass die Persönlichkeit bloß »es« ist, und damit sein Bewusstseinszentrum zum Höheren Selbst erhebt, so kommt einmal die Zeit, wenn er als Erfahrungstatsache entdeckt, dass dieses Bewusstsein nur »du« ist, nicht »ich«. Wenn das stattfindet, bei oder um die Vierte Initiation, verliert sich das niedere Selbst im wahren SELBST, und das, was der Mensch als seine Individualität gedacht oder gefühlt hatte, verschwindet. Und ebenso wie der, der den buddhischen Zustand erreicht hat, das Bewusstsein anderer als sein eigenes erkennt und anerkennt und ihre Freuden und Leiden als seine eigenen empfindet, so gibt es nun für diesen Menschen nur ein einziges wirkliches »Ich« in allem.

Der Unterschied zwischen der vom Eingeweihten niederen Grades erreichten Erkenntnis und der des Arhat, zwischen dem Bewusstsein der buddhischen Ebene und dem der atmischen, ist in der *Bhagavad-Gita* angegeben worden. Im ersteren Zustand sieht der Mensch dasselbe Selbst gleicherweise in allen Wesen weilen, im letzteren sieht er, dass alle in dem EINEN SELBST sind.

Dies ist, den *Yoga-Sutras* zufolge, der Zustand *Kaivalya*, des »Einsseins«, der Freiheit, bei dessen völligem Erreichen die Unterscheidung zwischen dem Sehenden und dem Gesehenen, zwischen Subjekt und Objekt verschwunden ist.

Dir sind nun die fünf Hindernisse bekannt, oh Gesegneter. Du bist ihr Überwinder, der Herr des sechsten, Spender der vierfachen Wahrheit.

Das Licht, das auf sie fällt, scheint aus dir selbst, oh du, der du Jünger warst, aber jetzt Lehrer bist.

Und was hat es mit diesen Erscheinungsformen der Wahrheit auf sich:

Bist du nicht durch die Kenntnis allen Leides hindurchgegangen – die erste Wahrheit?

Hast du nicht den König der Maras besiegt am Tu, dem Versammlungstor – die zweite Wahrheit?

Hast du nicht an der dritten Pforte die Sünde vernichtet und die dritte Wahrheit erworben?

Hast du nicht Tao betreten, den Pfad, der zum Wissen führt – die vierte Wahrheit?

Madame Blavatsky fügt hinzu:

> Die vier Arten der Wahrheit sind im nördlichen Buddhismus: Ku, Leiden oder Elend; Tu, die Ansammlung der Versuchungen; Mu, ihre Vernichtung; und Tao, der Weg. Die »fünf Hindernisse« sind: Das Wissen vom Leid, die Wahrheit über menschliche Schwachheit, bedrückende Hemmungen und die absolute Notwendigkeit der Trennung von allen Banden der Leidenschaft und sogar der Wünsche. Der »Pfad der Erlösung« ist der letzte.

Es gibt die *Vier Edlen Wahrheiten*, die Buddha der Welt gelehrt hat. Diese waren das Leiden, die Ursache des Leidens, das Aufhören des Leidens und der Weg dazu. Diese sind der westlichen Welt mit wunderbarer Schönheit und Genauigkeit in Edwin Arnolds unvergleichlicher Dichtung *Die Leuchte Asiens* dargestellt worden, aus dem die folgenden Verse zitiert sind. Aber alle, die Inspiration über den Pfad suchen, sollten nicht versäumen, das ganze Werk zu lesen.

Ihr, die den Mittelweg ihr gehn wollt, den Vernunft
Bezeichnet und den Stille ebnet,
Ihr, die den hohen Weg wählt zum Nirvana,
Hört die Vier Edlen Wahrheiten nun an.

Die erste spricht vom *Leiden*. Spottet nicht!
Das Leben, das ihr preist, ist lange Qual:
Nur seine Schmerzen bleiben, Freuden sind
Wie Vögel nur, die leuchten und entfliegen.

Schmerz der Geburt, Schmerz unserer hilflos Tage,
Schmerz heißer Jugend und der Blütezeit;
Schmerz frostig grauer Jahr', erstickend Tod,
Sie alle füllen deine kläglich Zeit.

Süß ist die Liebe, doch Begräbnis-Flammen
Sie müssen küssen weiche Brüste, anschmiegsame Lippen,
Schneidig der Mann im Kampf, doch Geier dann
Zerfleddern selbst das königlich Gebein.

So schön die Erde, doch der Wälder Brut
Plant gegenseit'gen Mord aus Lebensgier,
Saphir-blau Himmel, doch kein Tropfen fällt,
Wenn Menschen darum schrei'n in Hungersnot.

Frag nur die Kranken, Trauernden, frag ihn,
Der taumelnd geht am Stab, einsam, verloren,
»Liebst du das Leben?« – diese sagen dir,
Das Kind sei weis', das weint bei der Geburt.

Die zweite Wahrheit ist die *Ursache des Leids*.
Welch Kummer kommt von selbst und nicht vom Wunsch?
Die Sinne mischen mit den Dingen sich,

Und schnell ist feurig Leidenschaft entflammt:

So lodert Trishna, Lust und Durst nach Dingen,
Ihr haltet Schatten fest, liebt Träume stets,
Ein falsches Selbst pflanzt ihr in eure Mitte,
Baut drum herum euch eine Scheinwelt auf;

Blind für die Höhen jenseits und auch taub
Dem süßen Laut, der strömt aus fernsten Himmeln,
Hört nicht den Ruf des wahren Lebens ihr,
Dem vorbehalten, der das falsche lässt.

So wachsen Streit und Gier zum Erdenkrieg,
So blutet manch betrognes Herz, fließt salz'ge Träne,
So nehmen Leidenschaften zu, Neid, Ärger, Hass;
So jagen sich die Jahre, blutbefleckt.

So breitet sich statt Korn das Unkraut aus
Mit seinen üblen Wurzeln, gift'gen Blüten,
Kaum finden gute Samen Boden noch,
Auf den sie fallen können, um zu keimen.

Vielfache Spur führt zu den Gipfeln dort,
Um deren Gletscher goldne Wolken kräuseln;
Der Klettrer kommt auf steilem oder sanftem Hang,
Wo sich ihm auftut diese andre Welt.

Der Starke wagt den Felsenpfad, wo's stürmt,
Steil und gefährlich an des Berges Flanke,
Der Schwache muss gar manche Windung gehn
Mit vielen Plätzen, wo er rasten kann.

So ist der achtfach' Pfad, der bringt zum Fried.
Er führt durch sanfte oder steile Höhn,
Die starke Seele eilt, die schwache säumt,
Doch werden all' den sonn'gen Schnee erreichen.

(*Die Leuchte Asiens*, 18. Buch)

Die fünf Hindernisse auf dem Wege des Jünger zum Arhat können auf verschiedene Weisen aufgefasst werden. Entweder sind es die fünf, die Madame Blavatsky in der gerade zitierten Fußnote erwähnt hat, oder es sind die ersten fünf Fesseln oder aber die fünf Kleshas (Hindernisse), die in den *Yoga-Sutras* angegeben werden und die schon erörtert wurden.

Und nun ruhe unter dem Bodhi-Baum, der Vollkommenheit alles Wissens bedeutet, denn wisse, du bist der Meister des Samadhi – des Zustands makelloser Schau.

Siehe! Du bist das Licht geworden, du bist der Ton geworden, du bist dein Meister und dein Gott. Du bist selbst das Objekt deiner Suche, die ununterbrochene Stimme, die durch alle Ewigkeiten tönt, wandellos, die sieben Töne in einem, die Stimme der Stille.

Aum Tat Sat.

Der Schluss *Aum Tat Sat* ist eines der *Mahavakyams* oder »großen Worte« der Hindus. Die Bedeutung von *Aum* haben wir schon betrachtet. *Tat* bezieht sich auf das Höchste. Philosophisch betrachtet sind die Pronomen er und sie unpassend, um sie auf das Höchste anzuwenden, deshalb wird *Tat* benutzt, welches »Das« bedeutet. Jenseits von »es« und »du« ist »Das«, welches »Ich« ist. Folglich bedeutet der Ausspruch, dass es *Das* ist, welches das *Wirkliche* ist. Alle guten Werke beginnen und enden mit diesem Gedanken.

DIE ZWEI WEGE

1

Die offene Pforte

Wir kommen jetzt zu dem zweiten Fragment, das Madame Blavatsky aus dem *Buch der goldenen Lehren* übersetzt hat; es heißt *Die zwei Wege*. Dieses ist nicht unbedingt eine Fortsetzung des ersten Fragmentes mit dem Titel *Die Stimme der Stille*, obwohl es tatsächlich damit beginnt, dass jemand angeredet wird, der gerade das Ziel der Arhatschaft erreicht hat. Es gibt kein Zeichen dafür, dass die drei Fragmente in irgendeiner besonderen Beziehung zueinander stehen. Im Grunde sind sie drei getrennte Bücher, die in sehr ähnlicher Weise dasselbe Thema behandeln. Es ist jedoch für den Schüler von großem Vorteil, die Lehre über den Pfad immer und immer wieder zu hören. Es erneuert seine Begeisterung, zieht die Aufmerksamkeit auf Punkte, die er übersehen haben könnte und gibt ihm allgemein eine umfassendere Sicht.

Das vorliegende Fragment fängt damit an, dass jemand angeredet wird, der gerade den Höhepunkt des Pfades erreicht hat, und es erhebt sich die Frage: Wird er in die nirvanische Glückseligkeit weitergehen, ohne sich um die Zurückbleibenden zu kümmern, oder wird er sich an der Schwelle umdrehen und anderen helfen, die jetzt dort klettern? Wird er die Befreiung für sich selbst verwenden, oder wird er bleiben, um der Welt zu helfen?

Und jetzt, oh Lehrer der Barmherzigkeit, zeige du anderen Menschen den Weg. Sieh all jene, die anklopfen, um eingelassen

zu werden, und in Unwissenheit und Dunkelheit warten, das Tor des reinen Gesetzes sich öffnen zu sehen!

Die Stimme der Jünger:

Du Meister deiner eigenen Barmherzigkeit, wirst du nicht die Lehre des Herzens offenbaren? Wirst du dich weigern, deine Diener auf den Pfad der Befreiung zu führen?

Der einleitende Abschnitt dieses Fragmentes mag uns in diesen gegenwärtigen Tagen zuerst etwas fremdartig vorkommen. Wir sind mit dem Gedanken vertraut, dass der Pfad jedem überall offen steht, ohne Rücksicht auf Rasse, Glaubensbekenntnis, Geschlecht, Kaste oder Farbe, der das Leben führt, das dafür vorgeschrieben ist. Warum sollten dann irgendwelche Leute in Dunkelheit und Unwissenheit warten, dass ein Tor für sie geöffnet wird?

Die Sache ist die, dass zu der Zeit, als Buddha in Indien lehrte, die Religion der Brahmanen sehr starr geworden war. Ursprünglich war dieser Glaube überaus froh und frei gewesen, aber im Laufe der Zeit war das Kastensystem durch die Priester und Herrscher auf zahllose Einzelheiten ausgeweitet worden.

In den Hindu-Schriften gibt es Abschnitte, die zeigen sollten, dass es für Menschen mit außergewöhnlichem Charakter und Fähigkeiten möglich war, im Kastenrang angehoben zu werden, aber es muss sehr selten vorgekommen sein. Sicherlich war es schon einige Zeit vor der Ankunft des Buddha die allgemeine Ansicht, dass nur ein Brahmane auf Befreiung hoffen konnte, und jeder, der dieses Ziel erreichen wollte, es erst schaffen musste, als ein Brahmane geboren zu werden. Das war keine sehr hoffnungsvolle Lehre für die Mehrheit des Volkes, da die Brahmanen nie zahlreich waren und sie den Angehörigen der niederen Kasten nicht erlaubten, die heiligen Bücher zu studieren.

Aber Buddhas Lehre stieß die Tore weit auf. Er lehrte, dass einem Menschen aus irgendeiner Kaste, der das wahre Leben führte, die gleiche Achtung gezeigt werden sollte, und umgekehrt, dass ein Brahmane, der das wahre Leben nicht führte, nicht der Achtung wert sei, wie in dem folgenden Vers aus der *Vasala Sutta* ausgedrückt wird:

Nicht durch Geburt wird man von niederer Kaste,

> Nicht durch Geburt wird man ein Brahmane;
> Durch Taten allein wird man von niederer Kaste,
> Durch Taten allein wird man ein Brahmane.

Viele Brahmanen haben mir gesagt, dass sie diese Wahrheit tatsächlich im praktischen Leben spüren; sie fühlen sich mehr zu jenen aus niederen Kasten hingezogen, welche die Ideale des Brahmanen-Lebens leben, als zu den Mitgliedern ihrer eigenen Kaste, die deren Ideale vernachlässigen und nach einem niedrigeren Maßstab leben.

Das Ziel des Buddha war nicht, eine neue Religion zu gründen, sondern den Hinduismus zu reformieren. Für einige Zeit bezeichnete sich fast ganz Indien als buddhistisch. Es gab buddhistische Hindus ebenso wie es heutzutage im Nordwesten viele gibt, die sich Sikh-Hindus nennen. Buddhismus als Religion ist seit langem aus Indien verschwunden. Aber die Wirkung, die der Buddha ausübte, ist noch weitgehend im Hinduismus von heute erhalten. Als Beispiel hierfür könnte man die Auswirkung auf Tieropfer anführen, die Buddha sehr energisch abgelehnt hatte; sie waren vor seiner Zeit sehr weit verbreitet, aber jetzt sind sie ziemlich selten. Weiter wird in Indien heute jeder heilige Mann von allen mit Ehrfurcht betrachtet, wie auch immer seine Kaste gewesen sein mag, ehe er ein Sannyasi wurde. Menschen im ganzen Land respektieren die Bhagavad-Gita als höchste Autorität, doch es ist ein Buch von äußerst liberaler Wesensart. Darin sagt der Herr:

> Ich bin für alle Wesen der Gleiche; es ist keines mir verhasst oder teuer. Sie wahrlich, die mich mit Hingabe verehren, sie sind in mir und ich auch in ihnen. Sogar wenn mich der Sündigste mit ungeteiltem Herzen anbetete, müsste auch er zu den Gerechten gezählt werden, denn er hätte sich richtig entschieden; geschwind wird er pflichtbewusst und geht zum ewigen Frieden, oh Kaunteya; wisse du als sicher, dass der mir Ergebene niemals umkommt. Die, die bei mir Zuflucht nehmen, oh Partha, wenn auch aus dem Schoß der Sünde, Frauen, Vaishyas, sogar Shudras, sie betreten auch den höchsten Pfad. (IX, 29 32).

Es darf nicht angenommen werden, dass Sri Krishna hier Frauen und andere auf eine niedrigere Stufe stellt, sondern dass er eine Reihe gebräuchlicher Aberglauben widerlegt, unter anderem die Ansicht, dass jene, die in weiblichen Körpern sind, minderwertig sein müssen und in Bezug auf hohe geistige Ziele keinen Erfolg haben können.

Madame Blavatsky erklärt in einer Fußnote, dass es zwei Schulen von Buddhas Lehre gibt, die esoterische und die exoterische, die »Herz«-, bzw. »Augen«-Lehre genannt werden, und die erstere stammt aus Buddhas Herzen, während die letztere das Werk seines Gehirns oder Kopfes war. Eine andere Deutung, die mir gegeben wurde, verbindet die Ausdrücke mit dem Auge und Herzen des Jünger; das Schema der Dinge kann durch das Auge gelernt werden, aber der höhere Pfad kann nur betreten werden, wenn das Herz mit dem inneren Leben in Einklang ist.

Der ganze Abschnitt basiert auf einem angeblichen Zögern auf Seiten Buddhas, ob er predigen solle. Es heißt, er zweifelte, als er am Morgen, der auf seine Erleuchtung folgte, unter dem Bodhi-Baum saß, ob die Welt ihn verstehen und ihm folgen würde, bis er eine Stimme hörte wie von der leidenden Erde, die rief: »Gewiss bin ich verloren; ich und meine Geschöpfe!« und dann wieder: »Oh Höchster, mache, dass dein großes Gesetz ausgesprochen werde!«

(*Die Leuchte Asiens*, 7. Buch).

Der Lehrer sprach:

Zwei Pfade gibt es, drei große Vollkommenheiten, sechs Tugenden sind es, die den Körper in den Baum der Erkenntnis verwandeln.

Hier fügt Madame Blavatsky die folgende Fußnote hinzu:

> »Der Baum der Erkenntnis« ist ein Titel, den die Anhänger des Bodhidharma (Weisheitsreligion) jenen gegeben haben, welche die Höhe mystischer Erkenntnis errungen haben – den Adepten. Nagarjuna, der Begründer der Madhyamika-Schule, wurde der »Drachenbaum« genannt, wobei der Drache als ein Symbol für Weisheit und Erkenntnis steht. Der Baum wird geehrt, weil es ein Bodhi- (Weisheits-) Baum war, unter dem Buddha geboren wurde und die Erleuchtung empfing, seine erste Predigt hielt und starb.

Swami T. Subba Row hatte eine etwas andere Deutung dieses Baum-Symbols. Er sagte, dass der Körper des Jüngers ein Kanal der Erkenntnis geworden sei (und wir dürfen hinzufügen: der Kraft gleichermaßen), so dass er einer der Zweige an dem Baum sei, welcher die gesamte Weisheit der Welt darstellt. Wir dürfen auch noch die Vorstellung hinzufügen, dass der Initiierte Teil des großen Baumes ist, den die Hierarchie bildet, die Große Weiße Bruderschaft, welcher seine Wurzeln weit oben in den höheren Ebenen hat, und dessen Zweige in jeden Teil menschlichen Lebens eingreifen und sogar hinunter in die niederen Naturreiche. Diejenigen, welche die letzten Kapitel von *Die Meister und der Pfad* gelesen haben, werden dieses uralte Symbol eines Baumes zu schätzen wissen, denn dort wird gezeigt, wie die geistige Hierarchie sich aus einer großen Wurzel nach außen verzweigt.

In dieser Aussage über die zwei Pfade, die drei großen Vollkommenheiten und die sechs Tugenden haben wir ein Beispiel des methodischen Charakters von Buddhas Lehre. Er half immer seinen Anhängern, seine Lehre im Gedächtnis zu behalten, indem er sie ihnen in einer Tabellenform gab. Da waren die *Vier Edlen Wahrheiten*, jede repräsentiert durch ein einziges Wort, das einen ganz bestimmten Ideenkomplex in Erinnerung rufen sollte. Da war auch der *Edle Achtfache Weg*, die *Zehn Sünden*, die eingeteilt wurden in drei des Körpers, vier der Sprache und drei des Denkens, und die *Zwölf Nidanas* oder aufeinander folgenden Ursachen von materiellem Leben und Leiden für den Menschen.

Die transzendentalen Tugenden oder *Paramitas* werden manchmal als sechs, manchmal als sieben gezählt, aber häufiger als zehn. Als ich in Ceylon war, lernte ich sie von dem Hohenpriester Sumangala als zehn kennen; die ersten sechs, sagte er, sind vollkommene Barmherzigkeit, vollkommene Moral, vollkommene Wahrheit, vollkommene Energie, vollkommene Freundlichkeit und vollkommene Weisheit; die anderen vier, die manchmal speziell für die Priester hinzugefügt werden, sind vollkommene Geduld, vollkommener Verzicht, vollkommene Entschlossenheit und vollkommene Entsagung. In *Awakening of Faith* (Glaubenserweckung) von Ashvagosha, das von Teitaro Suzuki ins Englische übersetzt worden ist, sind die *Paramitas* so aufgezählt: Barmherzigkeit (*dana*), Moral (*sila*), Geduld (*ksanti*), Energie (*virya*),

Meditation (*dhyana*), Weisheit (*prajna*), und die vier zusätzlichen: Zweckdenken (*upaya*), Gebet oder Gelübde (*pranidhana*), Stärke (*bala*), Erkenntnis (*jnana*). In der Fußnote zu der *Stimme der Stille*, in der Ausgabe von 1924, wird eine Liste, die aus Eitels *Chinese Buddhism* (Chinesischer Buddhismus) entnommen ist, so angegeben: Barmherzigkeit, Moral, Geduld, Energie, Kontemplation und Weisheit; und zusätzlich für die Priester: Gebrauch der rechten Mittel, Wissenschaft, fromme Gelübde und Entschlossenheit.

Als ich in Ceylon war, verglich ich die Behauptungen von Orientalisten mit den Gefühlen und Gedanken der Buddhisten selbst. Die beiden unterscheiden sich erheblich, denn die ersteren sind im Allgemeinen sehr hölzern, die letzteren aber voller Leben. Dennoch haben die gebildeten Mönche eine Genauigkeit des Wissens, die mindestens derjenigen der meisten gelehrten Orientalisten gleich ist. Sir Edwin Arnold hat in seinem Werk *Die Leuchte Asiens* eine bemerkenswert genaue Darstellung der lebendigen Seite des Buddhismus gegeben. Einige haben gesagt, er habe christliche Ideen und Gefühle in den Buddhismus hineingedeutet, aber das war keineswegs so; ich kann bezeugen, dass die in der Dichtung beschriebenen Gefühle wirklich unter den buddhistischen Menschen vorhanden sind.

Wer wird sich ihnen nähern?

Wer wird sie zuerst betreten?

Wer wird zuerst die Lehre von zwei Pfaden in einem hören, die entschleierte Wahrheit über das Geheime Herz? Das Gesetz, welches, Gelehrsamkeit meidend, Weisheit lehrt, offenbart eine Geschichte des Jammers.

Ach, dass alle Menschen Alaya besitzen, mit der Großen Seele eins sind, und dass, obwohl sie es besitzen, Alaya ihnen so wenig nützt!

Siehe, wie gleich dem Monde, der sich in den ruhigen Wellen spiegelt, auch Alaya von dem Kleinen und dem Großen reflektiert wird, im winzigsten Atom gespielt wird, doch nicht das Herz aller erreicht. Ach, dass so wenige Menschen Nutzen ziehen aus der Gabe, der unschätzbaren Gnade, Wahrheit zu erfahren, die richtige Wahrnehmung existierender Dinge und das Wissen von dem Nicht-Existierenden!

Das *Geheime Herz* ist die esoterische Lehre. Es ist ein Symbol, das aus atlantischen Tagen auf uns herabgekommen ist. Im innersten Schrein des großen Tempels der »Stadt der Goldenen Tore« stand auf dem Altar ein Behältnis aus massivem Gold in der Form eines Herzens, dessen geheimes Schloss nur dem Hohenpriester bekannt war. Dieses wurde »das Herz der Welt« genannt und bedeutete für sie die innersten Mysterien, die sie kannten. Darin verwahrten sie ihre allerheiligsten Gegenstände, und viel in ihrer Symbolik drehte sich darum. Sie wussten, dass jedes Atom wie ein Herz schlägt, und sie zogen in Betracht, dass die Sonne eine ähnliche Bewegung hat, die sie mit der Sonnenfleckenperiode in Verbindung brachten. Manchmal trifft man auf Abschnitte in ihren Büchern, die den Eindruck vermitteln, dass sie auf naturwissenschaftlichem Gebiet mehr wussten als wir, obwohl sie alles mehr vom poetischen Gesichtspunkt als vom wissenschaftlichen aus betrachteten. Sie dachten beispielsweise, dass die Erde atmet und sich bewegt, und es trifft tatsächlich zu, dass Wissenschaftler vor kurzem entdeckt haben, dass eine regelmäßige tägliche Verschiebung der Erdoberfläche stattfindet, die in gewisser Weise als Entsprechung zum Atmen gedacht werden kann.

Wenn Aryasanga den Ausdruck »geheimes Herz« benutzt, meint er auch all die inneren Mysterien. Madame Blavatskys Fußnote sagt:

> Das Geheime Herz ist die esoterische Lehre.

Hier meint der Lehrer mit »Gelehrsamkeit meidend« bestimmt, dass es Zeiten gibt, in denen wir unsere Aufmerksamkeit von dem bloßen Wissenserwerb von außerhalb durch die Sinne abwenden müssen, damit wir der Entwicklung des inneren Lernens durch Intuition Zeit gewähren können. Wir können nicht weise sein, ohne ausreichende Gelehrsamkeit oder Wissen bezüglich der Dinge zu besitzen, mit denen wir es in unserem besonderen Pflichtenkreis in der Welt zu tun haben. Andererseits befänden wir uns sehr im Irrtum, wenn wir dächten, dass es die Hauptsache im Leben sei, große Wissensschätze anzusammeln oder sich auch nur vorzustellen, dass solches Wissen von wesentlichem Wert sei, abgesehen von dem Gebrauch, den wir davon im Menschheitsdienst machen können.

Im Westen gibt es eine Tendenz, Dinge von außen anzugehen und zu untersuchen, während es die östliche Methode ist, sie lieber von innen zu bedenken. Beide Methoden sind in unserem gegenwärtigen Evolutionszustand notwendig. Wenn der buddhische Körper entwickelt ist und die Intuition von dieser Ebene in das physische Gehirn herunterkommt, wird sie uns wahre Weisheit geben und vollkommenes Wissen; aber es ist erst in sehr wenigen Menschen ausreichend entwickelt.

Selbst wenn wir fähig sind, unsere Köpfe zwischen den Wolken zu behalten, ist es nötig, dass unsere Füße fest auf der Erde ruhen. Wir müssen Eindrücke, die von innen kommen, mit ausgeglichenem Urteilsvermögen behandeln, ebenso wie wir gesunden Menschenverstand auf die Erfahrungen des alltäglichen Lebens anwenden. Das ist nötig, weil es sehr leicht ist, Impulse, die vom Astralkörper kommen, irrtümlich für Intuitionen zu halten, die vom Höheren Selbst kommen. Manchmal passiert es, dass ein Verstorbener, der sieht, dass wir an irgendeinem besonderen Punkt interessiert sind, auf der Astralebene einen Vorschlag anbietet, und dieser könnte in das Gehirn herunterkommen und wie Intuition erscheinen. Doch tatsächlich könnte dieser Verstorbene ein sehr untauglicher Beobachter auf der Astralebene sein und deshalb ganz falsche Informationen liefern.

Dieser Rat, Gelehrsamkeit zu meiden, ist nicht nur für jene nützlich, die auf dem Pfad sind, sondern auch für jeden, der überhaupt lernbegierig ist, wenn wir es in der hier gemeinten Bedeutung nehmen, dass wir *bloße* Gelehrsamkeit vermeiden sollten. Ein intensives Studium der bloß äußeren Dinge führt oft zu Materialismus. Weil sie um sich herum große Verheerungen, Opfer, Unterdrückung, Sorgen und Leiden sehen und sehr viel Beten, auf das keine Antwort gewährt zu werden scheint, kommen viele Menschen zu der Annahme, dass Konflikt und Kampf das Gesetz des Lebens und die Natur nicht mitfühlend sei. Aber die Welt so weit wie möglich zu studieren und sie dabei immer als eine große Schule für das Leben anzusehen, das in ihren mannigfaltigen Formen wohnt, führt zu Weisheit, die einen zu sehen befähigt, dass alle Dinge sich für immer zusammen bewegen. Wenn jemand astrale und höhere Formen des Sehens entwickelt, ist diese Tatsache, dass alles gut ist, nicht länger etwas, was durch sorgfältiges logisches Denken verstanden werden muss; es springt in die Augen. Niemand mit solcher Sicht könnte ein Materialist sein.

Das Wort Alaya bezeichnet einfach eine Wohnung oder ein Haus. Madame Blavatsky sagt, dass es esoterisch mindestens eine doppelte Bedeutung habe, da es beides sei, die universelle Seele und das Selbst eines fortgeschrittenen Adepten. Es ist die wahre Wohnung oder das Zuhause des Menschen, der universelle Aspekt dessen, was in der spirituellen Triade im Menschen Buddhi ist. Es ist der männliche oder positive Aspekt der universellen Seele, der Logos. Es ist die Überseele von Emerson, das universelle Höhere Selbst aller Wesen. Es ist das, was Platon *Nous* nannte, ein Prinzip, das frei von Materie ist und dennoch planvoll handelt, der *Jivatma* der Hindus, die Quelle des göttlichen schöpferischen Gedankens. Mit anderen Worten, es ist im Zweiten Logos, der universellen spirituellen Seele, von welcher das Buddhi in jedem Menschen ein Strahl ist.

Dass man »Wissen von dem Nicht-Existierenden« haben sollte, muss sicher für jene seltsam aussehen, welche die genaue philosophische Bedeutung des letzteren Wortes nicht kennen. Existieren bedeutet außerhalb zu stehen, äußeres oder objektives Sein zu haben. Die Art des Seins, die Existenz genannt wird, gehört der ganzen Welt an, die als außerhalb von uns selbst zu sehen ist, aber das innewohnende Leben oder Bewusstsein hat seinen eigenen Zustand des Seins – nenne ihn »Istenz«, wenn du willst, aber nicht »Existenz«. Nichts könnte wirklicher sein als die Wirklichkeit dieses bewussten Lebens, das auch wir besitzen, weil wir Teil desselben Logos sind – und das ist das »Nicht-Existierende«, über das der Schüler Wissen erwerben muss. Jeder Mensch ist im Grunde seines Wesens göttlich; aber um es wahrzunehmen, muss er aus seinem eigenen Licht heraustreten – dann wird kein Schatten da sein, keine Illusion.

2

Kopf-Gelehrsamkeit und Seelen-Weisheit

Der Schüler sagt:
Oh Lehrer, was soll ich tun, um Weisheit zu erlangen? Was, oh Weiser, um Vollkommenheit zu gewinnen?

Suche nach den Pfaden. Aber, oh Lanoo, sei reinen Herzens, ehe du die Reise beginnst. Bevor du deinen ersten Schritt machst, lerne das Wirkliche vom Falschen zu unterscheiden, das ewig Fließende vom ewig Dauernden. Lerne vor allem, Kopf-Gelehrsamkeit von Seelen-Weisheit zu trennen, die Lehre des »Auges« von der des »Herzens«.

Es gibt nichts, was hier über das Thema des Wirklichen und Unwirklichen gesagt werden kann, das nicht schon ausführlich in dem Kommentar über »Vom Unwirklichen führe mich zum Wirklichen« in *Zu Füßen des Meisters* behandelt worden wäre.

Wahrlich, Unwissenheit gleicht einem geschlossenen und luftleeren Gefäß; die Seele einem Vogel, der darin eingesperrt ist. Er trällert nicht, noch kann er eine Feder bewegen; sondern der Sänger sitzt stumm und apathisch da und stirbt vor Erschöpfung.

Aber selbst Unwissenheit ist besser als Kopf-Gelehrsamkeit ohne Seelen-Weisheit, sie zu erleuchten und zu führen.

Während ein Mensch sehr unwissend ist, ist für ihn überhaupt kein geistiger Fortschritt möglich, wie sehr er auch in anderen Richtungen entwickelt sein mag. Ohne etwas Wissen über die Wahrheit und den Pfad wird er sich nicht in eine bestimmte Richtung bewegen. Die meisten Leute wissen sehr wenig darüber, was es bedeutet, wirklich ein Mensch zu sein, welches die Eigenschaften und Handlungen sind, die zu Fortschritt führen und welche zur Rückentwicklung, und sie haben keine Vorstellung von der großartigen Bestimmung, auf die alle sich langsam hinbewegen. Deshalb ist ihr Fortschritt sehr, sehr langsam, und wir finden kaum irgendein wahrnehmbares Wachstum am Ende einer Reihe von Inkarnationen.

Es gibt jedoch eine stetige, obwohl langsame Evolution der ganzen Lebenswoge, die alle Zeit vor sich geht, und jeder Mensch ist grundsätzlich an diesem allgemeinen Fortschritt beteiligt. Absolut betrachtet, ist er vorwärts gegangen, aber relativ betrachtet, hat er sehr wenig getan. A.P. Sinnett verglich dieses Voranschreiten mit dem von einer Person, die auf einer Wendeltreppe ständig um einen Turm herumgeht; sie kommt immer wieder zu derselben Stelle und derselben Aussicht, aber jedes Mal eben ein kleines bisschen höher als vorher. Es scheint fast so, als ob die Menschen ein bisschen besser behandelt würden, als sie es verdienen, denn wir sehen, dass sogar der unwissende Mensch, dessen Gedanken selbstsüchtig sind, in neun von zehn Fällen auf diese Weise voranschreitet. Aber tatsächlich ist selbst eine geringe Kraft, die auf die höheren Dinge gerichtet wird, bei weitem mächtiger als eine große Kraftmenge, die für die niederen Dinge verwandt wird. Wenn ein Zehntel der Gedanken eines Menschen spirituell sind, ist er über dem Durchschnitt; denn selbst in solch einem Falle macht der Mensch zwar neun Schritte rückwärts auf einen Schritt vorwärts, aber glücklicherweise sind die neun Rückwärtsschritte sehr kurz und der eine Vorwärtsschritt sehr lang. In einem schlechten Leben gleicht sich Gutes und Böses aus, und um zurückzufallen, muss ein Mensch außergewöhnlich schlecht sein. Außerdem reicht die Wirkung von ein wenig Gutem sehr weit wegen der engen Verbindung, die zwischen Menschen besteht, und derjenige, der es in Gang setzt, erhält viel gutes Karma.

Aber wenn Unwissenheit ein großes Hindernis für den Fortschritt ist, so ist Wissen, das nicht angewendet wird, kaum besser; es zählt auch nicht sehr stark. Selbst wenn ein Mensch an esoterischen Dingen interessiert ist, kann er offensichtlich viele Leben lang auf demselben Niveau bleiben; denn wenn es nicht angewendet wird, bewirkt das Wissen wenig Gutes. Wissen in die Praxis umzusetzen, ist eine absolut notwendige Bedingung für schnellen Fortschritt.

Die Samen der Weisheit können nicht im luftleeren Raum keimen und wachsen. Um zu leben und Erfahrungen zu ernten, braucht das Gemüt Weite, Tiefe und Stützpunkte, die es zur Diamant-Seele hinziehen. Suche diese Stützpunkte nicht in Mayas Reich; sondern steige empor über die Illusion, suche das ewige und unveränderliche SAT, misstraue dabei den falschen Vorstellungen der Phantasie.

In ihrer Fußnote sagt Madame Blavatsky, dass die Diamant-Seele, *Vajrasattva*, ein Titel des höchsten Buddha ist, des Herrn aller Mysterien, der *Vajradhara* und *Adi-Buddha* genannt wird. In der *Geheimlehre* schließlich weist sie auf den Unterschied zwischen *Vajrasattva* und *Vajradhara* hin. *Vajra* ist ein Diamant; *sattva* bedeutet in so einem Zusammenhang wie hier »von Natur aus«. So ist ein *Vajrasattva* jemand, dessen Wesensart oder Charakter wie ein Diamant ist. *Dhara* heißt halten oder tragen, also ist *Vajradhara* jemand, der einen Diamanten hält. *Avalokiteshvara*, »der Herr, der gesehen wird«, ist *Vajrasattva*, die Diamant-Seele oder das Diamant-Herz, und er ist die synthetische Wirklichkeit aller *Dhyani-Buddhas*. Der Erste Logos ist *Vajradhara* oder *Vajrapani*, der Diamant-Halter oder der Diamant-Händige, auf Tibetisch auch *Dorjechang* genannt. Er ist der Eine jenseits aller Bedingtheit oder Manifestation, aber er sendet in die Welt *subjektiver* Manifestation den Ausdruck seines Herzens – *Vajrasattva* oder *Dorjesempa*, den Zweiten Logos.

Dass spezielle Aspekte erforderlich sein müssen, um den Jünger in vollen Kontakt mit DEM zu ziehen, ist analog dazu, was wir beim Vorgang der Individualisation eines Tieres gesehen haben. In diesem Falle sind jene Aspekte die besseren Eigenschaften, die es entwickelt, wie Zuneigung und Hingabe, mittels derer es in den menschlichen Bewusstseinszustand hinaufreicht. Der Verstand des Menschen muss ebenfalls besondere Punkte hervorbringen, um sich mit der Seele vereinigen zu können, und für den Initiierten müssen diese Punkte bis zu Buddhi hinaufsteigen, dem Prinzip im reinkarnierenden Selbst, das dem *Vajrasattva* auf einer noch höheren Ebene entspricht. Swami T. Subba Row sagte, dass es sich auf den Atma beziehe, der das Ego in die Monade emporzieht. Dasselbe Gleichnis kann so auf vielen verschiedenen Ebenen verwendet werden.

Denn der Verstand ist wie ein Spiegel; er sammelt Staub an, während er reflektiert.

Madame Blavatsky sagte, dieses sei aus der Lehre von Shin-Sien, der lehrte, dass der menschliche Verstand wie ein Spiegel sei, der jedes Staubteilchen anziehe und reflektiere, und er müsse wie dieser Spiegel jeden Tag gewartet und abgestaubt werden. Shin-Sien war der 6. Patriarch von Nordchina, der die esoterische Lehre von Bodhidharma unterrichtete. In der *Geheimlehre* erklärt sie die Stellung von Bodhidharma wie folgt:

> Als der Missbrauch von dogmatischen orthodoxen Schriften des Buddhismus seinen Höhepunkt erreicht hatte und der wahre Geist der Philosophie Buddhas beinahe verloren war, erschienen mehrere Reformatoren aus Indien, die einen mündlichen Unterricht einführten. Solche waren Bodhidharma und Nagarjuna, die Autoren der wichtigsten Werke der kontemplativen Schule in China während der ersten Jahrhunderte unserer Zeitrechnung. (***Geheimlehre***, Bd. V, S. 410).

Der Staub auf dem Spiegel versinnbildlicht die Vorurteile, Illusionen und Phantasien, die sich im astralen und mentalen Körper befinden; diese sind für das Sehvermögen auf den entsprechenden Ebenen deutlich sichtbar als entschiedene Hindernisse für bessere Gedanken und Gefühle. Die Wirkungen dieser Behinderungen und die Mittel, sie loszuwerden, haben wir schon sorgfältig in den Gesprächen über *Zu Füßen des Meisters* erörtert. (Kapitel *Gedankenkontrolle*).

Die sanfte Brise der Seelenweisheit ist nötig, um den Staub unserer Illusionen abzuwischen. Suche, oh Anfänger, deinen Verstand mit der Seele zu verschmelzen.

Meide Unwissenheit und meide ebenso die Illusion. Wende dein Gesicht von den Täuschungen der Welt ab. Misstraue deinen Sinnen; sie sind trügerisch. Aber innerhalb deines Körpers – dem Schrein deiner Empfindungen – suche im Unpersönlichen den Ewigen Menschen; und hast du ihn ausfindig gemacht, dann blicke nach innen – du bist Buddha.

Die Alltagserfahrung lehrt uns, dass wir den Sinnen misstrauen müssen. Die äußeren Eindrücke müssen durch sorgfältige Untersuchung der Tatsachen und ihre Beurteilung korrigiert werden, wie im Fall der scheinbaren Bewegung der Sonne um die Erde. Man muss allerdings Obacht geben, dass man in diese Aussage nicht die Idee hineinliest, dass die Sinne nicht benutzt werden sollten. Sie müssen auf jeder Ebene angewendet werden, um Kenntnisse zu erwerben und Arbeiten und Pflichten zu erledigen, ohne die es keinen Fortschritt gibt.

Der ewige Mensch ist das reinkarnierende Ego, dessen Leben im Vergleich zu dem der Person Zeitalter überdauert, da es durch die ganze Reihe menschlicher Geburten und Tode hindurch fortbesteht.

Das Wort Buddha wird in drei verschiedenen Bedeutungen benutzt. Manchmal bedeutet es, wie in diesem Falle, einfach erleuchtet, erwacht oder weise. Manchmal wird es als Name für Gautama Buddha benutzt. In anderen Fällen bezeichnet es das hohe Amt des Oberhauptes des Zweiten Strahles in der geistigen Hierarchie, der Lehre und Religion umfasst, wie es in *Die Meister und der Pfad* beschrieben wurde. Die Buddhisten haben eine Liste von vierundzwanzig Buddhas, von denen der gegenwärtige Inhaber des Amtes Gautama ist, auf den in ferner Zukunft der Maitreya folgen wird.

Meide Lob, oh Hingebungsvoller; denn Lob führt zu Selbsttäuschung. Dein Körper ist nicht das Selbst, dein Selbst ist in sich ohne Körper, und weder Lob noch Tadel berühren es.

Selbstbeglückwünschung, oh Jünger, gleicht einem hohen Turm, den ein hochmütiger Narr hinaufgeklettert ist. Darauf sitzt er in hochmütiger Einsamkeit, von niemandem wahrgenommen als von sich selber.

Sehr viele Menschen sind durch übermäßiges Lob verdorben worden; es führt bei all denen zu Stolz, die nicht klar sehen, was vor ihnen oder über ihnen liegt. Jene Schüler, die genügend hellsichtig sind, neigen nicht so sehr zu dieser Gefahr wie viele andere, weil sie nicht umhin können, ihre eigene Winzigkeit mit der Größe des Meisters zu vergleichen, ihr eigenes Kerzenlicht mit seinem herrlichen Sonnenlicht. Der Mensch, der nach unten schaut und sich mit denen vergleicht, die unter ihm stehen, wird am wahrscheinlichsten durch Stolz fallen.

Aber der beste Weg überhaupt ist es, nicht an sich selbst zu denken, sondern ständig mit der Arbeit des Meisters beschäftigt zu sein. Es gibt für uns alle jeden Tag weit mehr davon zu tun, als uns zu erledigen möglich ist; und es kostet uns nur Kraft und Zeit, wenn wir sie dazu verwenden, über unser kleines Ich nachzudenken. Es gibt zweifellos zahlreiche Gründe, warum die Meister sich nicht öfter, als sie es tun, denen zeigen, die sich in den ersten Phasen ihres Dienstes befinden. Einer davon ist, dass der Schüler, wenn er den Meister so weit über sich sieht, von seiner eigenen Unscheinbarkeit überwältigt werden und das Vertrauen in seine eigene Fähigkeit, für den Meister zu arbeiten, verlieren könnte. So muss man, während es einerseits nötig ist, Stolz zu vermeiden, andererseits ebenso die Unterschätzung seiner Kräfte vermeiden. Auch hier ist der Mittelweg der richtige.

Das Gleichnis eines Turmes ist passend, denn Stolz schließt einen Menschen tatsächlich von seinen Gefährten ab. Wer auf seine Gelehrtheit stolz ist, wird darauf bedacht sein, andere unwissender zu halten, um seine überlegene Stellung zu genießen, und sogar wenn er sein Wissen herausgibt, wird er es nur tun, um es zu zeigen. Solch ein Mensch ist immerzu damit beschäftigt, die Kluft zwischen sich und anderen Leuten zu verbreitern, um auf sie von oben herabsehen zu können.

Falsche Gelehrsamkeit wird von den Weisen zurückgewiesen und durch das Gute Gesetz in alle Winde zerstreut. Sein Rad dreht sich für alle, die Demütigen und die Stolzen. Die Lehre des Auges ist für die Menge, die Lehre des Herzens für die Auserwählten. Die ersteren wiederholen voll Hochmut: »Siehe, ich weiß«; die letzteren, die in Bescheidenheit gesammelt haben, bekennen leise: »So habe ich gehört.«

Jede Religion sammelt im Laufe der Zeit um sich herum viele Spekulationen und andere Anlagerungen. Im Hinduismus liest man beispielsweise in den Puranas über Dutzende von Dingen, welche die Leute tun sollen oder nicht tun dürfen. Viele davon sind von den Priestern erfunden worden, entweder für ihre eigene Annehmlichkeit und ihren Vorteil oder wegen einer übertriebenen Einschätzung des Wertes vieler Gebete und Zeremonien. Es sind auch bestimmte Deutungen früherer Aussprüche zu Dogmen entwickelt und an die ursprüngliche Lehre angehängt worden, wie die schreckliche Lehre von der ewigen Hölle, die immer noch unter vielen Christen besteht.

Die esoterische Lehre zerstreut diese sofort in alle Winde, da sie die Aufmerksamkeit wieder auf die wesentlichen und wichtigen Wahrheiten zurücklenkt. Aus dem Herzen zu handeln, ist jedoch nur einem starken und fortgeschrittenen Menschen möglich. Für die Massen, die langsam die breite Straße der Evolution entlang wandern, die sich sachte den Abhang hinauf windet, sind die Bücher noch der hauptsächliche Führer. Diese Menschen sind noch nicht an der Stelle, die in der *Garuda Purana* wie folgt beschrieben ist: »Nachdem er die Veden und die Shastras praktiziert und die Wahrheit kennengelernt hat, kann der weise Mensch alle Schriften liegen lassen, genauso wie jemand, der viel Korn besitzt, das Stroh liegen lässt.«

Jede buddhistische Schrift beginnt mit: »So sagt –«, oder »So habe ich gehört«. Es ist ein demütiger Anfang. Es heißt nicht: »Dies ist unbedingt so, und du musst es glauben«, sondern: »Dieses wurde gesagt, und es wäre gut zu versuchen, es zu verstehen und so zu einer Kenntnis der wahren Tatsachen zu kommen.« Es ist die Haltung der Erkundigung, nicht des Dogmatismus. Trotzdem gab es seltsamerweise jene, die es in anderem und ganz falschem Sinne aufgefasst haben. Sie sagen: »Es nützt nichts, etwas anderes über dieses Thema darzulegen, denn so ist es mit Autorität gesagt worden!«

»Großer Sieber« ist der Name der Lehre des Herzens, oh Jünger. Das Rad des Guten Gesetzes bewegt sich schnell weiter. Es mahlt bei Tag und Nacht. Es treibt die wertlosen Spelzen aus dem goldenen Korn heraus, den Abfall aus dem Mehl. Die Hand des Karma führt das Rad; die Umdrehungen bezeichnen die Schläge des karmischen Herzens.

Wahre Erkenntnis ist das Mehl, falsche Gelehrtheit ist die Spreu. Wenn du das Brot der Weisheit essen willst, dann musst du dein Mehl mit Amritas klarem Wasser kneten. Aber wenn

du Spelzen mit Mayas Tau vermengst, kannst du nur Nahrung für die schwarzen Tauben des Todes herstellen, die Vögel von Geburt, Verfall und Leid.

Die Lehre des Herzens wird der »Große Sieber« genannt, weil die Fehler, die man macht, und die Schwachpunkte, die man hat, während man in der Welt in der von ihr bestimmten Weise arbeitet, allmählich ausgesiebt und beseitigt werden. Wenn man ohne die Ideale der inneren Lehre arbeiten würde, könnte man dieselbe Art Fehler immer wieder und wieder machen, Leben auf Leben. Madame Blavatsky schrieb einst, dass es *eine* Sache sei, Gutes tun zu wollen, aber eine andere, zu wissen, was zu tun gut wäre. Dennoch müssen wir mit unserer unvollständigen Erkenntnis losgehen und das Beste tun, was wir können. Es ähnelt etwas dem Erlernen einer Sprache. Es ist falsch zu versuchen, sie vollkommen aus Büchern zu lernen, bevor man irgendeinen Versuch macht, sie zu sprechen; man muss sich hineinstürzen und Fehler darin machen, und indem man sich bemüht, wird man zu gegebener Zeit lernen, ohne Fehler zu sprechen. Aber das wird natürlich nur dann geschehen, wenn man sich darin mit anderen unterhält, welche die Sprache schon richtig beherrschen.

Genauso wird der Meister, obwohl er unsichtbar sein mag, den Schüler, der ernsthaft versucht, sein Bestes zu tun, in die Erfahrungen hineinführen, die seine Fehler und Missgriffe aussieben werden. Behalte die Überzeugung im Bewusstsein, dass am Ende das Gute unvermeidlich kommen wird, und lasse das Herz voller Liebe sein; dann kannst du ohne Angst vor Fehlern arbeiten. Sie werden kleiner und kleiner werden und immer seltener, und schließlich werden sie ausbleiben.

Aus der Analogie von Mehl und Brot kann man eine Moral ableiten. Das wahre Wissen, das du erwirbst, gibt dir kein Brot, sondern bloß Mehl, mit dem das Brot der Weisheit hergestellt werden muss. Das Kneten ist die Tätigkeit des Höheren Selbstes, das Erfahrungen verarbeitet und sie in wirkliche Weisheit umwandelt. Beim gewöhnlichen Menschen wird der größte Teil dieses Knetens während der Devachan- (Himmels-) Periode gemacht, aber der Schüler des Meisters hat den Kanal zwischen dem höheren und niederen Selbst so ausgeweitet, dass er die ganze Zeit Weisheit gewinnt.

Wer nur äußeres Wissen vernimmt und es mit dem niederen Verstand untersucht, im Lichte der bloßen persönlichen Notwendigkeit und Vergnügungen, der knetet gewiss Spreu mit Mayas Tau. Er macht keine Vorbereitung für den Triumph des Höheren Selbstes; er schreitet nicht auf dem Pfad, sondern bereitet das Karma der zukünftigen Geburten und Tode, für die zukünftigen Körper und Persönlichkeiten vor, die zerfallen und sterben werden.

3

Das Leben der Handlung

Wenn dir gesagt wird, um Arhat zu werden, müssest du aufhören, alle Wesen zu lieben – sage ihnen, sie lügen.
Wenn dir gesagt wird, um Befreiung zu erlangen, müssest du deine Mutter hassen und deinen Sohn missachten, deinen Vater verleugnen und ihn einen Haushalter nennen, alles Mitleid für Mensch und Tier aufgeben – sage ihnen, dass ihre Rede falsch ist.

Solches lehren die Tirthikas, die Ungläubigen.

Wenn dir gesagt wird, dass Sünde vom Tun geboren wird und Glückseligkeit von absoluter Untätigkeit, dann sage ihnen, dass sie sich irren. Das Aufhören menschlichen Tuns, die Befreiung des Geistes von der Knechtschaft durch das Beenden von Sünde und Fehlern, sind nicht für Deva-Egos. So sagt die Lehre des Herzens.

Wenn man einen Menschen einen Haushalter nennt, sagt man damit, dass seine Interessen noch um weltliche Dinge kreisen, aber wenn man das mit Geringschätzung tut, wie sie im Text enthalten ist, dann soll das sicherlich die stolzen und strengen Eigenschaften des linken Pfades bezeichnen, der hinauf zu den Höhen der Schwarzmagier führt, welche die beste menschliche Liebe als bloße Sentimentalität ansehen. Obwohl der Jünger sich über persönliche Wünsche erhoben haben mag, kann er doch nicht jene verachten, die noch im früheren Entwicklungsstadium sind, noch kann er sie unbeachtet lassen. Mitleid und der Drang zu helfen, sind die Eigenschaften seines Wesens.

Dass der Ausdruck Haushalter in einem metaphorischen Sinne verstanden werden muss, wird in einer Fußnote von Madame Blavatsky wie folgt gezeigt:

Rathapala, der große Arhat, redet so seinen Vater an in der Legende *Rathapala Sutrasanne*. Aber da alle solche Legenden allegorisch sind (z. B. hatte Rathapalas Vater ein Haus mit sieben Türen), rührt daher die Rüge für jene, die sie wörtlich nehmen.

Madame Blavatsky beschreibt die Tirthikas als »asketische Brahmanen, die heilige Stätten besuchen, besonders geheiligte Badestellen«. Ein *Tirtha* ist wörtlich eine »Übergangs-Stelle«. Es ist also ein Anlege- oder Badeplatz oder irgendein Heiligtum, das einen Übergang zu den anderen Welten oder dem höheren Leben darstellt. Ein Heiligtum ist folglich eine Stätte, an der eine besondere Verbindung zwischen den inneren und den äußeren Welten besteht. Wahrscheinlich wurden die orthodoxen Brahmanen und Hindus, die solche Tirthas, wie Benares oder Hardwar, besuchen, im Allgemeinen Ungläubige genannt, weil sie in den meisten Fällen nicht dem Buddha bezüglich seiner Behauptung folgten, dass »in einem selbst Befreiung gesucht werden müsse«.

Im Kommentar über *Zu Füßen des Meisters* haben wir ausführlich die Notwendigkeit des Tuns erörtert, und wie der Körper intensiv tätig und trotzdem der Mensch darin ruhig, sicher, gelassen und stark sein kann. Das Deva-Ego bedeutet nach Madame Blavatsky das reinkarnierende Ego, aber Swami T. Subba Row erklärte, dass mit dem Ausdruck jene gemeint seien, die danach streben, mit den Devas zusammenzuarbeiten für die Hilfe der Welt.

Die Unterweisungen des *Buches der Goldenen Lehren* sind offensichtlich für diejenigen bestimmt, die dieser Arbeitsrichtung folgen wollen. Gegenwärtig sind nicht sehr viele Egos inkarniert, die für spezielle Belehrung und Ausbildung bereit sind – so würde es wenig nützen, unter den Bewohnern des Ostens von London[12] nach Leuten zu suchen, die bereit sind, Schüler der Meister zu werden. Aber im Laufe der Zeit wird die Anzahl derjenigen, die Aufmerksamkeit erfordern, sehr schnell zunehmen, und innerhalb einiger hundert Jahre müssen viele Arhats darauf vorbereitet sein, sie zu unterrichten. Also wird eine große Zahl von Helfern gebraucht werden, und zu eben dieser Arbeit sind viele von uns berufen.

---

12 Geschrieben Anfang des 20. Jahrhunderts. (Anm. d. Vlg)

Das Dharma des Auges ist die Verkörperung des Äußeren und des Nicht-Existierenden.

Das Dharma des Herzens ist die Verkörperung von Bodhi, dem Bleibenden und ewig Dauernden.

Das Wort *Dharma* kann hier mit »Religionsform« oder »Glauben« übersetzt werden, und *Bodhi* ist einfach »Weisheit«.

Die Lampe brennt hell, wenn Docht und Öl rein sind. Um sie zu reinigen, benötigt man einen Reiniger. Die Flamme fühlt den Vorgang der Reinigung nicht. »Die Zweige eines Baumes werden vom Wind geschüttelt; der Stamm bleibt unbewegt.«

Beide, Tätigkeit und Untätigkeit, können in dir Platz haben; dein Körper sei tätig, dein Verstand ruhig, deine Seele so durchsichtig wie ein Bergsee.

Welches Leid auch immer auf dem Pfad des Fortschritts vorhanden sein mag, es wird nur vom niederen Ich erfahren. Das Selbst, das seinen Sitz im Inneren hat, kennt den Wert sogar der schmerzhaften Erfahrung und ist deshalb ganz zufrieden. Viele Menschen verstehen nicht, dass Leiden zu einem sehr großen Teil eine Frage der Einstellung ist. In *Esoterisches Christentum* hat Annie Besant erklärt, wie einige der großen Märtyrer voller Freude waren, während sie etwas durchmachten, was für andere schreckliche Schmerzen gewesen wären, weil sie an die große Ehre dachten, die ihnen widerfuhr, um ihres Herrn willen so zu leiden. Also ist es wahr, dass schließlich falsche Ideen oder Unkenntnis der Grund allen Leidens sind.

Mit physischen Leiden kann man am schwierigsten fertig werden. Wir mögen uns manchmal vom physischen Körper zurückziehen können, wenn er schmerzt, aber das heißt nicht, dass wir den Schmerz besiegt haben. Wenn er die Wirkung einer speziellen Krankheit ist, in welcher eine Mikrobe ihren Lauf nehmen muss, wird keine noch so starke Behauptung einen gewöhnlichen Menschen befähigen, ihn zu vertreiben; aber in jedem Falle bewirkt eine heitere Einstellung einen großen Unterschied. Die meisten Menschen können astrale Schmerzen überwinden, wenn sie sich die Aufgabe stellen; sie können ihren Gefühlen die Erlaubnis verweigern, bei der Vorstellung zu verharren, die ihnen Leiden bereitet. Nicht wünschenswerte Emotionen, wie z. B. Eifersucht, Neid, Hochmut und Angst, können als astrale Krankheiten beschrieben werden. Sie können immer durch fortgesetzte Bemühung, die entgegengesetzten Emotionen zu fühlen, ausgerottet werden. Mentales Leiden, hauptsächlich Sorge, ist sogar noch leichter zu beherrschen.

Im Kausalkörper könnte ein Mensch ein unbestimmtes Gefühl von Unvollständigkeit oder Unzulänglichkeit haben, aber nicht mehr als das. Obwohl er Enttäuschung über die Fehler seines niedrigeren Repräsentanten empfinden mag, weiß er doch genug, um geduldig zu sein und nicht aufzugeben. Er ist nicht unwissend; aber es ist Unwissenheit, was unser Leiden hier unten so schmerzlich macht. In der Kindheit, als wir noch unwissender waren, schien uns ein Kummer, der einen Tag anhielt, eine schreckliche Tragödie. Wenn wir es nicht schafften, eine Prüfung zu bestehen, schien uns der Gedanke, ein ganzes Jahr auf die nächste Gelegenheit warten zu müssen, eine Katastrophe, obwohl im späteren Leben ein Jahr kein langer Zeitabschnitt zu sein scheint. Der Persönlichkeit mag das Scheitern eines Lebens als eine Tragödie erscheinen, aber dem Ego, das Hunderte oder Tausende von Inkarnationen durchlebt hat, kann es nicht so überaus wichtig vorkommen.

Das Ego hat eine Persönlichkeit hinabgesandt, gleichsam wie ein Fischer ein Netz auswirft. Er erwartet nicht, dass jedes Auswerfen erfolgreich sein wird, und er ist nicht tief betrübt, wenn sich eines als Misserfolg erweist. Eine Person zu überwachen, ist nur eine seiner Tätigkeiten, also kann es sich sehr wohl mit Erfolgen in anderen Tätigkeitsbereichen trösten. Immerhin ist ein Tag verloren, und es sagt vielleicht: »Nun gut, wir wollen hoffen, dass es morgen besser geht.« Oft hätte die Person gerne mehr Aufmerksamkeit vom Ego über sich, und sie darf sicher sein, dass sie diese bekommen wird, sobald sie sie verdient, sobald das Ego es der Mühe wert findet. A.P. Sinnett stellte diesen Wunsch der Person auf humorvolle Weise dar, indem er sagte, was gebraucht würde, sei eine Schule, um Egos zu lehren, ihren Personen Aufmerksamkeit zu schenken.

Eine Stufe weiter, auf der buddhischen Ebene, fängt der Mensch an, die Intensität der Glückseligkeit zu berühren, die das Leben des

Logos ist. Gleichzeitig kommt er in nähere Berührung mit anderen Menschen. Auf den niederen Ebenen fängt er an, ihr Leiden zu teilen, aber auf der höheren Seite kennt er sie als Funken des Göttlichen, und das gibt unbeschreibliche Wonne, die das Leid als Nichts erscheinen lässt. So gehören Sorge und Leid nur der Person an, und sie existieren bloß, während das Bewusstsein auf den niederen Ebenen gefesselt ist.

Willst du ein Yogi des Kreislaufes der Zeit werden? Dann, oh Lanoo: Glaube nicht, dass in dunklen Wäldern zu sitzen in stolzer Abgeschiedenheit und fern von Menschen – glaube nicht, dass von Wurzeln und Kräutern zu leben, dass den Durst mit Schnee vom großen Gebirge zu stillen – glaube nicht, oh Hingebungsvoller, dass dieses dich zu dem Ziel endgültiger Befreiung führen wird.

Denke nicht, dass du dich dadurch mit deinem stillen Selbst vereinst, wenn du dir die Knochen zerbrichst, dein Fleisch und die Muskeln zerreißt. Denke nicht, oh Opfer deiner Schatten, dass, wenn die Sünden deiner grobstofflichen Form besiegt sind, deine Pflicht natürlich und menschlich erfüllt sei.

Aryasanga predigt hier noch einmal gegen das Streben nach Befreiung als bloße Flucht von dem Rad der Geburten und Tode. Der Yogi des Kreislaufes der Zeit ist derjenige, der willens ist, innerhalb des Zeitablaufes zu bleiben, um anderen zu helfen. Wenn man den unermesslichen Zeitraum bedenkt, in dem sich der Buddha und der Maitreya für ihr großes Werk vorbereitet hatten, das in *Die Meister und der Pfad* (Kap. 14) erklärt worden ist, kann man nicht anders, als sich von dem Gedanken an solch riesige Zeiträume inkarnierter Existenz bedrückt zu fühlen. Zweifellos jedoch kann Zeit für sie nicht genau dasselbe bedeuten, was sie für uns ist. Selbst wenn der Satz »Tausend Zeitalter sind in deiner Sicht wie ein vergangener Abend«, nicht für sie zutrifft, muss sich doch ihr Zeitsinn erheblich von unserem unterscheiden. Gewiss sind sie auch sehr glücklich in ihrer Arbeit, und wo es Glück gibt, da spielt Zeit keine Rolle, wie jeder aus Erfahrung weiß – tatsächlich wünschen wir unter solchen Bedingungen immer, dass sie ausgedehnt werden könnte.

In den meisten Religionen sind völlig falsche Ideen über das Thema des Asketentums entstanden. Im ursprünglichen Griechisch bezeichnete *asketes* einfach jemanden, der sich trainierte, so wie ein Athlet es macht. Aber das Klerikertum eignete sich das Wort an und änderte seinen Sinn, indem sie es anwandten auf die Übung der Selbstverleugnung auf verschiedene Weisen zum Zwecke des geistigen Fortschrittes, basierend auf der Theorie, dass die körperliche Natur mit ihren Leidenschaften und Wünschen die Hochburg des Bösen gewesen sei, das dem Menschen seit Adams Fall innewohne, und dass sie deshalb durch Fasten und Buße unterdrückt werden müsse. In den orientalischen Religionen treffen wir manchmal auf eine ähnliche Idee, die sich auf die Vorstellung gründet, dass Materie dem Wesen nach böse sei, und daraus die Schlussfolgerung zieht, dass eine Annäherung an das ideale Gute oder ein Entkommen aus dem Elend der Existenz nur durch Unterwerfen oder Quälen des Körpers bewirkt werden könne.

In diesen beiden Theorien herrscht schreckliche Gedankenverwirrung. Der Körper und seine Wünsche sind an sich weder gut noch schlecht, aber es ist wahr, dass sie unter die Herrschaft des höheren Selbstes im Inneren gebracht werden müssen, ehe wirklicher Fortschritt möglich wird. Den Körper zu besiegen, ist notwendig, aber ihn zu quälen, ist töricht.

Anscheinend gibt es eine weitverbreitete Wahnvorstellung, dass man, um wirklich gut zu sein, sich immer unbehaglich fühlen müsse – dass Unbehagen an sich dem Logos unmittelbar wohlgefällig sei. Nichts kann grotesker sein als diese Vorstellung. In Europa ist diese unglücklicherweise weit verbreitete Theorie eine der vielen schrecklichen Hinterlassenschaften der entsetzlichen Blasphemie des Calvinismus. Ich selbst habe doch tatsächlich gehört, wie ein Kind sagte: »Ich fühle mich so glücklich, dass ich sicher bin, ich muss sehr schlecht sein« – ein wahrhaft grauenhaftes Ergebnis verbrecherisch verdrehter Lehren.

Ein weiterer Grund für das Evangelium der Unbehaglichkeit ist das Durcheinanderbringen von Ursache und Wirkung. Man kann beobachten, dass die wirklich fortgeschrittene Persönlichkeit in ihren Gewohnheiten einfach ist und oft gleichgültig gegen viele kleinere

Arten von Luxus, die vom gewöhnlichen Menschen als wichtig und wirklich notwendig betrachtet werden. Aber eine solche Gleichgültigkeit gegen Luxus ist die Wirkung, nicht die Ursache seines Aufstieges. Er bemüht sich nicht um diese Kleinigkeiten, weil er ihnen zum größten Teil entwachsen ist und sie ihn nicht mehr interessieren – nicht im Mindesten, weil er sie als falsch betrachtet. Jemand, der, während er sich noch nach ihnen sehnt, ihn nachahmt, indem er auf sie verzichtet, wird dadurch nicht fortgeschritten.

Es ist wahr, dass unsere Pflicht der Welt gegenüber nicht erfüllt ist, wenn wir uns geläutert haben. Dann nämlich wird es uns wirklich möglich, unsere beste Arbeit für unsere Mitmenschen zu tun, und da im höheren Leben die Maxime herrscht: »Von jedem seinen Kräften entsprechend, für jeden seinen Bedürfnissen entsprechend«, fängt unsere ernsteste Pflicht an diesem Punkt an, wenn die Schatten, die niederen Körper, bemeistert worden sind.

Das stille Selbst in diesem Abschnitt bezieht sich nach Madame Blavatsky auf das siebte Prinzip, also Atma. Unsere Studien im ersten Fragment haben schon gezeigt, wie diese Vorstellung von Stille mit diesem Teil des höheren Selbstes verbunden ist.

Die Gesegneten haben es verschmäht, so zu handeln. Als der Löwe des Gesetzes, der Herr der Gnade, die wahre Ursache menschlichen Leides erkannte, verließ er sogleich die süße, aber selbstsüchtige Ruhe der stillen Wildnis. Von einem Aranyaka wurde er zu dem Lehrer der Menschheit. Nachdem Julai das Nirvana betreten hatte, predigte er auf Bergen und Ebenen und gab in den Städten Unterweisungen für Devas, Menschen und Götter.

Alle Überlieferungen der nördlichen und südlichen Buddhisten stimmen in der Darstellung überein, dass der Buddha seine Einsamkeit verließ, sobald er innere Erleuchtung erreicht und die Lebensproblematik gelöst hatte, und dass er sofort anfing, öffentlich zu lehren.

Der Ausdruck *Aranyaka* bezeichnet einen Waldbewohner. Die Bücher erzählen, dass Gautama in den Wald ging, um zu meditieren, und dort setzte er sich unter den Bodhibaum und beschloss, Erleuchtung zu erlangen. Als das erreicht war, dachte er darüber nach, ob er seine Lehre der Welt geben wollte; er wusste, dass die meisten Leute sie nicht verstehen würden, und dass sie deshalb schaden könnte. Aber dann hörte er, wie am Anfang unserer Studie dieses Fragmentes gesagt wurde, die Stimme der Erde, die zu ihm sprach und ihn bat zu lehren. Ich weiß nicht genau, was mit der »Stimme der Erde« gemeint war, aber man sagt, dass das ihn zu der Entscheidung führte, die Menschheit auf der physischen Ebene zu lehren.

In diesem Abschnitt werden dem Buddha mehrere Titel gegeben. Er wird *Julai* genannt. Das ist der chinesische Name für *Tathagata*, welches der Titel jedes Buddha ist. *Tathagata* heißt wörtlich »er, der gleicherweise gegangen ist«, er ist den Fußstapfen seines Vorgängers gefolgt.

Es ist eine Tatsache, dass, während Buddha predigte, sich außer Menschen auch andere Wesen um ihn sammelten, um seiner Lehre zu lauschen und seine Aura zu genießen.

Säe freundliche Handlungen, und du wirst ihre Früchte ernten. Untätigkeit in einem Werk der Barmherzigkeit ist Tätigkeit in einer tödlichen Sünde.

Ich habe dieses schon zitiert, als ich *Zu Füßen des Meisters* kommentierte. Jeder Mensch ist verpflichtet, die Bewusstseinskräfte zu üben, die er bisher entwickelt hat. Wenn er sich nicht anstrengt und es vernachlässigt, sie zu benutzen, ist er Unterlassungssünden schuldig, die ebenso ernsthaft sind wie Begehungssünden. So ist es unsere Pflicht einzuschreiten, wenn wir es tun können, ohne mehr zu schaden als zu nützen, in Fällen von Unrecht oder Grausamkeit, wie etwa Grausamkeit gegen Tiere oder Kinder. Der weise Mensch wird, wenn er solche Sachen sieht, sich nicht von Entrüstung hinreißen lassen. Er muss auch für den Menschen empfinden, der an der Grausamkeit schuld ist. Sein Zustand ist in vieler Hinsicht bedauernswerter als der seines Opfers, und er wird seinerseits aufgrund des karmischen Gesetzes zu leiden haben. Wenn wir ihn also dazu bringen können, den Irrtum seiner Verhaltensweise einzusehen und mit seiner Grausamkeit aufzuhören, haben wir beiden Gutes getan. Wenn es unsere Pflicht ist, einzugreifen, und wir unterlassen es, teilen wir das Karma der schlechten Tat. Dasselbe trifft zu, wenn wir es zulassen, dass andere uns verletzen, ohne dass wir Widerstand leisten. Wir machen es ihnen leicht, Schlechtes zu tun. Wir versuchen sie und unterstützen sie dabei, und das Karma gehört teilweise uns.

So spricht der Weise:
Sollst du dich des Tuns enthalten? Nicht dadurch wird deine Seele ihre Freiheit gewinnen. Um Nirvana zu erreichen, muss man Selbsterkenntnis erringen, und Selbsterkenntnis ist das Kind von Taten der Liebe.

Nicht bevor wir anfangen, für andere zu arbeiten, können wir wirkliche Kenntnis des Lebens erwerben. Wenn wir das versuchen, lernen wir, wo wir stehen und welche Eigenschaften entwickelt werden müssen. Im Süden Indiens lebte ein blinder alter Mann, der sagte, seine Blindheit sei indirekt für ihn eine Quelle großen Glücks gewesen. Er steckte auch in der tiefsten Armut und hatte sein Leben damit verbracht, von Dorf zu Dorf zu wandern, wo er die Leute in ihren Schwierigkeiten beriet und ihnen auch in einigen Fällen mit seinen Yoga-Kräften half. Er erzählte immer, wie er es durch Meditation geschafft hatte, die Erinnerung an seine vergangenen Leben zu wecken; und er erinnerte sich, dass er vor einigen Jahrhunderten ein sehr reicher und mächtiger Mann gewesen sei und seine Macht dazu benutzt habe, denjenigen zu schaden, die zufällig etwas taten, was er nicht gern hatte. Er erkannte, dass seine Blindheit und Armut auf seine schlechten Taten in jenem früheren Leben zurückzuführen waren. Er sagte, er sei sicher, dass er, wenn er weiter ein reicher Mann geblieben wäre, vielleicht niemals gelernt hätte, seine Gefährten zu lieben und er gänzlich in einem selbstsüchtigen Lebensstil stecken geblieben wäre. Aber nun hatte er sich unter die anderen mischen müssen, von denen die meisten das Leid kannten. Sie waren sehr freundlich zu ihm gewesen, und er hatte gelernt, sie zu lieben. Das Glück dieser Liebe, sagte er, sei verglichen mit seinen vorherigen Umständen etwas so Großartiges und Unvergleichliches, dass kein Leiden seiner Meinung nach zu schwer war, es zu erkaufen. Dieser Mann erhob den Anspruch, ein Schüler von einem unserer Meister zu sein, und er war sicherlich ein Beispiel für die Lehre, dass Selbsterkenntnis das Kind liebevoller Taten ist.

Habe Geduld, Jünger, wie einer, der keinen Misserfolg fürchtet und sich um keinen Erfolg bemüht. Hefte den Blick deiner Seele auf den Stern, dessen Strahl du bist, den flammenden Stern, der in den lichtlosen Tiefen des Ewig-Seienden leuchtet, den grenzenlosen Gefilden des Unerkannten.

Der Jünger fürchtet keinen Misserfolg, weil er weiß, dass der Plan des Logos ausgeführt werden wird; niemandes Versagen kann daran etwas ändern. Wir können die Gelegenheit erhalten, ein Stückchen seiner Arbeit zu tun. Falls wir sie nicht übernehmen, wird sie auf irgendeine Weise durch jemand anderen getan werden. Es macht für den Logos keinen Unterschied, obwohl es einen sehr großen Unterschied für uns selbst ausmachen kann. Es kommt ständig vor, dass Menschen ihre Gelegenheiten versäumen, aber die großen Pläne sind hinsichtlich jeder Möglichkeit gemacht. Unsere Meister scheinen es niemals zur Kenntnis zu nehmen, wenn wir eine Gelegenheit versäumen, aber ich glaube, dass sie es doch wissen. Madame Blavatsky pflegte manchmal von einem Menschen zu sagen: »Er hat das Recht verdient, seine Chance zu haben.« Die Meister nehmen immer an, dass wir unsere Gelegenheiten benutzen werden.

Der Schüler, der versucht hat, gute Arbeit zu leisten und gefunden hat, dass die Widerstände zu groß für ihn waren, wird nicht enttäuscht sein oder die Geduld verlieren, wenn er versteht, dass alle Bemühungen, die für Gutes angewendet werden, in irgendeiner Weise ein entsprechendes Ergebnis erzeugen müssen, obwohl die Ergebnisse unsichtbar sein mögen und die Persönlichkeit nicht die Befriedigung bekommen mag, die daraus resultiert, das Gute, das getan worden ist, zu sehen. Im Falle der nächtlichen astralen Arbeit ist es das Gleiche. Diese Arbeit ist selbst dann gut und wirksam, wenn sie von jenen ausgeführt wird, die nicht fähig sind, irgendeine Erinnerung daran in das physische Gehirn zurückzubringen. Die Naturgesetze hören nicht auf zu wirken, weil wir die Ergebnisse nicht sehen können oder uns nicht erinnern, was wir getan haben.

Gewöhnlich sehen die Menschen, die die großartigste Arbeit in der Welt getan haben, nicht die Ergebnisse davon. Nimm als Beispiel einmal das drei Jahre lange Predigen von Christus. Er starb wie ein

Missetäter, verabscheut von der breiten Masse, und bei seinem Tode war die Zahl seiner Anhänger nur einhundertzwanzig. Jetzt gibt es viele Millionen. William Wilberforce, der über vierzig Jahre unter größten Schwierigkeiten für die Abschaffung der Sklaverei in den britischen Kolonien arbeitete, erfuhr erst drei Tage vor seinem Tode, dass die völlige Abschaffung der Sklaverei endlich Gesetz geworden war. Durch Ungeduld und Depression würde er seinen Kampf verloren haben. Wir sind alle in derselben Lage, in unseren geringeren Belangen. Es gibt niemanden, der ein gutes Werk beginnen und mit unermüdlicher und endloser Geduld weiterführen kann, ohne Rücksicht auf sofortigen Erfolg oder Misserfolg.

»Der Stern, dessen Strahl du bist«, ist immer derjenige, der über uns glänzt; für einen ist es das Ego, für einen anderen, weiter Fortgeschrittenen, die Monade. So setzt es sich fort bis zum Planetarischen Logos und selbst dem Logos unseres Systems. Unseren eigenen Stern zu kennen, bedeutet auch, den Strahl zu kennen, zu dem wir gehören – welcher der sieben großen Strahlen derjenige ist, der uns besonders mit dem Logos verbindet. Diese sieben Strahlen sind in dem Kapitel beschrieben, das von den Chohans der Strahlen handelt, sowohl in *Die Meister und der Pfad* als auch in *Die sieben Strahlen* von Ernest Wood. Wenn das höhere Selbst der Meister der Person ist, wird es für den Jünger möglich, sich in der Arbeit des Strahles zu spezialisieren, zu dem dieses höhere Selbst gehört, und dann kann er sehr raschen Fortschritt in Kraft und Nützlichkeit machen.

Habe Ausdauer wie einer, der für alle Zeiten ausharren wird. Deine Schatten leben und verschwinden; das, was in dir für immer leben wird, das, was in dir erkennt (weil es Erkenntnis ist), gehört nicht dem flüchtigen Leben an: Es ist der Mensch, der war, der ist und sein wird, für den die Stunde niemals schlagen wird.

Außer Geduld brauchen wir auch Ausdauer, und nichts kann diese Eigenschaft in uns besser entwickeln, als ein klares Erkennen der Tatsache, dass wir durch alle Zeitalter hindurch fortdauern und Tod nur ein vorübergehender Zwischenfall ist, ohne die Macht, uns von unserem Pfad abzulenken. Manchmal sagen die Leute: »Warum sollte ich diese und jene Arbeit beginnen? Ich kann sie unmöglich in diesem Leben abschließen.« Aber tatsächlich gibt es nur eine wirkliche Lebensdauer – die des Egos, das praktisch für immer Bestand hat. Es ist weise, jedwede Arbeit anzufangen, an der du interessiert bist, oder die große Aufgabe, Fehler zu beseitigen, auch in hohem Alter, denn alles Gute, das getan wurde, wird auf den nächsten Körper übertragen, und in ihm wird man den Antrieb, die Arbeit weiterzuführen, während der Jugend fühlen. Wenn jemand die Arbeit auf ein künftiges Leben verschiebt, kann wieder das Alter kommen, ehe er die Gelegenheit hat, welche die Aufmerksamkeit darauf lenkt. Falls du jetzt neunzig bist und gerade von Theosophie gehört hast und davon in deiner Jugend in deinem nächsten Leben hören willst, dann stürze dich jetzt darauf mit aller Energie, die du aufbringen kannst. Außerdem gibt es noch den großen Gewinn, der aus dem Aufenthalt im Devachan zu ziehen ist (falls du nicht zu denjenigen gehörst, die das Vorrecht haben, auf diese Periode verzichten zu können), denn in diesem Zustand denkst du über jedwedes Werk, das du getan hast, lange nach und entwickelst es zu einer Fähigkeit, die dir in der nächsten Inkarnation eine große Hilfe sein wird.

Ausdauer ist auch deshalb nötig, weil kein großes Werk in einer kurzen Zeit zum Abschluss gebracht werden kann. Denke an den Künstler, der an einem großen Bild malt; er hat nur sehr wenig vorzuweisen in den ersten paar Tagen, vielleicht sogar Wochen, und es ist auch gut möglich, dass ihm das, was er nach einigen Wochen zustande bringen konnte, nicht gefällt, so dass er wieder ganz von vorne anfangen muss.

Eine sehr nützliche Lektion über Ausdauer kann aus dem Studium der Geschichte der Theosophischen Gesellschaft in den Anfangstagen hergeleitet werden. Die beiden großen Gründer, Madame Blavatsky und Colonel Olcott, könnten nicht erfolgreich die Gesellschaft dauerhaft gegründet und ihr das Material für zukünftiges Wachstum gegeben haben, hätten sie nicht eine klare Vision der inneren Seite der Dinge gehabt, eine Erkenntnis, dass ihr Werk Teil eines Planes war, der durch alle Ewigkeit besteht, und der deshalb mit Sicherheit gelingen würde. Sie gründeten die Gesellschaft im Jahre 1875 in New York und arbeiteten außerordentlich intensiv an *Isis Entschleiert*, das dem Zeitplan entsprechend herausgebracht wurde. Doch etwa fünf Jahre später waren sie fast allein an der Arbeit, und sie hielten es für notwendig, nach Indien zu gehen, zu einigen Freunden dort, um einen neuen Anfang zu machen. Selbst dann gab es noch die verschiedensten Schwierigkeiten, Jahr auf Jahr, die fast jeden anderen zerschmettert hätten. Madame Blavatsky konnte mit einem Körper, der selten schmerzfrei war, dennoch unermüdlich arbeiten, konnte die *Geheimlehre* und andere großartige Werke hervorbringen, weil sie die Meister und die innere Seite der Dinge kannte.

4

Der geheime Pfad

Wenn du süßen Frieden und Ruhe ernten willst, Jünger, dann säe die Samen des Verdienstes auf die Felder künftiger Ernten. Finde dich ab mit den Leiden der Geburt.

Aryasanga bemüht sich die ganze Zeit darum, den Jünger zu überzeugen, dem höheren Pfad des Verzichts zu folgen, und nicht den Frieden des Nirvana anzunehmen. Das Leben auf der atmischen oder nirvanischen Ebene ist als ein Ruhen in Allwissenheit definiert worden, aber wir müssen verstehen, dass es nur in dem Sinne ein Ruhen ist, als es dort kein Bewusstsein von Anstrengung gibt, dem Ermüdung folgt. Es gibt auf dieser Ebene die allerheftigste Aktivität; das ist die eigentliche Essenz der Art des Seins auf dieser Ebene, wie ich schon versucht habe zu erklären.

Die Menschen wünschen sich Ruhe, weil sie Müdigkeit fühlen; aber wenn man außerhalb des Körpers bei vollem Bewusstsein ist, stellt man fest, dass die Müdigkeit verschwunden ist, und dann begehrt man kein Ausruhen mehr. Unter solchen Bedingungen betrachten wir Ausruhen eher so, wie wir hier unten den Tod betrachten. Wir wollen nicht weniger, sondern mehr von der Kraft und Energie, die wir genießen. Der Sonnenlogos ruht nicht, nicht einmal einen Augenblick. Falls ER das täte, auch nur für eine Sekunde, würden wir alle aufhören zu sein.

Viele von jenen, die Nirvana erreicht haben, haben künftig nichts mehr mit der Entwicklung der Welt zu tun; doch scheint es für jeden unmöglich zu sein, diese Stufe erreicht zu haben und nicht dauernd Pracht und Herrlichkeit auf jene darunter auszugießen. Selbst in dem Falle, dass jemand so hingebungsvoll ist, dass er ständig all sein Denken aufwärts richtet und nichts davon nach unten, würde man glauben, er könne nicht anders als Hingabe über jene unten auszugießen.

Dem Adepten stehen sieben Wege offen, und die meisten davon führen den Jünger von der Erde weg, doch sind sie alle gleichermaßen Arten, dem Logos zu dienen. Vermutlich ist jeder Adept bereit, dorthin zu gehen, wo er am meisten gebraucht wird und am besten dienlich sein kann; aber wenigstens scheint es notwendig, vollständig bereit zu sein, zu bleiben und »die Leiden der Geburt« anzunehmen, wenn man dazu aufgefordert wird. Irgendeine andere Einstellung, und besonders der Gedanke selbstsüchtiger Flucht aus der Welt, der Befreiung für sein getrenntes Ich, könnte den Schüler nicht so hoch tragen. Uns mag es scheinen, dass bei der Menschheit zu bleiben und ihr zu helfen, die gütigste Tat sei, und das ist sehr natürlich, denn wenn wir diejenigen nicht derart lieben können, die uns schon nahe und bekannt sind, wie sollen wir andere lieben, die uns unbekannt sind? Nun dürfen wir nicht vergessen, dass, wenn die »Herren der Flamme« von der Venus nicht ihr System verlassen hätten und in unseres heruntergekommen wären, um uns zu helfen, wir mindestens eine Runde hinter der Position zurücklägen, die wir bis jetzt erreicht haben. Es könnte in der Zukunft die Pflicht von einigen von uns sein, einem anderen System zu Hilfe zu kommen, das weniger fortgeschritten ist als unseres.

Gleichzeitig werden ohne Frage immer mehr fortgeschrittene Schüler der Meister benötigt werden, um deren Arbeit auf Erden weiterzuführen. Es steht dem Arhat frei, keine physischen Verkörperungen mehr anzunehmen, wenn er sich so entscheidet; aber es ist offensichtlich, dass unsere Meister wünschen, dass wir damit fortfahren, geboren zu werden, um der Arbeit willen.

Tritt heraus aus dem Sonnenlicht in den Schatten, um mehr Platz für andere zu machen. Die Tränen, die den verdorrten Boden von Schmerz und Sorge bewässern, bringen die Blüten und die Früchte karmischer Vergeltung hervor. Aus dem Schmelzofen des menschlichen Lebens und seinem schwarzen Rauch erheben sich beschwingte Flammen, Flammen, die geläutert sind und weiter aufwärtssteigend unter dem karmischen Auge schließlich den verherrlichten Stoff der drei Gewänder des Pfades weben.

Der Einleitungssatz dieses Abschnittes scheint darauf schließen zu lassen, dass es nicht genug Sonnenlicht für alle gibt; aber das trifft sicher nicht zu. Alle können glücklich sein. Wir werfen unseren eigenen Schatten, wie die Erde das auch macht. Leid und Schwierigkeiten produzieren wir selber; sie sind unser eigenes Karma, ebenso wie alles, was uns begegnet. Was Aryasanga meint, ist, dass man immer bereit sein sollte, anderen zu helfen, sogar auf Kosten von Schwierigkeiten oder Verlust für sich selbst.

Es gibt wenige Arten des Handelns, die großes karmisches Leid ergeben. Grausamkeit gehört natürlich dazu, und noch ein paar andere. Aber das meiste tatsächliche Leid der Menschen kommt durch die Art, wie sie die Unannehmlichkeiten des Lebens nehmen, die Karma ihnen bringt. Das Leid ist dann ganz entschieden »Augenblicks-Karma«. Ein solches ist beispielsweise das egoistische Trauern um jene, die in einen glücklicheren Zustand des Seins übergegangen sind. Es verursacht für jeden Beteiligten Leiden, oft einschließlich der Verstorbenen, welche die Depression und Trauer sehr stark spüren. Was Karma einem Menschen bringt, ist nie mehr, als er ertragen kann – und zwar leicht ertragen kann. Aber das trifft nicht auf das zu, was er hinzufügt an törichtem Denken, Fühlen und Handeln.

Diese Gewänder sind:
Nirmanakaya, Sambhogakaya und Dharmakaya, das feinste Gewand.

Die drei Gewänder werden bei unserem Studium des dritten Fragmentes umfassend erörtert werden. Sie stehen für drei Möglichkeiten, die dem Menschen offen stehen, der Adeptschaft erreicht hat. Er kann sofort ins Nirvana eintreten oder es annehmen, nachdem er durch andere hohe geistige Erfahrungen gegangen ist. Er kann als ein Nirmanakaya mit der Erde in Berührung bleiben, um das geistige Reservoir zu füllen, oder er kann Arbeit auf anderen Globen oder Systemen beginnen. Diese letzte Wahl ist natürlich keineswegs selbstsüchtig. Es ist eine unmögliche Mutmaßung, dass Selbstsucht auf solch einer Stufe möglich sein könnte.

In der ersten Auflage dieses Buches war ein Hinweis auf »selbstsüchtige Buddhas«, aber Madame Blavatsky bat nach ihrem Tode Annie Besant, den Abschnitt zu entfernen, in dem er enthalten war, weil er so viele gefährliche Missverständnisse verursachte. Er bezog sich auf jene, die Pratyeka-Buddhas genannt werden. Sie sind große Adepten auf der Stufe des Buddha, aber auf dem ersten Strahl. Weil »eka« »eins« bedeutet, haben einige Buddhisten der nördlichen Schule gedacht, dass ein Pratyeka-Buddha jemand sei, der nur für sich selbst arbeite, was jedem, der weiß, wo sie stehen, als eine blasphemische Vorstellung erscheint. Die drei »Herren der Flamme«, die die Schüler des »Herrn der Welt« sind, sind Pratyeka-Buddhas. Sie kamen zur Erde, um ihr zu dienen und deren Entwicklung bezüglich des ersten Strahles zu beschleunigen, während der Buddha auf dem zweiten Strahl arbeitet. Es wäre töricht, sie dafür zu kritisieren, dass sie nicht jene Arbeit tun, die nicht die ihre ist. Es würde genauso sinnvoll sein, es bei einem Friedensrichter schlecht zu finden, dass er kein Lehrer ist, und zu sagen: »Seht doch, wie wenig er sich um die Kindererziehung kümmert!« Ich habe in *Die Meister und der Pfad* versucht, von diesen großen Wesen eine kleine Darstellung zu geben. (Kap. 15).

Das Shangna-Gewand kann ewiges Licht bringen, das ist wahr. Das Shangna-Gewand allein ergibt das Nirvana der Vernichtung; es hält die Wiedergeburt an, aber, oh Lanoo, es tötet auch das Mitgefühl. Nicht länger vermögen die vollkommenen Buddhas, welche die Herrlichkeit des Dharmakaya angelegt haben, bei der Erlösung des Menschen zu helfen. Wehe! Sollen Seelen dem Ich geopfert werden, die Menschheit dem Wohle Einzelner?

Wisse, oh Anfänger, dies ist der offene Pfad, der Weg zu selbstsüchtiger Seligkeit, den die Bodhisattvas des Geheimen Herzens, die Buddhas des Mitleids, gemieden haben.

Das *Shangna-Gewand* ist etwas, das sehr weit unterhalb jedes der drei vorher erwähnten Gewänder von Bedeutung ist. Es verweist hier auf das Ausgleichen des Karmas und die Vernichtung der Persönlichkeit durch das Auslöschen aller Begierden, einschließlich der nach Leben. Es bedeutet eine Evolution des Kausalkörpers, die viel höher ist, als die meisten sie erreicht haben, aber ohne die Entwicklung von Liebe und Mitgefühl und des Wunsches, der Welt zu helfen. Ein Mensch, der sich so von der Notwendigkeit der Wiedergeburt befreit hat, kann eine außerordentlich lange Zeit als Ego auf den höheren Ebenen der Mentalwelt leben.

In diesem Abschnitt ist es fast so, als ob Aryasanga sich über jene beschwerte, die das Dharmakaya-Gewand nehmen und sich zu entfernten Ebenen oder Systemen zurückziehen. Aber es wäre für ihn in Wirklichkeit unmöglich, das zu tun. Er konnte nicht gemeint haben, dass es selbstsüchtige Buddhas gibt. Die Pratyeka-Buddhas sind sicherlich auf derselben Stufe der Vollkommenheit wie der Buddha Gautama. Sie haben dieselbe Art Mitgefühl wie er, aber es ist nicht ihre Pflicht, das Amt auszuüben. Seit Tausenden von Jahren, bevor sie solche Höhen erreichten, müssen diese Großen für irgendetwas wie Selbstsucht völlig unfähig gewesen sein. Wir müssen uns erinnern, dass die *Stimme der Stille* von einem Jünger Aryasangas nach dem Tode des letzteren niedergeschrieben wurde, also ist er nicht voll verantwortlich dafür, und es scheint, dass hier der Jünger seiner eigenen Fehldeutung gestattet hat, die Gedanken seines Lehrers zu färben.

Zu leben, um der Menschheit Gutes zu tun, ist der erste Schritt. Die sechs glorreichen Tugenden auszuüben, ist der zweite.

Das bescheidene Gewand des Nirmanakaya anzulegen, bedeutet Verzicht auf eigene Seligkeit, um bei der Rettung des Menschen zu helfen. Nirvanas Seligkeit zu erreichen, aber auf sie zu verzichten, ist die oberste, die Endstufe – die höchste auf dem Pfad der Entsagung.

Wisse, oh Jünger, dies ist der geheime Pfad, den die Buddhas der Vollendung wählten, die ihr Ich schwächeren Seelen opferten.

Die sechs glorreichen Tugenden sind die *Paramitas*, die schon in Kapitel 1 behandelt worden sind. Sie stellen eines der Systeme für den Pfad dar. Ein anderes wird in den zusammengehörigen Qualifikationen gegeben, die in *Zu Füßen des Meisters* erläutert sind, gefolgt von den vier Stufen des eigentlichen Pfades.

Es ist nicht ganz richtig, dass der Nirmanakaya die Seligkeit aufgibt, denn Adeptschaft ist selbst das Erlangen von Seligkeit. Was zutrifft, ist, dass der Adept immer auf den himmlischen Ebenen bleiben könnte, die er erreicht hat, aber stattdessen kommt er herunter, um zu helfen. Doch indem er das tut, verzichtet er nicht auf die ewige Seligkeit, die ihm innewohnt; er entscheidet sich lediglich, auf niedrigeren Ebenen zu arbeiten.

Doch falls die Lehre des Herzens für dich zu hochfliegend ist, wenn du selbst Hilfe suchst und dich fürchtest, anderen Hilfe zu bieten – dann, oh du mit dem schüchternen Herzen, lasse dich beizeiten warnen: Begnüge dich mit der »Augenlehre« des Gesetzes. Hoffe dennoch. Denn wenn der geheime Pfad heute unerreichbar ist, wird er morgen in deiner Reichweite sein. Wisse, dass keine Anstrengungen, nicht einmal die kleinsten – ob in richtiger oder falscher Richtung – von der Welt der Ursachen verschwinden können. Selbst entwichener Rauch bleibt nicht ohne Spuren. »Ein barsches Wort, in vergangenen Leben gesprochen, ist nicht vernichtet, sondern kommt stets zurück.« Die Pfefferpflanze wird keine Rosen hervorbringen, noch wird sich der Silberstern des süßen Jasmins in Dornen oder Disteln verwandeln.

Du kannst heute deine Chancen für dein Morgen erschaffen. Auf der großen Reise trägt jede der Ursachen, die zu jeder Stunde gesät werden, ihre Ernte von Wirkungen, denn strenge Gerechtigkeit regiert die Welt. Mit mächtigem Schwung niemals irrenden Wirkens bringt sie den Sterblichen ein Leben in Wohl oder Wehe, die karmischen Nachkommen all unserer früheren Gedanken und Taten.

Nimm denn so viel, wie Verdienst für dich gespeichert hat, oh du mit dem geduldigen Herzen. Sei guten Mutes, und bleib zufrieden mit dem Schicksal. Solcherart ist dein Karma, das Karma des Kreislaufes deiner Geburten, die Bestimmung derer, die in ihrem Schmerz und Kummer mit dir zusammen geboren werden, frohlocken und weinen von Leben zu Leben, gekettet an deine vorherigen Taten.

Wenn jemand sich nicht sofort zu dem Entschluss aufschwingen kann, völlig selbstlos zu sein, braucht er nicht zu verzweifeln. Man muss in der richtigen Richtung weiterarbeiten, bis man den Standort erreicht, wo dieses Ideal vollkommen natürlich und vergleichsweise leicht zu bewältigen erscheint. Manchmal glauben die Menschen, weil sie ein großes Ideal, das ihnen gezeigt wurde, nicht erfüllen können, es gäbe für sie nichts, was sie tun könnten, das wert sei, getan zu werden. Sie brechen zusammen und tun folglich überhaupt nichts. Aber das ist ein großer Fehler. Der Buddha war im Umgang mit Menschen aller Art sehr weise, und er vermied sorgfältig diese Art der Entmutigung, indem er von dem höchsten Pfad nur zu seinen Mönchen sprach. Er predigte der allgemeinen Öffentlichkeit den mittleren Pfad und wies sie an, das höchste und edelste Leben zu führen, zu dem sie fähig wären, so dass sie später in der Lage seien, in seinen Orden einzutreten. Er sagte, dass sie heute ihre Gelegenheiten für morgen herstellen, also für ihre nächste Inkarnation. Man braucht nicht zu verzweifeln, denn der Mensch, der eine Gelegenheit benutzt, erhält zehnmal so viele Gelegenheiten, und wer alle Kräfte, die er hat, so gut wie möglich benutzt, ohne sich zu überanstrengen, entwickelt mit Sicherheit jene Kräfte in überraschendem Maße.

Der letzte Absatz bezieht sich auf diejenigen, die zusammen geboren werden. Es ist tatsächlich so, dass sich Menschen in Gruppen entwickeln, wobei dieselben Menschen in verschiedenen Verwandtschaftsbeziehungen immer und immer wieder eng zusammenkommen. Was dem Einen in solch einer Gruppe widerfährt, wirkt sich auf die anderen sehr stark aus, sowohl zum Guten als auch zum Schlechten. Es sollte ein zusätzlicher Ansporn für die Strebenden sein, sich klarzumachen, dass, was immer sie erlangen können, von großem Nutzen für eine Anzahl Menschen sein wird, deren Schicksale auf diese Art nahe mit ihrem eigenen verbunden sind.

5

Das Lebensrad

Wirke du heute für sie, und sie werden morgen für dich wirken. Die Knospe der Selbstverleugnung ist es, von der die süße Frucht endgültiger Befreiung stammt.

Der ist zum Untergang verdammt, der es aus Furcht vor Mara unterlässt, dem Menschen zu helfen, damit er nicht etwa für sich handele. Der Pilger, der seine müden Glieder in fließenden Wassern kühlen möchte, jedoch aus Furcht vor der Strömung nicht hineinzutauchen wagt, riskiert, vor Hitze umzukommen. Untätigkeit, die sich auf selbstsüchtige Furcht gründet, kann nur schlechte Frucht tragen.

Der selbstsüchtige Verehrer lebt ohne Erfolg. Der Mensch, der die ihm übertragene Arbeit im Leben nicht erledigt, hat vergeblich gelebt.

Folge dem Rad des Lebens; folge dem Rad der Pflicht gegenüber Volk und Familie, Freund und Feind, und verschließe deinen Sinn den Freuden wie dem Schmerz. Erschöpfe das Gesetz der karmischen Vergeltung. Erwirb Siddhis für deine zukünftige Geburt.

Es gibt Menschen, die glauben, dass, weil sie keine großen Dinge tun oder schnellen Fortschritt machen können, keine Mühe sich lohne. Das ist ein großer Fehler. Mindestens können sie dafür leben, jenen zu helfen, mit denen Karma sie in Berührung gebracht hat. Sie werden sich niemals in einer besseren Lage befinden, bis sie das Beste aus ihrer gegenwärtigen Umgebung machen werden. Wenn sie das tun, dann werden liebende Freunde zum Helfen da sein, wenn für sie die Zeit kommt, die große Anstrengung zu unternehmen, die damit verbunden ist, die Erste Initiation zu bestehen. Wahre Freunde sind solche, die Freunde des Egos sind. Diese fesseln einen niemals zur Befriedigung ihrer eigenen, sehr beschränkten menschlichen und oft tatsächlich selbstsüchtigen Gefühle. Sie geben einem immer die Freiheit, die erforderlich ist, um dem höheren Pfad zu folgen.

Einige gute Menschen unterlassen es, anderen zu helfen, weil sie fürchten, sie könnten durch ein selbstsüchtiges Motiv dazu veranlasst worden sein. Sehr oft wird Wohltätigkeit den Unglücklichen nicht wirklich aus dem Wunsch heraus erwiesen, ihnen zu helfen, sondern um den Geber von der Unzufriedenheit zu befreien, die er beim Anblick des Leides empfindet. Solch ein Mensch würde niemals einen Umweg machen, um notleidende Menschen zu finden, damit ihnen geholfen werden kann. Wiederum gibt es andere, die systematisch einen Anteil ihrer großen Einkommen an Wohltätigkeitsorganisationen geben, damit sie den Rest ohne Gewissensbisse genießen können. Da er das weiß, fragt sich ein Jünger manchmal, ob sein eigenes Motiv rein ist. Aber das Helfen zu unterlassen, weil er sein eigenes Motiv anzweifelt, ist bestimmt eine Form der Selbstsucht. Welches Motiv wir auch immer haben mögen, wir müssen helfen, obwohl nur das für den wahren Fortschritt auf dem Pfad zählt, was lediglich dafür getan wird, um dem Leidenden zu helfen, ohne an sich selbst zu denken.

Es ist notwendig, die Unterscheidungskraft beim Helfen anzuwenden. Wie die Hindus sagen, sollte Hilfe der richtigen Person zur richtigen Zeit und am richtigen Ort gegeben werden. Doch nachdenken zu müssen, sollte kein Zögern verursachen. Wir mögen nicht immer sicher sein, welche von zwei Handlungsweisen die weisere ist, aber wir sollten uns trotzdem für eine von beiden entscheiden, damit die Gelegenheit, Gutes zu tun, nicht völlig übersehen wird. Manchmal können wir nur durch Gedanken helfen, aber das ist, wie ich schon gesagt habe, sehr wichtig. Die Stärke so manches Menschen, der wirkungsvolle Arbeit in der Welt leistet, kommt großenteils von anderen, die damit beschäftigt sind, spirituelle Kraft in der Meditation auszustrahlen.

Das Rad der Pflicht gegenüber Rasse und Familie, Freund und Feind, bietet eigentlich die besten Gelegenheiten zum Fortschritt. Die »Herren des Karma« achten darauf, dass jeder Person die Bedingungen gegeben werden, die für ihr Wachstum geeignet sind. Sie teilen einem Menschen die spezielle Arbeit zu, die voraussichtlich die Eigenschaften entwickelt, die er benötigt. Auf einer niederen Entwicklungsstufe mag es zehntausend Plätze geben, wo ein Mensch die Bedingungen vorfindet, die für seinen Fortschritt erforderlich sind. Aber wenn ein Mensch höher entwickelt ist, muss seine Umgebung mit der größten Sorgfalt ausgewählt werden, denn jeder Einzelne wird in genau die Lage versetzt werden, wo er am besten voranzuschreiten vermag. Deshalb ist es nicht richtig zu sagen, dass ein Mensch *trotz* seiner Verhältnisse erfolgreich ist; Schwierigkeiten werden in seinen Weg gelegt, damit er sie überwinden kann und damit sein Charakter und seine Kräfte wachsen können.

Der Mensch, der seine täglichen Pflichten gut erfüllt, wird bald mit höheren betraut werden. Jeder, dem man zutrauen kann, gute und gewissenhafte Arbeit zu leisten, wird dringend von jenen gebraucht, die das Geschick der Menschheit leiten. Sei treu in kleinen Dingen, und du wirst zum Herrscher über großes gesetzt werden, wie die Bibel sagt. Herrscher über viele zu sein, ist eine verantwortungsvolle Stellung; und in esoterischen Dingen wird sie nur denen gegeben, die sich im Kleinen als treu erwiesen haben. Das ist die Prüfungsarbeit, die der Meister auferlegt. Viele Leute vernachlässigen die einfache tägliche Pflicht über irgendeiner für die Zukunft vorgesehenen Arbeit, die vielleicht von zweifelhafter Nützlichkeit ist und nicht speziell für sie gedacht. Viele bedauern auch die Bindungen, die sie geknüpft haben, ehe sie von der Theosophie wussten, wenn sie diese jetzt als hinderlich empfinden. Aber sie tun ihre Pflicht. Unpassende Bande werden abfallen, wenn die Zeit kommt, zu der diese Freiheit für die Entwicklung des Schülers am nützlichsten ist und, was wichtiger ist, für die Weltarbeit. Aber wenn sie vorzeitig zerrissen werden, werden sie nur den Menschen wieder verstricken, und viel Ärger und Schmerz wird verursacht.

Wenn du nicht die Sonne sein kannst, dann sei der bescheidene Planet. Ja, wenn du daran gehindert bist, zu leuchten wie die Mittagssonne auf dem schneebedeckten Gipfel ewiger Reinheit, dann, oh Neophyt, wähle etwas Bescheideneres.

Weise den Weg – wie schwach und verloren unter der Menge

du auch sein magst – wie der Abendstern es für jene tut, die im Dunklen ihren Weg wandern.

Siehe Migmar, wie in seinen karmesinroten Schleiern sein Auge über schlummernde Erde schweift. Siehe die feurige Aura der Hand von Lhagpa, ausgestreckt in schützender Liebe über den Häuptern seiner Asketen. Beide sind jetzt Diener von Nyima, die in seiner Abwesenheit als stille Wächter in der Nacht zurückgelassen werden. Dennoch waren beide in vergangenen Kalpas helle Nyimas und können in zukünftigen Tagen wieder zwei Sonnen werden. Solcherart ist das Fallen und Steigen des karmischen Gesetzes in der Natur.

Sei wie sie, oh Lanoo. Gib dem sich mühenden Pilger Licht und Trost, und suche den aus, der noch weniger weiß als du, der in seiner elenden Verlassenheit sitzt und hungert nach dem Brot der Weisheit und dem Brot, das den Schatten nährt, ohne Lehrer, Hoffnung oder Tröstung, und lasse ihn das Gesetz hören.

In einer Fußnote sagt H. P. B.:

> Nyima, die Sonne in der tibetischen Astrologie. Migmar oder Mars wird durch ein Auge symbolisiert und Lhagpa oder Merkur durch eine Hand.

Hier gibt es mehrere Hinweise von interessanter Analogie. Die beiden erwähnten Planeten geben ihr Licht nachts ab, wenn die Sonne nicht sichtbar und alles dunkel ist. So verhält es sich auch mit uns. Wir müssen denen helfen, die in größerer Dunkelheit verweilen als wir. Es gibt niemanden, der nicht einen finden kann, der unwissender ist als er selbst, den er unterrichten könnte. Selbst wenn diejenigen um uns herum nicht so weit sind, den Pfad zu betreten, können wir sie in die richtige Richtung leiten.

Zu der Zeit, als das Leben vom Mond zur Erde überwechselte, leuchteten und schienen die Planeten wie kleine Sonnen. Aber Mars ist jetzt überwiegend eine Wüste, und deshalb reflektiert er das gelbe oder rötliche Licht. Vom Standpunkt des poetischen Autors dieser Verse aus tun sie ihre beste Arbeit jetzt, indem sie dem Menschen

Licht geben. Der Gedanke versinnbildlicht die Tatsache, dass wir nicht notwendigerweise dann unsere beste Arbeit leisten, wenn wir am meisten scheinen. Außerdem müssen, wenn ein Gebäude errichtet werden soll, die Fundamente zuerst gelegt werden. Sie zählen in Hinsicht auf das Aussehen überhaupt nicht, da sie dem Blick verborgen sind, aber auf ihnen wird das Gebäude errichtet. So leistet der Jünger in der gewöhnlichen Alltagsarbeit der Gesellschaft nützlichen Dienst, und gleichzeitig entwickelt er die höheren Siddhis, welche die spirituellen Kräfte des Egos sind.

Der Lehrer sagt jetzt dem Jünger, was er zu denen sagen soll, die er zum Pfad zu bringen versucht.

Sage ihm, oh Jünger, dass, wer Stolz und Selbstachtung zu Dienerinnen der Hingabe macht, wer am Dasein haftend dennoch seine Geduld und Unterwerfung unter das Gesetz als liebliche Blume zu Füßen von Shakya-Thubpa legt, ein Srotapatti wird in diesem Leben. Die Siddhis der Vollkommenheit mögen noch in sehr weiter Ferne liegen; aber der erste Schritt ist getan, er ist in den Strom eingetreten, und er kann den Scharfblick des Bergadlers gewinnen, das Gehör der scheuen Taube.

Sage ihm, oh Schüler, dass wahre Hingabe ihm das Wissen wiederbringen kann, das Wissen, das sein war in früheren Leben. Das Deva-Sehen und Deva-Hören werden nicht in einem kurzen Leben erlangt.

Shakya-Thub-pa ist ein Name Buddhas. Der *Srotapatti* ist, wie erklärt wurde, »derjenige, der in den Strom eintritt«. Man kann eine Analogie herstellen zwischen der äußeren Handlung, seinen Dienst zu Füßen des Lehrers zu legen, und der inneren Wandlung, wenn das gut entwickelte Manas die Gegenwart von Buddhi wahrnimmt und sich vor diesem höheren Prinzip verbeugt mit dem Entschluss, von nun an alle seine Kräfte gemäß dessen Anweisungen zu gebrauchen. Im gewöhnlichen Leben der Menschen lässt man im Allgemeinen die mentale Natur das letzte Wort haben. Der Vivisektion stimmen viele Menschen zu, obwohl ihre Gefühle mit Abscheu davor zurückschrecken, dennoch glauben sie, es sei der einzige Weg, um gewisse

Kenntnisse zu erhalten, die der Menschheit helfen werden. Aber die Minderheit, die im Recht ist, sagt: »Nein, es ist unmöglich, dass Vivisektion zu etwas Gutem führen kann. Unsere höhere Natur sagt mit klarer Stimme, dass sie gänzlich falsch ist.« Wenn diese Menschen in der Mehrheit wären, würden sie sie stoppen, und dann würde irgendein anderer Weg gefunden werden, die menschliche Gesundheit sicherzustellen; der Verstand würde darauf gerichtet, der höheren Intuition gemäß zu arbeiten, um einen besseren Weg zu finden.

Jeder, der Enthusiasmus empfindet, wenn er vom PFAD hört, hat mit Sicherheit in einem früheren Leben dafür gearbeitet, vielleicht in vielen vorangegangenen Leben. Es ist ermutigend, dies zu wissen, denn dann kann man erwarten, das in früheren Leben Erlangte schnell wiederzugewinnen, das Deva-Sehen und Deva-Hören, welche die Fähigkeiten sind, auf die innere Stimme zu antworten und das Leben und die Welt mit den Augen des Geistes zu sehen.

Sei demütig, wenn du Weisheit erlangen willst: Sei noch demütiger, wenn du die Weisheit gemeistert hast.

Sei wie der Ozean, der alle Ströme und Flüsse aufnimmt. Des Ozeans machtvolle Ruhe bleibt unbewegt; er fühlt sie nicht.

Beherrsche durch dein göttliches dein niederes Selbst. Beherrsche durch das Ewige das Göttliche.

Ja, groß ist der, der seine Begierden getötet hat; doch noch größer jener, in dem das göttliche Selbst sogar das Wissen um die Begierde vernichtet hat.

Nimm du das Niedere in Acht, damit es nicht das Höhere beschmutze.

Wie ich vorher gesagt habe, kann der, welcher in der Gegenwart der Meister steht, gar nicht anders, als demütig zu sein, er ist sich ja der großen, tiefen Kluft zwischen ihnen und sich selbst bewusst. Dabei verursacht nicht einmal die physische Anwesenheit des Meisters irgendwelche Beklommenheit oder Depression; im Gegenteil, in seiner Anwesenheit fühlen wir uns bestens, und uns wird bewusst, dass wir es schaffen können, weil er es geschafft hat. Ebenso ist es mit dem Erwerb von Wissen. Der Mensch, der einige große Ideen erfassen kann, ist auch in der Lage zu erkennen, was zu lernen übrig bleibt, was er noch nicht weiß und wie viel Geheimnisvolles es in vertrauten Dingen gibt, von denen andere glauben, sie seien ganz einfach und leicht zu verstehen. So ist derjenige, der viel Wissen besitzt, wahrscheinlich bescheiden, und der Schüler wird gewarnt, wenn Stolz in ihm aufkommt, dass das ein Zeichen von Unbewusstheit ist, welche die Tür zu weiterem und höherem Wissen verschließt.

Der Jünger muss auch üben, sich zwischen den Störungen der Welt zu bewegen, die ihn die ganze Zeit beeinflussen – physisch, astral und mental – ohne ihnen zu gestatten, ihn aus der Fassung zu bringen. Er muss die niederen Körper dazu trainieren, dass sie nicht auf diese äußeren Anrufe antworten, sondern auf die inneren Befehle. Das Ego ist göttlich. Mit seiner Hilfe muss das niedere Selbst beherrscht werden; und wenn das geschehen ist, wird sogar das Ego durch die Monade beherrscht, das ewige Selbst. Damit das alles getan werden kann, muss der Schüler dauernd diese Körper beaufsichtigen, indem er sich um Reinheit von Essen, Trinken und Magnetismus, von Worten, Gefühlen und Gedanken bemüht, wie schon in *Die Meister und der Pfad* ausführlich erklärt worden ist.

Der Weg zur endgültigen Freiheit ist innen in deinem Selbst. Dieser Weg beginnt und endet außerhalb des Ichs.

Von Menschen ungelobt und gering ist die Mutter aller Flüsse in Tirthikas stolzer Sicht, leer die menschliche Form, obwohl mit den süßen Wassern Amritas gefüllt, in der Sicht des Toren. Dennoch ist die Geburtsstätte der heiligen Flüsse das heilige Land, und wer Weisheit besitzt, wird von allen Menschen geehrt.

Der orthodoxe Christ denkt gewöhnlich, dass es im Wachstum einer Seele drei Stadien gibt. Erstens: Der Mensch handelt richtig aus Furcht vor der Hölle. Zweitens: Er tut es mit dem Verlangen, den Himmel zu erreichen. Drittens, er tut das Rechte aus Liebe zu Christus, der sich selbst opferte, um die Menschen zu diesem Zustand des Empfindens zu bringen. Es gibt allerdings ein viertes Stadium, wenn der Weg gefunden ist und wir uns als eins mit dem Selbst wahrnehmen. Dann handelt der Mensch recht, um des Rechten willen, nicht deswegen, um den Meister zu erfreuen oder ihm Dankbarkeit zu erweisen. Unsere Erlösung kommt auf diese Weise von innen. Keine äußere Erwägung kann unseren Fortschritt auf dem Pfad bestimmen. Es geht nicht darum, wie lange wir auf einer bestimmten Stufe verharrten; denn wir werden den nächsten Schritt machen, wenn wir die notwendigen Eigenschaften und Kräfte in unserem Inneren entwickelt haben. Niemand braucht sich darum zu sorgen, denn wie das tamilische Sprichwort sagt: »Reife Frucht bleibt nicht am Zweig.«

Der *Tirthika* ist, wie wir schon sahen, der brahmanische Asket, der die heiligen Schreine besucht und hier offensichtlich so betrachtet wird, dass er sich ein wenig stolz fühlt, dies getan zu haben. Ebenso wie einige der Hadjis – Muslime, die eine Pilgerreise nach Mekka gemacht haben – Stolz darüber empfinden. Solche Menschen sind ein bisschen wie die Angehörigen der Gesellschaftskreise von heute, die stolz sind, sagen zu können, sie hätten das neueste Theaterstück gesehen oder das Buch des Tages gelesen – gleichgültig, ob es ihnen etwas bedeutet hat oder nicht. Vielleicht stand Aryasangas Schreiber, da er ja Buddhist war, nicht über der konfessionellen Meinung, denn er scheint alle Tirthikas als zu diesem Typ gehörend anzusehen!

Die große Attraktion von Benares, Hardwar, Kumbakonam und anderen Tirthas ist das Baden in den heiligen Flüssen. An dem zuletzt genannten Ort nehmen die Pilger als Ausweg ein riesiges Wasserbecken, aber sie glauben, dass es unterirdisch durch den Ganges gespeist wird. Aber unser buddhistischer Schreiber weist mit offensichtlichem Stolz darauf hin, dass die Quelle der wichtigsten heiligen Flüsse Indiens das heilige Land ist – Tibet. Es ist eine bemerkenswerte Tatsache, dass die großen Flüsse, der Ganges, der Indus und der Airavati oder Irrawadi, wirklich alle sehr dicht beieinander im Himalaya entspringen, und da sie in verschiedene Richtungen gehen, östlich, südlich und westlich, führen sie in weitem Bogen um den oberen Teil von Indien und umfassen ihn in riesiger Umarmung von Tausenden von Meilen. Jene stolzen Asketen erkennen nicht an, dass Tibet, ein Land, das sie verachten, die Mutter ihrer heiligen Flüsse ist, sagt der Schreiber, und er zieht eine Analogie zwischen Tibet und Indien, wobei er Indien zum Körper macht, der die süßen Wasser der Unsterblichkeit nur in der fehlerhaften Sicht von Toren enthält, und Tibet zur Quelle der Weisheit, die von allen Menschen geehrt werden muss, also von all denen, die keine Toren sind.

6

Der Weg des Arhat

Arhats und Weise mit unbeschränkter Schau sind selten wie die Blüte des Udambara-Baumes. Arhats werden zu mitternächtlicher Stunde geboren, zusammen mit der geheiligten Pflanze mit den neun und sieben Stielen, der heiligen Blume, die sich im Dunklen öffnet und blüht, aus dem reinen Tau und auf dem gefrorenen Beet verschneiter Höhen, Höhen, die kein sündiger Fuß betreten hat.

Im gegenwärtigen Stadium der Evolution sind Menschen, welche die Arhat-Stufe erreicht haben, sehr selten. Das ist ganz natürlich, da von der Menschheit erwartet wird, dass sie die Asekha-Initiation erst am Ende der siebten Runde erreicht, und die Arhat-Stufe geht dieser gewöhnlich nur um sieben Leben voraus. Dennoch liegt die Arhatschaft in unserer Reichweite. Es ist hauptsächlich eine Frage unseres Verständnisses, was wir anstreben. Wir können dann unseren Willen benutzen, um das Ziel zu erreichen. Unter dem Einfluss des Buddha wurden Tausende Arhats. All das war auf seinen gewaltigen Magnetismus zurückzuführen.

Der Symbolismus dieses Abschnittes kann wahrscheinlich auf mehrere verschiedene Weisen gedeutet werden. Die Mitternachtsstunde kann man sehr gut als jenen dunkelsten Moment vor der Morgendämmerung auffassen, wenn der Jünger von allen verlassen zu sein scheint, sogar von seinem Meister. Bei der Vierten Initiation kommt das siebte Prinzip zur Wirkung, da der Jünger zur atmischen Ebene vorwärtsschreitet. Die geheiligte Pflanze mit den sieben Stielen könnte dies symbolisieren, und die Zahl neun ebenso, weil dieses siebte Prinzip tatsächlich drei in einem ist, was mit den anderen sechs zusammen neun ergibt. Die Zahl neun wird von den Hindus als besonders heilig betrachtet.

Nur dadurch, dass er durch die größten Prüfungen geht und ganz in die Tiefen der Dunkelheit hinabsteigt, können die Eigenschaften erworben werden, die im Jünger für diese Initiation verlangt sind. Die heilige Blume öffnet sich und blüht in dieser Dunkelheit, doch kommt sie als Ergebnis der Entwicklung auf der buddhischen Ebene hervor.

Kein Arhat, oh Lanoo, wird einer in jener Geburt, in der die Seele sich zum ersten Male nach endgültiger Befreiung zu sehnen beginnt. Dennoch, oh du Strebender, kann keinem Streiter, der freiwillig in dem harten Gefecht zwischen den Lebenden und den Toten kämpfen will, kann keinem Rekruten jemals das Recht verweigert werden, den Pfad zu betreten, der zum Schlachtfeld führt. Denn entweder wird er siegen oder er wird fallen.

Falls er siegt, wird ihm Nirvana gehören. Ehe er seinen Schatten ablegt, seine sterbliche Wicklung, diese trächtige Ursache von Qual und grenzenlosem Schmerz, werden die Menschen in ihm einen großen und heiligen Buddha verehren.

Wenn er fällt, selbst dann fällt er nicht vergebens; die Feinde, die er in der letzten Schlacht erschlug, werden nicht zum Leben zurückkehren in der nächsten Geburt, die ihm beschieden sein wird.

Aber ob du nun Nirvana erreichen oder den Gewinn wegwerfen willst, lasse nicht die Frucht von Tätigkeit und Untätigkeit dein Motiv sein, oh du mit dem furchtlosen Herzen.

Wisse, dass der Bodhisattva, der Befreiung gegen Verzicht tauscht, um die Leiden des geheimen Lebens auf sich zu nehmen, der Dreimal-Gepriesene genannt wird, oh du Jünger für Leiden durch alle Zyklen hindurch.

Swami T. Subba Row deutete den Kampf zwischen den Lebenden und den Toten als die Opposition zwischen denen, die wissen, und denen, die nicht wissen. Man wird sich erinnern, dass diese Unterscheidung auch vom Meister Kuthumi gemacht wurde, als er Alcyone (Krishnamurti) unterrichtete. Er sagte, es gebe nur zwei Arten von Menschen: Jene, welche wissen, und jene, welche nicht wissen. Die, welche den Weg gesehen haben, und die, welche ihn noch nicht gesehen haben. Er sagte auch, dass jene, die am meisten bemitleidet werden müssten, nicht die Eifernden und Intoleranten seien, sondern die Millionen, die nicht wüssten, dass es überhaupt etwas jenseits der Welt gebe, das anzustreben wert sei, und die glücklich sind in ihrer Unwissenheit. Madame Blavatsky deutete den Kampf als einen zwischen dem unsterblichen höheren Ego und dem niederen persönlichen Ich, wobei diese die Lebenden bzw. die Toten sind.

Die Tür ist niemals für jene verschlossen, die wirklich dem geistigen Pfad näherkommen wollen. Wer das tun möchte, dem muss eine Gelegenheit gegeben werden, es zu versuchen; und dann wird es, selbst wenn er versagt, nicht vergeblich sein, denn einige seiner Feinde, seiner Laster und Schwächen, werden überwunden sein und werden ihn nicht wieder belästigen. Es ist selten, dass jemand so schreckliche Fehler begeht, dass er dadurch auf eine deutlich niedrigere Lebensstufe zurückversetzt wird; aber wenn jemand schwarze Magie ausübt, die eine Menge mächtigen Übels enthält, und sich sehr stark in dieser Richtung anstrengt, kann er die Persönlichkeit völlig vom Ego losreißen und so schlechtes Karma erzeugen, dass sich für ihn die Notwendigkeit ergibt, zu primitiven Zuständen zurückzugehen. Solche Fälle sind sehr selten. Jemand, der wirklich seiner Klasse unwürdig war, wird gewöhnlich in unerfreuliche Umgebungen in derselben Klasse oder auch darunter zurückgeworfen. Es würde allerdings sehr töricht sein, den Aufstieg nicht zu versuchen, weil die Gefahr eines Falles aus einer höheren und verantwortlicheren Position bestehen könnte.

Andererseits wird in dem Text gesagt, dass ein Mensch, der erfolgreich ist, als ein großer und heiliger Buddha verehrt werden wird. Natürlich ist der Arhat noch nicht wirklich ein Buddha. Aber er ist Buddha, das soll heißen, weise oder erleuchtet.

Madame Blavatsky erklärt, dass »das geheime Leben« dasjenige des Nirmanakaya ist. Seine Größe ist vor der Sicht des Menschen verborgen, und dennoch lebt er weiter in dieser Welt. Der Ausdruck wird hier im allgemeinen Sinne benutzt, nicht nur für jene, die auf der Schwelle der Befreiung verharren, um das Reservoir der spirituellen Kraft zu füllen, sondern für alle, die zurückbleiben, wobei die offiziellen Mitglieder der Hierarchie, wie die Meister der Weisheit, einbegriffen sind. Heutzutage wird allerdings dieser Ausdruck gewöhnlich für ein Wesen verwandt, nachdem es die Fünfte Initiation durchschritten hat.

Wir begegnen hier wieder einmal der Vorstellung des Jammerpfades. Die Aussage ist allerdings etwas irreführend und eher ein Missbrauch des Ausdruckes Jammer. Es ist wahr, dass ein Meister, der einen physischen Körper benutzt, nicht den Genuss erhält, auf der nirvanischen Ebene zu arbeiten, aber er würde über die Vermutung lächeln, er sei im Jammerzustand. Wenn ein Mensch das nirvanische Bewusstsein gewinnt, dann verliert er es nicht, weil er einen physischen Körper behält, außer während er aktiv auf den niederen Ebenen beschäftigt ist. Zu jeder beliebigen Zeit, zwischen dem Schreiben von zwei Briefen oder irgendwelchen Arbeiten auf der physischen Ebene, kann er sich sofort in das höhere Bewusstsein erheben und dessen Arbeit weiterführen, die unendlich befriedigender und im Ganzen herrlicher und glückseliger ist, als sich irgendjemand hier unten vorstellen kann.

Es stimmt, dass das Zurückkommen von den höheren Ebenen zur physischen Existenz ist, als ob man sich aus dem Sonnenlicht heraus in einen sehr dunklen Kerker begäbe; aber du würdest nicht an so etwas denken, wenn an diesem Ort jemand wäre, den du sehr liebtest und dem du helfen möchtest. Physisches Leben bringt zwar den Verzicht auf die höhere Herrlichkeit mit sich, aber die feste Absicht zu helfen erfüllt die Seele so sehr, dass gewiss kein Leiden vorhanden ist. Auf einer viel niedrigeren Entwicklungsstufe würde ein Mensch, der weiß, dass jemand anderer gerade leidet und wirklich der Hilfe bedarf, die er geben könnte, und trotzdem diesen Ruf vernachlässigt und weggeht, um sich woanders zu vergnügen, hinterher durch Reue tief bekümmert wäre, so dass sein Leiden sich letzten Endes vergrößerte, als wenn er vorher auf sein Vergnügen verzichtet hätte. Das größte Glück für uns alle kommt daher, dass wir nach unserem besten Wissen handeln.

Es gibt eine große Anzahl von Jüngern, die nicht tatsächlich fallen, aber sich nicht bewusst sind, Fortschritte zu machen. Viele von diesen unterliegen gelegentlich Depressionen und haben das Gefühl, dass ihre Anstrengungen vergeblich gewesen seien, da sie nichts vorzuweisen haben. Sie sollten sich nicht gestatten, deprimiert zu sein, denn das verdirbt die astrale Atmosphäre für andere Leute und ist deshalb egoistisch. Aber dessen ungeachtet, ist es töricht, weil sie wissen müssten, dass sie die ganze Zeit wahren inneren Fortschritt machen. Lange ehe sie es im physischen Gehirn bemerken, sind der astrale und vielleicht der mentale Körper durch ihre Meditation aufgebaut worden, und sie können gegenwärtig schon sehr bestimmte und nützliche Arbeit in den inneren Welten auf vielfältige Weise ausführen. Das ganze Leben mag als Fehlschlag erscheinen, aber dennoch ist viel getan worden, was in das nächste Leben mitgenommen werden kann und dann einen deutlich sichtbaren Fortschritt ermöglichen wird, vielleicht sogar auf der physischen Ebene.

In jedem einzelnen Leben entwickelt ein Mensch sowohl gute als auch schlechte Eigenschaften. Die letzteren zeigen sich auf den vier niedrigeren Unterebenen der Astralwelt. Da diese ihren Einfluss in die Mentalwelt nur auf deren vier niedrigere Unterebenen reflektieren, berühren sie das Ego überhaupt nicht. Die einzigen Gefühle, die in den drei höheren astralen Unterebenen anklingen können, sind diejenigen, die gut sind, so wie Liebe, Sympathie und Hingabe. Diese berühren das Ego im Kausalkörper, da es auf den entsprechenden Unterebenen der Mentalwelt beheimatet ist. Deshalb kann man beobachten, dass jedes Gefühl und jeder Gedanke einer höheren Art sogar auf diesem mechanischen Weg ein dauerndes Ergebnis im höheren Selbst hinterlässt. Da es das Ego ist, das den Pfad geht, macht es mit jeder rechten Anstrengung ständig ganz deutliche Schritte vorwärts. Also gibt es keinen Grund zum Verzweifeln, noch einen Anlass, etwas auf morgen aufzuschieben, nur weil wir nicht alles auf einmal machen können.

Der Pfad ist einer, Jünger, jedoch am Ende zweifach. Seine Abschnitte sind durch vier und sieben Tore gekennzeichnet. Am einen Ende steht sofortige Seligkeit und am anderen verzögerte Seligkeit. Beide sind die Belohnung von Verdienst: Die Wahl ist dein.

Der eine wird zu den zweien, dem offenen und dem geheimen. Der erste führt zu dem Ziel, der zweite zu Selbstaufopferung.

Wenn dem Dauernden das Veränderliche geopfert wird, ist der Gewinn dein; der Tropfen kehrt dahin zurück, woher er kam. Der offene Pfad führt zum unwandelbaren Wandel – Nirvana, dem herrlichen Zustand der Uneingeschränktheit, der Glückseligkeit jenseits menschlicher Vorstellung. Also ist der erste Pfad Befreiung.

Es gibt nur einen Weg, und zwar durch die Entfaltung des Charakters. In dieser Hinsicht gibt es keine Grenze für die Möglichkeiten des Egos; die edelsten Eigenschaften der größten Menschen sind als Knospen in allen unseren Mitmenschen vorhanden und werden sich früher oder später zur Blüte entfalten. Am Ende, wenn jemand alles getan hat, was im Menschenreich möglich ist, mit den Begrenzungen des menschlichen Gehirns und der menschlichen Umgebung, wird der Pfad zweifach, und man muss zwischen Befreiung und Verzicht wählen. Hier bedeutet der Ausdruck Befreiung das Annehmen von Nirvana, obwohl er manchmal für die bloße Flucht von dem Rad der Geburten und Tode auf einer niedrigeren Ebene benutzt wird, wie wir beim Studium von *Zu Füßen des Meisters* schon gesehen haben.

Diejenigen, die nicht der Weißen Loge folgen, benutzen andere Methoden, die oft psychische Kräfte bis zu einem relativ hohen Grade entwickeln. Aber da der Pfad grauer Magie nicht durch Einschränkungen umzäunt ist, wie es derjenige ist, der von der Großen Weißen Loge gelehrt wird, missbraucht der Mensch früher oder später seine Kräfte – denn die Versuchung ist zu groß. Manchmal allerdings kommen Anhänger anderer Richtungen schließlich mit der wahren Lehre in Berührung und verpflichten sich der Loge. Besonders in Amerika gibt es eine Menge mehr oder weniger öffentlicher Lehren des Okkultismus der grauen Sorte. Aber der wirkliche Pfad ist allein – der Pfad der Heiligkeit, das Aufbauen des Charakters.

Die vier hier erwähnten Tore sind die vier Initiationen, die zur Arhatschaft führen; sie sind ausführlich in *Die Meister und der Pfad* beschrieben. Eine andere Anordnung unterteilt ihn in sieben Abschnitte, wie wir im dritten Fragment sehen werden.

Auf den obersten Ebenen, die auf diesem Pfad zu erreichen sind, wird der Schüler die Erinnerung an seine vergangenen Leben wiedergewinnen, obgleich zur selben Zeit sein Bewusstsein sich erheblich ausgeweitet haben wird, so dass es zahlreiche Wesen umfasst, und er wird erkennen, dass seine Macht und Liebe nicht sein sind, sondern Gottes. Nur das Getrenntheitsgefühl wird verlorengegangen sein, und im Rückblick wird er sehen, dass er unter einem Wahn des Getrenntseins gelebt hat. Er wird auch erkennen, dass seine vergangenen Leben sehr alltäglich und die Wendepunkte in ihnen gewöhnlich nicht die Ereignisse waren, die er als die bemerkenswertesten und wichtigsten ansah, während er sie gerade erlebte, sondern dass sehr oft die Kleinigkeiten des täglichen Lebens die Ereignisse bildeten, die tatsächlich zu dem größten Fortschritt führten.

Aber der zweite Pfad ist Entsagung, und deshalb wird er der Pfad des Leidens genannt.

Der geheime Pfad führt den Arhat zu unaussprechlichem Seelenleid; Leid um der lebenden Toten willen und hilfloses Mitleid für die Menschen mit karmischen Leiden; die Früchte des Karma wagen Weise nicht zu beseitigen.

Denn es steht geschrieben: »Lehre alle Ursachen zu vermeiden; den Wirkungen – sowohl den kleinen Wellen als auch der großen Flutwoge – sollst du ihren Lauf lassen.«

Mit dem »unaussprechlichen Seelenleid« des Arhat auf dem geheimen Pfad ist das Leiden gemeint, das durch Sympathie entsteht. Er sieht all den Schmerz und die Sorgen der Welt; aber gleichzeitig sieht er auch alle Freude. Er empfindet das größte Mitgefühl für die »lebenden Toten«, also für die große Mehrheit der Menschheit, die noch nicht einmal weiß, dass es etwas gibt, um danach zu streben. Dann gibt es zweitens »hilfloses Mitleid«, das durch den Anblick des karmischen Leidens hervorgerufen wird, die Ergebnisse von Torheit, die er nicht beseitigen kann – wir würden besser sagen, die er nicht zu beseitigen wagt. Er kann den Leuten das Prinzip des Karma erklären, damit sie ihre schmerzhaften Erfahrungen auf die beste Weise annehmen und dadurch das Leiden bis zu einem gewissen Grade mildern, aber er kann die Ergebnisse früherer Handlungen nicht aufheben.

Selbst im exoterischen Christentum wird die »Vergebung« von Sünden nicht in der Bedeutung erklärt, dass die Ergebnisse von Sünden aufgehoben würden. In der Anglikanischen Kirche heißt es folgendermaßen: Wenn ein Priester ordiniert wird und ihm die Macht übertragen wird, Sünden zu vergeben, gemäß den Worten, die Christus in den christlichen Schriften zugeschrieben werden: »Wem auch immer ihr die Sünden erlasst, denen sind sie erlassen, und wem auch immer ihr Sünden behaltet, dem sind sie behalten.« Dann wird ihm erklärt, wozu er die Macht habe, sei, den Sünder wieder richtig in Beziehung mit Gott zu bringen, wenn er sich durch seine Sünde ins Unrecht gesetzt hat. Mit anderen Worten, er kann den Menschen wieder in den Strom der Evolution zurückführen, nachdem er sich quer dazu gestellt und damit sein eigenes Vorwärtskommen blockiert hat. Hinter dieser christlichen Vorstellung steht eine schöne Idee, aber noch schöner ist die theosophische Erkenntnis, dass man sich niemals vom Göttlichen entfernen kann, dass sogar der Mensch, der in das Avichi (die dunkelste Sphäre der Existenz) fällt, immer noch Teil der Gottheit ist.

Es ist wiederholt vorgekommen, dass gute und ernsthafte Schüler Hilfeleistungen unterlassen haben, um sich nicht störend in das Karma einer Person einzumischen. Niemand kann das Karma-Gesetz stören, ebenso wenig wie er die Schwerkraft stören kann. Wenn du ein Buch mit der Hand hochhältst, enthält es die potenzielle Energie der Erdanziehung, und in dem Augenblick, wo die Kraft, die du aufwendest, um es hochzuhalten, zurückgenommen wird, fällt das Buch. Das Karma-Gesetz arbeitet auf dieselbe Weise. Karma, das nicht getilgt ist, gleicht potenzieller Energie; es kann Tausende von Jahren oder Hunderte von Leben aufgeschoben werden, aber wenn die Zeit kommt, wird es sich manifestieren.

Manchmal halten Menschen Karma für erbarmungslos. Aber das ist es nicht. Es ist ebenso unpersönlich wie jedes andere Naturgesetz. Auf der physischen Ebene wirken Gesetze, ohne irgendeinen Bezug zu guten oder schlechten Absichten. Wenn ein Kind in einen Abgrund fällt, hängt der Grad der Verletzung, die es erleidet, von der Fallhöhe ab und davon, ob der Boden hart oder weich ist, und in keiner Weise von moralischen Erwägungen der Art, ob es gerade versuchte, einen Spielkameraden aus einer Gefahr herauszuziehen, für seine Mutter eine Blume pflücken wollte oder ob es sich selbst in einem Wutanfall hineinstürzte. Ebenso könnte ein Mann handeln, der nach einem heißen Eisenbarren fasst, um zu verhindern, dass er auf jemand anderen fällt, oder mit der Absicht, jemanden damit zu schlagen; die Verletzung, die der Hand widerfährt, ist in beiden Fällen dieselbe. In dieser Weise wirkt Karma auf der physischen Ebene. Aber auf der Mentalebene zählen Absichten sehr stark, denn wir bilden unseren eigenen Charakter für die Zukunft durch unser Denken.

Also sollte man keine Hilfeleistung unterlassen, wenn sie möglich ist. Wenn du dein Bestes getan und dann keinen Erfolg hast, so darfst du sagen: »Sein Karma erlaubte ihm nicht, Hilfe zu bekommen«, oder auch: »Mein Karma gab mir nicht das Privileg, ihm zu helfen«, aber das ist alles. Alles, worauf es wirklich ankommt, ist, dass wir für andere arbeiten. Arbeit ist expansiv und kumulativ. Wenn du einen Menschen zur Theosophie bringst, kann er zehn weitere motivieren, und jeder von diesen wieder zehn.

Ein anderer Sinn, in dem wir diese Zeile auffassen können, »die Frucht des Karma wagen Weise nicht zu beseitigen«, ist dieser: Selbst wenn ein großer Adept irgendein offensichtliches Übel vernichten sollte – etwa die Armut – würde er nichts wirklich Gutes bewirken, sondern nur gegen das Gesetz des Logos angehen. Ich meine nicht, dass der Logos solches Übel will; es wäre blasphemisch zu sagen, dass Sein Plan unentbehrliches Leiden enthält, das Er verursacht. Leiden entsteht nur dadurch, dass man das tut, was Er uns ausdrücklich befohlen hat, nicht zu tun. Es ist wahr, dass alle gelitten haben; denn niemand, soweit wir wissen, hat immer das Richtige gewählt und nie Fehler gemacht. Aber das Leiden hat uns immer berichtigt, wenn wir uns geweigert haben, auf andere Weise zu lernen, und auf diese Weise hat das Gesetz für uns alle das schließliche Erreichen der unbeschreiblichen Glückseligkeit des Nirvana sichergestellt.

Der offene Weg wird dich, sobald du sein Ziel erreicht hast, dazu führen, den Bodhisattva-Körper zurückzuweisen, und dich dazu bringen, in den dreimal herrlichen Zustand des Dharmakaya einzutreten, der Vergessen der Welt und der Menschen für immer bedeutet.

Der geheime Weg führt auch zur paranirvanischen Glückseligkeit – aber erst am Ende zahlloser Kalpas; Nirvana, gewon-

nen und verloren aus grenzenlosem Mitleid und Erbarmen für die Welt verblendeter Sterblicher.

Aber es heißt: »Die Letzten werden die Größten sein.« Samyak Sambuddha, der Lehrer der Vollkommenheit, gab sein Selbst auf für die Erlösung der Welt, indem er stehen blieb an der Schwelle von Nirvana, dem reinen Sein.

Wir haben schon die drei Gewänder betrachtet und gesehen, dass demjenigen, der irgendeines davon annimmt, kein Gedanke von Selbstsucht anhaften kann. Die Nirmanakayas füllen, wie die kontemplativen Orden, immerzu das Sammelbecken spiritueller Kraft zur Benutzung für die Adepten, die mit unserer Welt in Berührung sind. Es gibt einige fünfzig oder sechzig Posten, die die letzteren ausfüllen können. Der Nirmanakaya behält noch seine permanenten Atome, und folglich könnte er – meiner Vermutung nach – wenn er wollte, einen dieser Posten ausfüllen, wenn er freiwerden würde. Der Posten des Bodhisattva wird einmal in jeder Menschheit frei, aber es sind schon viele dafür vorgesehen, weit in die Zukunft hinein, um das Amt auszufüllen, die jetzt vorbereitet werden. Viele von jenen, die während der Inkarnation des Buddha Arhats wurden, bleiben aufgrund seiner Lehren als Nirmanakayas da.

Alle diese Ämter und Stellen müssen besetzt sein, und diejenigen, die auf Nirvana verzichten, tun freiwillig das, was wir die Schmutzarbeit nennen könnten. Der Adept empfindet, wenn man es so ausdrücken darf, nicht so sehr den Verlust der Freude, als vielmehr das Wissen, dass das Arbeiten auf der nirvanischen Ebene millionenfach effektiver wäre als hier unten. Und doch muss irgendjemand diese niedrigere Arbeit verrichten. Im Plan des Logos ist die geringste Arbeit ebenso notwendig wie die größte, genauso wie das Ölen eines großen Motors ebenso notwendig ist wie die Arbeit des Fahrers.

Auf der Schwelle von Nirvana Halt zu machen, bedeutet, dass man nicht hineingeht und die niederen Ebenen völlig verlässt, wie manche es tun, und wie der Buddha es getan haben könnte, wenn er sich dafür entschieden hätte. Derjenige, der auf diese Weise zurückbleibt, hat das höhere Bewusstsein im vollsten Ausmaß und behält außerdem sein Bewusstsein sogar bis zur physischen Ebene hinunter und kann so auf jeder gewünschten Ebene wirken. Es heißt, dass der Buddha auf seiner Stufe im Sonnensystem frei sei, dass er sich auf jeden beliebigen Planeten des Systems begeben könne, ebenso wie einige von uns auf andere Planeten unserer Kette gehen können. Doch selbst für ihn muss es eine Grenze geben, weil er noch nicht in das Bewusstsein des Logos eingetreten ist. Ich weiß nicht, ob sein Bewusstsein die Sonne einbezieht. Swami T. Subba Row sprach einmal von der Sonne als einem Ort von so intensivem Leben, dass sogar ein Dhyan Chohan ihn kaum betreten kann.

Die buddhische Ebene scheint uns überall hin zu bringen durch unsere Weltenkette. Nirvanisches Bewusstsein würde Bewusstsein überall im Sonnensystem bedeuten. Bei der Vierten Initiation wird ein Hauch von Nirvana vermittelt, aber das bedeutet nicht das volle Bewusstsein dieser Ebene. Es ist ein Eintritt in den niedrigsten Teil davon, und man muss noch Unterebene auf Unterebene hinaufsteigen, bis das volle Bewusstsein der Ebene erlangt ist.

Von Buddha heißt es, dass er Paranirvana erreichte. Somit ist es möglich, sich verschiedene Stufen von Nirvana zu denken – die verschiedenen Unterebenen der atmischen Ebene, dann die beiden Ebenen unseres Systems jenseits von dieser und weiter in die höheren kosmischen Ebenen hinein.

Du hast nun das Wissen, das die zwei Wege betrifft. Deine Zeit der Entscheidung wird kommen, oh du mit der strebsamen Seele, wenn du das Ende erreicht und die sieben Pforten durchschritten hast. Dein Verstand ist klar. Du bist nicht mehr in Wahnvorstellungen verstrickt, denn du hast alles gelernt. Entschleiert steht die Wahrheit vor dir und blickt dir streng ins Gesicht. Sie sagt:

»Süß sind die Früchte der Ruhe und Befreiung zum eigenen Wohle, noch süßer aber die Früchte langer und bitterer Pflichterfüllung: Jawohl, Verzicht um anderer willen, leidender Mitmenschen.«

Der Bodhisattva, der die Schlacht gewonnen hat, der den Siegespreis in seiner Hand hält und doch in seinem göttlichen Mitleid sagt:

»Um anderer willen trete ich diesen großen Lohn ab« – leistet den größeren Verzicht.

Ein Erlöser der Welt ist er.

Siehe! Ganz am Ende liegt das Ziel der Glückseligkeit und des langen Leidensweges. Du kannst eines davon wählen, oh Leidensanwärter für die kommenden Zyklen!

Aum vajrapani hum.

Der größere Verzicht ist das Verzichten auf die höhere Arbeit, nachdem man sie gesehen hat, um die geringere Arbeit zu verrichten, die man als ebenso nötig erkannt hat. Der Verzicht auf die Wünsche der Persönlichkeit ist ein sehr viel niedrigerer Verzicht.

Wir dürfen in unseren Gedanken hier keinen Anflug der populären christlichen Idee von einem Erlöser hineinbringen, der kommt, um uns aus ewiger Qual zu retten. Die Vorstellung ist natürlich nichts als eine schreckliche Verdrehung der frühen und wirklich christlichen Lehre, wie etwa der von Origenes, der an die Vergöttlichung des Menschen durch Christus glaubte. Jeder, der zu der wahren Vereinigung mit dem Meister emporgestiegen ist, ist mit ihm identisch geworden und ist sicher oder gewiss, das Ersteigen des Pfades in dem gegenwärtigen Zyklus zu vollenden. Die ursprüngliche Bedeutung des Ausdrucks »gerettet« ist in *Die Meister und der Pfad* erklärt worden.

Wenn wir von den Nirmanakayas als dem Schutzwall sprechen, stellen wir uns keinen Augenblick lang vor, dass sie uns gegen böse Mächte schützen, die auf eine Gelegenheit warten, um sich auf die Menschheit zu stürzen. Sie sind damit beschäftigt, das Reservoir mit Kraft zu füllen, die durch die Große Weiße Bruderschaft benutzt wird, um mit Vernunft Hilfe und Führung zu geben, wo immer es möglich ist, und um die Menschheit vor vielen Fehlern zu bewahren, die sie sonst begehen könnte, sowie vor dem Leiden, das dann daraus folgen würde.

Dieses Fragment endet nicht mit »Om mani padme hum« wie das erste, sondern mit einer anderen Formel: »Aum vajrapani hum«. Vajra bezeichnet einen Blitz und außerdem einen Diamanten. Der Ausdruck erinnert uns an Jehova mit seinen Blitzen und an den nordischen Gott Thor. Dieser Blitz ist der Dorje, der Stab der Macht, von dem ich in *Die Meister und der Pfad* eine Skizze gegeben habe.

DIE SIEBEN PORTALE

1

Die Paramita-Höhen

Acharya, die Wahl ist getroffen, mich dürstet nach Weisheit. Nun hast du den Schleier vor dem geheimen Pfad zerrissen und das größte Yana gelehrt. Dein Diener hier ist bereit für deine Führung.

Es gibt eine Fußnote zu dem Wort Acharya, das einen geistigen Lehrer oder Guru bezeichnet. Sie erklärt, dass diese bei den nördlichen Buddhisten unter den heiligmäßigen Männern ausgewählt wurden, die in *Gotrabhu-jnana* gelehrt sind. Der *Gotrabhu* ist der Mensch, der für irgendeine der Initiationen bereit ist, der sämtliche Qualifikationen besitzt und nur auf die Erlaubnis wartet, sich vorzustellen. *Gotrabhu-jnana* ist das Wissen von diesen Qualifikationen. Die Meister – Adepten, die Schüler oder Lehrlinge annehmen – sind diejenigen, die dieses Wissen haben.

Der Ausdruck *Yana* (Fahrzeug) ist in Kapitel 1 des ersten Fragmentes schon erörtert worden.

Es ist gut, Shravaka. Bereite dich vor, denn du wirst allein weiterwandern müssen. Dein Lehrer kann nur den Weg weisen. Der Pfad ist für alle der gleiche, die Mittel zum Erreichen des Zieles müssen für die Pilger unterschiedlich sein.

Das Wort *Shravaka* kommt von der Wurzel *shru*, was zuhören bedeutet. Der »Zuhörer« ist jemand, der bei den religiösen Unterweisungen zuhört, sagt eine Fußnote, und wenn er von der Theorie zur Praxis oder Ausübung der Askese übergeht, wird er ein Shramana, von *shrama*, Anwendung. Die beiden Ausdrücke haben weitgehend dieselbe Bedeutung wie *akoustikoi* und *askitai* bei den Griechen.

Alle, die auf dem Pfad wandern, müssen dieselben Eigenschaften oder Tugenden erwerben, aber die Übungsweisen dafür sind sehr verschieden. Es gibt sieben große Menschentypen oder sieben Strahlen, und auf jedem einzelnen davon werden Schüler zu Lehrern ihrer eigenen Strahlen hingezogen. Sogar innerhalb desselben Typs wird die Belehrung individuellen Bedürfnissen angepasst, also erhalten die Schüler desselben Lehrers oft ganz unterschiedliche Behandlungen. So kann ein Meister einen seiner Schüler in die Abgeschiedenheit schicken und einen anderen hinaus in den Kampf der Welt. Er mag einem die Befriedigung geben zu wissen, dass er unterrichtet wird, und einen anderen für lange Zeit ohne dieses Wissen lassen. Von diesem Training und den verschiedenen Typen ist eine umfangreiche Darstellung in *Die Meister und der Pfad* gegeben worden.

Welches willst du wählen, oh du mit dem furchtlosen Herzen? Das Samtan der Lehre des Auges, vierfaches Dhyana oder den Weg durch die Paramitas, sechs an der Zahl, edle Pforten der Tugend, die zu Bodhi und zu Prajna führen, der siebten Stufe der Weisheit?

Der beschwerliche Pfad des vierfältigen Dhyana windet sich bergauf. Dreimal groß ist der, welcher die erhabene Spitze erklimmt.

Die Paramita-Höhen werden auf einem noch steileren Pfad überschritten. Du musst dir deinen Weg durch sieben Portale erkämpfen, sieben Festungen, die durch grausame, schlaue Mächte verteidigt werden – verkörperte Leidenschaften.

In diesem Fragment wird wenig über das vierfältige *Dhyana* gesagt, aber viel über die *Paramitas*. Über die Stufen in der Meditation oder *Dhyana* wird immer als von dreien gesprochen, wie wir beim Studium des ersten Fragmentes gesehen haben, und zusammengefasst werden diese *Samyama* genannt. Diese drei sind *Dharana*, *Dhyana* und *Samadhi* oder Konzentration, Meditation und Kontemplation, und es gibt die vorbereitende Übung des *Pratyahara* als vierte. Wir haben uns mit den *Paramitas* auch im zweiten Fragment befasst. Hier wird von dem Pfad, jene Tugenden zu erlangen, gesagt, er habe sieben Portale, an jeder von denen der Jünger mit einem großen Fehler oder einer Sünde kämpfen und sie besiegen muss.

Es scheint ein bisschen irreführend zu sein, Meditation und die Entwicklung dieser Eigenschaften einander gegenüberzustellen, denn beide sind notwendig. Man kann nicht meditieren, ohne diese Eigenschaften zu haben, und man kann die Eigenschaften nicht ohne Meditation zur Vollkommenheit entwickeln. Es kann sein, dass Aryasanga selbst zu seiner Zeit den Pfad der Zurückgezogenheit, den eines Menschen, der die Schwierigkeiten und Ablenkungen der Welt vermied, um allein, abseits der Menschen, zu meditieren, dem Pfad des spirituellen Lebens gegenüberstellte, der mitten in der Welt der Menschen gelebt wird, der die Übung von Idealen in allen Angelegenheiten des täglichen Lebens erfordert. Er würde dann von dem ersteren als einem erhabenen Pfad gesprochen haben, aber von dem letzteren als noch größer oder noch steiler. Beispiele von Menschen, die inmitten der Geschäftigkeit des täglichen Lebens Vollkommenheit erreichen, sind in den Hindu-Büchern ziemlich häufig. Die großen Gurus des *Mahabharata* waren im Sitzungssaal des Rats und auf dem Schlachtfeld tätig, und ein Kaufmann wird auch erwähnt, in der Person von Tuladhara. In der *Bhagavad-Gita* wird der Pfad der Pflichterfüllung und Tätigkeit gelehrt, und Sri Krishna sagt zu Arjuna, seinem Schüler, dass Janaka und andere die Vollkommenheit durch Tätigkeit erlangten. Er sollte das Gleiche tun, Taten vollbringen ohne persönliches Haften an deren Früchten, sondern um der Menschheit willen (III, 20).

Ein Blick auf die Gegenspieler der *Paramitas* wird das Wesen der grausamen, schlauen Mächte zeigen, die bekämpft werden müssen. Der Mensch, der egozentrisch ist, vergisst, dass er ein Einzelteil in einem Ganzen ist, dass er, wie Epiktet sagte, ohne Menschheit um ihn herum nicht einmal ein Mensch wäre. Barmherzigkeit und allgemeine ethische Entwicklung oder Moralität in ihrer vollen Bedeutung lassen diese egozentrische Einstellung verschwinden und machen den Menschen offener, so dass er mehr an andere als an sich selbst denkt und ein Wohltäter für die Leidenden wird, ein guter Kamerad für seinesgleichen und ein interessierter Schüler seinem Lehrer gegenüber.

Oft lassen Menschen ihre Geduld durch Ärger stören. Sie »fühlen sich verletzt und sind unzufrieden, beklagen sich innerlich, wenn nicht nach außen«. Sie vergessen, dass gerade deshalb, weil es ein Gesetz der Gerechtigkeit gibt, das immerzu damit beschäftigt ist, frühere Schulden zwischen Mensch und Mensch zurückzuzahlen, es manche scheinbare Ungerechtigkeit geben muss. Manchmal möchte ein Mensch das Ergebnis seiner eigenen Arbeit ganz am Anfang sehen, weil er an sich denkt, nicht an die Arbeit, und er will sich damit brüsten oder sich mindestens zu der Leistung beglückwünschen. In einem späteren Stadium ist er betrübt, weil seine Anstrengungen, die er für einen guten Zweck machte, zu missglücken scheinen. Darin liegt immer noch etwas Unzufriedenheit und Ungeduld. Später wird er erkennen, dass es die Anstrengung war, auf die es ankam, und nicht die Ergebnisse. Wenn diese Gefühle ihn nicht mehr beunruhigen, wird er Geduld erworben haben.

Wiederum ist der Naturmensch faul. Er legt sich gerne in die Sonne und wird sich nicht anstrengen, bis der Hunger ihn treibt oder ein prahlerischer Wunsch aufsteigt, mehr Feinde getötet zu haben als seine Stammesgenossen. Unermüdliche, unerschrockene Kraft ist nicht »natürlich«.

Meditation ist auch nicht »natürlich«. Sie erfordert viel Mühe, eine starke Anstrengung des Geistes und die anhaltende Unterwerfung des Körpers. Das Erwerben von Weisheit bedeutet Studium und Anstrengung und manchmal den Mut, unangenehmen und sogar gefährlichen Erfahrungen gegenüberzutreten.

Sei guten Mutes, Jünger; denke an die goldene Regel. Wenn du einmal das Portal Srotapatti durchschritten hast, »er, der in den Strom eingetreten ist«, wenn dein Fuß einmal das Bett des nirvanischen Stromes in diesem oder irgendeinem zukünftigen Leben berührt hat, dann hast du nur noch sieben weitere Geburten vor dir, oh du mit dem diamantenen Willen.

Sieben Leben ist die durchschnittliche Zeitspanne zwischen der Ersten Initiation und der Vierten, aber wenn der Wille stark genug ist, kann ein Mensch das Ziel in weniger als diesen erreichen. Es ist analog der Vorbereitung eines Studenten auf ein Examen; man hält eine gewisse Zeitspanne, die mit Studien verbracht wird, für den durchschnittlichen Jünger für angemessen, um zu bestehen; aber der einzelne Mensch kann länger oder kürzer dafür arbeiten. Zwei Leben haben oft einen Menschen von seiner Ersten Initiation zur Arhatschaft gebracht; einige wenige Menschen haben dieses Ziel in einem Leben erreicht. Dieselbe Regel gilt dann für das Erlangen der Adeptschaft, denn der Arhat ist erst der halbe Weg.

Blicke vorwärts. Was siehst du vor deinen Augen, oh du nach göttlicher Weisheit Strebender?

»Der Mantel der Finsternis liegt über dem Abgrund des Stoffes; in seinen Falten ringe ich. Unter meinem Blick verfinstert er sich noch mehr, Herr; vor dem Wink deiner Hand löst er sich auf. Ein Schatten bewegt sich, der kriecht wie die Schlange sich streckt und ringelt … Er wächst, schwillt an und verschwindet in der Dunkelheit.«

Es ist dein eigener Schatten außerhalb des Pfades, der auf das Dunkel deiner Sünden geworfen wird.

Hier würde man lieber von Fehlern und Schwächen sprechen, statt von Sünden. Diese werden auf dem Pfad viel gefährlicher, als sie jemals vorher waren. Deshalb ist eiserne Entschlossenheit, sie völlig und sofort auszurotten, erforderlich, um den Weg zu gehen. Wenn man einen Fehler in sich sieht, sollte man umgehend und genau das Gegenteil davon tun, unerschrocken und stetig, bis er gänzlich verschwunden ist. Wenige Leute sind bereit, so zu handeln. Manchmal bitten sie einen, offen zu ihnen zu sein und ihnen gerade heraus zu sagen, was es ist, das sie zurückhält. Falls man es tut, riskiert man, ihre Freundschaft zu verlieren. Im Allgemeinen entrüsten sie sich und sagen, sie wüssten, dass sie viele Fehler hätten, aber nicht den einen, auf den du ihre Aufmerksamkeit gelenkt hast, und dass sie nicht viel von deinem Urteil oder deiner Intuition halten. Es gibt Ausnahmen, aber das ist die allgemeine Regel.

Auf dem Pfad hat ein Mensch nach seinen eigenen Regeln zu leben, nicht einfach den Regeln oder Konventionen der gesellschaftlichen Umgebung zu folgen, in der er sich befindet. Das vergrößert seine Schwierigkeiten und Gefahren. Er versucht sein Äußerstes – da dürfen wir sicher sein, denn wenn er das nicht täte, würde er die Früchte der Anstrengungen vieler Leben wegwerfen, und das wäre Wahnsinn. Andere haben keine Möglichkeit, ihn zu beurteilen. Er hält einen Schlüssel in seinen Händen, den andere nicht besitzen, und für ihn haben deshalb alle Dinge einen neuen Aspekt. Er braucht die freundlichen Gedanken von anderen – nicht Kritik an dem, was sie nicht verstehen – denn er ist nicht unempfindlich, und damit helfen sie ihm, schnell hinaufzusteigen und eine Kraft zu werden, um die Welt emporzuheben.

»Jawohl, Herr; ich sehe den Pfad; sein Anfang liegt im Morast, sein Gipfel verliert sich im herrlichen nirvanischen Licht; und jetzt sehe ich die immer enger werdenden Portale auf dem harten und dornigen Weg zum Jnana.«

Du siehst richtig, Lanoo. Diese Portale führen den Schüler über die Gewässer weiter zum anderen Ufer.

»Das andere Ufer« ist eine Redewendung, die dauernd benutzt wird. Es gibt zwei unterschiedliche Formen von Symbolik, die diese Metapher benutzen. In einer wird das gesamte Leben mit einem Ozean verglichen, und Menschen werden durch das *Mahayana* oder das *Hinayana* an das andere Ufer, den Zustand jenseits von Tod und Wiedergeburt, übergesetzt. Die zweite ist eine mehr technische Bedeutung. Bei der ersten großen Initiation tritt ein Mensch aus der allgemeinen Evolution heraus, die er nun abgeschlossen hat, und beginnt die spezielle. So viel wie erlaubt ist, wurde über die Zeremonie, die dann stattfindet, in *Die Meister und der Pfad* gedruckt, einschließlich der Worte: »Du bist in den Strom eingetreten. Mögest du bald das andere Ufer erreichen« (Kap. 7). Dieses Ufer ist natürlich die Adeptschaft.

Jedes Portal hat einen goldenen Schlüssel, der sein Schloss öffnet; und diese Schlüssel sind:

1. Dana, der Schlüssel der Barmherzigkeit und der unsterblichen Liebe.

Dies ist nicht bloße Barmherzigkeit im Sinne von Almosengeben, noch das, was man gewöhnlich eine karitative Haltung nennt, obwohl das viel mehr ist als das erstere. Es bedeutet vollkommene Bereitschaft, sich selbst und alles, was man hat, in den Dienst zu stellen. Es gibt nicht viele Leute auf der Welt, die diese Stufe erreicht haben, die bereit sind, ihre ganze Zeit und Kraft, ihr ganzes Geld, alle ihre Gefühle und Gedanken für diesen Zweck einzusetzen. Und selbst für diejenigen, die diesen Punkt erreicht haben, gibt es eine weitere Stufe, denn es kann immer noch der Fehler vorhanden sein, die Arbeit mit sich selbst zu identifizieren, anstatt sich mit der Arbeit. Es gibt viele, die bereit sind, eine bedeutende Arbeit anzufangen, aber wenige, die sich selbst so weit vergessen, irgendein unbedeutendes Stückchen Arbeit zu tun, das nicht beachtet wird und für das kein Dank zu erwarten ist. Der Jünger des Meisters muss sich umsehen und feststellen, was getan werden muss, was er machen kann und was noch nicht getan wird. Er darf nicht mit Missfallen auf die bescheidenste Aufgabe blicken und dabei denken: »Ich bin hierfür zu gut.« Im Werk des Meisters ist kein Teil wichtiger als irgendein anderer, obwohl manche Teilaufgaben schwieriger als andere sind und deshalb besondere Ausbildung oder außergewöhnliche Begabungen oder Fähigkeiten erfordern. Um dich vollständig zu opfern, musst du auch deine Gefühle opfern. Wenn diese leicht verletzbar sind, wirst du eine Menge Kraft mit Beleidigtsein vergeuden, die in die Arbeit hätte gesteckt werden sollen. Wir müssen immer unser Bestes tun und nicht innehalten, um zu denken: »Was bin ich doch für ein feiner Kerl.«

Außerdem müssen wir auch »unsterbliche Liebe« besitzen. Tennyson sagte von den Toten:

Sie achten wie Gott auf die rollenden Stunden
Mit größeren, anderen Augen als wir,
Um Hilfe zu geben uns allen.

Gott kennt alle, und er verliert nicht die Geduld. Wir verlieren leicht gegenseitig die Geduld und werden schnell müde, Unterstützung zu geben, aber er nicht. Es ist sehr richtig gesagt worden: *Tout comprendre, c'est toutpardonner* (»Alles verstehen, heißt alles verzeihen«).

2. Shila, der Schlüssel der Harmonie in Wort und Tat, der Schlüssel, der Ursache und Wirkung ausgleicht und keinen Spielraum mehr lässt für karmische Handlungen.

Das Wort *Shila* wird im Allgemeinen einfach mit »Verhalten« übersetzt, aber hier betont der Schreiber den Gedanken der Harmonie. Wer *Shila* praktiziert, wird immer aufmerksam für sein eigenes Dharma sein, beflissen, das zu tun, was er mit den Kräften tun kann, die er hat, an dem Platz, auf den Karma ihn gestellt hat. Dies ist auch die Eigenschaft, die sein karmisches Konto so schnell wie möglich abschließen und ihn befähigen wird, immer weiter zunehmende Freiheit zu genießen und Gelegenheit, Gutes zu tun.

3. Kshanti, süße Geduld, die nichts aus der Ruhe bringen kann.

Während der Jünger auf diesem Abschnitt seiner Reise diese Eigenschaft in großem Maße erwerben muss, bleibt ihm die Vervollständigung doch noch für später. Völlig gelassen zu sein, ist ein sehr hoher Zustand. Vom Arhat spricht man als von dem Perfekten – dem Ehrwürdigen – dennoch hat er fünf Fesseln abzuwerfen, bevor er Adeptschaft erreicht, und von diesen ist die vorletzte die Möglichkeit, sich von irgendetwas, was es auch sei, aus der Ruhe bringen zu lassen.

4. Vairagya, Gleichgültigkeit gegen Freude und Schmerz; die Illusion ist überwunden, es wird nur noch die Wahrheit erkannt.

Der ganze dritte Teil unseres Kommentars über *Zu Füßen des Meisters* wird von der Eigenschaft *Vairagya* in Anspruch genommen, die dort als Wunschlosigkeit übersetzt ist. Wie schon gesagt, wird sie gewöhnlich mit Gleichgültigkeit oder Objektivität übersetzt.

Diese Eigenschaft besitzt der Mensch, der in Bezug auf seine Arbeit sehr aufmerksam ist, sich aber niemals durch persönliche Erwägungen hindern lässt. Er hat die Gefühle, die verletzt werden können, abgelegt, aber hat das Mitgefühl nicht verloren. Er ist gleichgültig gegen Dinge, die gewöhnlich Menschen beeinflussen. Er wird nicht durch Leidenschaften gestört, sondern besitzt ruhige, kühle Urteilsfähigkeit. Diese sogenannte Gleichgültigkeit heißt nicht, dass der Mensch nicht Begeisterung für seine Arbeit aufbringt, sondern dass er das ebenso sehr tut, wenn sie schmerzhaft und mühsam ist, als wenn sie erfreulich ist. Wenn die Eigenschaft gut entwickelt ist, wird der Mensch sehen, dass der größte Teil unserer Freuden und Leiden Illusionen sind und verursacht werden durch eine falsche Art, die Dinge zu nehmen. Er wird die Wahrheit des Sprichwortes der alten Stoiker erkennen, dass es unsere Meinungen über die Dinge sind, worunter wir mehr leiden als unter den Dingen selbst.

5. Virya, die beherzte Kraft, die sich ihren Weg zu der überirdischen Wahrheit erkämpft, heraus aus dem Sumpf irdischer Lügen.

Jeder, der sich dem Pfad nähert, hat seine eigenen speziellen Eigenschaften, aufgrund derer er finden wird, dass einige dieser Portale besonders leicht zu passieren sind und andere schwierig. Die Eigenschaft der Geduld fällt wohl im Allgemeinen dem östlichen Jünger viel leichter, die der Tatkraft dem westlichen. Als diese Aufstellung uns zum ersten Mal vorgelegt wurde, wunderten sich einige von uns darüber, warum die schwierigeren Eigenschaften an den Anfang gestellt worden waren. In Wirklichkeit traf das nicht zu. Der Buddha war ein Inder, und er entwarf sie für die Inder, und wahrscheinlich setzte er die Stufen als erste auf die Liste, die sie als die leichtesten empfinden würden.

Es ist sicherlich schwierig, wenn man zuerst eine Menge Energie oder *Virya* entwickelt hat, hinterher die süße Geduld oder *Kshanti* zu erwerben. Ein Mensch, der diese Energie besitzt und von dem Pfad hört, will ihn sofort ganz bis zum Ende laufen – aber ohne Geduld wird er eine solche Störung entlang des ganzen Weges verursachen und eine solche Menge lästigen Karmas erzeugen, dass er sich beträchtlich aufhalten wird. Andererseits wird der Mensch, der die Geduld hat, aber nicht die Energie, vielleicht damit zufrieden sein, sehr langsam weiterzugehen – und sein Fortschritt wird dann wirklich langsam sein.

Es gibt gegenwärtig im Osten eine Tendenz dieser Art. Mir wurde einmal gesagt, dass Menschen in alten Zeiten tatsächlich Nirvana erreichten, aber dass jetzt die Zeiten schlecht seien – es sei ein so genanntes Kali-Yuga – und diese Leistungen seien nicht mehr möglich, obwohl sie es vielleicht in einer weit entfernten, goldenen Zukunft wieder werden würden. Aber die großen Lehrer sind immer noch bei uns, und obwohl, wie die christliche Schrift sagt, das Tor eng ist und der Weg schmal, so kann doch jetzt wie zu allen Zeiten dieses Tor gefunden und dieser Weg begangen werden.

In diesen Dingen kann kein Mensch sagen, wo er steht. Vielen erscheint die Theosophie als eine Erinnerung daran; das bedeutet, dass sie in früheren Leben etwas darüber wussten. Wenn ein Mensch in jenen Leben hart gearbeitet hat, um den Pfad zu erreichen, wird ihn in diesem Leben ein bisschen weitere Arbeit zu ihm hinbringen. Aber wenn er erst jetzt mit dieser Anstrengung beginnt, hat er einen weiten Weg zu gehen, und es wäre eine fast übermenschliche Leistung für ihn, den Strom in dieser Inkarnation zu betreten.

In der Theosophischen Gesellschaft spannen viele Menschen ihre Astral- und Mentalkörper stark an, und das wirkt sich auf ihre physischen Körper aus. Ich glaube deshalb, dass, da wir es auch weiterhin mit einer Gruppe empfindsamer und noch nicht vollkommener Menschen zu tun haben werden, die schneller vorwärts drängen als die Natur in ihrem normalen Gang beabsichtigt hat, die Geschichte der Gesellschaft wahrscheinlich auch weiterhin viele Störungen verzeichnen wird, obwohl für jedes ihrer Mitglieder die Zeit kommen muss, wo es die »süße Geduld, die nichts aus der Ruhe bringen kann«, erwerben wird.

6. Dhyana, dessen goldenes Tor, einmal geöffnet, den Narjol in die Gefilde von ewigem Sat und dessen unaufhörlicher Kontemplation führt.

In früheren Ausgaben dieses Buches wird man finden, dass das Wort *Narjol* fehlerhaft als *Naljor* gedruckt ist. Das war ein Fehler, der in den späteren Ausgaben korrigiert wurde. Der Schreibfehler kam daher, dass Madame Blavatsky das Wort astral las, und beim astralen Lesen eines Buches erschaut man gleichzeitig, was vorne auf der Seite geschrieben ist und liest auch die Rückseite der Buchstaben wie von hinten. Natürlich richtest du deine Aufmerksamkeit nicht auf die Hinterseite des Druckes oder der Schrift; normalerweise würdest du nur die vor dir aufgeschlagene Seite beachten – diese wäre ganz deutlich, und die Rückseite wäre dann außerhalb des Blickpunktes. Doch beim Lesen auf solche Weise macht man ziemlich leicht Fehler und verdreht manches. Das gilt besonders für Zahlen; man kann sofort sehen, ob man auf 7 in der falschen Weise guckt, aber 18 kann leicht als 81 missdeutet werden.

Madame Blavatsky verdrehte manchmal Zahlen auf diese Weise. Sie schaute oft astral in seltene Bücher, von denen nur ein oder zwei Exemplare vorhanden sind, und einige von uns gingen dann immer ins Britische Museum, um ein Zitat zu überprüfen, von dem sie behauptet hatte, es sei – sagen wir einmal – auf Seite 139, und stellten fest, dass es auf Seite 931 stand. Im Allgemeinen fanden wir ihre Zitate genau, obwohl es manchmal kleine Ungenauigkeiten gab; einmal ließ sie, wie ich mich erinnere, das Wort »nicht« aus, was allerdings einen großen Unterschied im Sinn ergab! Wenn man bedenkt, dass Madame Blavatsky kein Sanskrit, Pali oder Tibetisch konnte und sich völlig auf ihr Gedächtnis verlassen musste, wenn sie Worte in jenen Sprachen benutzte, was sie sehr häufig tat, ist es nicht erstaunlich, dass sie *einige* Fehler machte, sondern dass sie so *wenige* machte.

Das Wort *Narjol*, welches uns zu dieser kleinen Abschweifung gebracht hat, ist ein tibetisches Wort, das Adept, Heiliger oder Yogi bedeutet. Es ist von einem Wort abgeleitet, das »Frieden« bezeichnet. Der *Narjol* ist deshalb jemand, der den inneren Frieden anstrebt.

Dhyana oder Meditation ist es, die das Tor des höheren Selbst öffnet. Ein erheblicher Teil des theosophischen Wissens wurde durch Hellsehen erlangt. Es wartet noch eine Menge Forschungsarbeit darauf, mittels Hellsehen durchgeführt zu werden. In dem Werk »Okkulte Chemie« haben wir die Elemente und einige chemische Verbindungen überprüft, aber es gibt noch eine umfangreiche Arbeit in diesem Bereich, die von jemandem getan werden muss, der die Fähigkeit der ätherischen Schau und Vergrößerung besitzt und die Geduld, die Atome immer wieder von neuem zu beobachten und zu zählen.

Die »Stanzen des Dzyan« müssen von jemandem geschrieben worden sein, der die Gedanken der leitenden Devas lesen und auf diese Weise sehen konnte, auf was sie abzielten. Was wir über »Ketten und Runden« sagen, mag ungenau sein, aber die Information, die über die Astral- und Mentalebene gegeben wurde, ist ziemlich sicher richtig, da sie das Ergebnis Tausender von Beobachtungen ist. Trotzdem können durch voreilige Verallgemeinerungen Fehler auftreten – das passiert in jeder Naturwissenschaft – weil das Anormale irrtümlich als das Normale angenommen wird oder durch das Übersehen irgendeiner Gruppe von Phänomenen, die sich auf eine allgemeine Theorie auswirkt. So etwas war unsere frühere Vorstellung über den Zeitraum zwischen den Leben und die Art, in der Egos regelmäßig in aufeinander folgenden Kulturen inkarnierten, die als der normale Entwicklungsverlauf bekannt gemacht wurde, bis wir einen anderen Typus von Egos entdeckten, die sich hauptsächlich an *eine* Kultur hielten und doppelt so häufig wie die anderen reinkarnierten. Es mag vielleicht noch ein halbes Dutzend Typen mehr geben, und wir können nur sagen, dass wir ihnen noch nicht begegnet sind.

Die alten Schriften sind besonders wertvoll, weil sie weitgehend von Menschen geschrieben worden sind, die hellsehen konnten. Viele fühlen sich von ihnen abgestoßen wegen der Art, in der sie ihre Ideen darbieten, manchmal durch ihren archaischen Beigeschmack. Jedes Zeitalter hat über seine eigene Methode des Ausdrucks verfügt. Unsere moderne Art ist ziemlich knapp; wir stellen Dinge so einfach dar, wie wir können. Im alten Ägypten, um ein anderes Beispiel zu nehmen, wurde alles in einer sehr poetischen Einkleidung erzählt. Die gnostischen Bücher verhüllten auch alles in kunstvoller Symbolik. Deshalb muss man, wenn man sich mit dem *Ägyptischen Totenbuch* oder der *Pistis Sophia* befassen will, selbst vorausgesetzt, dass man eine genaue Übersetzung bekommt, was nicht immer der Fall ist, stets versuchen, sich in die Geisteshaltung der Zeiten zurückzuversetzen, in denen sie geschrieben wurden, was sehr schwierig ist. Es erfordert auch Zeit – mehr als der moderne Mensch gewöhnlich dafür aufwenden kann, wenn er außerdem damit beschäftigt ist, seinen Lebensunterhalt zu verdienen.

In den alten Zeiten war das Leben in allen Teilen der Welt geruhsamer. Es war üblich, die Dinge für jeden bequem und leicht zu machen, und im Allgemeinen eine Tätigkeit auf den nächsten Tag zu verschieben, die irgendwie im Augenblick vermieden werden konnte. Bei der Untersuchung einer großen Anzahl vergangener Leben fand ich überall dasselbe. Es gab keine Züge, die man erreichen musste, oder Zeitungen oder Zeitschriften, die zu einer bestimmten Tageszeit oder an einem bestimmten Datum herausgebracht werden mussten. Das, was einer regelmäßigen Serienpublikation von allem, was ich fand, am nächsten kam, war eine Reihe von Briefen, die in Abständen herausgebracht wurden, die sehr lang und ziemlich unregelmäßig waren, so dass manchmal Monate zwischen den Ausgaben vergingen.

Trotz all dieser Dinge erlangten Menschen doch Adeptschaft, aber sie müssen es als schwierig empfunden haben, *Virya* zu erwerben, die unerschrockene Energie, die für den Pfad erforderlich ist. Nun ist die rastlose Tätigkeit, die unaufhörliche Hetze unserer modernen westlichen Welt, nicht genau dasselbe wie *Virya*. Oft zeigen Menschen ihre Kraft durch äußeren Zwang. Wenn sie im Geschäft nicht pünktlich und gewissenhaft sind, bewirkt der Wettbewerb, dass andere Menschen sie überflügeln und sie ihren Lebensunterhalt nicht verdienen können. Aber der Student der Esoterik wird von seinem eigenen inneren Druck bewegt und arbeitet immer zuverlässig, allerdings ohne Hetze oder Nervosität, denn er will, dass seine Arbeit gut wird.

Wahrscheinlich ist die Hauptgefahr hierbei, zu wenig zu tun, Sachen ungetan zu lassen, die hätten getan werden sollen. Doch einige Leute verderben ihre Arbeit, indem sie zu viel übernehmen. Annie Besant war ein großartiges Beispiel für den Mittelweg. Sie war immer an der Arbeit und plante ihre Zeit bestens, aber sie unternahm nicht mehr, als sie tun konnte. Sie würde oft von einer Sache sagen: »Dies ist nicht meine Arbeit, denn ich habe keine Zeit dafür.«

Es liegt Wahrheit in der Redensart, dass der am meisten beschäftigte Mensch immer am meisten Zeit hat. Das kommt daher, dass er seine Zeit nicht falsch einteilt. Aber es gibt Menschen, die mehr Arbeit auf sich nehmen, als sie wirklich bewältigen können, manchmal weil sie das Gefühl haben, was sehr begründet sein mag, dass niemand anderer von den Leuten um sie herum die Arbeit genauso gut machen kann. Vor vielen Jahren war das einmal der Fall bei einem gewissen Generalsekretär einer der Sektionen der Theosophischen Gesellschaft. Er war ein hervorragender Arbeiter mit großen Fähigkeiten, und seine Meinung, dass er Sachen am besten machen könnte, war vermutlich gerechtfertigt. Aber er übernahm so viel, dass aus Zeitmangel unerledigte Arbeit sich anhäufte, bis die Sachen in einem fast hoffnungslosen Durcheinander waren, als sein Nachfolger das Amt antrat.

Es ist besser, in dieser Angelegenheit den Mittelweg zu beschreiten, seine Arbeit sorgfältig aufzuteilen und etwas Zeit aufzusparen, um andere Arbeiter zu unterrichten und einzuüben. Es macht oft viel mehr Mühe, einem anderen zu zeigen, wie man eine bestimmte Arbeit durchführt, als sie selbst zu tun. Man hofft allerdings, dass, wenn man es ihm ein- oder zweimal oder wenn nötig zehnmal gezeigt hat, er in der Lage sein wird, sie hundertmal allein auszuführen, so dass es schließlich einen Gewinn gibt.

7. Prajna ist der Schlüssel zu dem, was aus einem Menschen einen Gott macht, ihn zu einem Bodhisattva reifen lässt, einem Sohn der Dhyanis.

Dieses sind die goldenen Schlüssel zu den Sieben Portalen.

Wir sind nun zu der letzten dieser Eigenschaften gekommen. *Prajna*, das ebenfalls Weisheit bedeutet – mehr im Sinne einer Fähigkeit des Bewusstseins als des Wissens. Eine Weisheit, die zum Leben hinter der Form durchdringt. *Jnana*, was auch mit Weisheit übersetzt wird, ist keine Fähigkeit, aber *Prajna* ist eine.

Es heißt, dass diese Eigenschaft den Bodhisattva ausmacht. Dieser letztere Ausdruck wird hier in einem weiten Sinne benutzt. Vom Sinn her ist ein Bodhisattva einer, der dazu bestimmt ist, ein Buddha zu werden, der einem lebenden Buddha das Gelöbnis gegeben hat, in einem zukünftigen Leben dieses Amt zu übernehmen. Aber alle Menschen werden auf ihren unterschiedlichen Linien gleicherweise durch die Stufe des Bodhisattva hindurchgehen. Es gibt sieben große planetarische Strahlen; und Meister, die Schüler annehmen, sind auf jedem einzelnen davon tätig. Jeder Mensch, der sich auf seinem eigenen Strahl vorwärtsbewegt, wird schließlich in Kontakt mit einem

Meister gezogen, der an der Spitze dieses Strahles steht. Es gibt allerdings die Möglichkeit, dass ein Mensch durch Hingabe zu einem bestimmten Meister von einem Strahl zu einem anderen wechselt, aber das erfordert einen gewissen zusätzlichen Aufwand an Studium und Anstrengung; denn ein Mensch passt sich der esoterischen Schulung am bereitwilligsten auf seinem eigenen Strahl an.

Derjenige, der ein Buddha wird, muss Tausende von Jahren vorher einem lebenden Buddha sein Gelöbnis gegeben haben, und es heißt, dass von dieser Zeit an der Einfluss des Buddha ihn überschattet und dann, wenn er zu gegebener Zeit Buddhaschaft erlangt, der große Einfluss des geistigen Buddha über dem inkarnierten Buddha schwebt. Es wird gesagt, dass Gautama sein Gelöbnis dem Buddha Dipankara gegeben habe, und von dem letzteren wird angenommen, dass er auch während der Jahre im Hintergrund anwesend war, als der Buddha Gautama predigte. Man kann nur das wiederholen, was über diese hohen Angelegenheiten gesagt worden ist, aber es ist wirklich eine sehr schöne Vorstellung. Sie ist auch natürlich, denn wir wissen, dass auf einer viel niedrigeren Ebene der Meister dauernd den Schüler, der Teil seines Bewusstseins ist, überschattet.

2

Das Einstimmen des Herzens

Ehe du dich dem letzten (Portal) nähern kannst, oh Weber deiner Freiheit, musst du diese Paramitas der Vollkommenheit meistern – die transzendentalen Tugenden, sechs und zehn an der Zahl – entlang des mühevollen Pfades.

Denn, oh Jünger, ehe du fähig gemacht wurdest, deinem Lehrer von Angesicht zu Angesicht zu begegnen, deinem Meister von Licht zu Licht, was wurde dir gesagt?

Ehe du dich dem allerersten Portal nähern kannst, musst du lernen, deinen Körper von deiner Seele zu trennen, den Schatten zu zerstreuen und im Ewigen zu leben. Um dies zu erreichen, musst du in allem leben und atmen, so wie alles, was du wahrnimmst, in dir atmet, musst du fühlen, dass du in allen Dingen weilst und alle Dinge im Selbst.

Deinem Meister von Licht zu Licht zu begegnen, drückt eine wundervolle Wahrheit aus. Wenn der Schüler mit dem Bewusstsein seines Meisters in Berührung kommt und er ihn zum ersten Mal einhüllt, leuchtet seine Aura strahlend hell auf mit des Meisters Licht.

Den Körper von der Seele zu trennen, bedeutet *wörtlich*, dass man lernen muss, den *Mayavi-Rupa* zu bilden, und *metaphorisch*, dass man unterscheiden muss, was Wirklichkeit ist, und begreifen, dass man nicht der Körper ist. Der Astralkörper ist der Schatten des physischen, er darf nicht zerstört werden, aber sein Einfluss auf den Schüler muss beseitigt werden. Man muss ihn benutzen, aber ihm nicht gestatten, einen zu beherrschen. Im Ewigen zu leben heißt nicht, die Welt zu verlassen, sondern die Dinge ständig von dem Standpunkt des ewigen Lebens aus zu beurteilen. Dieses alles haben wir beim Studium von *Zu Füßen des Meisters* überlegt.

Wer vom Gesichtspunkt des Ewigen, des reinkarnierenden Ego, aus zu leben lernt, erkennt bald, dass nichts, was einem von außen zustößt, etwas ausmacht. Wenn wir die *Leben des Alcyone* lesen, sehen wir, dass viele der Personen darin durch viele Leiden hindurchgingen. Einige jener Personen waren wir selbst, und wir wissen, dass das Leiden vorübergehend war und uns jetzt nicht mehr berührt. Beim Rückblick wundern wir uns manchmal, wie manche der Personen solches Leiden ertrugen. Nun, sie schafften es und gelangten wohlbehalten hindurch. Es ist nicht immer so leicht zu glauben, dass man durch gegenwärtiges Leiden gut hindurchkommen wird, weil man sich mitten darin befindet, statt es aus der Distanz zu betrachten. Man kann nicht erwarten, ein Erlebnis oder ein Ereignis deutlich als Ganzes zu sehen, in das man gerade verwickelt ist. Ein Soldat auf dem Schlachtfeld sieht sehr wenig von dem, was gerade vorgeht, und kennt gewöhnlich nicht die Bedeutung der speziellen Bewegung oder des Manövers, an dem er gerade teilnimmt. Sein Anteil an den Kampfhandlungen mag belanglos erscheinen, und dennoch kann er ein wichtiger Faktor für die Entscheidung der Schlacht sein; oder er mag spektakulär und auffallend sein und trotzdem für den Erfolg seiner Seite nicht wirklich unerlässlich.

Dennoch glaube ich, dass wir die Wichtigkeit der Theosophischen Gesellschaft nicht hoch genug einschätzen können. Sie ist eine der wichtigsten Bewegungen, welche die Welt jemals gesehen hat. Für die äußere Welt, die Regierenden und Staatsmänner, sieht sie wie irgendeine beliebige Gesellschaft aus – bloß eine Handvoll Leute. Doch sie wurde von zwei Meistern der Weisheit gegründet, die nach Persönlichkeiten unter uns Menschen Ausschau halten, die geeignet sind, an der Anfangsentwicklung einer neuen Menschheit teilzunehmen. Niemand ist unentbehrlich, wie wir im Laufe der Geschichte der Theosophie Gelegenheit hatten, herauszufinden. Selbst ihre großen Gründergestalten, Madame Blavatsky und Colonel Olcott, sind verstorben, aber die Gesellschaft hat ihren Verlust überlebt und verbreitet weiter ihre Ideale und durchdringt die Welt mit ihnen – weil die Meister bleiben.

Jünger der Meister müssen lernen, ihr Bewusstsein mit dem ihrer Mitmenschen zu identifizieren, und deshalb werden häufig bestimmte Übungen für diesen Zweck übermittelt. Die Ergebnisse sind oft überraschend, wenn der Schüler mit dem Versuch beginnt, in das Bewusstsein verschiedener Tiere einzutreten. Ihr Denken ist sehr beschränkt, und Handlungen, für welche die Leute ihnen oft Motive zuschreiben, die aus der menschlichen Erfahrung geholt wurden, sind oft auf etwas anderes zurückzuführen. Andererseits verfolgen sie ihre wenigen Gedankenlinien viel weiter als gewöhnlich erkannt wird, so dass wir ihnen in mancher Hinsicht viel mehr zuschreiben, als in ihnen ist, aber in anderer Hinsicht auch sehr viel weniger.

Oft wird ein Schüler in den Körper von jemand anderen gesteckt, damit er einerseits den Standpunkt dieses anderen verstehen kann, und auch, damit er sich in unterschiedlichen Formen erkennen kann. Eine ziemlich drastische Erfahrung dieser Art wurde mir von Damodar K. Mavalankar vor vielen Jahren erzählt. Er war eines Tages aus seinem Körper herausgenommen und in den eines betrunkenen Seemannes im Hafen eines fremden Landes geschleudert worden. Er war ein Brahmane, mit dem bei Brahmanen erblichen Zurückschrecken, wenn man es so beschreiben darf, vor dem Kontakt mit dem Niedrigen oder Unreinen – einem Gefühl, das so stark ist, dass kaum ein westlicher Mensch es völlig verstehen kann. Natürlich war das ein furchtbarer Schock. Er fand sich in etwas eingetaucht, was für ihn unaussprechlicher Schmutz war. Dennoch war er fähig, mitten in diesem Grauen, das ihn plötzlich überfallen hatte, sich selbst weiter wahrzunehmen und sich zu sagen: »Dieses bin ich nicht. Ich bin Damodar.« Und er konnte ruhig bleiben und denken: »Auch dies ist Menschentum; ich muss auch hierfür Mitgefühl empfinden.« So kam er ehrenvoll aus dem Test heraus.

Viele Menschen würden, wenn sie solch einem Test unterworfen worden wären, in große Aufregung geraten sein, würden ihn für einen furchtbaren Albtraum gehalten haben und hätten sich bei dem wahnsinnigen Kampf, davon freizukommen, selbst verletzt. Vielleicht wäre für die meisten das erste Gefühl Ekel gewesen. Aber ein Adept empfindet nicht auf diese Weise. Er sieht nicht über etwas Schlechtes hinweg. Er nimmt es stets viel stärker wahr, als wir das können, aber er ist nicht angewidert. Er erkennt alle Stadien menschlichen Lebens an. Er erinnert sich, dass er etwas dergleichen selbst durchgemacht hat – vor Zeitaltern, vielleicht auf irgendeinem anderen Planeten. Sein buddhisches Bewusstsein ist auch vollkommen entfaltet, und wenn das der Fall ist, ist man fähig, Sünder in sein Inneres aufzunehmen. Es gibt keinen Widerwillen dem Menschen gegenüber, der Unrecht tut; man empfindet nur den Wunsch, jede irgendwie mögliche Hilfe zu geben. Im Allgemeinen kann allerdings Menschen in jenen Stadien nur wenig gegeben werden. Nicht nur Mitgefühl ist notwendig, sondern auch Weisheit, um zu verstehen, worauf er reagieren kann, und Geduld und Takt, um ihn den Vorzug eines Lebens ein wenig über dem, das er jetzt geführt hat, erkennen zu lassen.

Es geschieht durch diese Erfahrung der Identifikation, dass man weises Mitfühlen lernt, und ich halte das für den einzigen Weg, auf dem es vollkommen erfolgen kann. Man sieht dann, warum ein Mensch gewisse Sachen macht und wie sie sich für ihn darstellen. Diejenigen, die diese Erfahrung nicht haben, müssen ihr Bestes tun, um zu versuchen, Dinge vom Standpunkt anderer aus zu sehen.

Du sollst deine Sinne nicht einen Spielplatz aus deinem Verstand machen lassen.

Du sollst dein Sein nicht vom SEIN und den übrigen abtrennen, sondern den Ozean im Tropfen, den Tropfen im Ozean aufgehen lassen.

So wirst du in vollem Einklang sein mit allem, was lebt; wirst Liebe zu den Menschen hegen, als wären sie alle deine Bruderschüler, Jünger desselben Lehrers, die Söhne derselben lieben Mutter.

Der erste dieser Verse erinnert einen an die vorderen Teile des ersten Fragments, wo gesagt wird: »Der Verstand ist der große Schlächter des Wirklichen. Lasse den Jünger den Schlächter erschlagen.« Er ist ein solcher Schlächter, weil wir erlaubt haben, dass Vorurteile in ihm heranwuchsen. Bekanntlich sehen wir niemals eine andere Person, sondern nur unseren Gedanken über sie. Den Schlächter zu erschlagen, bedeutet allerdings nicht, dass wir versuchen sollen, ohne den Intellekt auszukommen und allein unseren Impulsen zu trauen, die eine Stufe niedriger sind. Wir müssen uns zur Intuitionsebene erheben, die oberhalb des Intellektes liegt, und diese bestimmen lassen, welchen Gegenständen unsere Gedanken zugewendet werden sollen.

Wenn die Menschen die Wirkung von Vorurteilen im Mentalkörper sehen könnten, wären sie überrascht. Die Materie dieses Körpers ist in einem dauernden rhythmischen Fluss oder sollte es zumindest sein, und verschiedene Teile oder Ringe davon haben mit Gedanken verschiedener Richtungen zu tun. Wenn man ein Vorurteil in irgendeiner Gedankenrichtung hegt, ist ein Stau in dem Ring vorhanden, der mit dieser Richtung zu tun hat. Die Materie fließt an dieser Stelle nicht mehr ungehindert. Die Erscheinung, die sich durch diesen Stau am Mentalkörper zeigt, ist genau wie die einer großen Warze. Wir sollten durch jeden Teil des Mentalkörpers hinaussehen können, aber die Wirkung dieser Warze muss unsere Sicht stören. Wenn wir durch diesen Teil des Mentalkörpers hinauszusehen versuchen, scheinen die Dinge jedoch verzerrt.

Auf diese Weise ist der Verstand tatsächlich der Schlächter des Wirklichen. Selbst die besten Menschen haben irgendwelche Vorurteile. Jemand, der sich rühmt, in einer Richtung frei davon zu sein – sagen wir in Bezug auf Kaste und Hautfarbe – wird sie in einer anderen haben, vielleicht in Bezug auf Umgangsformen. Ihm macht es nichts aus, ob die Haut eines Menschen braun, weiß, rot oder gelb ist; aber falls der Mensch zufällig mit seinem Messer isst oder Worte auf vulgäre Art ausspricht, ist er durchaus nicht indifferent.

Die schlimmsten dieser Vorurteile sind im Allgemeinen jene, deren Existenz wir uns gar nicht bewusst sind, mit denen wir vielleicht von Kindheit an aufgewachsen sind. Sie sind äußerst schwer auszurotten. Der einzige Weg, sie vollständig zu besiegen, ist durch Liebe. Wenn die Umgangsformen des Menschen bei uns Anstoß erregen, wird er mit der Zeit bessere lernen – falls nicht in dieser Inkarnation, dann in der nächsten – aber der Mensch ist Teil des Logos, ebenso wie wir es sind. Die Liebe Gottes übersteigt wie sein Friede das Verstehen und verzeiht nicht nur alles, sondern fühlt keine Notwendigkeit zu verzeihen.

Wir müssen lernen, Liebe zu allen Menschen zu empfinden, als ob sie unsere Bruderschüler wären. Das Band zwischen Schülern desselben Meisters ist das stärkste in der Welt, außer dem, das zwischen Mitgliedern der Bruderschaft besteht. Mit der Zeit wird der Schüler lernen, die Liebe, die er unter diesen Bedingungen der Einheit erworben hat, auszudehnen, bis er sie allen gegenüber fühlt, die er sieht.

Lehrer gibt es viele; doch die Meister-Seele ist nur eine, Alaya, die universelle Seele. Lebe in diesem Meister, wie sein Strahl in dir. Lebe in deinen Gefährten, wie sie darin leben.

Dies ist die gleiche Idee der Einheit, sogar noch schöner dargestellt.

Bevor du auf der Schwelle des Pfades stehst, bevor du das erste Tor durchschreitest, musst du die Zwei in das Eine verschmelzen und das Persönliche dem unpersönlichen Selbst opfern und so den Pfad zwischen den beiden zerstören – Antahkarana.

Die allgemeine Bedeutung dieses Verses ist uns ziemlich klar, aber der Gebrauch des Wortes *Antahkarana* ist etwas ungewöhnlich, besonders wie Madame Blavatsky es kommentiert hat. Sie sagt: »Antahkarana ist das niedere Manas, der Pfad der Verständigung oder Zwiesprache zwischen der Persönlichkeit und dem höheren Manas oder der menschlichen Seele. Beim Tode wird es als Verbindungspfad oder -mittel zerstört, und seine Überreste überleben in einer Form als Kama-Rupa – der Schale.«

Gegen Ende des dritten Bandes der *Geheimlehre* benutzt Madame Blavatsky manchmal das Wort Kama-Manas für das, was wir jetzt den niederen Verstand nennen, womit sie einen Verstand meint, dessen Wesensart während des persönlichen Lebens unter dem Einfluss von Kama aufgebaut wurde. Die Antahkarana könnte dann als das niedere Manas, rein und unbefleckt, angesehen werden, der Strahl des höheren Manas. Während des Lebens ist es einem Menschen möglich, mit dem höheren Manas durch diesen Kanal in Berührung zu kommen, und wie wir in *Die Meister und der Pfad* (Kap. 8) gesehen haben, widmet sich der Schüler der Aufgabe, den Kanal so auszuweiten, dass er immer ganz offen ist und sich das aktive höhere Manas ständig in der Persönlichkeit ausdrücken kann. Aber nach dem Tod hat der Durchschnittsmensch nicht die Freiheit, die er vorher hatte, neue Betätigungen zu beginnen oder neue Versuche anzustellen. Er ist jetzt in der Welt der Wirkungen, aus den Ursachen entsprungen, die er während des Erdenlebens in Gang gesetzt hat, und muss erst seine angesammelten niederen Emotionen auf der Astralebene abbauen und dann seine angesammelten höheren Emotionen auf der niederen Mentalebene im Devachan-Zustand. So hat in gewisser Hinsicht seine Antahkarana aufgehört, als ein Kanal nach unten zu funktionieren. Dies trifft allerdings nicht auf den Menschen zu, der Meister seiner eigenen Gefühle und Gedanken ist, oder auf den Schüler, der die Astral- und niedere Mentalebene nach Belieben durchstreift.

Das Ego im Kausalkörper hat sozusagen während des Lebens etwas von seiner eigenen Energie für die Suche nach brauchbarer Erfahrung investiert, für die seine Persönlichkeit eingerichtet war, und insofern als die Persönlichkeit in ihrer Mission versagte, ist diese Energie, sind diese Strahlen des höheren Manas, verloren. Sie bleiben nur als Mittelpunkt für die Schale oder sogar für die Erzeugung eines »Schwellen-Bewohners«, falls sie stark genug sind, bis zur nächsten Inkarnation zu überdauern.

In geläufigen theosophischen Ausdrücken bleibt der Mensch nach dem Tode eine Zeit lang in der Astralebene, länger oder kürzer, je nach der Menge und Ausdruckskraft seiner selbstsüchtigen Wünsche, seien sie grob, verfeinert oder gemischt. Dann erleidet er seinen zweiten Tod, den Tod des Astralkörpers, und geht weiter ins Devachan – einen besonderen Zustand auf der niederen Mentalebene – in seinem niederen Mentalkörper, in dem er alle seine selbstlosen Ambitionen und Wünsche vollkommen ausarbeitet. Während er in diesem letztgenannten Zustand ist, kann irgendein Teil des abgeworfenen Astralleichnams immer noch in einer geistesverwandten Umgebung umherirren, falls dieser Körper grob war. Alles das ist in meinen kleinen Arbeiten *Die Astralebene* und *Die Mentalebene* sehr ausführlich erklärt worden.

Als ich den Artikel über »Verlorene Seelen« schrieb, der in *Das innere Leben* aufgenommen worden ist, dachte ich an eine einfache Erklärung des Zusammenhanges zwischen dem höheren und niederen Denken. Bei weitem der größte Teil des Egos gehört zur höchsten Unterebene des Mentalen; ein kleiner Teil gehört zu der zweiten Unterebene und noch weniger zu der dritten. Wir können uns daher ein

Diagramm, welches das Ego auf jenen drei Unterebenen darstellt, etwa in der Form eines herkömmlichen Herzens vorstellen, das zu einem Punkt unten spitz zusammenläuft. Im gewöhnlichen Menschen kommt nur dieser kleine Punkt in die Persönlichkeit hinunter – so dass, auf das Ego bezogen, ein sehr kleiner Anteil von ihm in Tätigkeit ist.

Wahrscheinlich ist in Menschen, die unentwickelt sind, nicht mehr als der hundertste Teil davon tätig. Bei geistig Interessierten ist im Allgemeinen auch ein wenig von der zweiten Unterebene in Tätigkeit. Weiter fortgeschrittene Schüler haben einen Großteil dieser Unterebene in Tätigkeit, und auf der Stufe unterhalb der des Arhat ist ungefähr die Hälfte des Egos aktiv.

Das Ego hat nur teilweise Gewalt über seine niederen Körper, und die Antahkarana kann als der ausgestreckte Arm zwischen dem kleinen Teil des Egos, der erwacht ist, und dem nach unten geschickten Teil angesehen werden, der Hand, die häufig das Höhere vergisst und oft sogar gegen dieses arbeitet. Wenn die beiden vollkommen miteinander verbunden sind, hört dieser dünner werdende Faden auf zu existieren.

Im Sanskrit bedeutet das Wort *Antahkarana* das innere Organ oder innere Instrument, und die Zerstörung von diesem würde darauf schließen lassen, dass das Ego nicht mehr länger ein Instrument braucht, sondern direkt auf die Persönlichkeit wirkt.

Das Ego verliert tatsächlich einen Teil von sich, wenn der Zusammenhalt des Egos als Ganzem schwächer als die Kräfte der Verstrickung ist, aber er hat auch etwas während des Lebens gewonnen, und im Allgemeinen (immer, außer im Falle eines sehr lasterhaften Lebens) ist der Gewinn größer als der durch die Verstrickung mit dem niederen Manas erlittene Verlust. Ein wenig von ihm selbst und ein wenig des niederen Manas wird beim zweiten Tod im Kama-Rupa zurückgelassen. Die Antahkarana sollte man sich deshalb als das Verbindungsglied denken, welche das höhere und das niedere Selbst verbindet, und das verschwindet, wenn *ein* Wille die beiden führt.

Du musst vorbereitet sein, Dharma, dem strengen Gesetz, zu antworten, dessen Stimme dich bei deinem ersten, deinem Anfangsschritt fragen wird:

»Hast du dich an alle Regeln gehalten, oh du mit den hochfliegenden Hoffnungen?

Hast du dein Herz und deinen Verstand mit dem großen Verstand und dem Herzen der ganzen Menschheit in Einklang gebracht? Denn gleich der Donnerstimme des heiligen Stromes, in der alle Töne der Natur widerhallen, so muss das Herz dessen, der in den Strom eintreten will, erzittern in Erwiderung jeden Seufzers und Gedankens von allem, was lebt und atmet.«

Madame Blavatsky gibt uns hier eine lange Fußnote, in der sie erklärt, dass die nördlichen Buddhisten und sogar alle Chinesen in dem tiefen Tosen einiger der großen und heiligen Ströme den Grundton der Natur finden. Sie weist auf die sowohl in der Physik als auch im Okkultismus wohl bekannte Tatsache hin, dass der vereinte Klang der Natur – wie er im Brausen großer Ströme zu hören ist, dem Geräusch, das die sich wiegenden Baumwipfel in großen Wäldern verursachen, oder dem einer Großstadt, das aus der Ferne zu hören ist – ein bestimmter einzelner Ton von ziemlich abschätzbarer Tonhöhe ist. Alles das stimmt, und jemand, der es gelernt hat, kann stets den Unterton der Natur hören. Auch jeder Planet hat seinen eigenen Klang; er stimmt seine eigenen Noten an, während er sich durch den Raum bewegt, und durch diesen Ton weiß der Logos, ob alles in Seinen Welten in Ordnung ist, so etwa auf dieselbe Weise wie ein geübter Ingenieur nach dem Geräusch seiner Maschine sagen kann, ob mit ihrem Mechanismus alles stimmt. So muss der Schüler ständig auf das Leben in allem horchen, das ihn umgibt.

Das bringt uns zu der Eigenschaft der Sympathie zurück, auf der dieses Buch so entschieden besteht. Oft meinen wir, unsere nächsten Freunde zu verstehen, aber in Wirklichkeit verstehen wir sie nicht, was oft für einen außenstehenden Beobachter ganz offensichtlich ist. Aber ein Meister versteht immer; für ihn ist es unmöglich, etwas misszuverstehen. Er könnte sagen, dass er etwas nicht billigt, was er sieht; dennoch ist er immer in vollkommener Sympathie und versteht, ohne dass wir ein einziges Wort zu sagen brauchen. Wir müssen versuchen, andere zu verstehen, indem wir uns bemühen, Dinge so zu sehen, wie sie sie sehen, indem wir verstehen, welches ihre Gedanken sind, nicht indem wir tun, was sie tun.

Jünger können mit den Saiten der Vina verglichen werden, welche die Seele widerklingen lässt; die Menschheit mit ihrem Resonanzboden, die Hand, die über sie streicht, mit dem klangvollen Atem der großen Welt-Seele. Die Saite, die unter des Meisters Berührung nicht in wohlklingender Harmonie mit allen anderen antwortet, reißt und wird weggeworfen. So ist es auch mit den vereinigten Seelen der Lanoo Shravakas. Sie müssen in Einklang gebracht sein mit des Acharya Seele – die eins ist mit der Über-Seele – oder sie reißen weg.

Die Geistige Hierarchie macht Gebrauch von Jüngern wie von den Saiten einer Vina, auf denen sie die großartige Musik der Evolutions-Sinfonie spielen kann, damit diese ganze Musik dann unter der Menschheit widerhallen kann. Was würdest du, wenn du ein Musiker wärest, mit einer Saite machen, die sich nicht mit den übrigen harmonisch verschmelzen will, sondern versucht, sich mit Gewalt größere Beachtung zu verschaffen? Du würdest sie wegwerfen. Jeder, der sein eigenes Süppchen kochen will, der Wissen oder Befreiung wünscht oder irgendetwas anderes für sich selbst, taugt nicht dazu, ein Schüler des Meisters zu sein. Im Hinblick darauf wird jeder Schüler geprüft werden. Ihm werden einzelne Arbeiten gegeben werden, die ungetan bleiben, wenn er sie vernachlässigt. Wenn die Arbeit wichtig ist, wird der Meister immer einen Stellvertreter bereit haben, aber wenn sie gerade am Rande ist, kann sie weggelassen werden, und diese Saite wird beiseite geworfen werden.

Der Jünger muss nicht nur Harmonie mit dem großen Zweck des Meisters, sondern auch mit den übrigen Arbeitern haben. Ein Mensch muss die Arbeit seiner eigenen Abteilung ausführen und die der anderen nicht stören. Wenn deren Arbeit seine berührt, kann er ihnen nur entweder helfen oder sie behindern, und es ist seine Pflicht zu helfen, um es einem Bruder so leicht wie möglich zu machen. Diese gegenseitige Nachsicht und Hilfe wirkt wie Öl im Getriebe; wenn Öl fehlt, kann es noch arbeiten, aber nicht so glatt und gut, und es wird mehr Energie gebraucht, um es anzutreiben. Wenn man seine ganze Kraft in die Arbeit steckt, und doch viel davon durch Reibereien vergeudet, ist das fast das Gleiche, wie bloß einen Teil davon zu geben. Man muss nicht seinen eigenen Fortschritt, nicht einmal den Erfolg seiner eigenen Abteilung, sondern das Wohl des Ganzen im Sinn haben.

So handeln die Brüder des Schattens – die Mörder ihrer Seelen, die gefürchtete Sippe der Dad-Drugpa.

In allen ihren Schriften wendet Madame Blavatsky den Namen *Drugpa* auf die Brüder des Schattens an – Schwarzmagier, wie wir sie oft nennen. Vielleicht ist die Wahl dieses Namens etwas unglücklich, weil die Drugpas all die harten Dinge, die sie über sie gesagt hat, nicht ganz verdienen.

Ehe der Buddhismus im Tibet eindrang, gab es in jenem Land viel Verehrung von Elementalen und Naturgeistern, und es wurden ihnen regelmäßig Opfergaben von versöhnender Art bereitet. Die Religion war auf einer niedrigen Stufe, wie alle Religionen versöhnender Natur sein müssen. »Die Bön und Drugpas«, sagt Madame Blavatsky, »und verschiedene Sekten der ›Rotmützen‹ werden als die in der Hexerei versiertesten angesehen. Sie bewohnen West- und Kleintibet und Bhutan.« Die alte Religion lebt somit noch.

Dasselbe hat sich in anderen Religionen ereignet. Im Christentum hält sich noch immer Jehova – eine Stammesgottheit, die eifersüchtig auf andere Götter war. Die Juden wussten nichts von einer einzigen höchsten Gottheit, bis sie in assyrische Gefangenschaft verschleppt wurden; dann versuchten sie, den höchsten Gott, von dem sie dann hörten, mit ihrem eigenen Stammesgott zu identifizieren, und es entstand viel Durcheinander. Unglücklicherweise wurde das Christentum da hineinverwickelt, und das tritt immer noch im Abendmahlgottesdienst der Anglikanischen Kirche in Erscheinung. Im ersten Teil dieses Gottesdienstes werden die jüdischen zehn Gebote gelesen, wo von einem eifersüchtigen Gott gesprochen wird, aber später im selben Gottesdienst finden wir, dass Gott genannt wird »Gott von Gott, Licht von Licht, wahrer Gott von wahrem Gott«. Die alte Vorstellung der Versöhnung ging auch ins Christentum über, in die seltsame Vorstellung, dass Gott sich kaufen ließ durch den Tod seines eigenen Sohnes.

Obwohl die Menschen in Tibet zum größten Teil Buddhisten sind, kommt die alte Bön-Religion immer wieder hoch, denn sie hatte einen großen Einfluss auf die Herzen des Volkes. Dasselbe Phänomen kann man in den italienischen Apennin finden, wo die alte etruskische Religion, die viel älter als die römische ist, noch zu sehen ist. Die Katholische Kirche hat sich dieser vergeblich entgegengestellt. Ein weiteres Beispiel ist in Sri Lanka klar zu finden. Die Leute dort sind weitgehend Buddhisten, aber es gibt auch einige Christen, Nachkommen jener, die durch die Portugiesen bekehrt worden waren. In Augenblicken wirklicher Not, schlimmer Krankheiten oder Katastrophen kehren Buddhisten und Christen aber gleicherweise zu der alten »Teufelsverehrung« zurück. Wenn man sie fragt, warum sie das machen, antworten sie: »Natürlich sind wir Buddhisten oder Christen und sind zivilisiert; aber es könnte immerhin noch etwas an dem alten Glauben sein, und es schadet nichts, ganz sicher zu gehen.«

Die Endung *pa* bedeutet einfach »Leute«. Folglich werden die Anhänger des Meisters Kuthumi in Tibet die Kut-Hum-pa genannt. Die Bön-pa sind die Anhänger der Urreligion. Die Nachkommen der durch die erste Mission Bekehrten werden Nyingma-pa genannt. Dieses erste Eindringen des Buddhismus wurde rasch durch den alten Glauben korrumpiert. Die Kagyü-pa-Sekte stellt die Bekehrten der zweiten Mission dar, welche einige Jahrhunderte später als die erste nach Tibet gesandt wurde. Die Drug-pa oder Rotmützen gehören zu dieser Sekte und sind also zwei Stufen von den Bön-pa entfernt. Sie wurde auch verunreinigt und ließ zu, dass die alten Glaubensanschauungen sich einschlichen.

Dann kam die dritte und letzte Reform durch Tsong-ka-pa. Die Anhänger davon sind die Gelug-pa oder Gelbmützen. Zu dieser Sekte gehören der Dalai Lama und der Teshu Lama und die gegenwärtige Landesregierung. Zu ihr gehören äußerlich auch die beiden Meister der Theosophie. Die Leute dieser Sekte tragen bei großen Anlässen gelbe Gewänder und seltsame, nach oben spitz zulaufende, helmähnliche Kappen.

Aryasanga gehörte zu den Gelbmützen, ebenso natürlich auch Alcyone in seiner vorigen Inkarnation als Jünger des ersteren. Vielleicht verstärkte Alcyone die Ausdrücke seines Lehrers etwas, wenn er von den Rotmützen sprach. Sie »Mörder ihrer Seelen« zu nennen, steht kaum in Übereinstimmung mit dem Geist der buddhistischen Religion.

Der Drug-pa-Clan ist also nicht ganz so schlecht, wie er ausgemalt wurde. Sie sind Buddhisten mit überlagertem Naturkult. Nach Aussage von dessen Gegnern schließt dieser alte Kult Tieropfer ein, und zu einer Zeit sogar Menschenopfer.

Die Gelbmützen sind gegen sie, weil sie bestrebt sind, einen reineren Buddhismus aufrechtzuerhalten. Ihre Regeln sind genauer und lassen viel weniger Naturkult zu, obwohl sogar sie es nicht schafften, sich völlig davon freizuhalten, so dass wohl eines Tages eine neue Reform unternommen werden könnte. Aus dem Drug-pa-Clan haben sich einige den Gelbmützen angeschlossen und haben sogar die Aufmerksamkeit der Meister auf sich gezogen, folglich können sie nicht ganz und gar schlecht sein. Die Bön-pa sind keine sehr fortgeschrittene oder ausgezeichnete Art von Schwarzmagiern, sie also »Brüder des Schattens« zu nennen, verleiht ihnen mehr Ansehen als sie verdienen, selbst in ihrer eigenen Richtung.[13]

Hast du dein Sein in Einklang gebracht mit dem großen Leid der Menschheit, oh Jünger für das Licht?

Du tatest es? – Dann magst du eintreten. Doch ehe du deinen Fuß auf den mühseligen Pfad des Leidens setzt, ist es gut, wenn du zuerst die Fallgruben auf deinem Wege kennenlernst.

Noch einmal haben wir diese Idee des Leidenspfades. Es gibt kein Leiden auf diesem Pfad; unermüdliche Anstrengung ja, aber damit verbunden die größte Freude an der Arbeit. Von dieser Freude haben viele Lehrer gesprochen, manchmal mit dem Ergebnis, dass ihre Schüler, wenn sie auf die Anfangsschwierigkeiten trafen, enttäuscht waren. Aryasanga lag offensichtlich viel daran, keinen seiner Schüler irrezuführen, also betonte er die Schwierigkeiten.

Es gibt ein schwieriges Stadium, durch das alle hindurch müssen – ein Stadium zwischen zwei Gewissheiten. Vielen liegt in dieser Situation nichts an den weltlichen Dingen. Es kümmert sie nicht, ob sie Geld haben, hübsche Häuser und Kleidung. Falls sie zu Wohlstand kommen sollten, würde das für sie eine Verantwortung bedeuten, der sie wie jeder anderen begegnen würden, aber sie wären ebenso zufrieden, wenn sie gerade eben genug hätten. Die niedrigeren Dinge

---

13 Diese Schilderung der Schulen des Tibetischen Buddhismus entspricht nicht mehr der Realität des 21. Jahrhunderts. (Anm. d. Vlg.)

sind weggefallen, und doch sind die höheren noch eine Sache des Glaubens, nicht des Wissens und der Erfahrung. In diesem Zustand erlebt der Mensch unvermeidlich eine eintönige und manchmal eine fürchterliche Zeit, die länger oder kürzer anhalten kann und möglicherweise mehrere Male vorkommt.

Aber wenn das Höhere klar gesehen wird, ist alles verwandelt, und der Pfad wird vor Glück strahlend. Dann haben die niederen Dinge alle Anziehungskraft verloren; denn nichts könnte der Freude am Dienst für den Meister auch nur gleichen.

Im Leben des Jüngers gibt es weit größere Freude als in irgendeinem weltlichen Leben, wie schön die Umgebungen auch immer sein mögen. Er verzichtet auf persönliche Besitztümer jeder Art. Was soll er mit ihnen? In Indien geschieht es oft, dass ein großer Mann, der vielleicht Premierminister eines Staates war und großen Einfluss, Ruhm und Wohlstand besaß, eines Tages ruhig alles abgibt, ein gelbes Gewand anzieht und weggeht, ohne irgendetwas zu besitzen. Er tut es, während er recht gut beide Lebensformen kennt und klar sieht, dass das Leben, das er verlassen hat, arm ist an wirklichem Reichtum und Freude im Vergleich mit dem, welches er als Eremit oder wandernder Sannyasi führen wird. Es ist oft der Fall, dass jemand in einer herausragenden Stellung, wie etwa der frühere Zar von Russland, sehr wenig tun kann, um der Welt zu helfen. Solch eine Stellung reizt deshalb den Esoteriker nicht. Ich erinnere mich an den Fall eines weit fortgeschrittenen Studenten, der vor die Wahl gestellt wurde, ein Unbekannter zu bleiben oder zu einer leitenden Position in einem der bedeutendsten Länder der Welt aufzusteigen. Er wählte die letztere Alternative, und im Laufe der Zeit wurde er Premierminister von Großbritannien. In dieser Stellung fand er sich durch mächtige und selbstsüchtige Interessen eingezwängt und hatte die Macht der Kirche gegen sich. Unter dem Gewicht seiner Verantwortung wurde er in eine Politik der Beschwichtigung hineingetrieben. Obwohl es sein Anliegen war, den Menschen größere Freiheit zu geben, bedauerte er immer seine Wahl – obwohl sie völlig selbstlos gewesen war – und starb als enttäuschter Mann.

3

Die ersten drei Portale

Mit dem Schlüssel der Barmherzigkeit, mit Liebe und zärtlichem Mitleid ausgerüstet, stehst du sicher vor dem Tor von Dana, dem Portal, das am Eingang des Pfades wartet.

Aryasanga geht nun noch einmal kurz die sieben Portale durch, wobei er sie als Stufen auf dem Pfad auffasst und sie besonders vom Standpunkt der Fallgruben aus betrachtet, die den Schüler gefährden. An die hellere Seite der Angelegenheit, die Ermutigung und Stärke, die der Jünger erhält, wird im Moment gerade nicht gedacht; dies sollte man im Gedächtnis behalten, damit der Pfad nicht zu traurig erscheint.

Dana bedeutet, wie schon erklärt wurde, mehr als einfaches Almosen-Geben, sogar mehr als das Gefühl von Barmherzigkeit. Es schließt die völlige Hingabe von sich selbst an den Dienst für die Menschheit ein, ohne etwas zurückzubehalten.

Erschaue, oh glücklicher Pilger, das Tor, vor dem du stehst. Es ist hoch und weit, der Zutritt scheint leicht! Der Weg, der hindurchführt, ist gerade, eben und grün. Er gleicht einer sonnigen Lichtung in dunklen Waldestiefen, ein Erdenfleck, der Amitabhas Paradies widerspiegelt. Nachtigallen der Hoffnung und leuchtend gefiederte Vögel zwitschern dort, in grünen Lauben sitzend, und singen dem furchtlosen Pilger vom Erfolg. Sie singen von den fünf Tugenden des Bodhisattva, der fünffachen Quelle der Bodhi-Kraft, und von den sieben Stufen der Erkenntnis.

Schreite weiter! Denn du hast den Schlüssel mitgebracht; du bist gesichert.

Dieser Vers gibt uns eine schöne und poetische Beschreibung des Pfades, wie sein erster Teil dem glücklichen Pilger erscheint. Zuerst denkt er, er sei voller Freude, sehr angenehm und leicht zu gehen. Es ist leicht, wenn man den Heiligen Gral gesehen hat, alles übrige aufzugeben und ihm zu folgen. Aber nach einer Weile mag die Vision verblassen, der erste Enthusiasmus erschöpft sich, und der Mensch fängt an, müde zu werden. Es liegt in der menschlichen Natur, dauernd Veränderungen zu suchen. Man betrachte nur, wie die Leute sich auf eine Neuigkeit stürzen und wie nach kurzer Zeit ihr Interesse nachlässt. Die Beschäftigung wird eintönig, und sie wenden ihre Aufmerksamkeit etwas anderem zu.

Studien in den *Leben von Alcyone* zeigten uns, dass die meisten Menschen sehr wenige Fortschritte machen, selbst in einer Reihe von zwanzig oder dreißig Leben. Ein Mann schrieb, nachdem er gehört hatte, welchen Namen er in den *Leben* trug, und erfahren hatte, dass er vor 500 000 Jahren sehr ähnlich war, wie er jetzt ist: »Wenn mir irgendjemand früher gesagt hätte, dass ich vor 25 000 Jahren irgendetwas anderes gewesen sei als ein Wilder in den Wäldern, hätte ich das nicht glauben können.« Ich antwortete ihm: »Wenn Sie vor 25 000 Jahren ein Wilder in den Wäldern gewesen wären, dann wären Sie wahrscheinlich heute immer noch einer.«

Wenn sich allerdings ein Mensch wirklich für ein spirituelles Ziel begeistert, macht er sofort eine rasche Vorwärtsbewegung; wenn er seine Begeisterung nicht fortsetzen kann, ist es bedauerlich, aber wahrscheinlich hat er in dem Ansturm so viel geschafft, wie für ihn im gegenwärtigen Leben geplant war. Nun haben wir nicht nur das Motiv, vorwärts zu gehen, sondern wir haben auch einen großen Wissensschatz, um uns dazu zu befähigen, und das hilft uns, nicht zurückzufallen.

Wir müssen versuchen, unsere Begeisterung immer zu behalten und uns nicht zu gestatten, durch Launen beeinflusst zu werden, so dass wir dem ausgeliefert sind, was uns gerade auf der physischen Ebene oder auf den psychischen Ebenen beeinflusst. Unser Enthusiasmus wurde hart getestet, als Madame Blavatsky starb. Ich erinnere mich, wie er dazu neigte nachzulassen, als sie uns verließ. Sie hatte die Fähigkeit, uns alle zu begeistern; und als sie ging, fühlten wir uns matt, obwohl es einigen von uns gelungen war, in direkte Berührung mit den Meistern zu kommen.

Und zu dem zweiten Portal ist der Weg auch grün, aber er ist steil und windet sich bergauf, fürwahr bis zu seinem felsigen Gipfel. Graue Nebel hängen immer über seinen rauen und steinigen Höhen, und jenseits davon ist alles dunkel. Beim Weitergehen klingt der Gesang der Hoffnung schwächer in des Pilgers Herz. Das Beben des Zweifels überkommt ihn jetzt; sein Schritt wird unsicher.

Nimm dich davor in Acht, oh Jünger; hüte dich vor Furcht, die sich wie die schwarzen und lautlosen Flügel der mitternächtlichen Fledermaus ausbreitet zwischen dem Mondlicht deiner Seele und deinem hohen Ziel, das in weiter Ferne aufragt.

Furcht, oh Jünger, tötet den Willen und gebietet aller Tätigkeit Einhalt. Wenn es ihm an der Shila-Tugend fehlt, stolpert der Pilger, und karmische Kieselsteine verletzen seine Füße auf dem felsigen Pfad.

Der Schüler tritt im Allgemeinen mit einem herrlichen Gefühlsausbruch ein, und lässt dann nach. Der Grund dafür ist, dass er erwartete, obwohl er es nicht einmal sich selbst eingestanden haben mag, dass sein Leben sich von jetzt an völlig verändern würde. Vielleicht stellte er sich vor, dass er ein Leben voller Phänomene führen, dass er immer die Gegenwart des Meisters wahrnehmen und so fähig sein würde, nichts dazwischen kommen zu lassen, sonst würde die Seele in Dunkelheit gelassen werden.

»Die lautlosen Flügel der mitternächtlichen Fledermaus« gibt ein anschauliches Bild davon, auf welche Weise Angst einen Menschen befällt. Angst ist eines der tödlichsten Dinge, und sie bedrängt uns von jeder Seite, denn die Welt ist voll davon in einer Vielzahl unterschiedlicher Formen. Der Geschäftsmann ist in einem ständigen kleinen Aufruhr von Angst; der Angestellte fürchtet sich, was sein Vorgesetzter von ihm denken wird, oder davor, seinen Arbeitsplatz zu verlieren. Religiöse Leute haben Angst vor dem Tod, der Hölle, dem Schicksal der verstorbenen Freunde und lauter absurden Dingen. Viele Kinder leben in ständiger Angst vor den Älteren, ihren Vätern und den Lehrern in der Schule.

Aryasanga sagt sehr treffend: »Hüte dich vor Furcht.« Sie verdunkelt die Seele und macht aus ihr eine schwächere Widerspiegelung des Logos. Der Logos ist Liebe, und bei Johannes heißt es: »Vollkommene Liebe vertreibt Furcht.« (1 Joh 4,18)

Die Shila-Tugend ist Harmonie und gutes Betragen. Der Esoteriker hat einen Moralkodex, der verschieden von dem weltlichen ist – verschieden darin, dass er weit strenger ist. Er ist nicht durch die Regeln und Konventionen der Gesellschaft gebunden, sondern durch etwas weit Stärkeres – die Prinzipien des spirituellen Lebens, die nicht die geringste Abweichung von der Wahrheit, der Liebe und einem Leben des Dienstes gestatten, überhaupt ohne irgendwelchen Raum für Nachgiebigkeit gegen persönliche Wünsche.

Tritt sicher auf, oh Jünger. Bade deine Seele in Kashantis Essenz; denn nun näherst du dich der Pforte dieses Namens, dem Tor der Stärke und Geduld.

Wir sind an das dritte Portal gekommen. *Kashanti* ist Geduld und Stärke. Stetiger Enthusiasmus ist erforderlich, nicht die nervöse, ängstliche, schubweise Art von Begeisterung, die ihren Besitzer erschöpft, bevor sie irgendetwas Nützliches geleistet hat.

Schließe nicht deine Augen, noch verliere Dorje aus deiner Sicht; Maras Pfeile zerschmettern stets den Menschen, der nicht Vairagya erreicht hat.

Mara ist der König der Begierde, die Personifizierung der Begierde; so heißt es, dass seine Pfeile stets jene treffen, die nicht den Zustand von *Vairagya* oder Wunschlosigkeit erreicht haben.

Madame Blavatsky gibt uns eine Anmerkung über *Dorje* oder *Vajra*, den Blitz, den Stab der Kraft, der auch im zweiten Fragment erwähnt worden ist. Sie sagt:

> *Dorje* entspricht dem Sanskritwort *Vajra*, einer Waffe oder einem Werkzeug in den Händen einiger Götter (der tibetischen *Dragshed*, der Devas, die Menschen beschützen), und es wird angenommen, dass es dieselbe geistige Kraft besitzt, schlechte Einflüsse durch Reinigung der Luft abzuwehren, wie Ozon in der Chemie. Es ist auch eine Mudra, eine Geste und Haltung,

die beim Meditationssitz benutzt wird. Es ist ein Symbol der Macht über unsichtbare schlechte Einflüsse, einerlei ob als Körperhaltung oder als Talisman. Die Böns und Drugpas jedoch, die sich das Symbol angeeignet haben, missbrauchen es für Zwecke schwarzer Magie. Bei den Gelbmützen oder Gelugpas ist es ein Kraftsymbol, wie das Kreuz bei den Christen ist, und es hängt keineswegs stärker mit Aberglauben zusammen. Bei den Böns ist es gleich dem umgekehrten doppelten Dreieck das Zeichen von Hexerei.

Der Stab der Kraft, der in Shamballa aufbewahrt und bei Initiationen und bei anderen Gelegenheiten benutzt wird, ist wahrscheinlich der stärkste Talisman auf diesem Planeten. Gleichzeitig ist er ein großartiges Symbol dieser Kraft, die unwiderstehlich ist, die, wenn wir sie in uns fühlen, Furcht für uns unmöglich macht.

Talismane sind nicht bloße Überbleibsel von mittelalterlichem Aberglauben, wie einige annehmen. Wenn irgendjemand, der im geringsten Grade sensitiv ist, zu der Vitrine im Britischen Museum geht, die alte Juwelen der Gnostiker enthält, kann er sich leicht selbst von dieser Tatsache überzeugen, denn der Einfluss, der von einigen ausgeht, ist sehr deutlich zu fühlen. Ein Talisman ist ein kleiner Gegenstand, der mit Magnetismus aufgeladen ist, und sein Zweck ist es, alle Einflüsse abzuwehren, die nicht mit dem Magnetismus harmonisieren, mit dem er geladen ist. Seine Wirkung kann mit der eines Gyroskops verglichen werden, das sich auf solche Art dreht, dass er manchmal eher in Stücke bricht als seine Bewegung in der Richtung ändern zu lassen.

Ein Edelstein ergibt den besten Talisman, da er als höchste Klasse der Minerale Magnetismus am besten bewahrt. Unter gewöhnlichen Umständen fängt Angst schwach an und gewinnt nur allmählich an Stärke. In allen solchen Fällen ist ein Talisman, der mit der richtigen Art Magnetismus geladen ist, eine Hilfe, denn er wehrt jene ersten schwachen Schwingungen ab. Der Träger hat so Zeit, sich zu sammeln, seine eigene Kraft aufzurufen und in seinem Astralkörper Schwingungen der entgegengesetzten Art in Bewegung zu setzen.

Aryasanga kommt auf das Thema der Furcht zurück:

Hüte dich zu zittern. Unter dem Atem der Furcht wird der Schlüssel von Kshanti rostig; der rostige Schlüssel weigert sich, aufzuschließen.

Je weiter du vorwärtsschreitest, um so mehr Fallen werden deinen Füßen begegnen. Der Pfad, der weiter führt, wird von einem einzigen Feuer erleuchtet – dem Licht der Kühnheit, das im Herzen brennt. Je mehr jemand wagt, desto mehr muss er erreichen. Je mehr er fürchtet, um so mehr muss das Licht verblassen – und nur dieses kann führen. Denn wie der lange zurückbleibende Sonnenstrahl, der auf dem Gipfel eines hohen Berges erglüht, von der schwarzen Nacht gefolgt wird, wenn er verblasst, so ist es auch mit dem Licht des Herzens. Wenn es erlischt, wird ein dunkler und erschreckender Schatten von deinem eigenen Herzen auf den Pfad fallen und deine Füße in Schrecken an der Stelle verwurzeln.

Hüte dich, Jünger, vor diesem tödlichen Schatten. Kein Licht, das vom Geist scheint, kann die Dunkelheit der niederen Seele vertreiben, wenn daraus nicht jeder selbstsüchtige Gedanke geflohen ist, so dass der Pilger sagt: »Ich habe dieser vorübergehenden Gestalt abgeschworen; ich habe die Ursache zerstört; die Schatten, die sie geworfen, können als Wirkungen nicht länger bestehen.« Denn jetzt hat die letzte große Schlacht stattgefunden, der Endkampf zwischen dem höheren und dem niederen Selbst. Siehe, sogar das Schlachtfeld ist nun verschwunden in dem großen Krieg und besteht nicht mehr.

Aber wenn du einmal die Pforte von Kshanti passiert hast, ist der dritte Schritt getan. Dein Körper ist dein Sklave.

Aus diesen Versen wird klar, dass der Jünger lernen muss, das niedere Selbst völlig beiseite zu schieben. Furcht gehört zu diesem, denn das höhere Selbst kann in der ganzen Welt nichts zu fürchten haben. Die einzige Furcht, die ein wahrer Mensch haben kann, sagte ein alter römischer Philosoph, ist, dass er selbst es versäumen könnte, alle seine Tugenden oder Kräfte vollständig für das Gute zu benutzen.

Selbstsucht gehört auch zu ihm; und in dieser Hinsicht kann es erforderlich sein, die Gewohnheit von Hunderten von Inkarnationen umzuändern. Eine Zeit lang mag man sich etwas selbstsüchtig finden, sogar wenn das Herz sich schon eindeutig dagegen wendet; es ist vergleichbar mit dem, was passiert, wenn die Maschinen eines Dampfers plötzlich auf rückwärts gedreht werden, um ihn anzuhalten – das Schiff läuft noch immer vorwärts, gegen die Maschinen. Aber bald wird der Vorwärtsschwung völlig neutralisiert sein, und dann wird das Schiff den Maschinen vollkommen gehorchen.

Bis man diese Selbstsucht völlig beseitigt, kann das höhere Selbst nicht voll in die Persönlichkeit scheinen. Das Ego oder die Seele mag selbst etwas besitzen, was wie Selbstsucht aussieht, obwohl sie ganz verschieden von jener der Persönlichkeit ist. Es mag andere ignorieren, wenn es lediglich Manas bleibt und nicht Manas-Taijasi, Manas, das stark mit Buddhi verbunden ist, und könnte dadurch in dieser Hinsicht selbstsüchtig sein; aber es könnte niemals den Fehler begehen zu glauben, dass es durch den Verlust eines anderen gewinnen könnte, ein Fehler, der hier unten allgemein verbreitet ist. Menschen tun oft Dinge, etwa im Geschäftsleben, von denen sie wissen, dass sie falsch sind. Sie glauben, dadurch gewonnen zu haben, dass sie ihre Nachbarn übervorteilt haben, aber sie machen einen großen Fehler. Ganz abgesehen vom Karma-Gesetz, das mit Sicherheit wirkt, hat der Mensch sein Denken darauf gerichtet, zu planen, wie er betrügen kann. Er wird so die Auswirkung der ganzen Denk- und Wunschkraft zu erleiden haben, die er in diese Richtung in Bewegung gesetzt hat. Er hat eine Gewohnheit verursacht, und das nächste Mal, wenn sich eine Gelegenheit ergibt, eine hinterhältige Sache zu machen, wird es ein bisschen leichter für ihn sein, der Versuchung nachzugeben, und ein bisschen schwieriger, sich zu beherrschen und das Rechte zu tun. Wenn er den ganzen Vorgang sehen könnte und nicht bloß eine kleine Ecke davon, würde er feststellen, dass er nicht gewonnen, sondern gewaltig verloren hat.

Ein Ego könnte nicht so blind sein. Der Mensch, der betrügt, weil er nur die sofortigen Ergebnisse auf der physischen Ebene sieht, gleicht einem General, der das ganze übrige Schlachtfeld vernachlässigt, um eine kleine Stellung einzunehmen. Er mag diese Stellung erobern, aber er würde die Schlacht verlieren.

Wenn du das Stadium erreicht hast, wo du die Selbstsucht zerstört hast, kannst du sagen: »Ich habe die Ursache zerstört«, – die Ursache aller Schwierigkeiten und Sorgen hier unten.

Das Schlachtfeld, das nun verschwunden ist und nicht mehr besteht, ist die Antahkarana, die verschwindet, wenn das Höhere das Niedere verschlungen hat und nicht länger existiert.

Es scheint, dass Aryasanga im Hintergrund seiner Überlegung eine Idee von der Entsprechung zwischen diesen sieben Portalen und den sieben Prinzipien im Menschen hatte. Die ersten drei hängen in gewisser Weise mit den drei niedrigeren Prinzipien in der Persönlichkeit zusammen, während das vierte den reinen niederen Verstand betrifft, welcher der Strahl des höheren Manas ist und die Antahkarana darstellt. An diesem Punkt fangen die Versuchungen an, jene der höheren Prinzipien zu sein und damit zum inneren Menschen zu gehören.

4

Das vierte Portal

Nun bereite dich auf das vierte vor, das Portal der Versuchungen, die den inneren Menschen umgarnen.

Ehe du dich diesem Ziele nähern kannst, bevor deine Hand sich hebt, um den Riegel der vierten Pforte hochzuziehen, musst du alle mentalen Wandlungen in deinem Inneren gemeistert und das Heer der Gedankenempfindungen getötet haben, die subtil und heimtückisch sind und ungefragt in den hellen Schrein der Seele kriechen.

Es bestätigt sich in den Erfahrungen vieler Schüler auf dem Pfad, dass die allgemeinen Fehler, die man im gewöhnlichen Leben angetroffen und besiegt hat, später in einer anderen Form erneut erscheinen. So magst du den Stolz in seiner gewöhnlichen weltlichen Form getötet haben, aber er wird als spiritueller Stolz noch einmal erscheinen. So magst du auch den Wunsch nach weltlichem Gewinn losgeworden sein, aber er kommt wieder zum Vorschein als Wunsch nach persönlichem Fortschritt oder nach Wissen für persönliche Befriedigung, um des Gefühls willen, dass man Wissen besitzt. Und dann, selbst wenn Mitgefühl angefangen hat, sich als eine Kraft im Leben zu erweisen, versucht die Selbstsucht, es zu erobern und dich wünschen zu machen, bloß diese Ursache deiner eigenen Unbehaglichkeit und Unzufriedenheit loszuwerden, indem du den Anlass des Leidens außer Sichtweite rückst. Es ähnelt etwas dem Fall einer Hausfrau – falls es sie geben sollte – die nicht gerne Staub im Zimmer sieht und ihn deshalb unter den Teppich kehrt, statt die Wohnung richtig sauber zu halten.

Selbst Hass tritt wieder auf, so unglaublich es scheinen mag, dass ein so grobes Laster bei jenen erscheinen sollte, die sich darum bemühen, das höhere Leben zu führen. Einige unserer Schüler kommen ihm gefährlich nahe, wenn ein anderer über irgendein Thema anderer Meinung ist als sie, sagen wir über das der Planetenketten oder über die Frage, ob Mars und Merkur zu unserer Erdkette gehören oder nicht! Natürlich, wenn man rundheraus fragt: »Hasst du So-und-so, weil seine Meinung über diesen Punkt verschieden von deiner ist?«, wird er es verneinen. Aber er wird den anderen nicht besuchen gehen; und wenn sie sich zufällig treffen sollten, wird er sich sehr gestört fühlen und Antipathie empfinden oder wird dieses Gefühl mit einer künstlichen Ungezwungenheit überdecken, einer glatten Oberfläche wie Öl auf Wasser.

Dies ist ein außerordentlich hartnäckiger Fehler, und er ist für einige der großen Schwierigkeiten in der Welt verantwortlich gewesen. War nicht die ganze christliche Welt im 4. Jahrhundert erschüttert und auseinandergerissen wegen eines einzigen Punktes auf einem Buchstaben eines Wortes? Er bedeutete den Unterschied in dem Wort, ob der Zweite Logos von der*selben* Substanz wie der Erste war oder von *gleicher* Substanz. Dies war die ganze Kontroverse, die rund um Alexandria tobte, zwischen den sogenannten Arianern und den Orthodoxen. Und jetzt, sind nicht Millionen von Christen auf der einen Seite und Millionen von Christen auf der anderen nur gespalten wegen der Frage, ob der Dritte Logos direkt aus dem Ersten hervorging oder aus dem Ersten durch den Zweiten? Dies ist die berühmte »filioque-Kontroverse« über das, was man den Hervorgang des Heiligen Geistes nennt, die zu der Trennung zwischen den beiden großen Sektionen der christlichen Kirche führte. Die östliche oder griechische Kirche glaubt, dass der heilige Geist, der Dritte Logos, vom Vater kam – einfacher Hervorgang – aber die westliche oder römische Kirche glaubt, dass Er vom Vater *und* dem Sohn kam – doppelter Hervorgang. Der ganze Streit geht um etwas, über das niemand irgendetwas wissen kann und das für niemanden von irgendeiner praktischen Bedeutung ist. Von Diagrammen, die uns gezeigt worden sind, können wir Theosophen folgern, dass beide Seiten Recht haben, aber keine von beiden wird diese Vorstellung begrüßen.

Im Buddhismus, um ein anderes Beispiel zu nehmen, sind zwei große Gruppen, die derselben Religion angehören, durch die Frage gespalten, ob die Plattform, die für die Durchführung bestimmter Zeremonien auf dem Wasser errichtet wird, aus drei oder aus vier Planken zusammengesetzt sein sollte. Sie müssen deshalb ihre Zeremonien getrennt verrichten!

Was macht es aus, ob Mars und Merkur zu unserer Kette gehören oder nicht? Wir können ebenso gute Männer und Frauen sein, ebenso gute Staatsbürger, ebenso ernste Theosophen, ebenso gute Diener der Meister und man hofft ebenso gute Freunde, wie unsere Meinung auch immer sei. Ich persönlich forsche und beobachte so sorgfältig ich kann und verbreite dann, was ich weiß, da mir das als meine Pflicht erscheint, aber ich habe niemals behauptet, unfehlbar zu sein, und ich lerne jeden Tag dazu. Ich würde nie daran denken, an irgendjemandem etwas auszusetzen, der mit dem, was ich sage, nicht übereinstimmt. In der Tat habe ich Annie Besant mehr als einmal sagen gehört, wie sehr sie hofft, dass niemand jemals ein Dogma aus etwas machen wird, was sie gesagt hat, und sie als Hindernis für den zukünftigen Fortschritt in der Theosophischen Gesellschaft aufstellen wird und als Grund einer Uneinigkeit. Wenn sie überhaupt irgendeine Sorge hat, besteht sie in Hinsicht auf diese Gefahr.

Theosophen sollten eigentlich den Gedanken der Unfehlbarkeit irgendeiner speziellen Wissensquelle aufgegeben haben. Die Frage für uns, wenn eine neue Idee verkündet wird, sollte lauten: »Klingt es wahr? Inspiriert, erhebt, erleuchtet es?« Und nicht: »Wer hat es gesagt? Aus welchem Buch hast du das?« Es gibt allerdings einige, die, nachdem sie den blinden Glauben an die Bibel aufgegeben haben, ihn auf die *Geheimlehre* übertragen haben, welche, obwohl eine Fundgrube wunderbarer Weisheit, doch nicht vollkommen ist, wie schon ihre Autorin sagte. Sie ist, sagte sie, bloß eine Auswahl von Fragmenten aus den fundamentalen Lehrsätzen der geheimen Lehre unter besonderer Beachtung einiger Tatsachen, die von verschiedenen Schriftstellern aufgegriffen und bis zur vollkommenen Unkenntlichkeit der Wahrheit entstellt worden sind. Und sie zitierte die Worte von Montaigne: »Ich habe hier nur aus gepflückten Blumen einen Strauß gemacht und nichts eigenes hinzugefügt als den Faden, der sie verbindet.« Die *Geheimlehre* wird für Theosophen viele Jahrhunderte lang eine Schatzkammer sein; lasst sie uns nicht mit dem Fluch des Dogmatismus behaften. Niemand kann in der Esoterik das letzte Wort sprechen. Die Erkenntnis, die wir bis jetzt erworben haben, gleicht nur dem Hochheben einer kleinen Ecke eines großen Schleiers; wir haben keine Vorstellung von dem, was durch das Aufheben eines anderen Teiles enthüllt werden mag.

Ehe man hoffen kann, dieses vierte Portal zu durchschreiten, sagt Aryasanga, muss man die mentalen Wandlungen in sich selbst gemeistert haben. Stimmungen kommen und gehen und färben unsere Einstellung sehr wirksam. Es ist für einen Menschen schwierig zu erkennen, dass, wenn er von einer Depression umwölkt ist, die Welt außen in Wirklichkeit nicht schwärzer ist als vorher. Wenn ihn ein großer, bestürzender Kummer befallen hat, empfindet er etwas wie einen Schock, wenn er hinausgeht und sieht, dass die Sonne immer noch scheint und die Leute lächeln und sogar lachen.

Ein Mensch, dem sehr elend zumute ist, wird manchmal ziemlich ungehalten, wenn er andere so glücklich sieht. Er denkt, die Welt sei sehr hart und er sei ihr ziemlich egal. Er vergisst, dass gestern, als er glücklich war, einige andere betrübt waren und er sich nicht um sie gekümmert hat, sondern ganz angenehm in den Tag lebte. Ich weiß, dass Depression etwas sehr Reales ist, aber sie ist immer selbstgeschaffen oder selbst-zugelassen. Manchmal kommt sie von schlechter Gesundheit, Übermüdung oder nervlicher Belastung. Bei anderen kommt sie von der Astralwelt, wo es viele sogenannte tote Menschen in einem depressiven Zustand gibt. Es ist deshalb nicht immer unsere eigene Schuld, dass die Depression kommt, aber man ist selbst schuld, wenn man ihr erlaubt zu bleiben.

Eine ziemlich große Anzahl von Menschen scheint sich vorzustellen, dass ihre Einstellung den Dingen gegenüber etwas ausmacht. »Oh nein, du wirst mich nie dazu bekommen, das zu glauben!«, wird so ein Mensch sagen und sich einbilden, dass sein Unglauben die in Frage stehende Angelegenheit beseitigt. Aber wenn etwas eine Tatsache ist, bleibt es eine Tatsache, ob er es nun glaubt oder nicht. Dies ist eine der seltsamen Eigenheiten, worin sich die menschliche Einbildung zeigt.

Man muss sich auch vorsehen, dass weder gleichgültige Gedanken einen beim Dienlichsein stören noch man für eine Gelegenheit, einem Menschen einen guten Dienst zu erweisen, blind ist, weil man etwas an ihm nicht mag – etwa die Art, wie er sein Haar schneidet.

So etwas klingt trivial, aber es zeigt den Zustand seines Gemütes und Charakters. Oft ist es eine Erwägung bezüglich der Rasse, Klasse oder Kaste, die im Wege steht. Der Brahmane in Indien vernachlässigt häufig seine Pflicht gegenüber anderen aus diesem Grunde. Jeder sollte eine faire Chance haben, sozial und moralisch aufzusteigen, so weit es ihm möglich ist. Natürlich kann man die Verhältnisse von Millionen Menschen nicht in kurzer Zeit bedeutend verändern, aber man kann immer liebenswürdig und rücksichtsvoll diesen Leuten gegenüber sein und jedem von ihnen helfen, der Hilfe erhalten kann.

Wenn du nicht von ihnen getötet werden willst, dann musst du deine eigenen Geschöpfe unschädlich machen, die Kinder deiner Gedanken, die unsichtbar und ungreifbar sind und die Menschheit umschwärmen als die Nachkommen und Erben des Menschen und seine irdische Beute. Du musst die Leere des scheinbar Vollen erforschen, die Fülle des scheinbar Leeren.

Die *Fülle des scheinbar Leeren* ist eine bedeutungsvolle Redewendung. Sie trifft auf viele verschiedene Verhältnisse zu. Zuerst denkt man an das Koilon, den Äther des Raumes. Gewöhnlich halten die Menschen den Raum für etwas Leeres, aber tatsächlich ist er mit einer Materiendichte gefüllt, die man sich kaum vorstellen kann. Gerade die anscheinend feste Materie ist »leer«. Die Materie, die wir sehen, besteht aus Löchern in der wirklichen Materie, aus im Koilon gebildeten Blasen.

Die Hindus sprechen von Wurzelmaterie oder *Mulaprakriti*; davon ist Koilon eine Verdichtung, glaube ich. Sie sagen, dass, wenn der Logos sich selbst erkennt, wenn er sich von dem Absoluten unterscheidet und sozusagen zurückblickt auf dieses Absolute, er dieses nicht sieht, sondern einen darüber geworfenen Schleier – und dieser Schleier ist *Mulaprakriti*. In der *Geheimlehre* zitiert Madame Blavatsky die Worte von Swami T. Subba Row über dieses Thema wie folgt:

»Sobald es (d. h. der Logos, »... die erste Manifestation [oder Aspekt] von *Parabrahman*«) als ein bewusstes Wesen ins Dasein tritt ... erscheint ihm *Parabrahman* von seinem objektiven Standpunkt aus als *Mulaprakriti*. Bitte behalten Sie das im Gedächtnis, ... denn hier liegt die Wurzel der ganzen Schwierigkeit, die von den verschiedenen Schriftstellern über Vedanta-Philosophie in Bezug auf *Purusha* und *Prakriti* empfunden wurde ... Dieses Mulaprakriti ist für ihn (den Logos) so materiell, wie irgendein materieller Gegenstand es für uns ist. *Mulaprakriti* ist nicht mehr *Parabrahman* als ein Bündel von Attributen einer Säule die Säule selbst ist; *Parabrahman* ist eine unbedingte und absolute Realität, und *Mulaprakriti* ist eine Art von Schleier, der darüber geworfen ist. *Parabrahman* selbst kann nicht gesehen werden, wie es ist. Es wird vom Logos gesehen mit einem darüber geworfenen Schleier, und dieser Schleier ist die mächtige Weite kosmischer Materie ... (Band I, S. 462, siehe auch S. 69).«

Der Logos, der hier erwähnt wird, ist der Logos unseres Universums, in welchem Millionen von Sonnensystemen sind – nicht der Logos *eines* Sonnensystems. Er war es, der seinen Atem in die Wurzelmaterie blies, die Löcher in den Raum bohrte, so dass das Universum ins Dasein trat. Vierzehntausend Millionen dieser Blasen bilden ein physisches Atom, und achtzehn von diesen letzteren bilden ein Wasserstoffatom, welches das leichteste der chemischen Elemente ist.

Deshalb ist es eine Tatsache, dass alles, was wir als Materie kennen, nichts anderes ist als Löcher in der wirklichen Materie. Der Druck dieser Wurzelmaterie beträgt mehrere Millionen Tonnen pro Quadratzentimeter. Wenn die Menschen lernen, diesen Druck auszuschalten, werden sie fähig sein, diese gewaltige Kraft zu benutzen, um ihre Maschinen zu betreiben. Sie werden die Kraft des Logos nutzen können, die im Atom ist, das sich gegen diesen hohen Druck hält. Aber zuerst wird die Kraft erschlossen werden, die die Auflösung des physischen Atoms mit sich bringt.

Die Fülle des scheinbar Leeren und die Leere des scheinbar Vollen kann in den verschiedensten bekannten Erfahrungen studiert werden. Die Atmosphäre ist voll von den Gedanken anderer Menschen und anderer Wesen. So heißt es bei Sinnett in »Die okkulte Welt«:

»Jeder Gedanke des Menschen geht, sobald er entwickelt wurde, in die innere Welt über und wird zu einem aktiven Wesen, indem er sich mit einem Elemental verbindet, vereinigt könnten wir es nennen – das bedeutet mit einer der halbintelligenten Kräfte der Naturreiche. Er lebt weiter als eine aktive Intelligenz – ein vom Verstand gezeugtes Geschöpf – während eines längeren oder kürzeren Zeitraumes, entsprechend der ursprünglichen Intensität der Gehirntätigkeit, die ihn erzeugte. So wird ein guter Gedanke als eine aktive, wohltätige Kraft aufrechterhalten, ein schlechter als ein schädlicher Dämon. Und so bevölkert der Mensch ständig seinen Strom im Raum mit einer ihm eigenen Welt, die mit seinen Phantasien, Vorstellungen, Wünschen, Impulsen und Leidenschaften dicht angefüllt ist, eine Strömung, die sich auf jeden sensitiven oder nervösen Organismus, der mit ihr in Berührung kommt, entsprechend ihrer dynamischen Intensität auswirkt.«

Weiter kann es sein, dass jemand gerade in einem Zimmer meditiert, das leer ist oder voller anderer Leute. Im letzteren Falle kann es für ihn leer sein, weil jene anderen Leute ihn nicht besonders beeinflussen. Im ersteren Falle kann es dennoch voller mächtiger unsichtbarer Wesenheiten und Einflüsse sein, die dort durch die Meditation angezogen wurden und damit beschäftigt sind, ihre Kraft auf ihn auszugießen, der alleine zu sein scheint.

Etwas Ähnliches kann man in den unterschiedlichsten Lebenssituationen beobachten. Viele anscheinend große Ereignisse gehen an uns vorbei und lassen uns unberührt, während manche winzigen Vorkommnisse das ganze Leben beeinflussen können. Der Tod eines nahen Verwandten oder der Verlust unseres Reichtums sehen so bedeutend aus, wenn sie sich ereignen, dass man denkt, sie würden eine bleibende Kerbe in unserem Leben hinterlassen, und doch kann es sein, dass sie schließlich kaum etwas ausmachen. Das ist meine Erfahrung gewesen. Als junger Mann verlor ich das ganze ansehnliche Vermögen, das ich besaß, in einer großen Finanzkatastrophe. Es schien zu der Zeit ein dramatisches Ereignis; trotzdem hat es für mich keinen Unterschied bedeutet. Aber mein gelegentliches Zusammentreffen mit jemandem, der mir über Madame Blavatsky erzählte, hat mein Leben völlig verändert. Das Treffen schien zufällig zu sein, aber es muss beabsichtigt und arrangiert worden sein in dieser scheinbaren Leere, die tatsächlich in jeglicher Hinsicht so voll ist.

Ebenso schaute ein vorbeikommender Deva eines Sonntagmorgens zu mir herein, als ich gerade einigen Theosophen in Adyar einen Vortrag hielt. Er zeigte mir einige Arten, auf welche die Devas am Anfang der kommenden Menschheit die Welt durch Religion beeinflussen werden. Ich hielt es damals nur für eine liebenswürdige Handlung eines vorbeikommenden Freundes, aber jetzt bin ich sicher, dass es viel mehr als das war, angesichts dessen, was sich daraus ergeben hat. Es führte zu unserer Kenntnis von sehr vielem über die Anfänge des Neuen Zeitalters, zu der Untersuchung, auf die sich der zweite Teil von *Der Mensch: Woher, wie und wohin* stützt, und etwas später zu der gemeinsamen Forschung durch Annie Besant und mich, die den ersten Teil desselben Buches ergab. Als ich in diese Zukunft vorausschaute, sah ich, dass sie durch dieses Buch in Erinnerung bleiben würde, wenn alles, was sie davor geschrieben hatte, schon vergessen worden sein würde.

Oh furchtloser Schüler, blicke tief in den Brunnen deines eigenen Herzens hinein und antworte. Kennst du die Kräfte des Selbstes, oh du, der äußere Schatten scheut?

Reinheit ist etwas Großartiges, aber sie ist nicht ausreichend. Das kleine Kind ist rein, weil es nichts von gut und böse weiß. Auch Wissen ist nötig, damit wir handeln können, und ebenso der Wille, dieses Wissen in Handlung umzusetzen. Die Tiere sind reiner als der Mensch, die Pflanzen noch reiner; sie haben nicht die Vorstellungskraft des Menschen, die ihn veranlasst, nach materiellem Vergnügen zu trachten und dabei Naturgesetze zu missachten oder geringzuschätzen. Trotzdem ist es notwendig, dass der Mensch durch diese Erfahrung mit der Materie hindurchgeht, damit er Wissen erwerben und dann zu dem Göttlichen, aus dem er herabkam, zurückkehren kann, indem er seine Reinheit wiedergewinnt. Wir kommen als göttliche Wolke aus dem Logos hervor, aber kehren zu ihm zurück als göttliches Wesen mit deutlich ausgeprägten Kräften.

Der Mensch auf dem Pfad hat das göttliche Selbst in sich erkannt und ist dabei, aus dem Einfluss der Welt der Schatten herauszukommen. Deren Wirklichkeit ist nur relativ und ist für ihn nun keine Wirklichkeit neben jener des innewohnenden Lebens, welches ihm ein weit reicheres Feld bewusster Erfahrung bietet als die Erregung, die durch die Auswirkungen äußerer Dinge hervorgerufen wird. Er hat viele Inkarnationen lang die Schatten für wirklich gehalten, für vollkommen wirklich, für wirklicher als irgendetwas anderes, und das alles war notwendig; denn ohne ihre Anziehungskraft wäre er nie erwacht, hätte niemals Acht gegeben, niemals überhaupt irgendetwas gelernt.

Wenn nicht, dann bist du verloren.

Denn auf dem vierten Abschnitt des Pfades wird der leichteste Hauch von Leidenschaft oder Begierde das gleichmäßige Licht an den reinen weißen Wänden der Seele in Unruhe versetzen. Die geringste Welle der Sehnsucht oder des Bedauerns für Mayas Gaben der Täuschung entlang Antahkarana – dem Pfad, der zwischen deinem Geist und deinem irdischen Ich liegt, der Straße der Sinneswahrnehmungen, der rauen Erwecker von Ahamkara – ein Gedanke, flüchtig wie der Blitzstrahl, wird dich deine drei Preise verlieren lassen – die Preise, die du gewonnen hast.

Aryasanga spricht nun über *Vairagya*. Er sagt, während man nach dessen Vervollkommnung strebt, wirft die geringste Erwiderung auf die Anziehungskraft der Dinge oder Begierde für sie einen wieder in die Reihen derer zurück, die in Unruhe sind. Dies erinnert an das Gleichnis von der Seele, die so durchsichtig ist wie ein Bergsee. Hier nimmt er das Gleichnis einer Lampe, um die Ruhe auszudrücken, die in diesem Stadium erlangt werden muss. Selbst ein gelegentlicher Gedanke wirft einen zurück; das ist wahr, aber wir müssen uns die Einschränkung merken. Wenn es unser eigener Gedanke ist. Wie ich vorher schon erklärt habe, wenn es lediglich eine Widerspiegelung des Gedankens von jemand anderem ist, lediglich eine herangetriebene Gedankenform, die die Aufmerksamkeit auf sich gelenkt hat und die nicht aufgenommen und zu unserer eigenen gemacht wird, dann gibt es nicht dieselbe Störung in unserer Reinheit und Ruhe.

Manchmal bereiten solche vorbeiziehenden Gedanken sehr guten Menschen Kummer, und sie glauben, sie müssten sehr lasterhaft sein, da sie solche Ideen haben. Aber wenn sie diese nicht aufnehmen, nähren und verstärkt wieder aussenden, um größere Zerstörungsarbeit zu bewirken, haben sie in Wirklichkeit keinen Fehler begangen. Es ist ganz richtig, dass wir uns eines schlechten oder unreinen Gedankens nicht bewusst sein würden, wenn er nicht etwas ihm Verwandtes in uns berühren würde. Aber damit sagen wir nur, dass wir noch nicht vollkommen sind. Falls ein Gedanke dieser Art durch den

Sinn eines Adepten zöge, würde er ihn nicht einmal bemerken; aber wenn viele davon um ihn herum wären, könnte es sein, dass er sie verscheuchen müsste wie man Fliegen und Mücken verscheucht. Sei deshalb nicht unnötigerweise über instinktive Regungen von Ärger oder Selbstsucht oder unerwünschte flüchtige Gedanken beunruhigt; sie sind ein Erbe aus der Vergangenheit oder gehören zu deiner Umgebung. Aber nimm sie nicht auf, denn wenn du das tust, wird es dir nicht nur misslingen, innere Gelassenheit zu erreichen, sondern du wirst die drei schon gewonnenen Preise verwirken und wieder ganz von vorne anfangen, den Pfad hinaufzuklettern.

Antahkarana wird hier die Landstraße der Sinneswahrnehmungen genannt. Es ist das mysteriöse Mittel, durch welches materielle Dinge sich auf das Bewusstsein auswirken können, der Kanal zwischen Objekt und Subjekt, das, was verursacht, dass ein Aufprall auf ein Sinnesorgan im Bewusstsein als eine Empfindung erscheint. Eine solche Empfindung, die direkte Wahrnehmung von Gegenständen, ist lebhafter als jede Beschreibung durch Worte. Etwas gehört, gesehen oder gefühlt zu haben, vermittelt einem ein stärkeres Gefühl von dessen Realität als lediglich darüber nachgedacht zu haben. Gerade deshalb ist hellsichtige Wahrnehmung der anderen Ebenen so viel mehr wert als die Beschreibung, die wir geben können. Es ist auch der Grund, warum Yoga-Bücher sagen, dass die ganze Aussage von anderen und alle seine Meinungen über Dinge, die er bisher nicht gesehen hat, schließlich vom Schüler durch seine eigene direkte Wahrnehmung ersetzt werden müssen, die allein eine klare Vorstellung von der Wahrheit geben kann.

Sinneswahrnehmungen werden hier die rauen Erwecker von *Ahamkara* genannt. *Aham* bedeutet »ich«, und *kara* heißt »machen«; deshalb bezeichnet *Ahamkara* den »Ich-Macher«. Allein schon die Lebendigkeit dieser direkten Erfahrung ruft durch den Kontrast die Lebhaftigkeit unserer Wahrnehmung von unserer eigenen Existenz hervor; und da dieser Prozess auf allen Ebenen vorkommt, ruft er die Lebendigkeit der falschen Persönlichkeit hervor, während der Mensch noch in der Welt ist. Wenn er sich aber schon richtig auf dem Pfad befindet und der Wahn des persönlichen Ichs ganz zerstört worden ist, verbindet er sich mit dem Selbst, das der Atma, der Wille, im spirituellen Menschen ist.

Denn wisse, dass das Ewige keinen Wechsel kennt.

Man muss bereit sein, das Niedere um des Höheren willen aufzugeben; man kann weltliche Güter nicht in das Himmelreich mitnehmen. Die Gesetze und Bedingungen der höheren Welt werden sich nicht ändern, um sich den Wünschen irgendeines Schülers anzupassen.

»Die acht schrecklichen Qualen gib für immer auf, sonst kannst du sicherlich nicht zur Weisheit und auch noch nicht zur Befreiung gelangen«, sagt der große Herr, der Tathagata der Vollkommenheit, »er, der den Fußstapfen seiner Vorgänger gefolgt ist«.

Die acht schrecklichen Qualen sind: Bösartigkeit, Trägheit, Stolz, Zweifel, Begierde, Wahn, Unwissenheit und zukünftige Leben. Die letzte erscheint auf den ersten Blick seltsam; aber die Bedeutung ist ganz klar – dass das Leben in dieser Welt Elend bedeutet im Vergleich zu dem, was die höheren Ebenen uns anzubieten haben.

Der Titel *Tathagata* wird hier übersetzt mit: »Er, der in den Fußstapfen seiner Vorgänger geht.« In Ceylon wurde uns gesagt, dass es heißt: »Er, der rechtmäßig gesandt wurde.« Das bezeichnet jemanden, der von der Großen Weißen Bruderschaft als ihr Botschafter in die Welt geschickt worden ist; und einer, der auf solche Art geschickt wird, folgt notwendigerweise den Spuren jener, die vor ihm kamen. Das ist die Ursache, weshalb die Geschichte der Initiation mit wenig Veränderung in der Überlieferung unterschiedlicher Nationen erscheint, besonders in der Form dessen, was man den Sonnenmythos nennt.

Ernst und anspruchsvoll ist die Tugend der Vairagya. Wenn du ihren Pfad meistern willst, musst du dein Denken und deine Auffassungen viel freier als vorher von tötender Handlung halten.

Du musst dich mit reinem Alaya durchtränken, wie eins werden mit dem Seelen-Gedanken der Natur. Eins geworden mit ihr, bist du unbesiegbar; getrennt wirst du zum Spielplatz von Samvritti, dem Ursprung aller Täuschungen der Welt.

Es gibt auch eine lange Fußnote, die *Samvritti* erklärt:

Samvritti ist diejenige der beiden Wahrheiten, die den illusionären Charakter oder die Leere aller Dinge aufzeigt. Es ist in diesem Falle relative Wahrheit. Die Mahayana-Schule lehrt den Unterschied zwischen diesen beiden Wahrheiten – *Paramarthasatya* und *Samvrittisatya* (*Satya* = Wahrheit). Dies ist der Zankapfel zwischen den *Madhyamikas* und den *Yogacharyas*. Die ersteren bestreiten, die letzteren versichern, dass jeder Gegenstand infolge einer vorausgegangenen Ursache oder durch eine Verkettung existiert. Die *Madhyamikas* sind die großen Nihilisten und Leugner, für die alles *Parikalpita* ist, eine Illusion und ein Irrtum in der Welt der Gedanken und des Subjektiven ebenso wie im objektiven Universum. Die *Yogacharyas* sind die großen Spiritualisten. *Samvritti*, als lediglich relative Wahrheit, ist daher der Ursprung aller Täuschung.

Es ist das Unterscheidungsvermögen, die erste der vier Voraussetzungen, das jemanden befähigen kann, immer zwischen dem Wirklichen und dem relativ Wirklichen, welches wir manchmal das Unwirkliche nennen, zu unterscheiden. Jedes Mal, wenn man das Unwirkliche durchstößt und das Wirkliche sieht, wird es leichter, es zu wiederholen, weil dasjenige, wodurch wir das Wirkliche wiedererkennen, Gott in uns ist. Je mehr dieses erweckt ist, um so leichter wird es sein, dessen Zweck in allen Dingen zu sehen und dessen Leben in anderen Menschen.

Dasselbe reine *Alaya*, das in uns ist und ebenso hinter dem göttlichen Gemüt in der Natur, ist von den Sehern aller Religionen wahrgenommen worden. Ein gelehrter Mohammedaner sagte mir einmal, dass der bekannte Satz des Islam, Lā ilāha illā 'illāh, nicht bedeutet: »Es gibt keinen Gott außer Gott«, wie er im Allgemeinen übersetzt wird, sondern »Es gibt nichts außer Gott«. Er erklärte, dass die arabischen Worte wörtlich aufgefasst werden könnten, so dass sie die erstere Bedeutung haben, aber die letztere sei die esoterische Bedeutung, die insgeheim unter ihresgleichen vermittelt werde. Dies ist die wahre Verkündung des Monotheismus; nicht einfach, dass es viele Götter gibt, aber nur einer ist des Namens und der Anbetung würdig. Diese esoterische Interpretation bildet, falls sie genau ist, ein starkes Bindeglied zum Hinduismus, der sagt »Einer allein, ohne einen Zweiten«, der Eine, in dem, wie sie sagen, beides sei, Sein und Nicht-Sein.

Alles ist unbeständig im Menschen außer der reinen, hellen Essenz von Alaya. Der Mensch ist ihr kristallener Strahl; ein Strahl unbefleckten Lichtes im Inneren, eine Form aus Lehm an der unteren Außenfläche. Dieser Strahl ist dein Lebensführer und dein wahres Selbst, der Wächter und der stille Denker, das Opfer deines niederen Ich. Deine Seele kann nicht verletzt werden, außer durch deinen in die Irre gehenden Körper; beherrsche und meistere beide, und du bist sicher, wenn du hinübergehst zu der sich nähernden »Pforte des Gleichgewichts«.

Nichts außer dem EINEN ist beständig. Die Persönlichkeit eines Menschen bleibt eine sehr kurze Zeit bestehen – bis zum Ende seiner Devachan-Zeit. Das Ego bleibt durch die ganze Reihe menschlicher Verkörperungen bestehen, vielleicht bis zu der Länge einer Ketten-Periode; die Monade bleibt zweifellos noch länger bestehen, aber sogar sie ist unbeständig. Nur das EINE bleibt übrig. Nicht, dass wir uns selbst verlieren werden. Wir können wahrlich mit Emily Brontë sagen:

Würden Erde und Mensch vergangen sein
Und Sonnen und Universen ihr Dasein verlieren,
Und Du wärst übrig ganz allein,
Würde jedes Sein in DIR existieren.

Die Monade im Menschen ist ein Funken der einen Flamme. Solange sie in der Zeit ist, wird sie sich anscheinend dauernd entwickeln. Mit der größten Ehrfurcht gesagt, scheint sogar der Logos dasselbe zu tun. Er entspricht allem, was am besten und größten in unserer Auffassung von Gott ist; dennoch ist es wahr, dass er am Ende des Sonnensystems nicht ebenso sein wird, wie er am Anfang war; denn dies ist für IHN eine Inkarnation.

Die »Form aus Lehm« ist für den Menschen nur insofern nützlich, als sie der Entwicklung des göttlichen Funkens in ihm hilft. Der materielle Teil kann den göttlichen Funken nicht in dem Sinne berühren, dass er ihn tatsächlich verletzt, aber er kann seine Entfaltung beschleunigen oder verzögern, was für ihn gleichbedeutend ist mit Hilfe oder Verletzung. Deshalb wird er das Opfer des niederen Ich genannt.

Das vierte Tor wird hier die Pforte des Gleichgewichts genannt, da es das mittlere Prinzip im Menschen betrifft. Es ist immer fraglich, ob das Äußere oder das Innere jetzt die Oberhand gewinnen wird. Der Jünger, der bereits seine niederen Prinzipien, das physische, astrale und mentale entwickelt und gereinigt hat, muss nun der Seite der höheren Prinzipien Gewicht beilegen und deren Entwicklung zu seinem Hauptanliegen machen.

Sei guten Mutes, oh kühner Pilger zum anderen Ufer. Beachte nicht die Einflüsterungen von Maras Scharen; weise die Versucher zurück, jene bösartigen Geister, die eifersüchtigen Lhamayin im endlosen Raum.

Es gibt eine Anmerkung zu dem Wort *Lhamayin*, die sagt, sie seien Elementarwesen und böse Geister, den Menschen gegenüber ablehnend gesinnt und ihre Feinde. Es gibt keine Geschöpfe, die Böses tun um des Bösen willen, aber es gibt Elementarwesen, die für den Menschen schädlich sind; sie leben ihr eigenes Leben, und wir kommen ihnen in den Weg. Die Elementarwesen gleichen sehr den wilden Kreaturen. Sie sind nicht Feinde des Menschen, aber sie mögen nicht das Eindringen des Menschen in ihren Bereich, und sie empfinden Ärger, weil die Menschen sie schlecht behandelt haben.

Naturgeister sind fröhliche Wesen; das Schlechteste, das man über sie sagen kann, ist, dass sie kleine schelmische Streiche spielen, die für die betroffenen Personen lästig sind. Sie lehnen den Menschen ab, weil er so viele Dinge tut, die für sie abstoßend und eine Quelle des Leidens sind. Sie leben ein frohes und zufriedenes Leben auf dem Land und toben gerne mit den Jungen der Wildtiere herum. Sie lieben diese und die Blumen und Bäume. Sie haben keine Schwierigkeiten in ihrem unschuldigen Leben und empfinden keinen Zwang der Notwendigkeit, denn sie brauchen sich nicht für Nahrung und Kleidung zu plagen, wie der Mensch das muss.

In dieses Waldesglück hinein kommt der Mensch; er jagt und tötet die Tiere, die ihre Freunde sind, er fällt die Bäume, die sie lieben, um Feldfrüchte zu ziehen oder Häuser zu bauen, er verpestet die Luft mit den widerlichen Ausdünstungen von Alkohol und Tabak. Ihr ganzes schönes Land wird für sie zu einer schrecklichen Wildnis gemacht, und sie sind gezwungen zu fliehen. Sie mögen etwas Ähnliches empfinden wie ein Künstler, wenn er sieht, wie eine herrliche Landschaft mit Fabriken verschandelt und verunstaltet wird, deren Schornsteine schwarzen Rauch ausstoßen und deren Dämpfe das Gras, Blumen und Bäume töten. Wir nennen es Fortschritt. Das mag für uns zutreffen, aber der Naturgeist empfindet es anders, denn sein Heim ist zerstört und seine Freunde wurden getötet.

Daher kommt es, dass die Naturgeister den Menschen scheuen; und wenn ein Mensch in einem Wald oder auf einem Feldweg spazierengeht, stehlen sie sich bei seiner Annäherung weg. Vielleicht ist er fähig, ihre Aversion zu überwinden, so wie man manchmal die Scheu von wild lebenden Tieren überwinden kann. Ein Yogi kann die wilden Tiere streicheln, die sich ihm nähern, während er sitzt und meditiert. Wenn man aufs Land geht und sich zwingt, eine Stunde oder zwei still und ruhig zu liegen, nähern sich die kleinen Wildtiere eben, so wie Eichhörnchen und Vögel. Auch finden die Naturgeister, wenn man lange Zeit an einem Ort wohnt, allmählich heraus, dass man ein harmloses Exemplar der Menschheit ist, und werden mit der Zeit bereit sein, sich mit einem anzufreunden, und schließlich werden sie um einen herumtollen und ganz stolz sein, einen menschlichen Freund zu haben. Auf der Astralebene betrachten diese Geschöpfe die Menschen als Eindringlinge lästiger und gefährlicher Art, etwa wie wir eine einmarschierende feindliche Armee betrachten würden. Sie machen es sich deshalb zur Aufgabe, zu versuchen, den Neuankömmling zu erschrecken. Sie sind allerdings keine Versucher. In erster Linie sind es die bösen Gedankenformen des Menschen selbst, die diese Rolle spielen.

Es gibt gewisse Menschen, die wir manchmal Schwarzmagier nennen, die daran arbeiten, sich dem spirituellen Fortschritt der Menschheit entgegenzustellen, da sie tatsächlich glauben, dass unsere lauteren Gemütsbewegungen keine guten Dinge sind, sondern Überbleibsel von tierischen Begierden und Gefühlen. Solche Magier könnten einen Menschen in irgendeiner besonderen Situation sehen, jemanden, der gerade rasche Fortschritte auf dem Pfad macht und zu der Zeit in einer Lage sein mag, wo er durch sie beeinflussbar ist. Es könnte ihnen dann der Mühe wert scheinen, einen Elementargeist gegen ihn auszusenden, der dazu bestimmt ist, ihn zu verwirren und so eine Störung zu verursachen, die des Meisters Arbeit aufhält. Dies kommt von allen Vorstellungen dem Bild des versuchenden Dämons des volkstümlichen christlichen Glaubens am Nächsten. Dennoch sollte kein Schüler diese fürchten, denn der schlimmste Schwarzmagier kann nichts gegen oder durch einen Menschen tun, der innerlich klar ist und nur an des Meisters Arbeit denkt, und nicht an sich selbst.

Bleibe fest! Du näherst dich nun der mittleren Pforte, dem Tor des Leidens mit seinen zehntausend Fallstricken.

Behalte die Herrschaft über deine Gedanken, oh du nach Vollendung Strebender, wenn du seine Schwelle überschreiten willst.

Behalte die Herrschaft über deine Seele, oh du nach unsterblichen Wahrheiten Suchender, wenn du das Ziel erreichen willst.

Konzentriere den Blick deiner Seele auf das eine reine Licht, das Licht, das frei von Eindrücken ist, und benütze deinen goldenen Schlüssel.

Aryasanga kann sehr richtig von zehntausend Fallstricken sprechen, denn oft bildet sich der Jünger ein, dass er *Vairagya* oder die Wunschlosigkeit erlangt hat, nur um festzustellen, dass er auf subtile Weise denselben Fallstricken wieder und immer wieder begegnet. Sogar die Seele, das höhere Manas, muss unter der Kontrolle der buddhischen Natur sein. Wie wir gesehen haben, fängt das buddhische Leben bei der ersten Initiation an, wenn nicht sogar schon vorher, und der Jünger betritt schrittweise diese Ebene. Diese Arbeit kann nur dann zur Vollkommenheit gebracht werden, wenn die Seele selbst, das höhere Manas, mitarbeitet, indem sie ihrerseits zu einem Diener dieses höheren Prinzips wird. Dann, wenn dieses Werk getan und der Jünger für die nächste Ebene bereit ist, wird er seine Vierte Einweihung nehmen und über eine weitere Schwelle schreiten.

Frei sein von Eindrücken bedeutet hier, frei davon, berührt zu werden. Wie wir schon gesehen haben, ist das die Bedeutung von *Vairagya*.

5

Das fünfte und sechste Portal

Das mühselige Werk ist vollbracht, deine Arbeit nahezu vorüber. Der weite Abgrund, der dich zu verschlingen drohte, ist fast überbrückt.

Du hast nun den Graben überquert, der das Tor der menschlichen Leidenschaften umgibt. Du hast nun Mara und seine wütenden Scharen besiegt.

Du hast die Verschmutzung von deinem Herzen entfernt und es vom unreinen Verlangen gesäubert.

Wir dürfen die Aussage nicht missverstehen, dass die Arbeit des Jüngers nahezu vorüber ist. Der Nirmanakaya, auf seiner viel höheren Ebene, arbeitet immer noch, und dasselbe kann man vom dem Logos selbst sagen. Aber vielleicht sollte man unterscheiden zwischen der mühseligen Plackerei, sich von den Fehlern der Persönlichkeit zu befreien, und dem segensreichen Werk, das auf den höheren Ebenen weitergeht, nachdem die Persönlichkeit besiegt ist.

Derselbe Gedanke trifft in Hinsicht auf die Anstrengung zu. Ununterbrochene Arbeit ist eine große Belastung für den physischen Körper, aber auf den Ebenen des Egos ist Arbeit reine Freude. Dort besteht dann kein Unterschied zwischen Arbeit und Spiel, so wie er auf den unteren Ebenen vorhanden ist. Wenn der Mensch einmal das große Opfer des Logos gesehen hat und die Weise, in der sich die Meister in Seine Arbeit stürzen, bleibt ihm keine andere Möglichkeit, als in diesen Strom zu tauchen und alles zu tun, was er kann, um zu helfen.

Wir denken immer noch an einen Menschen, der nicht ganz rein ist, weil er noch zu ein wenig Selbstsucht fähig ist. Ein Gedanke, der die geringste Spur von Ich in sich birgt, ist unrein, wie gut er sonst auch immer sein mag. Es kann eine kleine Idee von Stolz bestehen, wie etwa: »Die Leute werden gut von mir denken, dass ich dieses tue.« Das würde als unrein bezeichnet werden, wenn wir diese hohe Ebene des Pfades bedenken. Wir müssen nicht nur die Unreinheit fernhalten, sondern wir müssen darauf achten, überhaupt nicht an sie zu denken.

Aber, oh du ruhmreicher Kämpfer, deine Aufgabe ist noch nicht erfüllt. Baue die Mauer hoch, Lanoo, welche die heilige Insel einfassen soll, den Damm, der dein Gemüt schützen wird vor Stolz und Genugtuung im Gedanken an die große Leistung, die du erzielt hast.

Ein Gefühl des Stolzes würde das Werk mindern. Ja, baue ihn stark, damit nicht der wilde Ansturm kämpfender Wellen, die sich aus dem großen Ozean der Welt Mayas erheben und an seine Ufer schlagen, den Pilger und die Insel verschlingen – selbst wenn der Sieg bereits errungen war.

Deine »Insel« ist das Reh, deine Gedanken die Hunde, die es ermüden und bei seinem Vordringen zum Strom des Lebens verfolgen. Wehe dem Reh, das durch die bellenden Feinde überholt wird, ehe es das Tal der Zuflucht erreicht – »Jnana-Marga«, »der Pfad der reinen Erkenntnis« genannt.

Um die Stellung, die er nun gewonnen hat, gegen den starken Druck der Gedanken von Millionen anderer Menschen um ihn herum, über den wir so oft gesprochen haben, zu halten, bedarf der Schüler jetzt starker Konzentration und positiver Gedankenkraft. Diese Stärke ist notwendig, ehe er erfolgreich diejenige Meditation durchführen kann, die ihn zu den höchsten Stufen der buddhischen Ebene erheben wird.

Die »Insel« ist, wie uns Madame Blavatsky sagt, das höhere Ego oder das denkende Selbst. Von ihm müssen alle niederen Gedanken ausgelöscht werden, so dass sich die höheren offenbaren können. Dennoch darf man nicht in irgendeinem Sinne zu einem Medium werden. Es besteht ein riesengroßer Unterschied darin, einen Ort leer zu machen oder zuzulassen, dass jemand ihn von außen betritt und Besitz davon ergreift; dies ist der Unterschied zwischen dem

Yogi und dem Medium. Hier liegt auch der Unterschied zwischen dem Theosophen und dem Spiritisten. Beide stimmen darin überein, dass der Mensch ewig ist und sein Fortschritt keine Grenze hat. Aber der letztere betrachtet es als gut für einen Menschen, ein Medium für gute Geister zu sein, während der erstere auf der Aufrechterhaltung seines eigenen wachen Bewusstseins unter allen Umständen besteht und behauptet, dass es nichts gibt, was passive Medienschaft schenken kann, das nicht durch bewusstes Hellsehen zu erreichen wäre.

Aryasanga sagt: »Wehe dem Reh, das überholt wird.« Das bedeutet: Wehe dem Ego, das in Vorurteile verfällt, weil es durch den Druck äußerer Gedanken überwältigt worden ist. Es kann dann nicht den Ort wahren Denkens erreichen. Madame Blavatsky sagt über den Pfad reiner Erkenntnis oder Jnana-Marga, er sei »buchstäblich der Pfad von Jnana oder der Pfad reiner Erkenntnis, das *Paramartha* oder *Svasamvedana*, der von sich selbst offensichtlichen oder selbst analysierenden Betrachtung«. Jnana ist unter den Hindus das höhere Wissen, die Weisheit, nicht das niedere Wissen, das die Welt betrifft; dieses wird *Vijnana* genannt.

Bevor du dich auf dem Jnana-Marga einrichten und ihn dein eigen nennen kannst, muss deine Seele wie die reife Mango-Frucht werden – so weich und süß wie sein hellgoldenes Fruchtfleisch für die Leiden anderer, so hart wie der Stein dieser Frucht für deine eigenen Qualen und Sorgen, oh Überwinder von Wohl und Wehe.

Mache deine Seele hart gegen die Fallstricke des Ich; verdiene für sie den Namen Diamant-Seele.

Denn wie der tief im pochenden Herzen der Erde vergrabene Diamant niemals die irdischen Lichter widerspiegeln kann, so darf es auch deine Vernunft und deine Seele nicht. In Jnana-Marga vertieft, dürfen diese nichts von Mayas illusionärem Reich spiegeln.

Von unserem persönlichen Leid hat Longfellow gesungen:

Doch jetzt ist es von mir abgefallen,
Ist versunken in das Meer,
Und nur die Sorgen der andern allen
Werfen noch Schatten über mich her.

Wir müssen noch einen Schritt weiter gehen und nicht zulassen, dass irgendwelche Sorgen Schatten über uns werfen. Wenn du das Leid eines anderen lediglich empfindest, hilfst du ihm nicht, sondern vergrößerst seine Schwierigkeiten; aber wenn du wirkliche Sympathie empfindest, strömst du Schwingungen von Liebe aus und schenkst ihm wirkliche Hilfe. Der Meister fühlt immer die Sympathie, aber niemals das Leid. Er kann nicht leiden, wie sie, obwohl er wahrhaft eins ist mit denen, die gegenwärtig leiden, weil er mit ihnen eins ist und die Freude ihres Seins auf höheren Ebenen kennt und die wunderbare Herrlichkeit jenes Zustandes, zu dem hin sie sich mit unfehlbarer Sicherheit ständig entwickeln.

Die Gefahr für die meisten Leute besteht darin, dass, wenn sie die Sorge aus ihrem Herzen vertreiben, sie dazu neigen, auch das Mitgefühl zu verlieren; und in solch einem Falle könnten sie den linken Pfad betreten, den Pfad schwarzer Magie. Die Brüder des Schattens werden vollständig gefühllos für die Empfindungen anderer, ebenso wie für ihre eigenen; sie unterdrücken rücksichtslos alle Gefühle mit der Begründung, dass sie eine Kraftverschwendung seien.

Wenn du diesen Zustand erreicht hast, werden die Portale, die du auf dem Pfad erobern musst, ihre Tore weit vor dir öffnen und dich hindurchlassen, und die stärksten Gewalten der Natur besitzen keine Macht, deinen Lauf aufzuhalten. Du wirst Meister des siebenfachen Pfades sein; aber nicht vorher, oh Jünger für unbeschreibliche Prüfungen.

Es erscheint wahrscheinlich, dass die Prüfungen, welche die Ausdrucksmöglichkeit übersteigen, nicht so große Gefahren und Schwierigkeiten sind, dass sie ganz unbeschreiblich wären, sondern von einer Art, die dem gewöhnlichen Menschen unbekannt ist und die nur das Ego kennt. Der Pfad, den entlang Aryasanga seine Leute führt, ist ein innerer Weg für das Ego. Wenn die Persönlichkeit in den äußeren Welten unterworfen worden ist, muss das Ego die Höhen von Ebenen über sich erklettern und muss deshalb etwas tun, was nicht beschrieben werden kann.

Eine andere mögliche Deutung ist, dass der Jünger sich jetzt in der Lage befindet, das zu tun, wovon er zuerst nicht zu glauben vermochte, dass er es könnte. Der gewöhnliche Mensch würde dazu neigen zu sagen, dass die Reinheit und Selbstlosigkeit, von denen wir ständig gesprochen haben, seine Möglichkeiten übersteigen würden und gänzlich unerreichbar seien. Aber wenn er versucht, sie zu erwerben, wenn er nicht aufhört, sie zu begehren und es zu versuchen, wird er sich eines Tages bewusst werden, dass es für ihn vollkommen natürlich und leicht ist, diese Eigenschaften zu erringen.

Der gewöhnliche Mensch sagt, eine Sache sei unmöglich, und so versucht er sie nicht; aber wie Napoleon haben wir gelernt, dieses Wort aus unserem Wörterbuch zu streichen. Es ist nicht unmöglich für den Leser dieser Seite, innerhalb von vierundzwanzig Stunden Adeptschaft zu erreichen. Es würde möglich sein, wenn er ausreichenden Willen hätte – einen Willen allerdings, den niemand zu haben scheint. Aber wenn man Zeit außer Acht lässt, ist es für ihn möglich, Adeptschaft zu erlangen. Wenn er seinen Blick auf das Ziel heftet und geradeaus geht, ohne an die verfließende Zeit zu denken, wird er sich verhältnismäßig bald dort befinden.

Bis dahin erwartet dich eine noch viel schwierigere Aufgabe; du musst dich ganz als Gedanke fühlen und doch alle Gedanken aus deiner Seele verbannen.

Du musst jene Unablenkbarkeit des Geistes erlangen, in die kein noch so starker Wind einen irdischen Gedanken hineintragen kann. So geläutert, muss der Schrein von aller Handlung, allem Geräusch oder irdischem Licht leer sein; so wie der Schmetterling, den der Frost ereilt, leblos auf die Schwelle fällt, so müssen alle irdischen Gedanken sterben vor dem Heiligtum.

Siehe, es steht geschrieben:

»Ehe die goldene Flamme mit ruhigem Licht brennen kann, muss die Lampe wohlgeschützt an einer Stelle stehen, die ohne jeden Windhauch ist.« Wechselndem Luftzug ausgesetzt, wird der Strahl flackern und die zitternde Flamme trügerische, dunkle und immerfort wechselnde Schatten auf den weißen Schrein der Seele werfen.

Hier finden wir eine poetische Beschreibung von Konzentration vor – von solcher Unablenkbarkeit des höheren Manas, dass selbst auf jener Ebene nichts von außen eindringen kann. Dies ist dasselbe wie *Dharana*, das im ersten Fragment erwähnt wurde, obwohl es in diesem Fragment *Virya* genannt wird, was Stärke bedeutet – nicht physische Stärke natürlich, sondern die unerschrockene und unerschütterte Beständigkeit des Ego.

Dharana wird im ersten Fragment die sechste Stufe genannt, aber hier ist *Virya* die fünfte Pforte. Darin liegt kein Durcheinander von Zahlen, denn die fünfte Pforte führt zu der sechsten Stufe; auf dieser Stufe benutzt der Mensch die Eigenschaft, die er auf der fünften Stufe erwarb, für die Zulassung zu der sechsten durch die fünfte Pforte.

Dieselbe Eigenschaft ist der Schlüssel zur buddhischen Ebene; wenn der Mensch zu dieser Ebene aufgestiegen ist, hat er die höhere mentale Aktivität vorläufig zum Schweigen gebracht und empfindet jetzt statt seiner eigenen Gedanken sich selbst ganz als Gedanken – er ist eins mit anderen, und ihre Gedanken sind seine. Auf dieser Stufe hat er das Einheitsempfinden des Sonnenlogos; für ihn ist es jetzt eine deutliche Wirklichkeit, ein Gegenstand direkter Erfahrung, nicht mehr eine wunderbare Idee oder eine gelegentliche überwältigende Inspiration. Ob von all diesem überhaupt etwas ins physische Gehirn herunterkommen wird – das ist eine andere Frage; das meiste kann es nicht. Die Konzentration und Meditation dieser hohen Stufen werden meistenteils außerhalb des Körpers während des Schlafes ausgeführt.

Wir sprechen oft darüber, irdische Gedanken und Gefühle zu bekämpfen. Das ist ein Stadium, in dem man sich mit ihnen auf die gleiche Stufe stellt; aber das Stadium, über das wir jetzt sprechen, ist eines, in welchem sie auf der Schwelle der Aura sterben. Die Schwingungsfrequenzen der jeweiligen Körper sind so gewaltig, dass die niedrigeren Gedankenformen beiseite gestoßen werden und nicht eindringen können. Hiervon gibt es viele anschauliche Beispiele auf der physischen Ebene. Wenn ein Rad langsam rotiert, kann man einen Ball durch die Speichen hindurch werfen, aber nicht, wenn es sich schnell dreht. Wenn ein Wasserstrahl stark genug ist, kann man ihn nicht mit einem Schwert durchschneiden; die Waffe wird zurückgestoßen, als ob das Wasser fest wäre. Eines der bekannten Kindermärchen erzählt von einem Mann, der draußen im Regen stehen und sein Schwert so schnell über seinem Kopf herumwirbeln konnte, dass nicht ein Tropfen durch den Kreis dringen und auf ihn fallen konnte!

Das Zitat über die Lampe ist aus der *Bhagavad-Gita* genommen. Es lautet weiter: »Dieser gleicht der Yogi, der die Gedanken unterworfen hat, der aufgeht im Yoga des SELBST« (IV, 19), und erklärt weiter, dass er dann das Selbst durch das Selbst sieht und im Selbst zufrieden ist. Er denkt fortan, es gebe keinen größeren Gewinn darüber hinaus, und dass er nicht mehr zu erschüttern sei, nicht einmal durch heftiges Leid. (VI, 22).

Diese Erfahrung des Yogi ist eine wahre Intuition, denn sie kommt von innen, aus einem tieferen Teil des Wesens als selbst der Kausalebene. Wie solch eine Intuition in die Person herunterkommt, falls es geschieht, hängt von der Person ab, die es erlebt. Es gibt zwei Hauptarten für ihre Übertragung – eine, die durch die höhere Mentalebene hindurch zur niederen kommt, und die andere direkt vom buddhischen zum Astralkörper.

Welcher dieser Linien jemand leichter folgt, hängt von der Art ab, auf die er vor langer Zeit aus dem Tierreich individualisiert wurde. Einige erreichten diese Stufe durch tiefes Verständnis, andere durch einen Schwall reiner Gefühle, wahrscheinlich der Hingabe zu einem menschlichen Herrn. In der erstgenannten Weise kommt sie in den niederen Verstand als eine Überzeugung, die keine Argumentation erfordert, um für ihre Wahrheit gegenwärtig Anerkennung zu finden, obwohl sie im vorangegangenen Leben oder außerhalb des Körpers in der niederen Mentalebene verstanden worden sein muss. Im Falle von jenen, die sich durch Gefühle individualisierten, wird die Intuition durch die Empfindungen empfangen, nicht durch den Verstand.

In keinem der beiden Fälle können diese Intuitionen befriedigend aufgenommen werden, wenn die Körper nicht ruhig sind. Es gleicht dem Übertragen einer Musiknote. Wenn sie nicht nur durch die Luft, sondern durch eine dicke Mauer gekommen ist, kann sie gedämpft sein, und der Ton kann ganz verschieden von dem ursprünglichen werden. Wenn sie durch irgendeine Störung – etwa einen Wirbelsturm – hindurch muss, wird sie noch weniger rein sein. Das letztere

Gleichnis bezeichnet sehr gut den Fall, wenn der Astral- und der Mentalkörper voller Störungen sind.

Und dann, oh du Wahrheitssucher, wird deine Verstandes-Seele wie ein verrückter Elefant werden, der durch den Dschungel rast. Er hält die Bäume des Waldes für lebendige Feinde und geht zugrunde in seinen Versuchen, die stets wechselnden Schatten zu töten, die an den sonnenbeschienenen Felswänden tanzen.

Ich weiß nicht, ob so etwas wirklich im Dschungel vorkommt; aber es soll ausdrücken, dass ein Elefant, wenn er verrückt wird, entweder die Bäume mit lebendigen Feinden verwechselt, oder, was noch schlimmer ist, gegen die Felsen anstürmt und zugrundegeht. In derselben Weise haben einige die Erfahrung gemacht, dass, wenn der Verstand die neuerwachte Energie vom höheren Selbst fühlt, die von oben kommt, er mit einem letzten Ausbruch von Wildheit gegen seinen Herrn rebelliert und in seinem Stolz und seiner Furcht seine Unabhängigkeit nicht aufgeben will, die er so lange genossen hat. Dann tobt er, und die letzten Reserven des Heeres von Zweifeln und Argwohn werden aus allen Tiefen und Ecken aufgestöbert und kommen hervor, um gegen das Licht Krieg zu führen, da sie jede seiner Bewegungen irrtümlich für einen lebendigen Feind ansehen. Der Verstand ist eine Festung des Stolzes; und was von dieser Eigenschaft dort noch übrig ist, erhebt sich im Hass gegen seinen Vorgesetzten, geradeso wie die Verfolger von Jesus sich erhoben und ihn töteten, da sie den Vergleich zwischen seiner Reinheit und Größe und ihrer eigenen irdischen Form nicht ertragen konnten.

Hüte dich, dass deine Seele nicht aus Sorge um das Ich ihren Halt auf dem Boden der Deva-Erkenntnis verliert.

Hüte dich, dass deine Seele nicht beim Vergessen des Selbstes die Kontrolle über ihren ängstlichen Verstand verliert und damit die ihr gebührende Erfüllung ihrer Eroberungen einbüßt.

Deva-Erkenntnis bezieht sich hier wie vorher auf die Erkenntnis, dass das Göttliche jeder Manifestation zugrunde liegt. Es besteht Gefahr, dass der Jünger in seinem Bestreben, den rechten Weg zu gehen, zwar nicht egoistisch, aber egozentrisch werden könnte. Zwischen diesen beiden gibt es einen realen Unterschied. Niemand von uns würde willentlich etwas für sich nehmen, wenn er wüsste, dass es einen anderen Menschen verletzte. Dieser Fehler würde in der Aura durch ein trübes Graubraun angezeigt werden. Aber es gibt die Gefahr, egozentrisch zu sein, Dinge zu sehr vom eigenen Gesichtspunkt aus anzusehen. Das ist in der Aura durch eine Verhärtung der äußeren Oberfläche zu erkennen, die verhindert, dass Eindrücke hineinkommen.

Die andere Warnung bezieht sich auf das *eine* Selbst, das nicht vergessen werden darf. Der Schüler muss immer daran denken, dass alle eins sind und die göttliche Einheit in jedem Einzelnen existiert. Dies ist eine praktische Anweisung für jede Ebene. Physisch muss ein Mensch sauber, ehrlich und wahr sein, so dass er die Gesellschaft nicht verseucht; astral und mental müssen seine Gefühle und Gedanken rein und erhaben sein, nicht damit er die Freude hat, so zu sein, sondern wegen seiner Umgebung.

Hüte dich vor Veränderung, denn Veränderung ist dein großer Feind. Diese Veränderung wird dich bekämpfen und dich zurückwerfen, fort von dem Pfad, den du beschreitest, tief in heimtückische Sümpfe des Zweifels hinein.

Die Warnung vor Veränderung sieht zuerst etwas seltsam aus, insbesondere wenn wir daran denken, dass wir uns immerzu verändern und durch das Beschreiten des Pfades zu diesem Pfad geworden und also sehr eifrig damit beschäftigt sind, uns zu ändern. Gemeint ist, dass man sich während der Zeit der Veränderung vorsehen muss, nicht seine Basis oder Grundhaltung zu verändern. Es gibt eine schwierige Zeit, in der man die weltlichen Dinge aufgibt, die man vorher geschätzt hat, und noch keinen ständigen Zugriff auf die neuen und höheren Dinge besitzt. Diese letzteren waren in besonderen Augenblicken zu sehen, als wir in Hochform waren, aber wir sind immer wieder davon abgefallen in jenen Zustand spiritueller Dürre, der von so vielen Mystikern erwähnt wird. Es ist erforderlich, an der Vision festzuhalten, auch durch alle jene Schwankungen hindurch, und dabei nicht die Grundposition zu wechseln.

Diese Veränderungen können auf mehrere Arten verursacht werden. Manchmal wird bloß das physische Gehirn ein wenig verstopft oder blutarm; das wirkt sich auf alle Körper aus; aber man darf nicht zulassen, dass es den wahren Menschen berührt. Wenn die Schwankungen kommen, sollten wir sagen: »Ich wusste, dass dies kommen würde. Ich weiß, dass ich vorher klar sah. Jetzt ist die Sicht verschwommen, und ich fange an zu zweifeln; aber ich weiß, ich werde aus dieser Depression herauskommen, da sie lediglich eine Schwankung in meinem Astralkörper ist.«

Manchmal ist es ein großer Schock und ein Problem für die Menschen, den anschaulichen Glauben ihrer Kindheit aufzugeben, wenn sie merken, dass er den Tatsachen des Lebens nicht entspricht und die Bedürfnisse von Verstand und Herz nicht mehr befriedigen kann. Dann kommt es oft zum Zweifel an allem und zu einem führungslosen Zustand, von dem man weiß, dass er in extremen Fällen über mehrere Leben angehalten hat. In diesem Fall muss man zuhören, lesen und denken sowie an den Hypothesen festhalten, welche die Tatsachen am besten erklären, bis der Zweifel durch das Wissen zur Ruhe gebracht worden ist, das früher oder später gewiss kommen wird. Es ist natürlich nicht nötig, eine skeptische Phase zu durchlaufen. Es ist durchaus möglich, die Ablagerungen aufzulösen und seine Religion nach und nach zu erweitern, bis man bei dem theosophischen Verständnis ihrer Botschaft anlangt.

Bereite dich vor und lasse dich beizeiten warnen. Wenn du den Versuch gemacht hast und gescheitert bist, dann, oh furchtloser Kämpfer, verliere trotzdem nicht den Mut; kämpfe weiter, und greife wieder und immer wieder an.

Der furchtlose Krieger, dessen kostbares Lebensblut aus seinen weiten und klaffenden Wunden quillt, wird trotzdem den Feind angreifen, ihn aus seiner Festung hinaustreiben, ihn bezwingen, bevor er selbst seinen Geist aufgibt. Handelt denn, ihr alle, die ihr scheitert und leidet, handelt wie er; und verjagt alle eure Feinde aus der Festung eurer Seele – Ehrgeiz, Zorn, Hass, und wäre es auch nur der Schatten einer Begierde – wenn ihr gerade versagt habt…

Denke daran, der du für die Befreiung des Menschen kämpfst,

jeder Fehlschlag ist Erfolg, und jeder aufrichtige Versuch wird zu seiner Zeit belohnt werden. Die heiligen Samenkörner, die ungesehen in der Seele des Jüngers keimen und wachsen, deren Stiele nehmen bei jedem neuen Versuch an Stärke zu, sie biegen sich wie Schilf, brechen aber niemals, noch können sie jemals verlorengehen. Sondern, wenn die Stunde geschlagen hat, blühen sie auf.

Doch wenn du vorbereitet kamst, dann fürchte dich nicht.

Im Text einer Fußnote hierzu weist H. P. B. auf den altbekannten Glauben hin, dass jeder zusätzliche Heilige ein neuer Soldat in dem Heer jener ist, die für die Befreiung der Menschheit kämpfen, und dass in Ländern des nördlichen Buddhismus, wo die Lehre über Nirmanakayas unterrichtet wird, jeder neue Bodhisattva ein Befreier der Menschheit genannt wird. Wir müssen natürlich daran denken, dass sie sich auf alle bezieht, die Arhats geworden sind, nicht nur auf die große Wesenheit, die das Amt des Bodhisattva ausfüllt. Jeder Einzelne, der Fortschritte vollzieht, vollbringt dies für alle.

Der Jünger kann keinen persönlichen Ehrgeiz auf diesem Pfad haben. Die Vorstellung der Herrlichkeit für sich selbst ist egoistisch; und lange bevor diese Stufe erreicht ist, hat der Schüler seinen Willen entschlossen gegen solche Begierden eingesetzt. Der Schüler des Meisters denkt nicht: »Was wünsche ich?«, sondern »Was will der Meister?« Wenn wir erkennen, dass wir Funken des göttlichen Feuers sind, können wir nur daran denken, was Gott will. Wir sind Teile von IHM; getrennt können wir keine Herrlichkeit erleben. Also ist die Vorstellung der Herrlichkeit für sich selbst eine völlige Illusion.

Es ist unmöglich, dass ein Mensch, der sich immer weiter bemüht, scheitert. Es mag sein, dass es ihm nicht gelingt, zu einer bestimmten Zeit das zu vollbringen, was er erledigen wollte; aber wenn er Energie in seine Bemühung gesteckt hat, kann sie nicht verloren sein. Da Aktion und Reaktion gleich und entgegengesetzt sind, wirkte sich jede seiner Bemühungen auf ihn aus, indem sie ihm größere Kraft für die Zukunft verschaffte. Außerdem muss jeder, der sich bemüht, Erfolg haben, weil der ganze Trend der Evolution auf seiner Seite ist. Er kennt weder die Dicke der karmischen Mauer von Hindernissen, die er durchbrechen muss, noch weiß er, in welchem Moment er zu dem Licht auf der anderen Seite hindurchstoßen kann.

Unter diesen Umständen ist es einfach töricht, zu verzweifeln oder mit dem Bemühen aufzuhören, weil man bisher noch keinen sichtbaren Erfolg hat. In Frederick Myers' großartiger Dichtung, *St. Paul*, finden wir es ausgedrückt: »Oh Mensch, warum willst du verzweifeln? Gott wird dir alles vergeben, außer deiner Verzweiflung.« Zu verzweifeln ist die Sünde wider den Heiligen Geist. Die Hoffnung auf deine eigene Kraft aufzugeben, bedeutet, die Hoffnung auf Seine Kraft aufzugeben, die durch dich wirkt, so dass du dich von IHM abtrennst.

Aryasanga weist den Jünger an, wie der Krieger zu sein, der kämpft und die Schlacht gerade dann gewinnt, wenn er seinen Geist aufgibt. Er muss bis zum allerletzten aushalten und darf sich niemals ergeben. Der Lehrer wusste, dass Tod nur eine triviale Sache ist, die in unserer Arbeit nicht in Betracht gezogen zu werden braucht. Er wird zu jedem von uns zu seiner richtigen Zeit kommen; manche, die alt sind, mögen noch viele Jahre zu leben haben, und andere, die jung sind, werden plötzlich hinweggenommen werden. Wir werden mit unserer Arbeit nach seinem Kommen ebenso fortfahren wie vorher.

Fortan ist dein Weg frei gerade durch die Virya-Pforte, das fünfte der sieben Portale. Du bist nun auf dem Weg, der zum Dhyana-Hafen führt, dem sechsten, dem Bodhi-Tor.

Die Dhyana-Pforte gleicht einer Alabaster-Vase, weiß und durchscheinend; im Inneren brennt ein ruhiges goldenes Feuer, die Flamme von Prajna, die von Atma ausstrahlt.

Du bist diese Vase.

Wir haben hier eine wunderschöne Illustration – die Alabastervase mit einem ruhigen goldenen Feuer im Inneren. Sie ist sehr bezeichnend für den buddhischen Körper oder Mantel, der völlig transparent ist und der Einheit des Lebens auf der Stufe kein Hindernis bietet. *Dhyana* ist die höhere Meditation in diesem Körper – in der man sich einen Gegenstand wählt und versucht, seine innerste Bedeutung zu verstehen, oder in der man sein Denken fest auf ein Großes Wesen richtet und versucht, sich selbst als einen Teil von ihm zu verstehen.

Dort gibt es kein äußeres Wissen mehr, kein Außerhalb-Bleiben und den Gegenstand für etwas von einem selbst Getrenntes halten. Man nimmt sein Wesen wahr, indem man eins mit ihm wird, es von innen her betrachtet.

Du hast dich von den Gegenständen der Sinne entfremdet, bist auf dem Pfade des Sehens gewandert, auf dem Pfade des Hörens und stehst im Licht der Erkenntnis. Du hast nun den Titiksha-Zustand erreicht.

Oh Narjol, du bist in Sicherheit.

Dasselbe Wort *Titiksha* ist, wie wir gesehen haben, für eine der Qualifikationen verwendet worden, einen der Punkte guter Führung, und bedeutete Duldsamkeit. Der Ausdruck wird nun wieder auf einer höheren Stufe verwendet. In einer Fußnote sagt Madame Blavatsky, es bedeute »höchster Gleichmut, Ergebung, wenn nötig, in das, was ›Freude und Leid für alle‹ genannt wird, jedoch ohne dass man aus dieser Ergebung Freude oder Leid gewinnt. Es bedeutet physisch, mental und moralisch gleichgültig zu werden und weder Freude noch Leid zu empfinden.«

Das ist nicht sehr klar dargestellt. Der Jünger handelt nicht aus Erwägungen von Freude und Leid; er tut einfach das, was er als seine Pflicht kennt. Er empfindet immer noch Freude und Schmerz in seinen Körpern, ebenso wie andere Menschen. Doch man kann sagen, dass das Glück dieses Zustandes so groß ist, die Gedanken so konzentriert auf das Ziel gerichtet sind, dass Freude und Leid ihre Macht verloren haben. Obwohl der Christus vollständig empfinden und ausrufen könnte: »Mein Gott, mein Gott, warum hast du mich verlassen?«, erklingt doch in seinem Herzen der Ruf: »Mein Gott, mein Gott, wie verherrlichst du mich«, wie ich es bei der Beschreibung der Vierten Initiation in *Die Meister und der Pfad* (Kap. 10) erklärt habe.

6
Das siebte Portal

Wisse, du Überwinder der Sünden, wenn ein Sowani einmal den siebten Pfad überschritten hat, erzittert die ganze Natur in freudiger Ehrfurcht und fühlt sich bezähmt. Der silberne Stern funkelt die Neuigkeit zu den nächtlichen Blüten, das Bächlein murmelt die Kunde den Kieseln zu; dunkle Ozeanwogen brüllen sie den Felsen in der Brandung zu, dufterfüllte Winde singen sie den Tälern und prächtige Kiefern flüstern geheimnisvoll: »Ein Meister ist erstanden, ein Meister des Tages.«

Der *Meister des Tages* bedeutet jemand, der für den gegenwärtigen Zyklus sicher geworden ist; deshalb bezieht es sich sowohl auf den Jünger, der die erste Initiation genommen hat, als auch auf jemanden, der das jenseitige Ufer erreicht hat. Die ganze Natur jubelt bei solch einem Ereignis. Diese einfache Tatsache ist hier so schön und poetisch ausgedrückt worden. Viele Leute fühlen sich zu einer solchen Zeit unerklärlicherweise glücklich und sind sich manchmal einer deutlichen spirituellen Erregung bewusst. Die Mehrzahl der Menschen ist kaum empfindsam genug, um sich dieser Ereignisse bewusst zu sein, aber einzelne sensitive Personen könnten sehr gut empfinden: »Ich bin seltsam glücklich heute. Ich wüsste gern, was geschehen ist.« Es ist in der Natur auf diese Weise zu fühlen – als ein allgemeines Gefühl des Wohlbefindens.

Die meisten Menschen sind damit beschäftigt, den Verstand zu entwickeln; und sie haben als Folge davon viel Sensitivität eingebüßt, die viel stärker bei der Entwicklung von Gefühlen und Emotionen entsteht als bei der des Verstandes. Die höheren Typen primitiver Völker sind in vieler Hinsicht weit sensitiver, aber gewöhnlich nur in einer vagen und undeutlichen Art und ohne irgendwelche Kontrolle über ihre Sensitivität. Sie empfangen Eindrücke und sind oft fähig, Ereignisse ganz allgemein vorherzusagen. Dies alles bekommen wir zurück mit der Entwicklung der feineren Gemütsregungen auf einer höheren Windung der Spirale, aber in einer klaren und deutlichen Form. Wenn diese Entfaltung kommt, werden wir nicht nur das Gefühl des Wohlbefindens und der Freude dieser großen Ereignisse empfinden, sondern werden auch wissen, warum wir es fühlen und aus welchem Zentrum der große Freudengesang kommt. Die übrige Natur ist, obwohl sie sich unterhalb unserer Stufe befindet, noch nicht so sehr auf materielle Dinge konzentriert wie viele Menschen. Falls es nicht gerade stark mit einem Verlangen beschäftigt ist, das vom Hunger oder einer anderen Notdurft des Körpers herrührt, wird ein Tier im Allgemeinen empfänglich für die Erregung sein.

Das große Anliegen der Theosophischen Gesellschaft ist nicht so sehr, für die mentale Entwicklung zu sorgen, als vielmehr diejenigen, die dafür bereit sind, so weit anzuheben, dass sie für buddhische Einflüsse ansprechbar werden, um ihre Sensitivität auf einer höheren Windung der Spirale wieder zu erwecken und sie für die neue Entwicklung vorzubereiten. Sie missbilligt nicht die mentale Entwicklung, ganz im Gegenteil; aber sie bereitet auf die nächste Stufe vor, wo die Liebe des Einheitsempfindens Harmonie und Bruderschaft herstellen wird. Ein Theosoph wird den entwickelten Intellekt dafür einsetzen, um eine neue Zivilisation aufzubauen, die auf jene Ideale gegründet ist. Da die Theosophische Gesellschaft auf die höheren Ebenen ausgerichtet ist, zeigt sie eine Empfänglichkeit für die Kräfte, die freigesetzt werden, wenn wieder ein »Menschensohn« geboren wird.

Manchmal allerdings erzeugt diese Anregung des Lebens Streitigkeiten, die davon herrühren, dass der Sinn für Proportionen verlorengeht. Irgendeine großartige Idee erhebt sich in den Gedanken eines Mitgliedes; der Zustrom von Kraft verstärkt sie – und das ist sehr gut, wenn es sich um einen recht ausgeglichenen Menschen handelt und er seine eigenen Ideen verfolgen kann, ohne diejenigen von anderen herabzusetzen. Aber wo es Unausgeglichenheit und Engstirnigkeit gibt, könnten Meinungsverschiedenheiten verstärkt werden. Wir haben unsere speziellen Arbeitsrichtungen in der Theosophie. Manche beginnen die eine Art der Tätigkeit und manche eine andere, aber gefährlich wird es, wenn jemand anfängt zu glauben, dass seine

Richtung diejenige sei, die die ganze Gesellschaft aufnehmen und betonen sollte. Wenn andere Leute versuchen, ihre Ideen zu Ende zu verfolgen, neigt er dazu zu denken, dass sie nicht das Beste für die Gesellschaft täten, weil sie nicht kommen und ihm helfen. Es ist nicht unnatürlich, dass Begeisterung manchmal Konflikte in solchen Fällen verursacht, wenn die brüderliche Liebe und wahre Toleranz in den Hintergrund rücken.

Es ist beinahe immer weise, Menschen ihre Ideen ausprobieren zu lassen, aber immer betrüblich, wenn sie diese anderen zu stark aufdrängen. Die Erfahrung lehrt uns immer wieder, dass das Wichtigste in der Gesellschaft die Harmonie ist. Tatsächlich kann man sagen, dass die Harmonie des Ganzen wichtiger ist als der Erfolg des Einzelnen. Also lasst jeden Menschen der besten Inspiration folgen, die ihm kommt, aber lasst ihn auch die größtmögliche Sympathie für andere bei ihren individuellen Ideen haben.

Den im Text erwähnten *silbernen Stern* kann man sich auch als den *Stern der Initiation* denken. Er ist das Zeichen des Gedankens und der Gegenwart des »Herrn der Welt«. In der Zeremonie der Initiation ruft derjenige, der für IHN handelt, der EINE Initiator, IHN an, das, was gemacht wurde, zu bestätigen, und die Antwort ist das Aufleuchten des silbernen Sternes.

Er steht nun wie eine weiße Säule nach Westen gewendet, und über sein Gesicht ergießt die aufgehende Sonne des ewigen Gedankens ihre ersten allerherrlichsten Strahlen. Sein Bewusstsein, einem windstillen und uferlosen Ozean gleich, dehnt sich aus im grenzenlosen Raum. Er hält Leben und Tod in seiner starken Hand.

Wahrlich, er ist mächtig. Die lebendige Kraft, die in ihm frei geworden ist, diese Kraft, die ER SELBST ist, vermag das Tabernakel der Täuschung hoch über die Götter emporzuheben, über den großen Brahma und Indra.

Durch die Große Weiße Bruderschaft kommt all das Licht in die Welt, das die Dunkelheit des menschlichen Lebens aufhebt und die Entwicklung der Menschheit ungeheuer beschleunigt. Das Symbol des Ostens ist oft benutzt worden, um die Position der Bruderschaft zu bezeichnen; und von deren Mitglied, dessen Gesicht umgewendet ist, um der äußeren Welt zu helfen, kann man deshalb sagen, dass es gegen Westen gewandt ist.

Die Täuschung, auf die hier Bezug genommen wird, ist die der Getrenntheit. Der Schüler hat jetzt seine Freiheit von dieser Täuschung gewonnen; und auf dem Pfad wird er sich Stufe für Stufe, Ebene für Ebene hinaufarbeiten, bis er die Täuschung auf jeder einzelnen von ihnen zerstört hat und Meister über sich selbst auf allen Ebenen menschlichen Lebens ist. Es scheint keine Begrenzung der Höhe zu geben, bis zu der ein Mensch emporsteigen kann; also ist der Hinweis auf Brahma und Indra keine Übertreibung, obwohl sie ohne Zweifel in einem allgemeinen Sinne gemeint ist. Sie erinnert uns auch an die Zeile in *Die Leuchte Asiens*, 8. Buch: »Höher als Indra könnt ihr euren Blick erheben.«

Eine praktische Auswirkung dieser Veranschaulichung kann man in dem Wechsel des Strahles finden, der in *Die Meister und der Pfad* beschrieben ist. In der Hierarchie unserer Erde ist es möglich, auf dem ersten Strahl weiter voranzukommen als auf dem zweiten, und auf dem zweiten weiter als auf irgendeinem der restlichen fünf; also muss jemand, der auf einem der letzten fünf Strahlen bis zur Siebten Initiation emporgestiegen ist, zum zweiten oder ersten Strahl überwechseln, wenn er zur Achten Initiation weitergehen will, und dann zum ersten Strahl als einzigem, wenn er noch weiter will. Die *Geheimlehre* vergleicht Indra mit dem Zweiten Logos, dem Sonnengott, und Brahma ist der Dritte Logos, der Schöpfer. In der Hierarchie sind diese beiden repräsentiert durch (1) das Oberhaupt des zweiten Strahles, den Buddha, und (2) den Mahachohan, der fünf Strahlen regiert, drei bis sieben. Der *Herr der Welt* ist auf dem ersten Strahl, und ER hat SEINEN Blick höher erhoben als die beiden anderen.

***Nun* wird er gewiss seine große Belohnung erlangen!**

Soll er nicht die Gaben, die sie verleiht, zu seiner eigenen Ruhe und Seligkeit benutzen, zu seinem wohlverdienten Glück und seiner Herrlichkeit – er, der Überwinder der großen Täuschung?

Nein, oh du Anwärter auf die verborgene Lehre der Natur! Wenn man in die Fußstapfen des heiligen Tathagata treten will, sind jene Gaben und Kräfte nicht für einen selbst.

Willst du so die Wasser stauen, die auf dem Sumeru entsprungen sind? Solltest du den Strom zu deinem eigenen Nutzen umleiten oder ihn zu seiner ursprünglichen Quelle zurückschicken, die Scheitelpunkte der Zyklen entlang?

Noch einmal kommen wir zu der Frage der Befreiung vom Rad der Geburten und Tode mit der damit verbundenen Vorstellung des Ausruhens. Auf dieser Stufe kann es kein Gefühl der Müdigkeit und Anstrengung geben, wie wir es hier unten haben, aber von unten her gesehen erscheint das Los eines Adepten, der Millionen von Jahren verkörpert bleibt, in der Tat entsetzlich langweilig. Der Jünger, zu dem Aryasanga hier spricht, blickt von unten, und der Lehrer wünscht, er solle dieser Zukunft gegenüber keinen Widerwillen empfinden, obwohl er augenblicklich nur in der Lage sei, die dunklere Seite des Bildes zu sehen. Es ist für ihn vielleicht unmöglich, die Freuden dieses höheren Lebens zu beschreiben; sie können nicht durch irgendeine weltliche Freude, die wir kennen, ausgedrückt werden. Deshalb ist es etwas gefährlich, dem Jünger ihre Freuden als Anziehungsmittel hinzustellen, da es ihn ganz unbewusst dazu veranlassen könnte, seine Gedanken auf eine niedrigere Art Freude zu richten, und das würde seinen Fortschritt verzögern.

Der Berg Meru oder Sumeru ist der Berg der Götter, der allgemein dem Olymp der Griechen entspricht. Alles Gute fließt aus dieser Quelle; dieser Strom fließt in jedes Glied der Bruderschaft, und er sollte durch dieses hindurch in die Welt fließen – sonst staut es im wahrsten Sinne des Wortes den Strom auf. Aber in einem solchen Falle wird es natürlich einer der Versager werden.

Wenn du willst, dass dieser Strom schwer verdienter Erkenntnis, himmelsgeborener Weisheit, frisches, fließendes Wasser bleibt, dann solltest du es nicht zu einem abgestandenen Teich werden lassen.

Wisse, wenn du ein Mitarbeiter von Amitabha, dem »Grenzenlosen Licht«, werden willst, musst du das errungene eigene Licht gleich den beiden Bodhisattvas über die Ausdehnung aller drei Welten ausstrahlen.

Hierzu machte Madame Blavatsky die folgende Anmerkung:

In der nordbuddhistischen Symbologie heißt es von *Amitabha* oder dem grenzenlosen Licht (*Parabrahman*), er habe in seinem Paradies zwei Bodhisattvas – *Kwan-shi-yin* und *Tashishi* – die fortwährend Licht über die drei Welten ausstrahlen, in denen sie lebten, einschließlich unserer eigenen, um mit diesem Licht (der Erkenntnis) bei der Unterweisung von Yogis zu helfen, die ihrerseits Menschen erretten werden. Ihre erhabene Stellung in Amitabhas Reich ist die Folge von Taten der Barmherzigkeit, welche die beiden als solche Yogis vollbrachten, als sie auf der Erde waren, sagt die Allegorie.

Das ist ein bisschen kompliziert und erfordert einige Erläuterungen. Madame Blavatsky setzt hier *Amitabha* mit *Parabrahman* gleich; aber es ist schwer einzusehen, wie das sein könnte, wenn der erstere das grenzenlose Licht, die grenzenlose Weisheit, die Essenz aller Buddhas ist. *Parabrahman* ist das erste Glied der großen Trinität, und *Avalokiteshvara* ist das zweite, das auch *Amitabha* ist, der als das »mittlere Prinzip« des Buddha beschrieben wird. Für uns ist es möglich, Mitarbeiter von diesem zweiten oder mittleren Prinzip zu werden, aber nicht von Parabrahman.

Jedoch spricht sie oft von diesen beiden als einem, da *Parabrahman* die verborgene Weisheit ist, und ER offenbart sich als *Avalokiteshvara*, dem manifestierten *Ishvara*, dem Logos. Wenn man von unten hinaufschaut, dann ist in uns – und in allen – ein Gott, der gesehen wird (der zweite der Drei), und ein Gott, der verborgen ist (der erste der Drei).

Das mittlere Prinzip wird auch der Bodhisattva genannt und wird als dual beschrieben, männlich und weiblich, nämlich *Kwan-shi-yin*, der männliche Aspekt, und *Kwan-yin*, der weibliche Aspekt von *Avalokiteshvara*. Der letztere, sagt man, »nimmt nach Belieben jede Form an, um die Menschheit zu retten«.

Alle drei Welten, sagt eine Fußnote, bezieht sich auf »die drei Daseinsebenen, die irdische, die astrale und die spirituelle«. Madame Blavatsky benutzt hier die Bezeichnung »astral« in ungewöhnlicher Weise, wie sie es auch in der *Geheimlehre* getan hat, als sie das jetzige Thema berührte. Sie nimmt den gesamten Menschen, von der

Monade bis hinunter zu den materiellen Körpern, und teilt ihn in drei Teile ein: Erstens den spirituellen, der die Monade ist; zweitens den astralen, der unser Atma-Buddhi-Manas umfasst oder den *Rupa* jenseits der Sinne; und drittens den materiellen oder irdischen, der aus unserem nieder-mentalen, astralen und physischen Körper besteht.

Wir können den Verweis auf die beiden Bodhisattvas auch in einem anderen Sinne auffassen, dass er sich nämlich auf die beiden großen Brüder bezieht, auf Gautama und den Maitreya, die das mittlere Prinzip in der Hierarchie repräsentieren, wobei der erstere sich mit den höheren Welten befasst und der letztere sich sozusagen nach unten wandte, um sich mit den Persönlichkeiten der Menschen in den unteren Ebenen zu befassen. Die Geschichte der wunderbaren Bemühung und des Opfers dieser beiden Brüder wird in *Die Meister und der Pfad* (Kap. 14) erzählt.

Aber die vielleicht am stärksten praxisbezogene Deutung der Allegorie vom menschlichen Gesichtspunkt aus ist diese: Gautama wurde eins mit Amitabha – d. h. er wurde der Buddha. Er setzt sein Werk auf den höheren Ebenen fort, aber in der Welt der Menschen wirkt er durch den dualen Bodhisattva, dessen männliche Form *Kwan-shi-yin* ist, der Maitreya, und dessen weibliche Form *Kwan-yin* ist, die mysteriöse Gefährtin und Shakti des ersteren in fast allen Religionen.

Wisse, dass der Strom übermenschlicher Erkenntnis und der Deva-Weisheit, den du gewonnen hast, von dir, dem Kanal von Alaya, in ein anderes Bett ausgegossen werden muss.

Wisse, oh Narjol, du von dem geheimen Pfad, dass seine reinen, frischen Wasser dazu verwendet werden müssen, des Ozeans bittere Wogen süßer zu machen – jene mächtige See der Trübsal, die aus den Tränen der Menschen gebildet ist.

Die übermenschliche Erkenntnis bezieht sich wahrscheinlich auf den Schlüssel der Erkenntnis, der dem Initianten gegeben wird, wenn er seinen ersten Schritt macht. Der Mensch, der durch mehrere Initiationen hindurchgeschritten ist, hat bestimmte Wissensbereiche, die er nicht mit anderen teilen darf. Er handelt gemäß diesem Wissen, und natürlich hat es bestimmte Auswirkungen auf seine Tätigkeit und seine Lebensweise. Andere können diese Dinge beobachten und sie durch Nachahmen oder aus Verehrung befolgen. Jene, die geborene Protestanten sind, lehnen diese Art der Nachahmung von großen Menschen ab. Sie lenken die Aufmerksamkeit auf die Tatsache, dass ein Mensch in einigen Beziehungen genial sein kann, aber in vielen anderen durchaus nicht, dass jemand, der nachfolgt, leicht in Aberglauben verfallen kann, wie die Leute es in der Geschichte von der Katze und dem Bettpfosten taten. Sie sagen auch, ein Leben des Selbstvertrauens entwickele Kraft. Das alles ist wahr; aber man kann aus beiden Methoden Nutzen ziehen und bei beiden mit Gefahren konfrontiert werden. Deshalb sollte jeder den Weg gehen, der seinem Wesen entspricht, wobei er gleichzeitig darauf achten sollte, dass er versucht, den Menschen, der den anderen Weg verfolgt, zu verstehen und zu respektieren. Wenn wir das Handeln einer Person nachahmen, die etwas mehr weiß als wir, so ist das nicht unvernünftig. Ein Kind ahmt Erwachsene nach, weil es überzeugt ist, dass sie mehr wissen als es selbst, und in den meisten Fällen hat es Recht. Es ist auch gut, dass das durchschnittliche Kind seinen Vater als den bedeutendsten Mann der Welt ansieht, und man würde nicht auf den Gedanken kommen, ihm zu sagen, dass seine Vorstellung falsch ist.

Die Deva-Weisheit ist wahrscheinlich die göttliche Weisheit, die wir Theosophie nennen. Sie ist das Wissen von den Welten als der Wohnung von Gottes Leben. Aryasanga unterscheidet immer zwischen dem, was man wirklich weiß, und dem, was man nur glaubt. Wenn er auf einem theosophischen Treffen sprechen würde, könnte er sagen: »Ihr solltet an die Existenz der Astral- und Mentalebene glauben, weil sie eine rationale Notwendigkeit ist. Aber ihr kennt sie nicht, wenn ihr keine direkte Erfahrung habt.« Ein solches Wissen ist nur in dem Sinne übermenschlich, als es zur gegenwärtigen Zeit außerhalb der Reichweite der normalen Menschheit ist, obwohl es im Laufe der Zeit für den Durchschnittsmenschen erreichbar sein wird.

Direkte Erfahrung ändert die eigene Erkenntnis dieser Wahrheiten erheblich. Ich erinnere mich, dass W. T. Stead einmal sagte, er habe weitreichende Studien und Untersuchungen über psychische Themen gemacht, aber eines Tages habe er eine hellsichtige Vision gehabt, die allem eine neue Farbe und Realität verlieh. Er war gerade dabei einzuschlafen, als er vor sich ein kleines Bild der Meeresküste sah mit Wellen, die gegen die Felsen schlugen. Es war etwas Kleines, aber es lehrte ihn viel. Er sagte: »Nun verstehe ich, was ein Hellsichtiger meint, wenn er sagt, er sehe dieses oder jenes.«

Es war ein enormer Unterschied für Annie Besant und mich, als wir anfingen, die inneren Ebenen selbst zu sehen. Wir waren von außen her mit den Tatsachen der astralen und mentalen Welt vertraut, aber die direkte Vision belebte sie für uns. Sogar in Bezug auf Angelegenheiten der physischen Ebene hat der Mensch, der nur aus Büchern lernt, eine tote und trockene Art des Wissens, aber der Mensch, der sein Wissen *erlebte*, hat es mit Farbe und Licht erfüllt. Ich erinnere mich gut an diesen Unterschied zwischen den buddhistischen Mönchen, die ich in Sri Lanka immer besuchte. Einer war ein vollkommener Kenner der Bücher und konnte aus ihnen zitieren, um jeden Punkt seiner Religion zu veranschaulichen, während ein anderer, der etwas Erfahrung in der Meditation gehabt hatte, weniger zu zitieren pflegte, aber weit mehr aussagte.

Hellsehen tritt nicht plötzlich in einer Form auf, in der man sich darauf verlassen kann. Es ist viel sorgfältige Übung erforderlich, damit jemand fähig wird, genau zu sehen, die Bedeutung dessen, was er sieht, zu erkennen und die persönlichen Beobachtungsfehler auszuschalten. Man kann einem Menschen ein Fernrohr in die Hand drücken und erwarten, dass er dann alles über die Sterne weiß – aber er wird sehr wenig wissen, bis er darin geschult worden ist, es richtig zu benutzen, und dazu gebracht worden ist, auf das, was er sieht, eine Menge Wissen und Intelligenz anzuwenden. Astronomen haben herausgefunden, dass sie in ihren Erwägungen auch Zugeständnisse an persönliche Beobachtungsfehler machen müssen.

Beim Hellsehen kommt dies in vielen Formen vor – man kann die Dinge ein bisschen zu groß, ein bisschen zu blau oder auch ein wenig zu rot sehen. Persönliche Ausrichtung tritt auch in Form von Vorurteilen zutage – eine Hellseherin, die auch eine leidenschaftliche Christin war, bestand stets darauf, Vorstellungen von Taufe mit jedem Ausgießen von Wasser zu assoziieren, das sie gerade zufällig sah, und sie war ziemlich beleidigt, wenn andere nicht mit ihrer Ansicht übereinstimmten. Mit all unseren Anstrengungen können wir die Dinge nicht so vollständig sehen, wie es für vollkommene

Genauigkeit nötig wäre. Es könnte sein, dass sogar die Meister auf ihrer Stufe der Adeptschaft Zugeständnisse an ihre »persönlichen Beobachtungsfehler« machen, wenn sie auf den niederen Ebenen arbeiten.

Der Initiierte hat jedoch durch Erfahrung absolute Gewissheit über eine Anzahl von Gegenständen, was ihn dazu befähigt, ein Kanal für die höheren Kräfte zu sein. Es verändert die Polarität seines Mental- und Kausalkörpers, so dass sie so benutzt werden können, wie das bei anderen nicht möglich ist, wie hoch sie auch immer in anderen Richtungen entwickelt sein mögen.

Ach! Wenn du einst wie der Fixstern am höchsten Himmel geworden bist, muss dieses strahlende Himmelsgestirn aus den Tiefen des Raumes heraus für alle scheinen, außer für sich selbst; allen Licht geben, aber von niemandem nehmen.

Man darf nicht annehmen, dass es dem Stern Leid tut, dass er leuchten muss; er tut es, weil er nicht anders kann. »Wesen folgen ihrer eigenen Natur; was nützte es, ihnen äußerlich Halt zu gebieten?«, sagt die *Bhagavad Gita* (III, 33). Einschränkungen verursachen immer Leid; derjenige, der die Welt liebt, möchte für immer auf sie herunterscheinen; es würde Leid bedeuten, wenn er das nicht tun könnte.

Ein großartiges Beispiel hierfür geben die mächtigen Wesenheiten, die in den Formen der Reiskörner oder Weidenblätter der Sonne leben, damit durch sie Licht, Wärme und Vitalität auf das System ausgegossen werden kann. Das wird immer als ein Opfer ihrerseits bezeichnet. Aber es ist spontan, es ist ihre Art und Weise, ihr inneres Wesen auszudrücken. Anstatt ein Leben großartiger Tätigkeit auf einer höheren Ebene zu führen, von der wir keine Vorstellung haben, behalten sie physische Körper und leben dort zum Wohle der Welten, die um unsere Sonne herumziehen. Sie bilden fürwahr einen Schutzwall, einen Kanal, durch den Alaya in ein anderes Bett fließen kann.

Ach! Wenn du einst wie der reine Schnee in Bergtälern geworden bist, kalt und gefühllos gegen Berührung, warm und beschützend für den Samen, der tief unter seinem Busen schläft

– dann ist es dieser Schnee, der den beißenden Frost, die Nordstürme, hinnehmen muss, und so die Erde vor ihrem scharfen und grausamen Biss beschützt, welche die verheißende Ernte enthält, die Ernte, welche die Hungrigen nähren wird.

Das Gleichnis des Schnees ist sehr schön, aber es darf nicht zu weit geführt werden. Der Jünger muss wie reiner Schnee werden – weiß, schmutzfrei und fleckenlos. Ohne Zweifel zeigte Aryasanga, als er hierüber zu seinen Jüngern sprach, zu den schneebedeckten Gipfeln, die immer im Blickfeld waren.

Der Schnee ist nicht in dem Sinne gefühllos, dass er in irgendeiner Weise schädlich wäre, sondern weil er nicht selbst durch die Kälte berührt wird. Gleichgültig wie viel kälter die Temperatur der Luft wird, bleibt der Schnee genau derselbe. Weil er selbst nicht in Mitleidenschaft gezogen wird, ist er imstande, die Erde vor größerer Kälte zu schützen. Das ist der Standpunkt, zu welchem der Schüler aufsteigen muss. Er muss nur in dem Sinne gefühllos sein, dass es ihm nichts ausmacht, falls er selbst durch irgendetwas Äußeres, was es auch immer sein mag, belästigt oder verletzt wird, aber er muss dem Samen gegenüber fürsorglich bleiben, der unten schläft.

Der Samen ist die Göttlichkeit im Menschen. Er beginnt in allen denen zu erwachen, die jetzt ihre Aufmerksamkeit höheren Dingen zuwenden und danach streben, sich zu entwickeln. Dieser Samen ist es, der in anderen liebevoll gehegt werden muss. Eine Upanishade sagt uns, dass in der Eichel potenziell die Eiche vorhanden ist; sie muss sich nur entfalten und aus der Luft, der Erde und dem Sonnenlicht das in sich hineinziehen, was sie befähigen wird, ihr wahres Wesen zu entfalten. Ebenso hat der göttliche Funke in unserem Inneren, die Monade, die ganze Möglichkeit des Logos, der wir eines Tages sein werden, aber er muss sich noch entfalten.

Wir müssen für jene göttlichen Samen die Bedingungen liefern, unter denen sie sich in den niederen Welten am besten entfalten können. Wir müssen deshalb den beißenden Frost hinnehmen, den Nordsturm, um so die anderen Menschen zu schützen, die durch ihn betroffen und zurückgehalten werden könnten. Es gibt einige, die für spirituelle Belehrung bereit sind, und sie müssen mit spiritueller Nahrung genährt werden. Diese sind die Hungrigen, und wir müssen ihnen die Nahrung geben, die sie zum Wachstum benötigen. Sie wissen noch nicht recht, was sie brauchen, aber sobald es ihnen vorgesetzt wird, greifen sie danach. »Das ist genau das, worauf ich gewartet habe«, obwohl sie, ehe sie davon hörten, nicht wussten, was sie sich wünschten. Viele andere Menschen warten in derselben Weise darauf, es wiederzuerkennen, und wir müssen wie der Schnee sein, dessen Funktion darin besteht zu schützen, während die Kälte anhält, und dann, wenn die Sonne scheint, wegzuschmelzen und sich zurückzuziehen.

So gehen wir mit unseren Kinder um. Wenn die Zeiten hart sind und es irgendwelche Schwierigkeiten gibt, sorgen wir dafür, dass die Kinder nichts davon bemerken. Wenn es an Nahrung mangelt, bekommen die Kinder zuerst zu essen, und der Vater und die Mutter bekommen weniger. Glücklicherweise ist so viel von dem göttlichen Instinkt in uns, dass wir wissen, dass es unsere Pflicht ist, die Jungen und Hilflosen zu beschützen.

Derselbe Geist muss in andere Lebensbereiche hineingetragen werden. Wir sind den Leuten, die nichts wissen, einen Schritt voraus. Sie sind diejenigen, die am meisten bemitleidet werden müssen, nicht diejenigen, die denken, sie seien in großen mentalen Sorgen und Schwierigkeiten, während sie sich dem Licht entgegenkämpfen, so wie diejenigen, die beunruhigt sind, weil ihre Religion für sie nicht alles das ausdrückt, wonach sie suchen. Sie sind nicht die Menschen, die großen Mitgefühls bedürfen, weil sie zumindest wach sind und sich dem Licht entgegenkämpfen. Das große Waisenkind Menschheit ist es, jene, die nicht wissen, dass es etwas gibt, wofür man kämpfen kann, die am meisten Mitgefühl brauchen. Wir können nicht viel für sie tun. Das einzige, was man für ein Küken in einer Eierschale tun kann, ist, es angenehm warm zu halten. Die Wärme ist das Leben, das wir ausströmen können. Wir müssen freundlich, brüderlich und aufrichtig sein. Wenn sie nach Unterweisung verlangen, können wir sie ihnen geben. Was wir ihnen aber *immer* geben können, sind Liebe und schöne Gedanken, denn obwohl sie den genauen Gedanken nicht empfangen werden, fühlen sie die Wärme, wie es das Küken im Ei tut.

Man sagt, es sei sehr gut, zu predigen und zu lehren, aber die größte aller Predigten sei ein edles Leben. Ein Grund hierfür ist, dass solches Predigen die Menschen berührt, die noch nicht wissen, was sie wollen. Die Masse der Menschen ist damit beschäftigt, ihren Lebensunterhalt zu verdienen und sich um ihre Familien zu kümmern, und sie bemühen sich nicht um Theosophie oder Religion. In England reichen die zur Verfügung gestellten Sitzplätze in Andachtstätten nicht einmal für ein Zehntel der Bevölkerung. Die Kirchen und Kapellen der verschiedenen Arten sind im Allgemeinen noch nicht einmal halbvoll; so können wir sagen, dass nicht mehr als ein Zwanzigstel der Bevölkerung gewohnheitsmäßig irgendeine Art von Gottesdienst besucht. Unsere schönen theosophischen Vorträge machen wenig oder gar keinen Eindruck auf diese Masse der Menschen; man könnte ebenso gut eine Melodie pfeifen oder ein Gedicht vorlesen. Aber der Mensch, der ein gutes, ehrliches, reines und selbstloses Leben führt, predigt eigentlich die ganze Zeit all den Leuten, die nicht beeinflusst werden können durch irgendetwas, das gesagt wird.

Ein Einwand gegen viele missionarische Anstrengungen ist, dass sie das Predigen vor das Beispiel stellen. Ein christlicher Missionar lässt sich in einem Bungalow in einer indischen Kleinstadt nieder. Fast alle Hindus rund herum sind strikte Vegetarier und Abstinenzler; aber der Missionar lässt für sich Tiere töten, und im Allgemeinen hält er eine Karaffe mit Whisky oder einem anderen alkoholischen Getränk bereit, wenn er auch nicht an dem Schießen von Vögeln und kleinen Tieren teilnimmt, dem seine europäischen Freunde frönen. Dann predigt er die Reinheit und Liebe Christi und wagt es manchmal, die Gegenstände der Verehrung dieser Leute zu schmähen. Gewöhnlich erzeugt er keine Wirkung, außer bei einigen Heuchlern, die materielle Vorteile durch die Verbindung mit ihm erzielen können. In Schulen schafft er es oft, die Religion der Kinder zu untergraben, ohne ihnen seine eigene einzupflanzen. Er bekehrt selten einen guten Hindu zu einem guten Christen, was ohnehin kein Vorteil wäre, sondern gelegentlich verwandelt er einen guten Hindu in einen gleichgültigen Christen. Es wäre besser, wenn er selbst begänne, ein frommes Leben zu führen, so wie es die Hindus verstehen können, und dann von Christus als seinem göttlichen Guru zu sprechen, der ihn inspiriert und zu dem gemacht habe, was er ist. Selbst für seinen eigenen Zweck würde das eine bessere Propaganda sein, weil die Hindus tolerant sind und im Allgemeinen bereit, jenen, die von anderen verehrt werden, einen Platz neben ihren eigenen Göttlichen Inkarnationen einzuräumen.

Selbstverurteilt, durch zukünftige Kalpas zu leben, ohne Dank und von den Menschen nicht wahrgenommen; verkeilt als ein Stein mit zahllosen anderen Steinen, welche den Schutzwall bilden, so ist deine Zukunft, wenn du das siebte Portal durchschreitest. Durch die Hände vieler Meister des Mitleids gebaut, durch ihre Qualen errichtet, durch ihr Blut zementiert, beschirmt er die Menschheit, seit der Mensch Mensch ist, und schützt sie vor noch mehr und weit größerem Elend und Leid.

Zudem sieht ihn der Mensch nicht, wird ihn auch nicht wahrnehmen, noch wird er das Wort der Weisheit beachten ... denn er kennt es nicht.

Aber du hast es gehört, du weißt alles, oh du mit der strebenden arglosen Seele – und du musst wählen.

Lausche daher noch weiter:

Ich kann nicht umhin zu glauben, dass Aryasangas Schüler in gewisser Hinsicht ziemlich begrenzt gewesen sein müssen, weil er es wieder und wieder für nötig zu halten scheint zu wiederholen, dass sie nichts für sich selbst erwarten dürfen. Das ist eine alte Lehre, aber ich wage zu hoffen, dass die Studierenden der Theosophie ein Stadium erreicht haben, wo es ihnen nichts ausmacht, ohne Dank zu bleiben und von Menschen nicht wahrgenommen zu werden.

Der Gedanke, diese Anerkennung haben zu wollen, scheint eher für eine niedrigere Stufe bezeichnend zu sein. Man schaut nicht nach irgendwelchem Dank oder Vergnügen aus in Zusammenhang mit den Ergebnissen seiner Arbeit, trotzdem handelt man sorgfältig und mit Voraussicht. Es ist die Pflicht des Esoterikers, vorherzusehen, welches die wahrscheinliche Folge seiner Handlung oder Rede sein wird, und nichts unbesonnen zu tun. Es ist unsere Aufgabe, unser Bestes zu tun und dafür zu sorgen, dass Misserfolg nicht auf unseren Mangel an Anstrengung zurückzuführen ist, aber es ist für uns ganz gleichgültig, ob wir Ergebnisse sehen oder nicht.

Der Ausdruck »Schutzwall« hat eine Menge Missverständnisse verursacht. Er ist ein schönes Symbol, aber wie andere Symbole auch, darf es nicht zu weit geführt werden. Es gibt nichts Böses irgendwelcher Art, welches die Menschheit bedroht, das sie nicht selbst erzeugt hat. Wir selbst sind unsere einzigen möglichen Feinde. Niemand kann einen Menschen verletzen, außer er sich selbst, und niemand kann ihm wirklich helfen, außer er sich selbst. Andere können ihn nur in die Lage versetzen zu lernen, wie er sich selbst helfen kann, oder ihn in eine Position bringen, wo er sich verletzen kann, wenn er nicht vorsichtig ist. Der Mensch in der äußeren Welt sagt, dass er von einem anderen Menschen verletzt wird, der ihn verleumdet; aber in Wirklichkeit verletzt er sich in seinem Ärger selbst, wenn er zornig ist. Er müsste nicht zornig sein. Die Leute sagen, es sei natürlich, zornig zu sein; das mag auf den unentwickelten Menschen zutreffen, aber nicht auf den, der ein bisschen mehr gelernt hat.

Der Ausdruck »seit der Mensch Mensch ist« kann zwei Bedeutungen enthalten. Er kann in der Bedeutung aufgefasst werden, dass der Schutzwall immer existiert hat, seitdem der Mensch zum Menschen wurde, oder es könnte heißen, dass er ins Dasein gebracht wurde, weil der Mensch nur ein Mensch ist und er deshalb dafür anfällig ist, sich selbst sehr ernsthaft zu verletzen, wenn er nicht Hilfe und Schutz und Führung von oben erhält. Wahrscheinlich treffen beide Bedeutungen zu. Wir wissen, dass die Adepten-Loge uralt ist, dass sie existierte, lange bevor unsere Menschheit die Stufe erreichte, wo sie Adepten hervorbringen konnte, und dass sie in jenen Tagen anderen und vorangegangenen Welten angehörten.

7

Der Arya-Pfad

Auf Sowans Pfad, oh Srotapatti, bist du sicher. Ja, auf diesem Marga, wo nichts als Dunkelheit dem müden Pilger begegnet, wo die Hände, von Dornen zerrissen, von Blut tropfen, die Füße zerschnitten sind von scharfen, unnachgiebigen Flintsteinen und Mara seine stärksten Arme schwingt – dort liegt eine große Belohnung unmittelbar danach.

Ruhig und unbewegt gleitet der Pilger den Strom hinauf, der zu Nirvana führt. Er weiß, je mehr seine Füße bluten werden, um so weißer wird er selbst gewaschen sein. Er weiß sehr gut, dass er nach sieben kurzen und flüchtigen Geburten Nirvana erreichen wird

Solcherart ist der Dhyani-Pfad, der Hafen des Yogi, das gesegnete Ziel, nach dem sich der Srotapatti sehnt.

Die Bezeichnung *Sowan* ist ein weiterer buddhistischer Ausdruck, der dieselbe Bedeutung hat wie *Srotapatti* – der Mensch, der die Erste Initiation genommen hat. Am Ende dessen, was hier der Dhyani-Pfad genannt wird, der Pfad der Meditation, durch welchen er sich stetig seinen Weg durch die Höhen der buddhischen Ebene hinaufarbeitet, nimmt er seine Vierte Initiation und betritt sofort die nirvanische Ebene.

Er ruht sich jedoch nicht an diesem Punkt aus, sondern betritt dann den Arhat-Pfad zu der Prajna-Pforte. Dieser Ausdruck ist ohne Zweifel mit dem Abwerfen der letzten Fessel verbunden, die Unwissenheit oder *Avidya* ist. Es ist angedeutet worden, dass die Übersetzung *Unwissenheit*, die so gebräuchlich ist, etwas unglücklich klingt, und *mangelnde Klugheit* besser gewesen wäre. Es soll bedeuten, dass gleichgültig wie viel Wissen ein Mensch über Dinge als äußere Wahrnehmung besitzen mag, er immer noch unwissend ist. Wenn er aber jene Dinge von innen erkennt, kann er die innere Seite von all diesen Dingen sehen, und dann besitzt er Weisheit. *Jnana* ist Weisheit, und das *jna* in *Prajna* hat dieselbe Bedeutung, während *pra* eine Vorsilbe ist, die auf Aktivität oder Bewegungskraft hindeutet. Deshalb wird Prajna manchmal mit Bewusstsein übersetzt und manchmal mit Intelligenz, kritischem Urteilsvermögen oder einfach Weisheit.

Es bedeutet in der Praxis nicht, dass der Adept alles Wissen besitzt, sondern dass er in der Lage ist, auf Wunsch das Ergebnis jedes Wissens zu erlangen. Zum Beispiel sprach der Meister Morya, als ich das erste Mal das Privileg hatte, ihm zu begegnen, Englisch sehr unvollkommen und mit einem starken Akzent. Seit damals hat er im Englischen eine weit größere Gewandtheit erworben, obwohl etwas von seinem Akzent immer noch vorhanden ist. Der Meister Kuthumi hat immer, so weit unsere Erfahrung reicht, Englisch außerordentlich fließend und ohne jede Spur von Akzent gesprochen, aber gleichzeitig mit ein oder zwei kleinen Eigenheiten, wie sie jeder Mensch haben und an denen man seinen Stil identifizieren kann.

Ich erinnere mich an ein erstes Erlebnis, als einer der Meister einen Brief in tamilischer Sprache schreiben wollte. Da er die Sprache nicht konnte, gab er einem seiner Schüler, der sie beherrschte, die Anweisung, das zu denken, was er sagen wollte; dann beobachtete er im Verstand dieses Mannes, wie die Gedanken ausgedrückt würden, und verfasste so mental einen Brief, der richtig war, obwohl er in seinem Körper die Bedeutung der benutzten Schriftzeichen nicht kannte.

Ich erinnere mich, dass meine inneren Gefühle von Hingabe und Verehrung einen kleinen Schock erlitten bei dem Gedanken, dass ein Meister nicht Tamilisch konnte, aber ich entdeckte sehr bald, dass es sich für einen Adepten nicht lohnen würde, alles von unserem Standpunkt aus zu wissen. Ich erinnerte mich an eine Bemerkung, die ein überaus kluger Mann in Bezug auf eine Frage der Astronomie oder einer anderen Naturwissenschaft machte. Einer seiner Freunde hatte seine Überraschung ausgedrückt, als er seine Unwissenheit über die Sache zeigte, und gesagt: »Was, willst du damit sagen, dass du das nicht wusstest?« Er antwortete: »Nein, ich wusste es nicht, und selbst jetzt, wo du es mir gesagt hast, werde ich den Gedanken beiseite schieben und wahrscheinlich ganz vergessen. Mein Gehirn wird nur eine bestimmte Menge Kenntnisse behalten, und ich will ein Spezialist auf meinem eigenen Gebiet werden.«

Gehirnkapazität ist begrenzt, und eine riesige Menge Kenntnisse zu erwerben, die kaum irgendeinen Bezug zu unserem Leben oder unserer Arbeit haben, ist nicht weise. Ich kannte einmal einen jungen Mann, der mir erzählte, er sei ein sehr leidenschaftlicher Leser der Bücher einer großen Präsenzbibliothek im Norden von England gewesen, bis er eines Tages eine Berechnung darüber gemacht habe, wie lange er brauchen würde, lediglich alle die Bücher zu lesen, mit denen er sich allein in dieser bestimmten Bibliothek befassen wollte. Seine Kalkulation zeigte, dass er etwa fünfhundert Lebzeiten brauchen würde, falls er acht Stunden am Tag mit dieser Beschäftigung zubringen würde. Er beschloss daraufhin, seinen zukünftigen Lesestoff sehr sorgfältig auszuwählen.

Es ist eines der großen Probleme des Lebens, sich bloß zu entscheiden, welches Wissen man versuchen sollte zu erwerben. Karma bringt alles, was wir für unseren unmittelbaren Fortschritt wissen müssen, in unsere Reichweite. Es ist uns möglich, darüber hinauszugehen und unsere Zeit und Kraft für Studien zu verwenden, die in unserem Leben nicht nutzbringend sind, obwohl sie für jemand anderen von Bedeutung sein können. Je mehr wir lernen, desto mehr erkennen wir die erschreckende Unermesslichkeit der Dinge. Wir gleichen kleinen Insekten in einem großen Zimmer, die es von einer Ecke aus ansehen.

Wir können uns zwei Arten oder Typen von Gelehrten vorstellen. Der eine könnte gelehrt werden, indem er eine gewaltige Menge Kenntnisse erwirbt, ein anderer dadurch, dass er sich mit einer gut ausgewählten Reihe von Büchern umgibt und das Wissen besitzt, wie er jene Bücher verwenden muss und aus ihnen die Kenntnisse bekommt, die er benötigt. Das Wissen des Adepten kommt etwa dem zweiten Typ nahe; er besitzt nicht unbedingt Bücher, aber er hat die Kraft, an jede Kenntnis, die er wünscht, fast augenblicklich heranzukommen. Wenn der Adept nach Informationen über einen bestimmten Gegenstand sucht, kann er sich mit ihm vereinigen und augenblicklich zu seinem Kern vordringen und dann die Einzelheiten um ihn herum beobachten, soweit er sie benötigt.

Der Adept nähert sich dem Gegenstand von einer höheren Ebene her, und deshalb könnte es für uns auf niedrigeren Stufen scheinen, als gäbe es viele Sachen, die er nicht weiß. Es erscheint mir möglich, dass, wenn ein Adept sich jetzt unter uns bewegte, wir meinen könnten, wir wüssten in bestimmten Richtungen mehr als er; aber wenn es dazu käme, dass wir uns mit Realitäten befassten, mit dem Kern der Sache, mit dem wirklichen Begreifen seiner wichtigsten Punkte, würde der Meister mehr wissen als irgendeiner von uns. Wir wollen versuchen, es zu verstehen, indem wir das Studium der Geologie betrachten. Der Student kauft eine Anzahl Handbücher und studiert den Gegenstand Monat für Monat und vielleicht jahrelang. Was würde ein Meister machen, wenn er sich mit Geologie befasste? Irgendwo auf der buddhischen Ebene würde er die Idee erfassen, die hinter der Wissenschaft liegt, und sich mit dieser vereinigen. Von diesem Standpunkt aus würde er alle Details erreichen, die er benötigt. Obwohl daher einige von uns zweifellos genaue Kenntnisse haben mögen, in deren Besitz ein bestimmter Meister sich nicht befindet, so hat er wiederum Erkenntniskräfte, die sich von unseren zentral unterscheiden.

Ein Adept, der seine physischen Energien und seine Zeit für den sehr bestimmten Zweck einsetzen will, den er immer im Auge hat, kann sehr wohl viele Sachen beiseite schieben und sich darüber keine Gedanken machen. Aber zusätzlich hierzu müssen wir die Tatsache in Betracht ziehen, dass sein Bewusstsein nicht nur ganz bestimmt größer ist als unseres, sondern auch unterschiedlich in der Art und ohne Zweifel völlig unbeschreiblich für uns, die diesen Zustand noch nicht erreicht haben.

Der Arhat hat nach allgemeiner Regel noch sieben Leben vor sich, bevor er Adeptschaft erlangt, aber sie müssen nicht in einem physischen Körper gelebt werden. Er wird bis zur Astralebene hinabsteigen, aber das Annehmen eines physischen Körpers für jene sieben Leben ist ganz freiwillig. Während er im Astralkörper lebt, kann er in jedem von ihm gewählten Augenblick das nirvanische Bewusstsein genießen. Da es aber für jemanden im physischen Körper nur möglich ist, eine Ebene unterhalb der höchsten zu erreichen, vermag der physisch inkarnierte Arhat die nirvanische Erfahrung nur zu erlangen, wenn er seinen Körper während des Schlafes oder in Trance verlässt.

Das Bewusstsein des Arhat ist normalerweise auf der buddhischen Ebene beheimatet. Wenn er gerade mit irgendjemandem auf der physischen Ebene sprechen oder eine Arbeit verrichten würde, die Aufmerksamkeit verlangt, würde sein Bewusstsein im physischen Gehirn festgehalten, aber wenn er sich für einen Moment abwendet und ausruht, schlüpft es in seine normale Wohnung zurück. Ihm stehen eine Anzahl von Ebenen offen, und er kann sein Bewusstsein nach Wunsch auf irgendeine bestimmte Ebene einstellen, obgleich immer ein Hintergrund buddhischen oder nirvanischen Bewusstseins vorhanden sein wird.

Man muss sich vorsehen, Menschen, die gewohnheitsmäßig das höhere Bewusstsein benutzen, nicht falsch einzuschätzen. Es hat Fälle gegeben, in denen solch ein Mensch von einigen Leuten missverstanden wurde, die etwas zu ihm sagten und nicht sofort eine verständliche Antwort bekamen, wegen der Tatsache, dass seine Aufmerksamkeit zu der Zeit entrückt war. Manchmal erhielten die Leute unter diesen Umständen den Eindruck von Kühle oder Unnahbarkeit. Es ist klüger, achtsam zu sein, um zu verstehen, was vor sich geht. Wenn wir eine gedankenverlorene Antwort erhalten, sollen wir weggehen und es ein anderes Mal versuchen. Manches Mal habe ich mich dem Meister in seinem Haus genähert und an dem Aussehen seiner Aura bemerkt, dass er anderweitig beschäftigt war. In solch einem Fall wartet man, bis der Meister fertig ist, oder man geht weg, um eine Arbeit zu erledigen, und kommt dann zurück.

Die ganze Symbolik in diesem und ähnlichen Abschnitten über den müden Pilger, der von Dornen zerrissen und mit Blut gewaschen wird, ist mir ziemlich unangenehm. Es ist natürlich eine materialistische Weise, Schwierigkeiten zu symbolisieren, die alle Schüler bis zu einem gewissen Grade fühlen, aber ich würde es vorziehen, angenehmere Illustrationen zu verwenden. Die Menschen unterscheiden sich natürlich, und man erkennt, dass etwas, was für einige fast widerwärtig scheint, von anderen ganz selbstverständlich hingenommen wird. Ich habe mich nie dazu überwinden können, den Sufi-Symbolismus zu mögen, in welchem sie davon sprechen, Weisheit wie Wein zu trinken, oder einige Teile des Symbolismus in den Puranas, die ganz materiell die Hingabe der Gopis an Sri Krishna versinnbildlichen. Natürlich weiß ich, was der Sufi meint – dass, genauso wie der Mann völlig mit seinem Wein angefüllt ist und alles andere vergisst, er so von der göttlichen Weisheit erfüllt sein muss, bis sie für ihn alles bedeutet. Ich würde lieber mit dem Psalm sagen: »Wie der Hirsch lechzt nach den Wasserläufen, so lechzt meine Seele nach dir, oh Gott.« (Ps 42,1). Trotzdem wollen wir nicht diejenigen kritisieren, die einen Symbolismus benutzen, der sich von unserem unterscheidet.

Nicht so, wenn er ihn überquert und den Arhat-Pfad erreicht hat.

Dort ist Klesha für immer zerstört, Tanhas Wurzeln ausgerissen. Doch halt, Jünger – noch ein Wort. Kannst du das göttliche Mitgefühl zerstören? Mitgefühl ist keine Eigenschaft. Es ist das Gesetz der Gesetze – ewige Harmonie, Alayas SELBST; eine uferlose, universelle Essenz, das Licht immerwährenden Rechtes und die Gesundheit aller Dinge, das Gesetz ewiger Liebe.

Je mehr du damit eins wirst, dein Sein mit seinem Sein verschmilzt, je mehr sich deine Seele mit dem vereinigt, was ist, desto mehr wirst du zum absoluten Mitgefühl werden.

Solcherart ist der Arya-Pfad, der Pfad der Buddhas der Vollkommenheit.

In Fußnoten zu diesem Abschnitt schreibt Madame Blavatsky: »*Klesha* ist das Lieben der Freude oder der weltlichen Vergnügungen, seien sie gut oder böse«, und: »*Tanha*, der Wille zu leben, dasjenige, was Wiedergeburt verursacht.« Die *Kleshas* werden bei den Hindus als Fachausdruck für fünf Formen des Anhaftens an die Welt betrachtet, welche die großen Leiden und Hindernisse des Pfades darstellen. Sie sind in unseren Kommentaren zum ersten Fragment behandelt worden. *Tanha* ist, wie oben erklärt, der Durst des Egos nach den starken Schwingungen materiellen Daseins, welche in den frühen Stadien seiner Evolution helfen, ihn zu einer lebendigeren Wahrnehmung seiner eigenen Existenz aufzuwecken.

Es gibt auch eine Fußnote über das Thema Mitgefühl, die wie folgt lautet:

> Dieses Mitgefühl darf nicht im selben Licht betrachtet werden wie »Gott, die göttliche Liebe« der Theisten. Mitgefühl steht hier für ein abstraktes, unpersönliches Gesetz, dessen Natur, da sie absolute Harmonie ist, durch Zwietracht, Leiden und Sünde in Verwirrung gebracht wird.

Ich habe immer das Gefühl gehabt, dass unsere große Gründerin dort vielleicht den Theisten nicht so ganz gerecht wurde. Sie sagt, dass man das absolute Mitgefühl nicht für Gott, die Göttliche Liebe, halten dürfe. Ich selbst glaube, dass man es sich so denken sollte, nur dass man seine Vorstellung von Gott, der göttlichen Liebe, zu etwas Höherem, Größerem und Edlerem machen sollte, als viele sie gemacht haben.

In vielen religiösen Büchern ist sie allerdings zu etwas sehr Personalisiertem gemacht worden. In einigen Andachtsbüchern der römisch-katholischen Kirche und in Büchern der Quietisten finden wir Ausdrücke wie »Christus, der Liebhaber seiner Kirche«, die besser für die Liebe zwischen Personen auf der physischen Ebene passen. In Indien verwenden diejenigen, die Chaitanya folgen, und einige andere auch ähnliche materielle Ausdrücke; sie sprechen von einer Liebe, die der menschlichen Liebe ähnelt, wenngleich überhöht.

Wahrscheinlich dachte Madame Blavatsky dabei an diese Dinge und warnte uns, absolutes Mitgefühl nicht mit dieser Vorstellung von göttlicher Liebe zu identifizieren. Göttliche Liebe ist stärker als dieses, doch zu abstrakt, um in Worte gefasst zu werden. Sie ist keine Eigenschaft Gottes, sondern sie ist ER. ER ist ganz Liebe, und es gibt nichts, das nicht Liebe wäre. So halte ich dieses absolute Mitgefühl einfach für das, was wir mit Gott meinen: nicht für einen persönlichen Gott, sondern für die vollkommene Wirklichkeit, die hinter allem liegt. Und weil dies absolute Liebe ist, müssen wir, da wir darin mit allen anderen eins sind, die Notwendigkeit empfinden, anderen zu helfen.

Außerdem, was bedeuten die heiligen Schriftrollen, die dich sagen lassen:

»Aum! Ich glaube, dass es nicht alle Arhats sind, die von dem nirvanischen Pfade die süße Erfüllung bekommen.«

»Aum! Ich glaube, dass das Nirvana-Dharma nicht von allen Buddhas betreten wird.«

Ja, auf dem Arya-Pfad bist du nicht mehr Srotapatti, du bist ein Bodhisattva. Der Strom ist überquert.

Wenn gesagt wird, dass das Nirvana-Dharma nicht von allen Buddhas betreten werde, wird der Ausdruck Buddha im allgemeinen Sinne benutzt und bezeichnet diejenigen, die erwacht, erleuchtet oder weise sind. Madame Blavatsky sagte: »In der Ausdrucksweise der nördlichen Buddhisten werden alle großen Arhats, Adepten und Heiligen als Buddhas bezeichnet.« Und wenn es heißt: »Du bist ein Bodhisattva«, ist damit jemand gemeint, der sich jetzt darauf vorbereitet, ein Buddha in diesem allgemeinen Sinne zu werden. Dies darf als Äquivalent zu dem Ausdruck Arhat aufgefasst werden. Hier spricht der Text von dem Arya-Pfad, wo er vorher sagte »Der Arhat-Pfad«. Das Wort *arya* bedeutet edel, und es kann sein, dass der Ausdruck *Arhat*, auf den Pfad angewendet, einen Hauch seiner allgemeinen Bedeutung von *ehrenwert* oder *ehrwürdig* hat, so dass er nicht einfach der Pfad des Arhat wäre, sondern der ehrwürdige oder edle Pfad im Unterschied zu dem anderen Pfad, das Nirvana anzunehmen, welchen, wie wir vorher gesehen haben, Aryasanga oder sein Berichterstatter geringschätzen.

Es ist schon erklärt worden, dass das Wort Bodhisattva mindestens drei Bedeutungen hat, von denen eine die ist, das Amt des zukünftigen Buddha in der Hierarchie zu bezeichnen, welcher der Lehrer von Devas und Menschen für eine bestimmte Epoche ist. In einer Fußnote sagt Madame Blavatsky hier, dass das Gefühl des Volkes diese große Wesenheit mit Recht in seiner Verehrung sogar höher einordnet als einen vollkommenen Buddha. Der Buddha ist selbstverständlich ein hohes Mitglied der Geistigen Hierarchie. Aber insofern der Bodhisattva für unsere Menschheit der Maitreya ist, der große Lehrer in den niederen Welten, kann man von ihm sagen, dass er direkter und dichter mit ihnen in Berührung ist und deshalb einen wichtigeren und lebendigeren Platz in ihrer Verehrung einnehmen könnte. Etwa in derselben Weise wie Zuneigung und Treue gegenüber einem Verwalter, der für eine Provinz verantwortlich ist, größer sein kann als diejenige, die gegenüber dem großen Herrscher weit weg empfunden wird, der selten oder niemals zu sehen ist.

Oft ist gefragt worden: »Beten die Buddhisten Buddha an?« Als Colonel Olcott seinen *Buddhistischen Katechismus* schrieb, musste er die Frage behandeln: »War der Buddha Gott?« Gegen seine Antwort »Nein« erhoben die burmesischen Buddhisten Einspruch, obwohl die singhalesischen Buddhisten ganz zufrieden waren. Der Buddha wird in Sri Lanka als der vollkommene Mensch betrachtet, als ein Lehrer, demgegenüber die tiefste Dankbarkeit empfunden wird. Aber in Burma ist die Religion stärker mit Hingabe gefärbt, und der Buddha wird praktisch angebetet. Gewissermaßen sind beide Ansichten korrekt. Alle Menschen sind in ihrem Kern göttlich; in unvollkommenen Menschen ist die Göttlichkeit verschleiert, aber aus dem Buddha strahlte Gott hervor.

Diese örtlichen Unterschiede der philosophischen und religiösen Einstellung sind auf das Temperament der Völker dieser beiden Länder zurückzuführen; denn der Buddhismus enthält beide Aspekte. Jede große Religion hat anfangs alle Menschentypen versorgt; aber im Verlauf der Jahrhunderte ließ man in jedem der beiden Fälle bestimmte Teile oder Aspekte der Lehre verblassen, während andere in den Vordergrund gerückt wurden. Das Christentum sorgt heutzutage fast ausschließlich für den hingebungsvollen Menschentyp; von dem Wissen und der Philosophie, die es in Form der gnostischen Lehre hatte, ist nur wenig übrig geblieben. Die islamische Religion wendet sich auch hauptsächlich an das hingebende Element, obwohl es unter den Sufis Philosophie gibt. Die jüdische Religion ist in derselben Not; in ihr bietet allerdings der Talmud ein philosophisches System an. Von allen Religionen ist es vielleicht nur der Hinduismus, der gegenwärtig beide Seiten, die philosophische und die hingebungsvolle, mit der gleichen Brillanz und Inbrunst zum Ausdruck bringt.

8

Die drei Gewänder

Es ist wahr, du hast ein Recht auf das Dharmakaya-Gewand; aber ein Sambhogakaya ist größer als ein Nirvani, und noch größer ist ein Nirmanakaya – der Buddha des Erbarmens.

Wir kommen jetzt zu den drei Gewändern, über die Madame Blavatsky eine sehr lange Notiz machte, die ich stückweise kommentieren will. Die Gewänder beziehen sich auf die Richtungen der Tätigkeit, die demjenigen offenstehen, der die Fünfte Initiation genommen hat. Sehr wenig ist jemals über die sieben Pfade gesagt worden, die jenseits der Adeptschaft liegen, aber wir haben das verfügbare Wissen in dem folgenden Abschnitt zusammengefasst[14]:

»Wenn das Menschenreich durchquert ist und der Mensch auf der Schwelle seines übermenschlichen Lebens steht als ein befreiter Geist, öffnen sich vor ihm sieben Wege, zwischen denen er wählen kann: Er kann in die glückselige Allwissenheit und Allmacht des Nirvana eintreten mit Tätigkeiten weit jenseits unseres Wissens, um vielleicht in einer zukünftigen Welt ein Avatar oder eine göttliche Inkarnation zu werden. Dies wird manchmal genannt »das Dharmakaya-Gewand nehmen«. Er kann in »die spirituelle Periode« eingehen – ein Ausdruck, der unbekannte Bedeutungen erfasst, darunter wahrscheinlich die, »das Sambhogakaya-Gewand zu nehmen«. Er kann ein Teil jenes Schatzhauses spiritueller Kräfte werden, auf welches sich die Agenten des Logos für ihre Arbeit stützen, indem er »das Nirmanakaya-Gewand nimmt«. Er kann ein Mitglied der Geistigen Hierarchie bleiben, welche die Welt, in der er die Vollkommenheit erreicht hat, regiert und behütet. Er kann zur nächsten Kette

14 Aus *Der Mensch: Woher, wie und wohin*, S. 14—15, Ausgabe von 1971

weitergehen, um beim Aufbau ihrer Formen zu helfen. Er kann in die herrliche Engel-Evolution eintreten. Er kann sich dem unmittelbaren Dienst des Logos hingeben, um von ihm in irgendeinem Teil des Sonnensystems als Sein Diener und Kurier benutzt zu werden, der nur dafür lebt, Seinen Willen auszuführen und Seine Arbeit zu tun über das gesamte System hin, das Er regiert. Wie ein General seinen Stab hat, dessen Mitglieder seine Botschaften zu jedem Teil des Feldes tragen, so sind diese der Stab von Ihm, der allem gebietet, »seine Minister, die nach Seinem Belieben handeln«.

In früheren Zeiten, in der Mondkette, taten sich diese Wege wahrscheinlich vor dem Arhat auf, denn das war die Stufe, die der Menschheit in dieser Kette zu erreichen bestimmt war. Die Linie derjenigen, die in der Hierarchie auf unserer Erde bleiben, führt zur Sechsten Initiation, der des Chohan, und noch weiter zur Siebten, derjenigen des Mahachohan. Dies ist die letzte Initiation, die auf den Strahlen drei bis sieben möglich ist, aber auf dem zweiten Strahl kann eine weitere Stufe genommen werden, diejenige des Buddha, und auf dem ersten Strahl noch eine mehr, diejenige des Herrn der Welt.«

Bei der Teilung der sieben Wege in drei Abteilungen, wie sie hier angegeben sind, würde zweifellos der Weg der Arbeit in der Hierarchie zu denen gezählt werden, die als Nirmanakayas beschrieben sind, zusammen mit dem anderen Weg des eigentlichen Nirmanakaya. Unsere Meister, die ihre physischen Körper für bestimmte Zwecke behalten, die mit ihrer Arbeit zusammenhängen, geben trotzdem ihre meiste Hilfe Menschen auf höheren Ebenen. Sie wirken ständig auf die Kausalkörper der Menschen ein und manchmal auf die buddhischen und atmischen Hüllen.

Der Nirmanakaya behält gewöhnlich seinen Kausalkörper, das ist der Augoeides, die glorifizierte Form, die er im Laufe seiner Entwicklung aufgebaut hat. Mit diesem behält er gewöhnlich auch die permanenten Atome des niederen Mentalkörpers und des Astral- und physischen Körpers, so dass er, wann immer er das wünscht (was sehr selten vorkommt), für sich einen Träger auf irgendeiner jener Ebenen machen und sich darin zeigen kann. Normalerweise lebt er in seinem Kausalkörper und verbringt seine Zeit mit der Erzeugung spiritueller Kraft, die in das Reservoir gegossen wird und die dann durch die Mitglieder der Hierarchie und ihre Schüler ausgeteilt wird. Diese beiden Klassen, sagte Madame Blavatsky, »ziehen es vor, unsichtbar (im Geiste sozusagen) in der Welt zu bleiben und zum Heil der Menschen dadurch beizutragen, dass sie sie beeinflussen, dem guten Gesetz zu folgen«.

Ein Stückchen weiter spricht sie von dem Nirmanakaya als »diese ätherische Form, von der man annehmen würde, dass er nach Verlassen seines physischen in seinem Astralkörper erscheinen würde – und der zusätzlich all das Wissen eines Adepten besitzt. Der Bodhisattva entwickelt es in sich, während er auf dem Pfad vorwärts schreitet. Nachdem er das Ziel erreicht und dessen Verwirklichung ausgeschlagen hat, bleibt er auf Erden als Adept. Wenn er stirbt, verweilt er, anstatt ins Nirvana zu gehen, in diesem herrlichen Körper, den er für sich ersonnen hat, unsichtbar der nicht initiierten Menschheit, um über sie zu wachen und sie zu schützen«.

Madame Blavatsky benutzt hier den Ausdruck Astralkörper in einem ganz anderen Sinn als dem, in welchem sie ihn gewöhnlich anwendete und in dem er jetzt benutzt wird, aber sie benutzte ihn in dieser Weise auch in ihrem Artikel über »Das Mysterium Buddhas« im dritten Band (Band V der sechsbändigen Adyar-Ausgabe) der *Geheimlehre.* Sie erklärt dort, dass Sri Shankaracharya, der in Indien kurz nach dem Tode des Buddha erschien, *in gewisser Hinsicht* eine Reinkarnation des Buddha gewesen sei, insoweit als er die »astralen« Überreste von Gautama benutzte, und sie sagt, solche »Astralkörper« müssten viel mehr im Lichte getrennter oder unabhängiger Kräfte oder Götter anstatt als materielle Gegenstände betrachtet werden. Sie bemerkt abschließend: »Daher wäre die richtige Art, die Wahrheit darzustellen, die, zu sagen, dass die verschiedenen Prinzipien, der Bodhisattva von Gautama Buddha, die nicht in Nirvana eingingen, sich wiedervereinigten, um das mittlere Prinzip von Shankaracharya zu bilden, der irdischen Wesenheit.« (*Die Geheimlehre*, Bd. III, S. 381 bzw. S. 368, Band V der sechsbändigen Adyar-Ausgabe.)

Um dieses Mysterium Buddhas zu verstehen, müssen wir zuerst die Zusammensetzung der physischen Atome erkennen und dann, wie diese sich dadurch, dass sie im menschlichen Körper benutzt werden, entwickeln, sowohl allgemein, um seine Teilchen zu bilden, als auch in besonderer Weise als permanente Atome. Wenn man mit ätherischer Sicht ein physisches ursprüngliches Atom anschaut, sieht man zu allererst, dass es einem Drahtkäfig ähnelt; wenn man dann näher hinsieht, findet man, dass jeder Draht aus einer feineren Windung besteht und es im Ganzen sieben Sätze solcher Spirillen gibt. Eine dieser Spirillen wird in jeder Evolutionsrunde in Tätigkeit versetzt, so dass, da wir jetzt in der vierten Runde unserer Erdketten-Inkarnation sind, gegenwärtig in der Mehrzahl der Atome nur vier Spirillen aktiv sind. In jeder Runde wird ein neuer Satz entwickelt werden, so dass in der siebten Runde alle sieben Spirillen aktiv sein werden. Die Atome werden deshalb in der siebten Runde bessere Atome sein, als sie jetzt sind, und die Menschen, die in jener Runde leben werden, dürfen es deshalb viel einfacher finden als Menschen von heute, auf Höheres zu reagieren und das höhere Leben zu führen.

Dieses Erwachen oder diese Evolution der Atome rührt von ihrer Benutzung in den Körpern lebender Geschöpfe her, vom Mineral bis zum Menschen. Alles ist aus Atomen gebaut, die dauernd in unvorstellbarer Anzahl um uns herum treiben. Es muss darunter einige geben, die überhaupt nie benutzt worden sind, aber andere sind häufig in die Körper lebender Wesen hereingenommen und hinausgeworfen worden. Einige wenige haben dauernde Verbindung mit dem Menschen erfahren, da sie als permanente Atome genommen wurden, um von Leben zu Leben durch den Kreislauf der Wiedergeburten des Menschen getragen zu werden. So leben die Atome mit uns und bilden unsere Körper. Man sagt, dass einmal in sieben Jahren jedes Teilchen im physischen Körper ausgewechselt wird; einige Wissenschaftler haben den Zeitraum mit drei Jahren angegeben. Es ist wahrscheinlich, dass die knochige Struktur viel langsamer wechselt, aber es erscheint mir vernünftig, sich vorzustellen, dass das fleischige Material in etwa drei Jahren vollkommen erneuert wird. Die Bestandteile des Blutes wechseln noch schneller; man wäre nicht überrascht zu erfahren, dass sie alle paar Tage völlig ersetzt werden.

Alle Atome, die in lebende Gegenstände aufgenommen sind, werden beträchtlich verändert. Diejenigen, die einen Teil der Erde bilden, werden von dieser sehr wenig entwickelt, aber diejenigen, die wertvolle Steine bilden, werden beträchtlich entwickelt. Pflanzen und Tiere bieten eine noch bessere Gelegenheit, aber die bestmögliche Evolution für Atome ist es, in die Körper menschlicher Wesen hineingezogen zu werden. Unter den Menschen bieten diejenigen, die ein spirituelles Leben führen, bessere Bedingungen als weniger fortgeschrittene Menschen, da sie reinere Körper haben aufgrund dessen, was sie essen und trinken (oder besser aufgrund dessen, was sie nicht essen und nicht trinken). So wie wir uns entwickeln, ziehen wir auch bessere Atome an, und unsere Körper neigen immer mehr dazu, die weniger entwickelten auszuscheiden,

Wenn ein Mensch Adeptschaft erreicht, kann er sich nicht durch die gewöhnlichen Atome ausdrücken, die wir um uns herum finden. Es müssen besonders fortgeschrittene und verfeinerte Atome sein, weil es für seine verschiedenen Körper erforderlich ist, so sehr viel reiner als unsere zu sein und fähig, in Geschwindigkeiten zu schwingen, die unsere nicht aufrechterhalten können. Wenn jemand die Stufe eines Buddha erreicht, ist es für ihn kaum möglich, Atome zu finden, die für ihn brauchbar sind, außer solchen, die als permanente Atome benutzt worden sind und deshalb dauernd im menschlichen Körper gewesen sind, außer während der Intervalle zwischen den Inkarnationen. Permanente Atome sind sehr viel weiter entwickelt als andere. In Menschen, die sich kurz vor der Adeptschaft befinden, haben sie die vollkommene Entwicklung von Atomen der siebten Runde. Sie sind so hoch entwickelt, wie es Atomen überhaupt möglich ist, und sie sind mit allen Eigenschaften geladen, die sie von früheren Geburten mit herübergebracht haben.

Sämtliche permanenten Atome von allen, die in Verbindung mit dieser Welt oder wahrscheinlich sogar dieser Weltenkette Adeptschaft erlangt und sie fallen gelassen haben, sind vom Buddha oder für ihn gesammelt worden. Er war der erste Buddha unserer Menschheit. Alle diejenigen, die vor ihm Buddhas gewesen waren, stammten von einer anderen Evolution und hatten zweifellos alles, was sie an Körpern auch immer benötigen, mit sich gebracht. Aber Gautama, der erste wirklich menschliche Buddha, musste seine Körper im Material dieser Entwicklungskette finden. Deshalb erbaute er, oder einige größere Wesen für ihn, diese Körper. Sein Kausalkörper wurde aus den »Überresten« oder permanenten Atomen von all den Kausalkörpern zusammengesetzt, die von solchen Großen benutzt worden waren. Sein Mentalkörper wurde aus den mentalen Einheiten gebaut, die von solchen Wesen gesammelt worden waren, und sein Astralkörper wurde aus ihren permanenten Astralatomen geformt. Es waren nicht ausreichend genug von diesen vorhanden, um ganze Körper zu bilden, so mussten auch ein paar gewöhnliche Atome, die besten, die verfügbar waren, mit verwendet werden. Aber diese wurden durch die anderen zur Tätigkeit angestoßen, und sie werden durch permanente Atome ersetzt, die man von jedem neuen Adepten erhält, der das Sambhogakaya- oder das Dharmakaya-Gewand nimmt. Auf diese Weise ist ein Satz von Körpern aufgebaut worden, der absolut einmalig ist. Es gibt nicht noch einmal solche Körper in der Welt, und es gibt kein Material, um einen weiteren solchen Satz zu erstellen. Sie wurden von Gautama Buddha benutzt und hinterher aufbewahrt.

Wir sind nun in der Lage, Madame Blavatskys Aussage zu verstehen, dass die Prinzipien des Buddha als die mittleren Prinzipien von Sri Shankaracharya verwendet wurden, aber der physische Shankaracharya war ein ganz anderer Mensch, und der Atma von Shankaracharya war völlig verschieden von dem des Buddha. Diese drei mittleren Körper wurden von Shankaracharya benutzt und werden gegenwärtig vom Maitreya genutzt. Madame Blavatsky verwendete in ihrem Artikel eine eigenartige Nomenklatur. Paulus unterteilte den Menschen in drei Teile – Geist, Seele und Körper. Mit dem Geist meinte er das, was wir die Monade nennen, mit der Seele das Ego und mit dem Körper ohne Zweifel die Persönlichkeit. Madame Blavatsky spielt hier auf dieselbe dreifache Einteilung an; aber sie sagt, der Buddha sei eine so erhabene Persönlichkeit, dass man sich seine einzelnen Prinzipien nicht in derselben Weise wie diejenigen eines Menschen denken dürfe. Anstatt von der Monade des Buddha zu sprechen, spricht sie deshalb von ihr als dem Dhyani-Buddha. Dann nennt sie die mittleren Prinzipien seinen Bodhisattva. Drittens nennt sie den physischen Körper des Buddha den Manushya-Buddha. Und so haben wir diese drei Dinge als die Prinzipien des Buddha: Die Monade des Buddha – die, weil er in einer Art mit ihr eins ist, wie es bei uns gegenwärtig nicht der Fall ist, der Dhyani-Buddha genannt wird – den Bodhisattva und dann den Manushya-Buddha, der seine Manifestation auf der physischen Ebene ist. Der Astral- und Mentalkörper, die nicht aufgelöst worden sind, sind auch im Bodhisattva enthalten.

Zuerst waren viele von uns sehr verwirrt durch Madame Blavatskys Terminologie; aber als uns die Tatsachen besser bekannt wurden, fingen wir an zu sehen, was sie meinte, wenn sie sagte, dass der Manushya-Buddha sterbe und vergehe, der Dhyani-Buddha in Nirvana eingehe und der Bodhisattva auf der Erde verbleibe, um die Arbeit des Buddha weiterzuführen. *Bodhisattva* bezeichnet die Prinzipien des Buddha, welche der gegenwärtige Bodhisattva benutzt. Da der Herr Maitreya diese jetzt benutzt, sind es nicht jene, die wir am Wesak-Tag sehen, denn das wird der Schatten des Buddha genannt (siehe *Die Meister und der Pfad*, Kap. 14). Es ist nur eine Widerspiegelung von ihm in derselben Weise wie das lebende Abbild eine Widerspiegelung des Astral- und Mentalkörpers des Schülers ist (daselbst, Kap. 5), aber er arbeitet durch diese und benutzt sie.

Ich habe in *Die Meister und der Pfad* erklärt, dass das Werk des Buddha in einer für uns unbegreifbaren Weise nicht ganz erfolgreich war. Er und der Maitreya waren beide der übrigen Menschheit weit voraus; aber zu der Zeit, als der erste menschliche Buddha gebraucht wurde, war keiner von ihnen ausreichend fortgeschritten, um diese hohe Stellung einzunehmen. Als die Zeit kam, sagte Gautama in seiner großen Liebe für die Menschheit, dass er sich um jeden Preis bereitmachen würde, diese Stellung auszufüllen, und das große Opfer bringen würde, das notwendig ist, um die Entwicklung sehr viel schneller anzutreiben (siehe *Die Meister und der Pfad*, Kap. 14).

Er tat dieses, und die gesamte buddhistische Welt verehrt ihn dafür in einem Maße, das niemand verstehen kann, wenn er nicht dort gelebt hat. Er führte das Leben des Buddha und tat die Arbeit; und wenn wir es betrachten, erscheint es uns immer als ein wundervolles Leben. Es ist unmöglich, irgendeinen Fehler darin zu finden, etwas nicht ganz Vollkommenes in seinem Leben, Lehren und Wirken zu entdecken. Dennoch heißt es, dass einige Teile davon nicht ganz zum Abschluss gebracht worden seien. Um das auszugleichen, was auch immer fehlen mochte, wurden zwei Regelungen getroffen. Die erste war, dass der Buddha selbst es übernahm, einmal im Jahr zu erscheinen und seinen Segen zu geben – er erscheint am Wesak-Tag und spendet einen Erguss spiritueller Kraft, die der Welt sehr hilft. Dann sollte es fast sofort nach seinem Tode eine Inkarnation geben, und dieses Erfordernis wurde durch die Geburt von Sri Shankaracharya erfüllt.

Das erste, was wir jemals über die verborgene Beziehung zwischen dem Buddha und Sri Shankaracharya hörten, stammte aus der Lehre, die im *Esoterischen Buddhismus* durch A. P. Sinnett veröffentlicht wurde. In diesem Werk sagte er, dass der Buddha als Sri Shankaracharya reinkarnierte, dass Shankaracharya einfach Gautama in einem neuen Körper gewesen sei. Nun wussten wir sehr früh, dass das nicht zutraf, aus dem Grunde – neben vielen anderen – dass Shankaracharya ein Mann vom ersten Strahl war, der Buddha dagegen das Haupt des zweiten Strahles. Madame Blavatsky zitiert diese Bemerkung von A. P. Sinnett und sagt, dass sie in einem gewissen esoterischen Sinne wahr sei, aber dass sie, so wie sie formuliert ist, sehr irreführend sei. Wir fragten, ob Shankaracharya der Gautama in einer neuen Form sei. Ihre Antwort war, dass sich der astrale Gautama innerhalb des äußeren Shankaracharya befand, dessen Atma aber sein eigener göttlicher Prototyp gewesen sei, der himmlische Gedanken-geborene Licht-Sohn.

Wenn Madame Blavatsky sagt, dass Sri Shankaracharya ein Buddha war, aber nicht eine Inkarnation des Buddha, meint sie, dass er ein Pratyeka-Buddha sei, das ist ein Buddha auf dem ersten Strahl. Er lebt noch in Shamballah in dem Körper, den er von der Venus her mitbrachte. Die Körper der »Herren der Flamme« ähneln unseren überhaupt nicht. Sie wechseln ihre Teilchen nicht aus, sondern sind mit Körpern aus Glas verglichen worden. Sie sehen aus wie unsere, aber sehr viel verklärter, und ich vermute, dass sie sie als Ganzes von der Venus mitbrachten und sie aus der physischen Materie jener Evolution aufgebaut sind. Madame Blavatsky lehrte, dass Shankaracharya ein Avatar im vollen Sinne des Wortes gewesen sei, die Behausung einer Flamme eines der höchsten der manifestierten spirituellen Wesen. Da ein Avatar wörtlich jemand ist, der »überquert« oder »herabsteigt«, nicht einer von unserer Menschheit, trifft der Ausdruck in diesem Falle genau zu, da er einer der drei »Herren der Flamme« von der Venus ist, die als Assistenten und Schüler des »Herrn der Welt« auf unserer Erde bleiben.

Um zu dem Hauptthema des Nirmanakaya zurückzukommen, sagt Madame Blavatskys Fußnote weiter: »Es ist Teil des exoterischen nördlichen Buddhismus, alle solche großen Charaktere als Heilige zu verehren und ihnen sogar Gebete darzubringen, wie die Griechen und Katholiken es bei ihren Heiligen und Schutzpatronen machen. Die esoterischen Lehren andererseits heißen nichts dergleichen gut.«

Mit Griechen meint sie Mitglieder der griechischen Kirche – die alten Griechen machten es sich in der Regel nicht zur Gewohnheit, Gebete darzubringen – und ganz bestimmt nicht den Heiligen. Wenn sie sagt, dass die esoterischen Lehren Gebete an die Nirmanakayas nicht gutheißen, meint sie, dass kein esoterischer Schüler zu einem Nirmanakaya beten würde, um ihn um Hilfe zu bitten, weil er weiß, dass sie überhaupt nicht mit Einzelpersonen in Verbindung stehen, sondern vollständig damit beschäftigt sind, ihre machtvollen Energien in ihre eigene Arbeit zu verströmen.

Nun heißt es, dass diese großen Wesenheiten, die Buddhas des Erbarmens, allgemein mehr verehrt werden als diejenigen, welche die anderen Wege gegangen sind. Madame Blavatsky sagt auch: »Dasselbe Ehrfurchtsgefühl des Volkes nennt auch jene Bodhisattvas *Buddhas des Erbarmens*, die nach Erreichen des Arhat-Grades (d. h. nach Vollendung des vierten oder siebten Pfades) es ablehnen, in den nirvanischen Zustand einzugehen oder das *Dharmakaya-Kleid anzulegen und zum anderen Ufer überzusetzen*, da es dann ihre Kraft übersteigen würde, den Menschen auch nur so wenig zu helfen wie ihr Karma zulässt.«

Die Hauptideen hier sind vollkommen klar, aber die Terminologie ist ein wenig verwirrend. Jeder Adept ist zum anderen Ufer hinübergewechselt, dies ist der Abschluss des Pfades, den er zu beschreiten anfing, als er in den Strom eintrat. So heißt es im Text »der Strom ist überquert«, ehe die Wahl zwischen den drei Gewändern getroffen wird; und es ist der Adept, nicht der Arhat im gewöhnlichen Sinne, der die Wahl trifft. Derjenige, der das Dharmakaya-Gewand anlegt, wechselt zum anderen Ufer über, aber in einem umfassenderen Sinne.

»Der Sambhogakaya«, fährt Madame Blavatsky fort, »ist das Gleiche, aber mit dem zusätzlichen Glanz dreier Vollkommenheiten, von denen eine das völlige Auslöschen aller irdischen Anliegen ist«. Er betritt eine spirituelle Richtung der Evolution und nimmt Nirvana zu einem späteren Stadium an. Er behält das nirvanische Atom, den nirvanischen Körper, aber ich denke, keines der niedrigeren Atome. Er zeigt sich gewöhnlich auf dieser Stufe als der dreifache Geist. Zu dieser Klasse gehört wahrscheinlich auch jener Orden vollkommener Menschen, die sich dem Stab des Logos angeschlossen haben. Sie sind nicht mehr speziell mit unserer Erde verbunden, sondern stehen im Dienste des Logos, um von IHM überallhin gesandt zu werden innerhalb SEINES Systems.

Dann kommt das Dharmakaya-Gewand, welches »das eines vollkommenen Buddha ist, das heißt überhaupt kein Körper, sondern ein idealer Atem; Bewusstsein, das im universellen Bewusstsein untergetaucht ist, oder Seele bar jeder Eigenschaft«. Dies bedeutet, dass der Mensch, der das Dharmakaya-Gewand annimmt, sich in die Monade zurückzieht. Er lässt seine permanenten Atome völlig fallen und arbeitet nur auf hohen Ebenen, wobei die niedrigste für ihn die nirvanische ist. Er verbrennt sozusagen seine Boote hinter sich und beginnt ein kosmisches Leben. Ich glaube, dass er sich noch, wenn er will, als der dreifache Geist zeigen kann, aber ich denke, er behält nicht einmal das nirvanische Atom.

Durch unsere ganze Entwicklung hindurch behalten wir denselben Kausalkörper, bis wir fähig sind, unser Bewusstsein auf die buddhische Ebene zu erheben. Dann bewirkt der bloße Akt, sich selbst im buddhischen Körper zu konzentrieren, dass der Kausalkörper verschwindet. Sobald man allerdings sein Bewusstsein wieder auf die höhere Mentalebene hinunterbringt, erscheint der Kausalkörper von neuem. Es ist nicht derselbe wie vorher, weil die Teilchen zerstreut worden sind, aber er erscheint in jeder Hinsicht als genau der gleiche Körper. Ein ähnlicher Vorgang findet im Falle des Dharmakaya-Gewandes statt. Der Mensch hat sein nirvanisches Atom fallen gelassen, seine Manifestation auf der nirvanischen Ebene, aber ich glaube, wenn er sich für einen Moment zu dieser Stufe hinunterbegibt, zieht er sofort ein genau gleiches Atom zu sich heran, ein nirvanisches Gewand, durch das er sich als der dreifache Geist manifestieren kann.

Wenn man die drei vergleicht, kann man sagen, dass der Dharmakaya nichts unterhalb der Monade behält, obwohl wir nicht wissen, welches das Gewand der Monade auf ihrer eigenen Ebene sein mag. Der Sambhogakaya behält seine Manifestation als ein dreifacher Geist, und ich denke, er kann hinunterreichen und sich in einem zeitweiligen Augoeides zeigen. Der Nirmanakaya scheint seinen Augoeides aufzubewahren, behält alle seine permanenten Atome und hat deshalb die Kraft, sich auf jedweder Ebene zu zeigen, die er wählt. Trotzdem sind die drei alle gleich in der Entwicklung; der Unterschied ist nur, dass derjenige, der die permanenten Atome fallen lässt, dadurch unfähig ist, sich auf den niedrigeren Ebenen zu zeigen. Er wirft sie weg, weil er sie für seine Art der Arbeit nicht mehr länger benötigt. Der Mensch, der sie behält, hat die Macht, auf jene Ebenen herunterzukommen und auf ihnen zu arbeiten, aber man kann nicht zu Recht sagen, dass diejenigen, die sich entscheiden, die andere Arbeit zu machen, in irgendeiner Weise weniger wichtig seien, geringer im Wert oder Ansehen. Wir könnten den, der auf einer höheren Ebene mit den großen Sonnenenergien zu tun hat, für den Wichtigeren halten, aber das wäre ein Fehler, denn das ganze Sonnensystem ist eine Manifestation des Logos.

Madame Blavatsky spricht von all diesen *kayas* als buddhischen Körpern. Damit gebraucht sie den Ausdruck *buddhisch* als ein Adjektiv von Buddha und benutzt dabei Buddha als die Entsprechung zu unserem Ausdruck Asekha-Adept, jemand, der durch die Fünfte Initiation gegangen ist. Wir haben den Ausdruck auf diejenigen beschränkt, welche die Buddha-Initiation genommen haben; die Meister der Theosophie stehen zwei Stufen unter dieser, aber in Tibet spricht man von ihnen als »lebende Buddhas«.

Der Schlussabschnitt in der Anmerkung lautet: »Die esoterische Schule lehrt, dass Gautama Buddha, mit mehreren seiner Arhats, ein solch hoher Nirmanakaya sei – wegen seines großen Verzichts und Opfers für die Menschheit – wie kein höherer bekannt ist.« Wir dürfen dies nicht in der Bedeutung auffassen, dass Gautama Buddha und mehrere seiner Arhats *einen* Nirmanakaya ergeben, sondern dass er solch ein Wesen ist, und mehrere seiner Nachfolger haben auch dieselbe Richtung eingeschlagen. Dann heißt es, dass der Menschheit kein Höherer bekannt sei. Diese Aussage ist vollkommen genau, wenn es bedeutet, dass von unserer Menschheit niemand anders bisher eine so hohe Stufe erreicht hat wie Gautama Buddha.

Sogar der Bodhisattva, der Maitreya selbst, der vor langer Zeit mit ihm gleich war, wie ich in *Die Meister und der Pfad* erklärt habe, hat noch nicht die Stufe genommen, die ihn zu einem Buddha machen würde. Hätte er es getan, dann könnte er nicht seine gegenwärtige Stellung in der Hierarchie bekleiden. Er wird von den Buddhisten oft Maitreya-Buddha genannt, aber das ist ein Ehren-Titel.

Es gibt eine Stufe in der Hierarchie, die sogar noch höher als die des Buddha ist – die Stufe des großen Königs, welcher der Eine Initiator ist; aber da er einer der »Herren der Flamme« ist, die von der Venus kamen, bleibt es wahr, dass Gautama Buddha der Höchste von unserer Menschheit ist.

Nun beuge dein Haupt und höre gut zu, oh Bodhisattva – das Mitgefühl spricht und sagt: »Kann es Glückseligkeit geben, wenn alles, was lebt, leiden muss? Sollst du gerettet sein und die ganze Welt weinen hören?«

Nun hast du gehört, was gesagt worden ist:

Nun sollst du die siebte Stufe erreichen und das Tor der letzten Erkenntnis durchqueren, aber nur, um dich mit dem Leid zu vermählen – wenn du Tathagata sein willst, folge den Fußstapfen der Vorgänger, bleibe selbstlos bis zum nie endenden Ende.

Du bist erleuchtet – wähle deinen Weg.

Noch einmal bringt Aryasanga seine vorherrschende Idee zum Ausdruck und drängt seine Anhänger, den Pfad des Erbarmens einzuschlagen. Er sagt, man könne seine Brüder nicht im Stich lassen, wenn sie leiden. Wir haben die Frage des Leidens schon erörtert und erkannt, dass, obwohl der Arhat noch in der Welt arbeiten kann, die voller Leiden ist, sein Bewusstsein auf den höheren Ebenen die Herrlichkeit berührt, die hinter allem liegt. Er weiß um die Höhen des Glücks, das alle Menschen unfehlbar erreichen werden, so dass es für ihn unmöglich ist, wie gewöhnliche Menschen zu leiden, die so wenig von der Herrlichkeit des Lebens sehen. Der Arhat, der hier als ein Bodhisattva angesprochen wird, ist in der Lage, an dem Triumphgesang des Buddha teilzunehmen, der in *Die Leuchte Asiens* (8. Buch) so gut ausgedrückt ist:

Nichts bindet euch! Der Dinge Kern ist süß,
Das Herz des Daseins, es ist himmlisch' Ruh;
Wille siegt über Weh; was früher gut,
Strebt Bessrem – Bestem zu.
Ich, Buddha, der mit meinen Brüdern weinte,
Dess' Herz zerbrach im Leid der ganzen Welt,
Lach und bin froh, denn es gibt Freiheit ja!

Wenn Aryasanga darauf dringt, dass seine Anhänger bis zum endlosen Ende selbstlos bleiben sollen, benutzt er einen Ausdruck, der eine seltsame Ähnlichkeit mit einer Redewendung hat, die im Christentum mit »Welt ohne Ende« übersetzt wird. Die lateinische Form ist *in secula seculorum*, in den Zeitaltern der Zeitalter. Es bedeutet *bis zum Ende unserer Reihe von Welten* oder vielleicht *bis zum Ende unserer gegenwärtigen Kette*. Die Vorstellung beinhaltet, dass wir mit der Menschheit in Verbindung bleiben sollten, bis die Arbeit des gegenwärtigen menschlichen Zyklus vollendet ist und die Menschheit ihr Ziel erreicht hat.

Aryasangas Wunsch war es, dass seine Schüler der Richtung folgen sollten, die er selbst gewählt hatte. Vielleicht empfand er, dass viele weitere Arbeiter auf diesem speziellen Gebiet dringend gebraucht wurden. Er sprach zu einer bestimmten Zeit der indischen Geschichte, während der Regierung des Königs Harsha, als dort anscheinend ein Verfall der Religion stattfand, als die Leute mehr an äußere Formen dachten als an das wahre Leben dahinter, als alles sehr spezialisiert und etwas künstlich geworden war. Unter diesen Umständen spürte er vielleicht die Notwendigkeit für mehr Lehrer, um das religiöse Leben und das Ideal des Dienens wiederzubeleben.

Zuletzt drängte er die Schüler, Tathagata zu sein, den Fußstapfen des Buddha zu folgen. Er sagte ihnen, sie seien nun erleuchtet und sollten ihren Weg wählen. Als Nächstes kommt eine Zeile aus Punkten – während die Person, wie es scheint, wählt, und dann bricht er in eine großartige Schlussrede aus:

Siehe, das warme Licht, das den östlichen Himmel überflutet. In Zeichen des Lobes vereinen sich beide, Himmel und Erde. Und von den vierfältigen geoffenbarten Kräften erhebt sich ein Gesang der Liebe, aus dem flammenden Feuer und dem strömenden Wasser, von der wohlriechenden Erde und dem brausenden Wind.

Horcht! Aus dem tiefen, unergründlichen Wirbel dieses goldenen Lichtes, in dem der Sieger badet, erhebt sich die wortlose Stimme der ganzen Natur in tausend Tönen und verkündet:

Freude euch, oh Menschen von Myalba. Ein Pilger ist zurückgekommen vom anderen Ufer. Ein neuer Arhat ist geboren.

Ich habe schon von der Art und Weise gesprochen, in der die ganze Natur jauchzt, wenn ein neuer Initiierter geboren ist. Hier wird nun gesagt, Himmel und Erde vereinigen sich beide. Der Geist der Erde gewinnt ein zusätzliches Gefühl des Wohlbehagens. Dieser Geist ist eine große Wesenheit, die überhaupt nicht auf unserer menschlichen Linie ist und für welche die ganze Erde als ein physischer Körper dient. Es ist schwierig, die Natur eines solchen Wesens zu begreifen. Wenn wir uns die Erde lediglich als eine riesige Kugel vorstellen, die durch den Raum wirbelt, könnten wir uns fragen, wie sie irgendeinem Wesen als Körper dienen kann. Aber wenn alle die Lebewesen, die darauf leben, zu dem Bewusstsein des Erdgeistes beitragen, braucht er keine anderen Augen als ihre. Er lebt in ihren Leben und gewinnt so Erfahrung. Außerdem bewegt sich die Erde auf ihrem Weg als ein Mitglied eines mächtigen Chores von Planeten, von denen jeder seine eigene Note in der Musik der Sphären erklingen lässt, während er innerhalb seiner selbst alles besitzt, wonach wir greifen müssen, um es zu bekommen.

Diese Wesenheit lebt nach einem von unserem sehr verschiedenen Maßstab. Unsere Körper haben zufällig eine bestimmte Größe und leben zufällig für eine bestimmte Zeit. Das erscheint uns als die richtige Norm, und so wirkt ein sehr kleines Lebewesen mit einer kurzen Lebensspanne verachtenswert, und ein sehr großes Lebewesen mit einer langen Lebenszeit wird geachtet. Aber Größe und Lebensdauer sind keine Kriterien der Entwicklung oder des Fortschrittes. Einige vorsintflutliche Tiere waren sehr viel größer als der Elefant, aber sie waren viel weniger intelligent, ebenso wie heutzutage das Rhinozeros und das Nilpferd weniger Verstand haben als der Hund. Wir sollten deshalb nicht annehmen, dass der Erdgeist, weil er eine Kugel von 12 700 km Durchmesser als Körper hat und für ihn eine Inkarnation eine ganze Weltperiode dauert, intelligenter ist als wir. Das Bewusstsein ist ein Punkt in jedem von uns. Dasjenige des Erdgeistes scheint seltsam vielfältig und trotz seiner bedeutenden Körpergröße in mancher Hinsicht weniger fortgeschritten zu sein als das von vielen großen Devas, die sich um seinen Körper herum bewegen.

Wenn wir auf einem Hügel stehen und über das umliegende Land schauen, finden wir es mit etwas von dem Leben des Erdgeistes durchdrungen. Dieses Leben scheint sich in Teile aufzuspalten, vorübergehend oder für dauernd. Eine herrliche Aussicht, die von vielen Leuten bewundert worden ist, wird von einer vagen Individualität beseelt, welche Teil dieses Geistes ist. Solche Bewunderung, ob durch menschliche Wesen oder große Devas, scheint das Leben in diesem Teil zu begeistern, so dass es auf das Freudegefühl antwortet. Wenn wir eine schöne Aussicht bewundern, wirkt sie auf uns, aber wir üben auch eine Wirkung auf sie aus. Diese Antwort ist etwas Zusätzliches zu dem, was durch das Leben um Mineral-, Pflanzen- und Tierreich gefühlt wird.

Wenn ein Mensch initiiert wird, durcheilt der Einfluss, auf den er sich auf höheren Ebenen eingestimmt hat, jeden Teil seines Wesens. Obwohl er auf die festen Stoffe, die Flüssigkeiten und Gase auf der physischen Ebene wenig Auswirkung hat, kommt sehr viel Strahlung aus dem ätherischen Doppel und aus seinem Astral- und Mentalkörper, und das wird, wie wir schon gesehen haben, von den Naturreichen empfunden, sowie von solchen Menschen, die in der Lage sind, darauf zu reagieren.

Die vierfältigen manifestierten Kräfte sind die der Erde, des Wassers, des Feuers und der Luft – die vier Devarajas oder Maharajas, welche die Verwalter des Karma für uns hier unten sind, sozusagen die Untergebenen der *Lipikas*, der großen »Herren des Karmas«. Ihre Namen bei den Hindus, heißt es, seien *Dhritarashtra*, *Virudhaka*, *Virupaksha* und *Vaishravana*, und jeder Einzelne von ihnen steht an der Spitze einer Entwicklungslinie. Von *Dhritarashtra* heißt es, er sei das Oberhaupt der Gandharvas, der Geister der Luft, der großen Devas, die sich durch Musik ausdrücken. Ihnen wird immer der Osten zugeordnet, und sie werden immer durch die Farbe Weiß symbolisiert, als Reiter in schmucker weißer Kleidung, die weiße Pferde reiten und runde Schilde aus Perlen tragen. Unter *Virudhaka* kommen die *Kumbhandas*. Sie sind die Engel des Südens, die Geister des Wassers, die damit in Verbindung gebracht wurden, weil der südliche Teil der Welt weit mehr Wasser als Erde hat. Sie werden blau dargestellt, in der Farbe des Wassers, und man sagt, sie trügen Saphirschilde. Unter *Virupaksha* sind die *Nagas*, Engel des Westens, Geister des Feuers, deren Farbe Rot ist und die Korallenschilde tragen. Diese beschrieb Hesekiel als feurige Lebewesen, die im Inneren voller Augen sind, und auch als geflügelte Räder. Dann kommen die

Yakshas, die von *Vaishravana* regiert werden. Ihnen ist der Norden geweiht; sie sind die Erd-Devas oder -Engel, und ihre Farbe ist immer golden – die Farbe des Goldes, das in der Erde verborgen ist.

Madame Blavatsky erklärt *Myalba* als »unsere Erde – die von der esoterischen Schule völlig richtig Hölle genannt wird und die größte aller Höllen. Die esoterische Lehre weiß von keiner Hölle oder Bestrafungsstätte außer einem menschentragenden Planeten oder Erde. *Avichi* ist ein Zustand, keine Lokalität.« Obwohl einige Menschen nach dem Tode auf der Astralebene leiden, kann das nicht recht als Strafe betrachtet werden. Sie leiden durch ihre eigenen in Unordnung gebrachten Vorstellungen oder niederen Begierden; und obwohl es auf jener Ebene manches geben mag, ist das Übelste davon nicht so niederträchtig und verkommen wie einige der Sachen, die sich hier unten ereignen. Alle, die Erfahrung auf höheren Ebenen hatten, werden Madame Blavatsky zustimmen, dass es nirgends sonst etwas gibt, das so schlecht ist wie das physische Leben.

»Ein Pilger ist vom anderen Ufer zurückgekehrt«, bedeutet offensichtlich, dass jemand die höhere Stufe erreicht hat, aber sich trotzdem entscheidet, in dieser Welt bei den Menschen zu bleiben und zu arbeiten. Im Allgemeinen betrachten wir das andere Ufer als die Fünfte Initiation, nicht als die Vierte, aber hier ist es in einem eingeschränkten Sinne benutzt.

Aryasanga schließt mit dem Gruß:

FRIEDE ALLEN WESEN

Ähnliche Segenssprüche sind am Ende jedes religiösen Buches der Buddhisten und Hindus zu finden. Aryasanga beschließt sein Buch mit sehr großem Jubel. Er hat manchmal von dem Leidenspfad gesprochen, aber er schließt mit einer Lobrede voll wunderbarer Freude und herrlichem Frieden.